JN441764

탈경계의 문학

한국 현대문학의 위반과 도전

박용찬 朴容贊, Park Yong-chan

신라 왕릉이 줄지어 있는 선도산 자락, 경주에서 태어났다. 경북대학교 국어교육과를 졸업하고 같은 대학원 국어국문학과에서 「해방기 시의 현실인식과 창작방법 연구」로 문학박사 학위를 받았다. 매체, 정전, 검열, 지역문학 등에 관심을 갖고 연구를 진행하고 있다. 주요 저서로 『해방기 시의 현실인식과 논리』, 『한국 현대시의 정전과 매체』, 『대구경북 근대문학과 매체』, 『한국근대문학 해제집』(공저), 『영영장판과 영남의 출판문화』(공저) 등이 있고, 주요 논문으로는 「이용악 시의 공간적 특성 연구」, 「이상화 문학과 장소성의 문제」, 「재전당서포와 광문사의 출판활동」, 「대구의 문학 장 형성과 우현서루」, 「이육사 시의 정전화 과정과 특징 연구」 등이 있다. 국어교육학회 회장과 한국어문학회 회장을 역임하였으며, 현재 경북대학교 국어교육과 교수로 재직하고 있다.

경북대학교 학술총서 20

탈경계의 문학 한국 현대문학의 위반과 도전

찍은 날 2025년 1월 6일 • **펴낸 날** 2025년 1월 31일
지은이 박용찬 • **펴낸이** 허영우 • **펴낸 곳** 경북대학교출판부
출판등록 1973년 10월 10일 ㉑97호 • **주소** 대구광역시 북구 대학로 80 • **전화** 053-950-3830
팩스 053-953-4692 • **이메일** press@knu.ac.kr • **홈페이지** www.knupress.com
ISBN 978-89-7180-648-7 93810

정가는 뒤표지에 있습니다. 파본은 바꾸어 드립니다.

이 저서는 〈2024년 경북대학교 학술총서 집필 및 출간지원사업〉의 재원으로 출간되었습니다.

탈경계의 문학

한국 현대문학의 위반과 도전

박용찬 지음

경북대학교출판부

책머리에

> 시는 온몸으로, 바로 온몸을 밀고 나가는 것이다. 그것은 그림자를 의식하지 않는다. 그림자에조차도 의지하지 않는다. 시의 형식은 내용에 의지하지 않고 그 내용은 형식에 의지하지 않는다. 시는 그림자에조차도 의지하지 않는다. 시는 문화를 염두에 두지 않고, 민족을 염두에 두지 않고, 인류를 염두에 두지 않는다. 그러면서도 그것은 문화와 민족과 인류에 공헌하고 평화에 공헌한다. 바로 그처럼 형식은 내용이 되고, 내용이 형식이 된다. 시는 온몸으로, 바로 온몸을 밀고 나가는 것이다.

김수영이 1968년 4월 부산에서 펜클럽 주최로 열린 문학 세미나에서 발표한 「시여, 침을 뱉어라」의 내용 중 일부이다. 이 글을 읽으면서 문학 공부를 시작했던 대학원 시절이 떠오른다. 시란 무엇인가, 삶이란 무엇인가, 죽음 앞에 선 인간은 왜 불안에 시달리는가 등등의 물음을 감당하기에는 너무나 젊었다고나 할까? 이 시절 1970년대 후반 민음사에서 나온 김수영의 산문집 『퓨리턴의 초상』이나 『시여, 침을 뱉어라』 등을 뒤적거리면서 인간이 가진 능력의 최대치는 어디까지인지 늘 궁금해했다. 어떤 사람은 자신이 가진 능력을 최대한 발휘하여 큰 성취를 이루기도 하고, 어떤 사람은 자신이 가진 능력이 어디까지인지도 모르고 살아간다. 김수영의 말이 시에 국한되기는 했지만, 자신에게 주어진 삶을 온몸으로 밀고 나간 경우는 그리 흔하지 않다. 삶의 무대에서 주역이 되든 되지 못하든, 자기에게 부여된 힘을 모두 소진한다는 것은 매우 의미 있는 일이라 할 수 있다. 비록 역사의 방향성에 중요한 역할을 하지 못했다 할지라도 그 실천의 행위만으로도 위안이 될 수 있기 때문이다. 세계가 항상 나의 의지와 힘만으로 되는 것은 아니다. 세계의 횡포는 나의 의지와 관계없이 수시로 가해지기 마련이다. 근대세계의 개인적 주체들은 자아에 눈뜨면서 자신을 둘러싼 세계와 끊임없이 맞서면서 영혼을 대질해 나갔다.

한국 현대문학의 장(場)에 가해진 세계의 횡포에 작가들이 어떻게 대응하고 나름의 문학적 성취를 이룩해 나갔는가? 작가들이 머물렀던, 머무를 수 있는 공간의 경계는 어디까지였는가? 이것이 이 책이 다루고자 하는 주된 관심사이다. 작가들은 이 경계를 끊임없이 넘어서고자 했다. 도전의 대상은 주체의 바깥뿐만 아니라 주체의 내면에도 늘 존재하고 있었다. 이 책이 다루고 있는 내용은 개화기부터 1950년대까지 경계를 넘어서고자 했던 작가들의 문학적 실험과 사회적·문화적 저항을 했던 작가들의 글쓰기와 실천적 행위들에 대한 것이다. 근현대문학을 생산하고 전파하는 글쓰기 주체들은 속칭 광무(光武) 신문지법(1907. 7.)이나 출판법(1909. 2.)이란 엄격한 규율 체계 속에 놓여 있었다. 일본 제국주의는 신문, 잡지 등 정기간행물은 신문지법의 적용을, 정기간행물이 아닌 단행본 같은 일반 출판물은 출판법의 적용을 받도록 하였다. 신문지법은 허가제를 시행하고, 출판법의 경우 조판하기 전 사전 검열, 인쇄한 출판물을 배포하기 전 납본(納本) 검열을 받도록 하였다. 허가제, 사전 검열, 사후 검열 외에도 보안법, 치안유지법 등이 작동된 일제강점기에는 삭제, 압수, 정간, 폐간 등의 외적 검열이 수시로 일어났다. 외적 검열뿐만 아니라 '재미없는 정세'에 작가 스스로 위축되어 창작 욕구를 모두 드러내지 못하는 내적 검열까지 작동되고 있었다. 신문지법이 정부 수립 한참 후인 1952년 4월 4일에야 폐지된 것을 보면 해방기, 한국전쟁기에도 여전히 외적 검열 제도가 유지되었음을 알 수 있다. 이 같은 외적 억압과 폭력, 관행적 문학 양식의 틀 등은 현실의 벽을 넘어서고자 하는 작가들에게 늘 도전과 파괴의 대상이었다. 작가들은 탈경계의 지점에서 억압적 세계와 맞서 정신적 대질을 하거나 새로운 문학의 형식을 실험하면서 문학적 성취를 이어 나갔다. 이 책의 제목을 '탈경계의 문학: 한국 현대문학의 위반과 도전'으로 삼은 것도 이 때문이다. '탈경계의 문학'이란 큰 잣대 아래 이 책은 검열과 경계, 모색과 도전, 정착과 지향이란 세 부분으로 나누어져 있다.

제1부에서는 '검열과 경계'란 제하(題下)에 해방을 전후한 일제 말기, 해방기, 한국전쟁기의 텍스트를 대상으로 탈경계의 지점을 조망해 보고자 하였다. 여기서 일제 말기 지식인들의 순응과 굴절, 저항과 자기비판의 지점을 넘어 해방 직후 작가들의 가족 충동 양상까지 살펴보았다. 이를 통해 육체적 위기와 억압적 기표가 횡행하는 시대에 시적 주체는 가족 또는 집을 상상함으로써 부재와 결핍의 공간을 메꿀 수 있었다는 것, 가족이 시적 주체에게 새로운 싸움의 전기(轉機) 내지 인식소로 작동되었다는 것을 규명하였다. 또한 해방기와 한국전쟁기의

국어교재에 개입된 국가주의 시선을 중심으로 동일자와 타자의 길항 관계를 주목하였다. 그 결과 당국의 검열이나 규율이란 제도 속에서도 국어교재(독본) 수록 문학 텍스트가 동일화를 거부하고 이탈과 균열의 양상을 보이는 모습을 찾아내었다. 이를 다시 문학정전 논의로 확대하여 대항 주체가 생산해 낸 현대시 텍스트가 어떻게 배치, 배제, 복권의 과정을 거치는지를 구체적인 사례를 통해 살펴보았다.

제2부는 '모색과 도전'이란 제하에 탈경계의 지점에서 작가들이 행한 고투의 제 행적과 그 문학적 성취에 대해 조망하고자 하였다. 먼저 이인직(李人稙), 임화(林和), 이상정(李相定)을 통해 낯선 길 위에 선 이들의 현실대응 방식과 그들이 나아간 길이 정신사 내지 문학사에서 어떤 의미가 있는지를 규명해 보았다. 이들 모두 규율 체계를 벗어나기 위한 탈경계의 지점에 서 있었던 것은 동일하나, 나아간 방향은 상이했다. 이들이 행한 문학사에서 의미 있는 새로운 양식 창출이나 문화투쟁을 통한 문학 장(場)의 외연 확장 등이 모두 정신적 고투와 연결될 때 의미가 있다는 것을 보여 준다. 해방 직후 조선문학가동맹에 참여한 작가의 경우도 마찬가지였다. 조선문학가동맹은 지도부와 그 소속 작가들이 미군정 내지 신생 대한민국 정부에 맞선 대항 주체였다. 이들은 조선문학가동맹의 미디어 전략 아래 매체투쟁을 통해 자신들에게 주어진 경계를 넘어서고자 했다. 한편 작가 개인의 경우, 비극적 현실 속에서도 결코 함몰되지 않고, 미래에 대한 확신과 전망을 강하게 드러내 보이고 있음을 확인하였다.

제3부는 '정착과 지향'이란 제하에 탈경계의 지점에서 도전을 멈추지 않았던 제 작가들과 그들의 행적을 바탕으로 전개된 한국 현대문

학과 현대문학교육의 방향을 제시하는 데 역점을 두었다. 특히 이육사 시가 수록된 시선집을 횡단하면서 이육사 시의 정전화 과정과 이육사 시의 국어교재 정착 과정의 문제를 집중적으로 조명해 보았다. 이 과정에서 이육사의 시는 대부분 불의한 세계에 맞선 '금강심(金剛心)에서 나온 시', 즉 내면의 강인한 정신을 표상하거나 서정적 의장(意匠)을 통해 시적 자아의 소망이나 비통한 심정을 드러내는 경우가 많았음을 확인할 수 있었다. 탈경계의 지점을 넘나들면서 끊임없이 새로운 방향을 모색하고, 도전하고, 정착의 과정을 밟던 것이 한국 현대문학이다. 이러한 것이 전파의 영역으로 넘어가면 한국 현대문학교육과 마주친다. 그래서 현대문학교육이 걸어온 길 위에서 앞으로 나아갈 방향을 제시하고, 그 구체적인 전략을 모색해 보는 것으로 마무리하였다.

『해방기 시의 현실인식과 논리』(2004) 이래 잠시 주춤했던, 작가들의 현실인식과 창작 방법 문제에 대한 관심을 확장시켜 오래전에 쓴 글들은 다시 다듬고, 이러한 문제의식을 가지고 최근에 새로 쓴 글들을 보태어 이 책을 내놓는다. 그동안 『한국 현대시의 정전과 매체』(2011), 『문학교육개론』(공저, 2014), 『한국근대문학 해제집』(공저, 2015), 『대구경북 근대문학과 매체』(2022) 등을 통해 정전, 매체, 문학교육, 지역문학 등을 연구하며 많은 시간을 보냈다. 경계로부터 벗어나 그것과 맞서고자 하는 치열한 탈주의 정신에 대한 탐색은 처음 공부를 시작할 때부터 관심을 가져 왔던 주제 중의 하나였다. 틈틈이 써 오긴 했으나 이 주제가 다른 관심사에 밀려 지속적인 작업이 이루어지지 못해 늘 아쉬움을 느껴 왔다. 이제 다시 처음으로 돌아와 앞으로 남은 시간

동안 이 문제와 부닥쳐 보고자 한다. 물론 인간에 대한, 인간의 한계에 대한, 인간을 둘러싸고 있는 세계에 대한 좀 더 깊고 넓은 공부가 필요할지 모른다. 세계의 횡포에 맞서 개별적 주체인 인간이 무엇을 할 수 있으며, 어디까지 할 수 있단 말인가? 이러한 의문을 품은 지 벌써 많은 시간이 흘러갔다. 무대의 주역이 아니라 주변인에 가까운 삶을 살아온 지금, 그래도 역사의 시간 속에서 경계를 넘어서고자 했던, 탈경계의 언저리에 서 있던 앞서간 많은 사람들에게 경의를 표하면서 이 책을 디딤돌 삼아 새출발을 다짐해 본다.

2024년 겨울

설남초려(雪南草廬)에서

목차

제1부

검열과 경계

제1장

현대시 텍스트의 경계와 검열

1. 정전, 정전화

정전은 흔히 한 문화권 내에서 다른 텍스트보다 상대적으로 문학적 우위 내지 높은 가치를 부여받고 보존되는 텍스트를 말한다. 이러한 텍스트들은 문학의 장이나 교육의 장에서 문학독자나 학습자들이 잘 읽고 학습할 수 있게 선택되고 재조직된다. 이들이 읽을 만한 모범이 되는 고전적인 작품, 즉 정전이 선택되는 과정을 정전화라고 한다면, 정전화의 과정에는 다양한 요소들이 관여하게 된다. 정전화의 과정에 문학전집이나 국어교재 등을 기획하는 편찬자의 문학관이나 취향은 물론이고 당대의 문화권이 가진 지배적인 이념이 작동되기 마련이다. 국어교재에 수록되는 선별된 학습용 텍스트들도 마찬가지이다. “특정한 제도적 맥락에서 학습용 텍스트를 선별한 것”[1]을 실라버스라 하는데, 이를 달리 교육정전이라고도 한다. 교육정전은 “학교 교육에서 교육 목적에 합당하게 정리된 텍스트와 텍스트 목록, 그

1 정재찬, 『문학교육의 현상과 인식』, 역락, 2004, 97쪽.

리고 해석 텍스트"[2]를 말한다. 정전을 둘러싼 제 논의를 살펴보면 정전에 대한 문제가 그리 간단하지 않음을 알 수 있다.[3] 교육정전으로 편입된 작품은 일반적으로 문학사의 주류 정전인 경우가 많았지만, 어떤 텍스트는 특정한 이유에서 선택되거나 배제되기도 하였다. 그러므로 정전화의 과정에 대한 규명을 통해 우리는 그러한 정전이 선택 또는 배제되는 당대의 문화적·사회적 상황 내지 이념을 살펴볼 수 있다.

정전화는 독자나 학습자들이 읽을 만한 모범이 되는 고전적인 작품, 즉 정전이 선택되는 과정을 말한다. 그러므로 정전화는 문학선집을 기획하는 문학비평가나 교재를 편찬하는 문학교육학자들의 주된 관심사가 된다. 세계문학전집이나 한국문학전집, 또는 한 작가의 대

2 윤여탁, 「한국의 문학교육과 정전: 그 역사와 의미」, 『문학교육학』 27, 한국문학교육학회, 2008. 12., 138쪽.

3 정전에 대한 논의는 영문학계에서 먼저 시작되었으며, 이러한 논의들이 우리 문학교육 현장에서 수용되어 정전 논의를 촉발시켰다고 할 수 있다.

송무, 『영문학에 대한 반성: 영문학의 정당성과 정전 문제에 대하여』, 민음사, 1997.
고갑희, 「정전의 탈신비화와 한국의 영문학교육」, 김용권 외, 『영문학교육과 연구의 문제들』, 한신문화사, 1996.
정재찬, 「현대시 교육의 지배적 담론에 관한 연구」, 서울대학교 박사학위논문, 1996.
송무, 「문학교육의 '정전' 논의: 영미의 정전 논쟁을 중심으로」, 『문학교육학』 1, 한국문학교육학회, 1997. 8.
라영균, 「정전과 문학정전」, 『외국문학연구』 7, 한국외국어대학교 외국문학연구소, 2000. 12.
문영진, 「정전 논의에 관련된 몇 가지 문제에 대하여」, 『민족문학사연구』 18, 민족문학사회, 2001. 6.
박용찬, 「문학교과서와 정전의 문제」, 『국어교육연구』 38, 국어교육학회, 2005. 12.
김창원, 「시교육과 정전의 문제」, 『한국시학연구』 19, 한국시학회, 2007. 8.
심선옥, 「1920~30년대 근대시의 정전화 과정」, 『상허학보』 20, 상허학회, 2007. 6.
김혜영, 「현대문학 정전 재검토」, 『문학교육학』 25, 한국문학교육학회, 2008. 4.
이명찬, 「한국근대시 정전과 문학교육」, 『한국근대문학연구』 18, 한국근대문학회, 2008. 10.
박인기, 「문학교육 정전의 재구성: 문학교육과 문학 정전의 새로운 관계 맺기」, 『문학교육학』 25, 한국문학교육학회, 2008. 4.

표작 선집이나 시기별·장르별 문학선집 등은 선택과 배제의 과정을 거친다. 정전화 과정은 당대의 문화권 안에 존재하는 다양한 담론들을 포함하고 있다. 담론들과의 충돌, 조정을 통해 지배적인 담론이 형성되고 그러한 담론의 바탕 위에 국어교재의 문학 텍스트는 정전화된다.

근대계몽기 이후 신식교육이 시작되면서 국어교재가 만들어지기 시작하였으나 근현대문학 작품이 국어교재에 실리기 시작한 때는 해방 직후부터라 할 수 있다. 근현대문학 작품이 주로 개화기와 일제강점기 동안 발표된 것을 생각하면, 이 시기 문학이 당대의 교재에 바로 실리기는 어려웠다. 일제강점기 동안에는 실제 국어교재가 만들어지지도 못하였다. 해방 직후 미군정청에서 발간한 『중등국어교본』에서부터 2011 개정 교육과정까지의 국어, 문학교과서에 이르기까지 수많은 현대문학 작품들이 국어교재에서 명멸하였다. 이 과정에서 황순원의 「소나기」와 같이 오랜 생명력을 유지하여 교과서 작품으로 확고하게 자리매김한 작품도 있었다. 국어교재에 실린 작품들은 긍정적이든 비판적이든 문학 텍스트들 사이 경쟁을 통해 선별된 것이라 할 수 있다. 문제는 교재에 실린 문학작품 중 어떠한 이유에서 본격적인 경쟁을 거치지도 못하고 교재에서 탈락된 작품이 여럿 있다는 것이다. 이들 작품이 탈락한 원인 내지 배경은 여러 가지가 있을 수 있다. 예를 들자면 제6차 교육과정의 고등학교 국어교과서에 실렸다가 1년 만에 김동리의 「화랑의 후예」로 교체된 김성한의 「바비도」는 종교단체의 압력에 굴복한 사례라 할 수 있다. 김성한의 「바비도」는 『사상계』(1956. 5.)에 발표되었는데, 제1회 동인문학상을 수상한 작품이다. 「바비도」는 전후(戰後) 부패한 한국사회의 모습을 알레고리화한 것으로, 1950년대 문학사의 주류 정전으로 거론될 수 있는 작품이다.[4] 그럼에도 불구하고 이 작품이 교육정전으로 쉽게 이행될 수 없었던 것은 국어교재의 정전화 과정에 개입한 여러 이익단체들의 요구 때문이었다. 이처럼 작품이 정전화되는 과정에는 당시의 사회적·문화적 요인이 개입되기 마련이다.

한편 사회적·종교적 제 단체들의 요구에 비해 정전의 선택 과정에 더 폭력적인 영향을 미치는 것은 국가의 정체성과 관련된 검열기제의 작동이라 할 수 있다. 국어교재에 작동된 외적 검열은 텍스트의 선정과 배제에 직접적 영향을 미친다고 할 수 있다. 특히 생산과 전파의 과정에서 이데올로기적 영향을 강하게 받고 있는 현대문학 텍스트의 경우 검열의 문제는 더욱 민감한 사안이다. 표현의 수위를 둘러싼 공방은 물론이고 텍스트의 정전화 과정에도 검열이 은밀히 작동된다고 할 수 있다. 검열은 실행 과정에서 대체로 폭력적인 방식으로 이루어지긴 하지만, 그것은 특정 공동체를 관리하고 통제하는 유용한 수단으로 인식되어 왔다. 근대국가에서 주로 검열의 주체가 되는 국가기구는 국가의 이념을 전파하기 위해 교과서를 집중 관리하거나 감시한다. 이러한 과정에서 그들의 이념에 동조하거나 포섭되지 못한 대항주체인 작가들이나 그들의 작품은 훼손되기 마련이다.

이 장에서는 해방 직후 정부 수립 전후 만들어진 국어교재에 넘나

---

4 김성한의 「바비도」에 대한 심사위원 9인(김팔봉, 전영택, 백철, 계용묵, 이무영, 이헌구, 최정희, 주요섭, 정비석)의 심사 선후평은 작품 위주의 공명정대한 심사 결과 전원일치로 「바비도」가 '사상계'사가 제정한 제1회 동인문학상 수상작으로 선정되었음을 밝히고 있다. 「김동인문학상 수상 작품 선후평」, 『사상계』, 1956. 5., 276~280쪽.

든 문학 텍스트의 정전성 여부를 바탕으로 대항 주체가 생산해 낸 현대시 텍스트가 이후 국어교재에 어떻게 배치, 배제, 복권되었는지 그 과정을 살펴보고자 한다. 이러한 작업을 통해 국어교재에 미친 검열의 실상과 현대시 텍스트의 정전화 과정을 엿볼 수 있을 것으로 생각된다.

2. 정전의 선택과 배제: 「우리 오빠와 화로」와 「나막신」의 경우

문학사의 주류 정전이 반드시 국어교재의 교육정전으로 편입되는 것은 아니다. 국어교재의 구획 안에 한 번 수록된 텍스트들은 교육과 전파의 과정 속에 교육정전으로 재생산되거나 아니면 어떤 이유로 배제된다. 배제의 이유는 텍스트 자체의 문제일 수도 있고, 텍스트 주변의 문제일 수도 있다. 이러한 제반 문제를 구체적인 국어교재를 통해 살펴보기로 하자.

『중등국어교본』(상)(군정청 문교부, 1946. 9. 1.)에는 이병철의 「나막신」과 임화의 「우리 오빠와 화로」가 실려 있다. 이 두 작품이 해방 직후 최초로 만들어진 국어교재에 실렸다는 것은 『중등국어교본』 저작자들로부터 작품 수록의 가치를 인정받았다는 것을 의미한다. 『중등국어교본』의 저작자는 조선어학회로 되어 있다. 해방 직후 국어교본의 편찬 현황을 엿볼 수 있는 자료로는 조선어학회가 지은 『초등국어교본 한글교수지침』(군정청 학무국)에 실린 「국어교본 편찬에 대하여」가 있다. 이 글에 따르면 조선어학회가 군정청의 위임을 받아 『초등국어교본』, 『중등국어교본』, 『한글 첫걸음』을 편찬하였으며, 『중등국어

교본』의 기초위원으로 이숭녕, 이태준, 이희승이 참여하였음이 확인된다.[5]

이숭녕(평양사범학교)과 이희승(조선어학회)이 경성제국대학 출신의 국어학자인 데 비해, 이태준(조선문화건설중앙협의회)은 소설가로 이미 상당한 명망을 확보하고 있던 인물이었다. 이 중 책임을 맡은 이희승의 경우 일제강점기에 이미 『역대조선문학정화』란 조선문학교재를 발행하여 2년 동안 3판을 거듭한 바 있으며,[6] 해방 후에 개정판인 『정정(訂正) 역대조선문학정화』를 펴내었는데, 고급중학 국어국문교과서로 편찬된 것이었다. 그 내용은 주로 시조, 소설, 수필, 가사 등의 고전문학 작품이었다. '정화(精華)'의 뜻이 "깨끗하고 순수한 알짜" 또는 "정수(精髓)가 될 만한 뛰어난 부분"[7]이라면 다른 작품보다 상대적 우위에 있는 정전의 개념과 거리가 크게 멀지 않음을 알 수 있다. 이희승은 『중등국어교본』을 만든 지 1년 남짓 지나서 『박꽃』(백양당, 1947. 11. 15.) 이란 시집을 상재하기도 하는 등 시문학 부문에서 재능을 발휘하기도 하였다. 그렇지만 『중등국어교본』을 기획할 1946년 초반의 경우 현대문학 영역에서 이희승보다 이태준의 상징권력이 더 영향력 있었음을 감안한다면, 『중등국어교본』의 현대문학 작품 선정에서 이태준이 어느 정도 중심 역할을 했을 것으로 추정된다. 이태준은 일제강점기의

5 이 당시 『초등국어교본』(상), (중), (하)와 『중등국어교본』(상), (중), (하), 『한글 첫걸음』 등 국어교본의 편찬위원은 김병제, 김윤경, 박준영, 방종현, 장지영, 정인승, 조병희, 조윤제, 주재중, 최현배, 양주동, 윤복영, 윤성용, 윤재천, 이극로, 이세정, 이숭녕, 이태준, 이호성, 이희승, 이은상이었으며, 이 위원 중 『중등국어교본』의 기초위원으로 선임된 이가 이숭녕, 이태준, 이희승(책임)이었다. 조선어학회, 『초등국어교본 한글교수지침』, 군정청 학무국, 1945. 12., 2~3쪽.

6 이희승 편, 『정정(訂正) 역대조선문학정화』(상), 박문출판사, 1947, 범례(凡例) 부분.

7 국립국어연구원, 『표준국어대사전』(하), 두산동아, 1999, 5468쪽.

명망 있는 소설가로, 일제 말『문장』지를 통해 1930년대 후반 문학 장(場)에서 상당한 상징권력을 확보하고 있었던 작가였다. 여기서 이태준과 이병기가 부상하는데, 이병기는 그 당시 학무국 편수관의 업무를 담당하고 있었다.[8]『중등국어교본』이 중립적 국어교재 편찬을 할 수 있었던 근거로 일부 논자가 이병기 개인의 역할과 그가 가진 균형 감각[9]을 드는 것도 이 때문이다. 문제는 이태준의 역할에 대한 재고가 필요하다는 것이다. 이병기나 이태준은 '문장파'의 일원으로 이미 상당한 친분 관계가 형성되어 있었다는 점을 주목할 필요가 있다.[10] 해방 직후 이태준은 조선문학가동맹 중앙집행위원회 부위원장으로, 이병기는 중앙집행위원회 고전문학부 위원장으로 선임되었다.[11] 이런 사실을 두고 볼 때 이들이 해방 직후 민족문학 건설을 표방하는 조선문학가동맹과 크게 거리를 두지 않았음을 알 수 있다. 이러한 맥락 속에『중등국어교본』(상)에 실린 현대시 텍스트의 목록[12] 중 임화의「우리 오빠와 화로」는 주목되는 것이었다. 본격적인 좌우 대립이 이루어지기 전『중등국어교본』은 프로문학 진영의 대표시인「우리 오빠와 화로」와 대표적 농민소설이었던「고향」을 싣고 있다. 이기영의「고

---

8 이병기,『가람문선』, 신구문화사, 1966, 143~144쪽.

9 김윤식,「문학교육과 이데올로기」,『광복 후의 국어교육』, 한샘, 1992, 180~186쪽.
정채찬,「현대시 교육의 지배적 담론에 관한 연구」, 서울대학교 박사학위논문, 1996.

10 이병기, 이태준, 정지용은『문장』지의 고선위원(考選委員)으로서뿐만 아니라 난초와 같은 동질적인 취향의 공유로 서로 가까운 친교를 유지하였음이 확인된다. 이태준,「난초」,『상허문학독본』, 백양당, 1946, 13~15쪽 참고.

11「조선문학가동맹 위원 명부」,『문학』 창간호, 조선문학가동맹, 1946. 7., 153쪽.

12 군정청 문교부에서 발행한『중등문학교본』(상)에는「빗소리」(주요한),「나막신」(이병철),「비 갠 여름 아침」(김광섭),「복종」(한용운),「파초」(김동명),「난초」(정지용),「엄마야 누나야」(김소월),「경이」(조명희),「가을」(이병기, 현대시조),「가고파」(이은상, 현대시조),「바다」(김동명),「향수」(김기림),「벗들이여」(변영로),「우리 오빠와 화로」(임화) 등의 현대시 텍스트들이 수록되어 있다.

향」은 제목이 바뀌어 '원터'란 제목으로 일부분이 실려 있다. 『중등국어교본』에 「우리 오빠와 화로」나 「고향」을 실었다는 것은 저작자들이 정전 선택의 과정에서 문학사의 주류 정전을 강하게 의식하고 있었음을 보여 준다.

임화의 「우리 오빠와 화로」는 발표 당시부터 카프 내부에 논쟁을 유발할 만큼 문제시된 작품이다. 「우리 오빠와 화로」가 김기진에 의해 단편서사시로 명명[13]된 이후 "소시민층, 주로 학생지식자 청년들의 가슴(?)을 흔들"[14] 정도에 그쳤다는 임화 자신의 비판에도 불구하고 임화의 단편서사시는 카프 내에서 "가장 많은 평가", "가장 많은 영향"[15]을 미친 시 양식이었다. 임화의 「우리 오빠와 화로」가 『중등국어교본』에 수록되기까지의 정전화 과정을 살펴보면 다음과 같다.

- 『조선지광』(1929. 2.)에 발표
- 조선프롤레타리아예술동맹 문학부 편, 『카프시인집』(집단사, 1931)에 수록
- 김동환 편, 『조선명작선집』(삼천리사, 1936)에 수록
- 조선어학회, 『중등국어교본』(상)(군정청 문교부, 1946. 9. 1.)에 수록

임화의 「우리 오빠와 화로」는 『조선지광』 발표 당시부터 문단의 주목을 받았으며, 2년 후 『카프시인집』에 수록되었다. 『카프시인집』에

---

13 김기진, 「단편서사시의 길로」, 『조선문예』 창간호, 1929. 5.
14 임화, 「시인이여! 일보 전진하자!」, 『조선지광』 91, 1930. 6., 67쪽.
15 권환, 「시평과 시론」, 『대조』 4, 1930. 7., 33쪽.

는 김창술, 권환, 임화, 박세영, 안막 등 5인의 시 작품이 실려 있다. 임화 편(篇)에는 「우리 오빠와 화로」, 「다 없어졌는가」, 「네거리의 순이」, 「제비」, 「양말 속의 편지」, 「우산밧은 '요꼬하마'의 부두」 등 6편의 시가 실려 있다. 『카프시인집』에 임화의 시가 실렸다는 것은 그가 카프의 중요 시인으로 자리 잡았음을 의미한다. 물론 여기에 실린 시는 임화의 대표시로 인정할 만한 것이다. 「우리 오빠와 화로」가 정전으로서의 확고한 위치를 굳힌 것은 김동환이 편한 『조선명작선집』에서이다. 『조선명작선집』은 삼천리사에서 "작가들을 대상으로 한 설문조사를 바탕으로 정전 목록을 구성하고, 이를 대중들에게 공표하여 독자들의 반응을 살피는 한편, 정전목록을 조정하는 일련의 과정을 거쳐서 탄생한 결과물"[16]이라 할 수 있다. 『조선명작선집』이 문단, 출판매체, 독자들의 승인을 거쳐 정전 목록을 구성해 나갔다면, 여기에 실린 「우리 오빠와 화로」는 당시 문단에서 정전으로서의 위치를 이미 확보하고 있었다고 할 수 있다. 해방 직후 발간된 문학사인 백철의 『조선신문학사조사』에서도 「우리 오빠와 화로」의 전문을 게재하면서 "프롤레타리아서정시의 한 전형을 예시한 작품"[17]으로 소개하였다. 백철의 문학사가 『중등국어교본』이 출간된 이후에 나오긴 하였지만 이 작품 발표 당시의 현장비평가였던 백철의 평처럼 당대 문인이나 독자들이 「우리 오빠와 화로」가 문학사의 주류적 정전임을 잘 인식하고 있었다고 하겠다.

한편 『중등국어교본』의 저작자들이 반드시 문학사의 주류 정전들

16 심선옥, 「1920~30년대 근대시의 정전화 과정」, 『상허학보』 20, 상허학회, 2007. 6., 92쪽.
17 백철, 『조선신문학사조사 현대편』, 백양당, 1949, 143쪽.

만 교육정전으로 편입하였는가? 다시 말하면 교재화 과정에서 뚜렷한 정전의식을 가지고 있었던가를 살펴보기 위해서는 『중등국어교본』에 실린 텍스트를 다시 살펴볼 필요가 있다. 여기서 문제되는 것이 이병철의 「나막신」이다. 해방 직후 이병철이 가지고 있었던 문학적 이력은 보잘것없었다. 경북 영양군 입암면 병옥리 재령 이씨가에 태어난 이병철은 일제 말 상경하여 조연현과 더불어 혜화전문학교에 다녔다. 이병철은 이원조의 추천으로 『조광』(1943. 12.)지에 「낙향소식」을 발표하면서 문단에 나왔다. 그러나 그가 작가로서의 기반을 구축하기에는 시대적 여건이 뒷받침되지 못하였다. 일어상용(日語常用)의 시대에 작품을 발표할 매체도 거의 없었으며, 그 결과 작가로서의 뚜렷한 이력도 없이 이병철은 해방을 맞았다. 해방이 되었지만 그는 거의 신인이나 다를 바 없었다. 서울로 올라오면서 시작된 그의 문학활동은 1945년 8월에 「새벽」, 9월에 「소」를 쓰면서 본격적으로 시작되었으나 그의 진가가 발휘된 것은 김광현, 김상훈, 박산운, 유진오 등과 함께 만들어 낸 『전위시인집』(1946. 12. 30.)부터라고 할 수 있다.[18] 『중등국어교본』(상)이 1946년 9월 1일 발간되었으니 당시는 아직 이병철이 조선문학가동맹 내에서도 문학적 지위를 확보하기 전이었다. 『중등국어교본』(상)에 수록된 현대시 텍스트의 시인들 중 이병철을 제외하고는 전부 일제강점기에 시집을 한 권 이상 낸 작가들이다.[19] 거

18 이병철의 해방 전후의 이력에 대해서는 박용찬, 「이병철 시에 나타난 '가족'과 전망」, 『해방기 시의 현실인식과 논리』, 역락, 2004, 401~428쪽 참고.

19 『중등국어교본』(상)에 수록된 작가가 일제강점기에 발간한 시집의 제목은 다음과 같다. 주요한 『아름다운 새벽』(조선문단사, 1924), 『삼인시가집』(삼천리사, 1929), 시조집 『봉사꽃』(세종서원, 1930), 김광섭 『동경』(자가본, 1938), 한용운 『님의 침묵』(회동서관, 1926), 김동명 『파초』(총판: 함흥 신성각, 1938), 정지용 『정지용시집』(시문학사, 1935), 『백록담』(문장사,

의 신인에 가까운 이병철이 쓴 「나막신」이 왜 『중등국어교본』에 실렸던 것일까? 이는 이 작품이 던지고 있는 '길'의 의미 내지 표상성과 관련된다고 보아야 한다.

> 은하 푸른 물에 머리 좀 감아 빗고
> 달 뜨걸랑 나는 가련다.
> 「목숨 수」자 박힌 정한 그릇으로
> 체할라 버들잎 띄워 물 좀 먹고
> 달 뜨걸랑 나는 가련다.
> 삽살개 앞세우곤 좀 쓸쓸하다만
> 고운 밤에 딸그락 딸그락
> 달 뜨걸랑 나는 가련다.[20]

동포의 귀국·귀환 과정을 그린 염상섭의 「해방의 아들」, 허준의 「잔등」은 말할 것도 없거니와 해방기 작가에게 '길'은 다양한 의미를 내포하고 있다는 점에서 중요하다. 민족 전체든 개인이든 살아오고 걸어온 길도 문제지만 앞으로 살아가야 할 길도 중요하기 때문이다. 이병철의 「나막신」은 이러한 '길'의 문제를 환기시키는 작품이다. 복잡하지 않은 간결한 진술이야말로 이 시의 미덕이라 할 수 있다. "은하 푸른 물에 머리 좀 감아 빗고", "「목숨 수」자 박힌 정한 그릇으로/ 체

1941), 김소월 『진달래꽃』(매문사, 1925), 조명희 『봄 잔디 밭 위에』(춘추각, 1924), 김기림 『기상도』(자가본, 1936), 『태양의 풍속』(학예사, 1939), 변영로 『조선의 마음』(평문관, 1924), 임화 『현해탄』(동광당서점, 1938), 이병기 『가람시조집』(문장사, 1939), 이은상 『노산시조집』(한성도서, 1932) 등이다.

20 이병철, 「나막신」, 『중등국어교본』(상), 군정청 문교부, 1946, 39쪽.

할라 버들잎 띄워 물 좀 먹고", "삽삽개 앞세우곤 좀 쓸쓸하다만"이란 앞쪽의 시구가 모두 뒤쪽의 "달 뜨걸랑 나는 가련다"의 반복된 시구와 연결됨으로써 자연스럽게 출발의 의미를 강화하는 효과를 거두고 있다. 정주(定住)하거나 휴식하지 않고 걸어오고 걸어갈 수밖에 없었던 이 시기 사람들의 행로가 되풀이되는 진술을 통해 집약적으로 나타나고 있다. 길 위에서의 진행, 이는 개인의 삶이기도 하고 시대상황과 맞물린 전체의 삶이기도 하다. 「나막신」의 선택은 저작자들 개인의 취향일 수도 있지만 이 작품이 가지고 있는 길의 표상성이 강하게 작동한 것과 관련이 있다고 할 수 있다.

문제는 임화의 「우리 오빠와 화로」와 이병철의 「나막신」이 1948년 정부 수립 직후 문교부에서 발행한 『중등국어』에서 배제되었다는 사실이다.[21] 이는 국어교재의 정전화에 문학사의 주류나 작품이 가진 표상성이란 잣대가 더 이상 텍스트 선정 원리로 작동하지 않고 있음을 의미한다. 작품으로서의 위상보다 작가의 행적이 배제의 잣대로 작용한 경우라 할 수 있다. 해방 직후 임화나 이병철은 조선문학가동맹의 핵심 또는 전위 인사로, 1947년을 넘어서면서 월북하거나 지하로 잠입하여 활동한 미군정의 대항 주체라 할 수 있다. 임화와 이병철의 작품이 정부 수립 직후의 국어교재에서 더 이상 정전화의 대상이 될 수 없었던 것은 대한민국 정부 수립 이후 동일자의 이데올로기에 포섭되지 못하였기 때문이다.

두 작품 중 임화의 「우리 오빠와 화로」는 제7차 교육과정의 문학교

21 정부 수립 직전 발행된 문교부 편, 『중등국어』1(조선교학도서주식회사, 1948. 1. 20.)에도 이병철의 「나막신」(12쪽)이 그대로 실려 있음이 확인된다.

과서에 다시 등장한 반면 이병철의 「나막신」은 더 이상 국어교재에 실리지 못하였다.[22] 납·월북 작가의 해금 이후 1990년대 초·중반 임화 문학에 대한 평가 내지 자리매김에도 불구하고 「우리 오빠와 화로」가 바로 국어교재에 실리지는 못하였다. 「우리 오빠와 화로」는 2003년부터 시행된 제7차 교육과정의 고등학교 검인정 문학교과서에 와서야 비로소 등장하게 되었다. 해방 직후 국어교과서였던 『중등국어 교본』 이후 약 55년 만에 다시 국어교재에 등장하게 된 것이다. 제7차 교육과정의 문학교과서에는 임화의 시 두 편 「우리 오빠와 화로」와 「네거리의 순이」(박경신 외, 금성출판사)가 실렸는데 「우리 오빠와 화로」의 경우를 살펴보면 다음과 같다.

표 1-1 「우리 오빠와 화로」가 수록된 제7차 교육과정 문학교과서

제목	단원	실린 부분	출처
「우리 오빠와 화로」	4. 근대의 문학 (1) 개화기~1945년의 문학	본문	디딤돌 (김윤식 외)
	2. 노래하기로서의 문학 (1) 시의 본질과 특성	학습활동	민중서림 (김창원 외)

「우리 오빠와 화로」의 배치를 살펴보면 이 작품이 본문 텍스트 내지 학습활동 자료로 수록되었음이 확인된다. 본문 텍스트로서 「우리 오빠와 화로」는 '근대의 문학'(대단원) - '개화기~1945년의 문학'(중단원)에 실려 있는데, 이를 통해 볼 때 「우리 오빠와 화로」는 문학사의 주

22 이병철의 「나막신」은 국어교재에 실리지 않은 대신, 1990년 창작과비평사에서 펴낸 『한국현대대표시선』 I (민영·최원식·최두석 편)에 실렸다. 이는 「나막신」이 이후 국어교재의 교육정전으로 다시 등장하지는 못하였지만 여전히 문학정전으로서 가능성이 있음을 보여 주는 사례라 할 수 있다.

된 흐름을 살펴보는 단원에서 1920~1930년대 문학을 대표하는 작품 중 하나로 선택된 것이라 할 수 있다. 다시 말하면 「우리 오빠와 화로」는 '단편서사시'의 대표적 작품이자, 문학사의 주류 정전에 해당하는 작품으로 문학교과서에 수록되었던 것이다. 반면 학습활동에 제시된 「우리 오빠와 화로」는 시적 화자의 특성을 이해하기 위한 학습자료로 가져온 것이다. 정전의 문제가 '무엇을'의 문제만이 아니라 '어떻게' 가르칠 것인가의 문제와도 연결된다고 할 때 이러한 활동들은 「우리 오빠와 화로」가 문학 본질적 측면에서도 형상성을 확보하고 있음을 보여 주는 예시라 할 수 있다. 긴 검열의 터널을 벗어나 국어교재에 다시 복권된 임화의 작품은 이후 그가 남긴 다양한 텍스트들로 확장되어 간다. 2012년 14종 문학교과서에는 「현해탄」, 「차중-추풍령」이 배치되었으나 2014년 문학교과서에는 채택되지 않았다. 납·월북 작가의 규제나 검열이 대폭 완화된 마당에 「우리 오빠와 화로」 같은 임화의 대표적 시들은 채택되더라도 주로 문학사 부문에 배치되었다. 외적 검열이 사라진 상황에서 국어교재 집필자의 취향 내지 내적 검열이 또 하나의 기준이 되었다고 할 수 있다.

3. 검열기제의 작동과 복권의 과정: 「오랑캐꽃」의 경우

박노갑이 편찬한 『중등국어』3(금룡도서주식회사, 1949. 8. 5.)에 이용악의 「오랑캐꽃」이 실려 있다. 『중등국어』3에 실린 「오랑캐꽃」은 이용악의 시 중에서 처음으로 국어교재에 실린 작품이다. 「오랑캐꽃」은 『인문평론』 창간호(1939. 10.)에 발표되었으며, 이용악의 세 번째 시집 『오랑캐꽃』(아문각, 1947. 4.)에 수록된 표제작이기도 하다. 이용악은 「오랑캐꽃」을 시집 『오랑캐꽃』의 첫 면에 배치하는 한편, 표지 장정 또한 오랑캐꽃의 유래담을 그리드 형식으로 활용하였다. 이를 통해 볼 때 이용악이 「오랑캐꽃」에 대해 강한 자부심과 애착을 가졌던 것으로 보인다. 한국전쟁 직전까지 「오랑캐꽃」의 정전화 과정을 정리해 보면 다음과 같다.

- 『인문평론』 창간호(1939. 10.)에 발표
- 시학사판 『신찬시인집』(1940. 2. 18.) 이용악 편에 수록
- 이용악의 세 번째 시집 『오랑캐꽃』(아문각, 1947. 4.)에 수록
- 임학수 편, 조선문학전집⑩ 『시집』(한성도서주식회사, 1949. 4. 2.)에 수록
- 박노갑 편, 『중등국어』3(금룡도서주식회사, 1949. 8. 5.)에 수록

먼저 이용악의 문학적 이력 및 그의 문학적 위상을 살펴볼 필요가 있다. 이용악은 서정주, 오장환과 함께 시단의 삼재(三才)로 일컬어질 정도로 1930년대 문단에서 시적 능력을 높이 평가받은 시인이다. 이용악은 함북 경성 출신으로, 일제강점기에 『분수령』(삼원사, 1937. 5.)과 『낡은 집』(삼문사, 1938. 11.)을, 해방 직후에 『오랑캐꽃』과 『이용악집』(동지사, 1949. 1.)을 상재한 바 있다. 박노갑의 『중등국어』3이 출간되기 전 이용악은 이미 네 권의 시집을 가진 명망 있는 시인이었다.

『인문평론』에 실린 「오랑캐꽃」은 발표된 지 4개월 만에 시학사(詩學社)판 『신찬시인집(新撰詩人集)』(1940. 2. 18.)에 수록되는 행운을 얻었다.

『신찬시인집』은 시학사가 기획한 시선집으로, 1930년대의 중요 시인 32인의 작품을 모은 사화집(詞華集)이다. 이 책에 실린 시인과 작품들이 편자 나름의 선정 기준에 의해 선별되어 수록되었음은 『신찬시인집』의 서문[23]에 잘 나타나 있다. 낡은 이름에 안주하거나 내용 없는 인명(人名)을 나열하지 않겠다는 편집 방침은 1930년대 후반 시단의 중요 작가와 작품을 새로운 진용으로 보여 주는 효과를 거두고 있다. 『신찬시인집』은 32명의 시인들을 선별하여, 각 시인별로 3~5편의 대표작을 싣고 있는데, 이용악의 경우 「북쪽」, 「장마 개인 날」, 「두메 산골」, 「전라도 가시내」, 「오랑캐꽃」 등 5편의 작품이 선별되었다. 「오랑캐꽃」이 발표되자마자 새로 편찬된 야심찬 기획의 앤솔러지에 실렸다는 것은 이 작품이 그만큼 높이 평가되었음을 의미한다. 해방 직후에 이용악 자신도 「오랑캐꽃」에 대한 애착이 있었는지 그의 세 번째 시집 『오랑캐꽃』(1947)의 제목으로 삼았다. 또한 한성도서에서 기획한 조선문학전집의 마지막 권인 임학수가 편찬한 『시집』(1949)에도 「오랑캐꽃」이 이용악의 대표작으로 실려 있다. 이런 여러 사정을 고려해 볼 때 「오랑캐꽃」이 국어교재에 정전화될 가능성은 충분하였다

23 시학사판 『신찬시인집(新撰詩人集)』에 실린 편자의 서문은 다음과 같다. "한 세대가 자아의 찬연한 여운을 남기고 낙일(落日)과 함께 숨죽을 때 다음 세대는 그 후광을 타고 온다. 온갖 문화의 발전은 그것의 전통을 참되게 계승하는 데 있다. 시도 이에서 벗어남이 없으리라. 우리가 가진 시의 체험은 시간상으로 볼 때 지극히 짧다. 그러나 그것은 복잡하고 다단하고 다기하다. 그러므로 선행한 시인들은 냉혹한 시의 황야에서 너무나 빠른 낙일을 안고 울면서 가버린 것이다. 지금 우리는 다시 머지 아니한 낙일을 눈앞에 두고 자욱 자욱 걸어 나가고 있다. 시는 바야흐로 자아의 위상과 행방을 상실하고 툰드라의 동원(凍原)에 방황하고 몸부림쳐도 좋다. 그러면 다음에 오는 뮤-즈들은 우리가 전대(前代)를 보고 느낀 것처럼 우리들의 너무나 어린 모습을 코웃음으로써 반성하리라. 시 영역의 전반(全般)을 통한, 한 개의 집성(集成)이 요구되는 의의가, 낡은 이름만 되우려 먹거나 혹은 무내용(無內容)한 인명 진열을 일삼지 않는 사화집(詞華集)의 의의가 바로 여기에 있다." 「서(序)」, 『신찬시인집(新撰詩人集)』, 시학사, 1940, 5~6쪽.

고 할 수 있다. 그렇지만 미군정기나 정부 수립기의 경우 문교부가 주도한 『중등국어교본』이나 『중등국어』에는 「오랑캐꽃」이 수록되지 않았다.

「오랑캐꽃」이 국어교재에 처음 실린 것은 박노갑이 편찬한 『중등국어』3이다. 『중등국어』3은 중등학교 국어과 참고용으로 1949년 8월 5일 발행한 인정도서이다. 인정 연월일이 1949년 8월 3일이고 인정 유효기간이 1950년 8월 31일로 되어 있다. 인정도서란 자유로이 교과서로 발행한 뒤 나중에 그 사용의 인가를 받은 도서를 말한다. 이러한 인정도서는 국정교과서에 비해 체제나 작가, 작품의 선택 면에서 편자의 자유가 어느 정도 인정되어 다양성을 확보할 수 있다는 장점이 있다.

편자인 박노갑은 충남 논산에서 태어나 휘문고보, 일본 호세이대학(法政大學) 문학부를 졸업하고, 신문기자 생활을 하였다.[24] 일제 말 『문장』지 등을 통해 작품활동을 하였으며, 해방 직후 소설집 『사십년』(육문사, 1948)을 발간한 바 있다. 그는 해방 직후 조선문학가동맹에 가담하여 '중앙집행위원회 소설부 위원'[25]을 역임하는 한편, 휘문중학, 숙명여고 교사로 실제 국어교육 현장에 있었기 때문에 국어교재의 문제점과 필요성을 누구보다 잘 알고 있었다고 할 수 있다. 금룡도서주식회사를 통해 중등국어를 기획한 것은 작가로서, 국어교사로서의 박노갑의 입지 내지 현실적 요구와 관련되었을 가능성이 높다.

『중등국어』3은 유독 문학 제재의 텍스트를 많이 싣고 있어 눈에 띈

---

24 박노갑, 「자서소전(自敍小傳)」, 『신인단편걸작집』, 조선일보사출판부, 1949, 86~87쪽.
25 「조선문학가동맹 위원 명부」, 『문학』 창간호, 조선문학가동맹, 1946. 7., 153쪽.

그림 1-1 『중등국어』3의 표지와 내지 부분

다. 이는 『중등국어』3이 비문학 제재보다 문학 제재를 대상으로 한 참고용 인정도서임을 말해 준다. 신석정, 김광섭, 김진섭, 김동리, 이병기, 노천명, 양주동, 박태원, 현덕, 계용묵, 윤선도, 김용준, 안회남, 문일평, 이근영, 조윤제, 정인보, 이희승, 박화성, 이용악, 채만식, 이병기, 이은상 등이 『중등국어』3의 주요 필진이다. 그런데 『중등국어』3에 실린 작가들 중 현덕, 안회남, 이근영, 이용악 등은 해방 직후 조선문학가동맹에서 적극적으로 활동하던 인물이다. 군정청 문교부에서 발행된 『중등국어교본』에 실렸던 임화, 이병철 등 조선문학가동맹 관련 작가들이 정부 수립기 국어교재인 문교부 발행 『중등국어』①~⑥에서 모두 배제된 것과 달리 한참 후인 1949년 8월 5일 발행된 박노갑의 『중등국어』3에 조선문학가동맹의 작가들이 별 제재(制裁) 없이 실렸다는 것은 무엇을 말하는가? 이는 문교부가 주도적으로 관여하지 않았던 국어교재였기에 가능하였다고 할 수 있다. 국정, 검인정

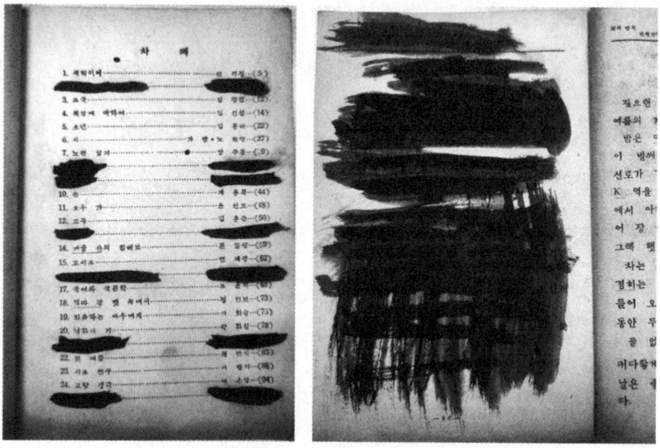

그림 1-2 『중등국어』3의 차례, 「오랑캐꽃」 수록 부분

등 아직까지 교과서 발행 체제가 제대로 자리 잡지 못한 초창기 국어 교재 발간 시스템에서 편자의 취향과 안목이 무엇보다 강하게 작동된 결과라 할 수 있다. 우리말, 우리글에 대한 요구가 높았던 해방기인지라 독본류 국어교재의 발행은 다른 어느 때보다 많았다고 할 수 있다. 시급히 만들어지는 독본류 국어교재의 작품 선택에 편자 나름의 문학적 취향과 안목은 거의 절대적이었다고 할 수 있다. 한때 조선문학가동맹의 맹원이자 중앙집행위원회 소설부 위원이었던 박노갑이 편한 『중등국어』3 또한 이러한 배경 아래 탄생되었던 것이다. 그런데 문제는 『중등국어』3이 국어교육 현장에서 제대로 유통되지 못하였다는 데 있다.

위의 사진에 제시된 작품 목록에서 먹칠된 부분을 자세히 살펴보면 「옛글 새로운 정」(정지용), 「○○」(박태원), 「경칩」(현덕), 「○○」(안회남), 「○○○ ○○」(이근영), 「오랑캐꽃」(이용악), 「○○○○」(○○○) 등의 작품이 덧칠되어 잘 알아볼 수 없게 되어 있다. 먹칠된 작가들을 자세히 보면 대부분 조선문학가동맹 소속 작가이거나 아니면 보도연맹에 가입한 작가였다. 1949년 8월 3일 인정 허가를 받은 이 교재가 이렇게 검열로 먹칠된 이유는 한국전쟁 직전 강화된 국가주의 시선과 관련이 깊다고 할 수 있다.[26] 이들 텍스트의 제목을 통해 내용을 추정해 보면 이념적 색채보다 문학적 색채가 짙은 작품이라 할 수 있다. 미군정기의 『중등국어교본』에서 정부 수립기의 『중등국어』①~⑥으로 넘어오면서 관 주도의 국어교재에서 이미 조선문학가동맹 계열의 작가는 배제되었다. 그 결과가 임화의 「우리 오빠와 화로」와 이병철의 「나막신」의 탈락이었다. 그러나 여전히 인정도서의 경우에는 조선문학가동맹 계열 작가의 작품이 수록되어 있음을 볼 때 정부 수립 전후의 국어교재 편성 지침이 제대로 마련되지 못하였음을 보여 준다. 해방 직후 우리말과 우리글에 대한 욕구가 팽배한 시점에서 다양한 국어교재가 발행되었는데, 관 주도의 국어교재만으로 감당할 수 없었던 부분을 독본류 국어교재들이 일정 부분 담당하였다고 할 수 있다. 독본류 국어교재들에까지 국가의 검열이 작동된 시기가 1949년 8월 이후임을 박노갑 편 『중등국어』3이 잘 보여 주고 있다. 텍스트 측면에서만 보면 박노갑 편 『중등국어』3에 가해진 외적 검열의 흔적은 교수·학습 과정에 가해진 폭력이라 할 수 있다.

필자가 소장하고 있는 『중등국어』3은 경북공립중학교 3학년 김○

---

26 문학 텍스트와 국가주의 시선의 문제에 대해서는 박용찬, 「한국전쟁 직전 국어교재에 실린 문학 텍스트의 구성담론과 국가주의 시선으로의 이동」, 『어문학』 119, 한국어문학회, 2013. 3., 223~253쪽 참고.

○가 사용한 교재이다. 표지에 펜으로 '부' 자가 써 있는 것으로 보아 이 책이 문교부 발행의 『중등국어』①~⑥과는 별도로 학교 현장에서 참고용 국어교재, 즉 국어교과서의 보충교재로 사용되었음을 알 수 있다. 문교부 발행의 『중등국어』에 담을 수 없었던 문학 제재를 학교 현장에서 이 책을 통해 보완하고자 하였던 것으로 보인다. 문학작품 밑에 단어 풀이나 주석 등이 곳곳에 있는 것으로 보아 실제 교실에서 사용한 것은 틀림없는데, 문제는 사진에서 보는 바와 같이 작품 부분 부분에 검은 먹칠을 하여 학생들이 그 내용을 알아볼 수 없게 해 놓았다는 점이다. 이것은 『중등국어』3이 학교 현장에 배부된 후, 교재를 전부 수거할 수는 없는 상황에서 긴급히 취해진 사후 검열의 한 형태라 할 수 있다.[27] 그 결과 『중등국어』3에 실린 이용악의 「오랑캐꽃」 또한 시가 실린 면 전체를 검은 먹으로 칠해 텍스트 자체를 은폐해 버렸다. 한국전쟁 직전 국어교육 현장에서 이 책이 실제로 사용되기는 하였으나 「오랑캐꽃」을 이 당시 학생들이 제대로 배우지 못하였던 것으로 보인다. 『중등국어』3에 가해진 사후 검열은 학습자들로 하여금 문학 텍스트로서의 「오랑캐꽃」에 접근할 수 없게 만들었다. 박노갑 편 『중등국어』3에 행해진 사후 검열은 결국 국가주의 담론과 대항 주체들의 담론이 충돌하는 장면을 잘 보여 주고 있다. 『중등국어』

27 해방 직후 사후 검열의 흔적은 김기림의 『시론』(백양당, 1947)이나 임화의 『찬가』(백양당, 1947) 등등의 출판물에도 나타나고 있다. 김기림의 『시론』은 백양당에서 출간되었는데 초판(1947. 11. 15.)과 재판(1948. 9. 25.)에는 「전위시인집(前衛詩人集)에 부침」이 실려 있으나 3판(1949. 2. 25.)에는 차례에도 삭제되어 있고 그것이 실린 209~211쪽이 빈 면 그대로 출판되었다. 임화의 『찬가』(1947. 2. 10.)의 경우에도 검열의 흔적이 나타나는데, 이 당시 미군정 당국에 의해 문제시된 「깃발을 내리자」가 차례와 본문(51~54쪽)에 실려 있기는 있으나, 차례 부분에 실린 쪽수가 삭제되어 있다.

3은 정부 수립 이후 국가주의 시선 아래 관리되던 관 주도의 국어교재와 달리 대항 주체들의 텍스트를 다양하게 실었다. 이는 인정도서였기에 가능한 일이었다. 그러나 대항 주체의 텍스트까지 포괄하고자 했던 이러한 편찬자의 의도는 한국전쟁 직전의 상황에서 더 이상 수용될 수 없었음을 사후 검열의 흔적이 잘 보여 준다.

이용악의 시들이 국어교재에 다시 복권되는 것은 제7차 교육과정 문학교과서부터이다. 제7차 교육과정 고등학교 문학교과서(18종)에는 본문에 「낡은 집」(교학사, 상문연구사), 「우라지오 가까운 항구에서」(두산), 「풀벌레 소리 가득 차 있었다」(천재) 등이, 본문 외에는 「낡은 집」(한국교육미디어, 청문각, 대한, 형설), 「막차 갈 때마다」(두산), 「오랑캐꽃」(문원각), 「전라도 가시내」(민중서림) 등이 실려 있다. 2009 개정 교육과정 고등학교 문학교과서에는 본문에 「낡은 집」(천재), 「풀벌레 소리 가득 차 있었다」(교학사, 지학사), 「오랑캐꽃」(비상교평), 「전라도 가시내」(지학사) 등이 실려 있다. 이를 통해 볼 때 이용악의 시는 중복으로 실린 것을 제외하면 제7차 교육과정 고등학교 문학교과서(18종)에 6편, 2009 개정 교육과정 고등학교 문학교과서(14종)에 4편이 수록되어 있음이 확인된다. 작품 목록을 보면 해방 직후 처음 국어교재에 등장하였던 「오랑캐꽃」뿐만이 아니라 「낡은 집」, 「우라지오 가까운 항구에서」, 「풀벌레 소리 가득 차 있었다」, 「전라도 가시내」 등의 작품이 정전화의 과정을 밟고 있음을 알 수 있다. 교재화된 시들은 해방 직후의 시보다는 일제강점기의 시편들에 집중되어 있다. 이는 조선문학가동맹의 맹원으로서 싸움의 노래를 주로 불렀던 해방 직후의 시보다 자신의 체험을 바탕으로 민족의 현실을 절실하게 그려 낸 일제강점기의 시가 당대는 물론이고 제반 문학사에서 더 높이 평가받은 결과라 할 수 있다.

외적 검열이란 문학사와 문학교육의 금기가 제거된 시점에, 그동안 문학교재의 정전에서 소외되었던 이용악은 백석과 더불어 국어교재의 주요 작가로 등장하게 되었다. 간헐적으로 국어교재에 「오랑캐꽃」 수록의 당위성에 대한 열망[28]이 표출되기도 하였으나 이러한 열망은 제7차 교육과정과 2009 개정 교육과정에 와서야 실현되었다. 제7차 교육과정에서 「오랑캐꽃」은 본문 텍스트가 아닌 '시의 심상과 표현'이란 중단원의 '단원의 마무리' 부분에 배치되었다. "다음 시를 감상하고 '오랑캐꽃'이라는 시적 상징을 통해 시인이 나타내고자 하는 것은 무엇인지 생각해 보자."[29]라는 물음 하나만 제시되어 「오랑캐꽃」 작품에 대한 전체적인 접근은 이루어지지 못하였다. 단원의 개념도 없이 「오랑캐꽃」 작품만 제시하던 해방 직후 국어교재의 구성 방식과 크게 다를 바 없는 텍스트 배치라 할 수 있다.

「오랑캐꽃」이 제재로서 본문의 중요 작품으로 등장한 것은 2009 개정 교육과정에 따른 비상교평(유병환 외)의 문학교과서이다. 한국문학의 흐름 부분에 주로 배치되었던 임화의 「우리 오빠와 화로」와 달리 이용악의 「오랑캐꽃」은 문학사 부문이 아닌 문학 본질의 특성과 관련된 단원에 실려 있다. 내용, 형식, 표현이 어우러진 미적 구조물로서 「오랑캐꽃」이 선택되었다는 점은 주목을 요한다. 「오랑캐꽃」이 가진 작품의 내용과 형식, 표현상 특징을 살펴보고자 하는 것이 소단원의

---

28 김선학, 「새 교과서에 이 시를 추천한다: 이용악, '오랑캐꽃'」, 『시와 시학』, 시와시학사 1994. 7.
29 한철우 외, 『문학』(상), 문원각, 2003, 94쪽.

주된 목표인데, 이러한 접근을 통해 「오랑캐꽃」이 가진 정전으로서의 속성이 드러날 수 있다는 점에서 의의 있는 텍스트 학습전략이라 할 수 있다. 해방기 『중등국어』3에 한 번 실린 바 있던 「오랑캐꽃」이 제7차교육과정 고등학교 문학교과서의 본문에 바로 선택되지 못한 이유는 무엇인가? 「낡은 집」, 「우라지오 가까운 항구에서」, 「풀벌레 소리 가득 차 있었다」에 비해 「오랑캐꽃」의 '해석 정전'이 제대로 확립되지 못한 측면도 작용하였다고 할 수 있다. 근거에 바탕한 타당한 해석이 필요한 시점이다. '고려장군님'을 둘러싼 해석의 이견(異見)[30]이 도리어 「오랑캐꽃」의 해석에서 의미의 풍부화를 가져올 수 있다는 점에서 국어교재 편찬자들이나 문학교사들이 「오랑캐꽃」의 정전화에 보다 적극적으로 관여할 필요가 있다.

4. 맺음말

해방 직후부터 본격적으로 발간되기 시작한 국어교재에 많은 현대시 텍스트들이 넘나들었다. 이들 텍스트 중에는 문학사의 주류 정전인 작품도 있었고, 그렇지 못한 작품도 있었다. 이는 문학정전과 교육정전의 문제이기도 하고, 그러한 선택과 배제의 과정에 작동한 이데올로기의 문제이기도 하다. 이 장에서는 현대시 텍스트의 정전화의 과정에 작동한 지배담론이 국가주의 담론이라고 보고, 그 대항 주체

30 윤영천, 「민족시의 전진과 좌절」, 『이용악시전집』, 1988, 창작과비평사.
윤여탁, 「이용악의 '오랑캐꽃' 텍스트의 해석방법 연구」, 『한국시학연구』 27, 한국시학회, 2010. 4.
정정순, 「이용악의 '오랑캐꽃' 해석과 시교육」, 『문학교육학』 36, 한국문학교육학회, 2011. 12.

였던 임화, 이병철, 이용악의 제 작품들이 국어교재에서 선택, 배제, 복권되어 가는 과정을 살펴보고자 하였다. 해방 직후 국어교재에 실렸던 임화의 「우리 오빠와 화로」, 이병철의 「나막신」, 이용악의 「오랑캐꽃」은 정부 수립, 한국전쟁, 1988년 납·월북 작가의 해금을 전후로 국어교재에서 배제, 탈락, 복권되는 제 과정을 겪는다.

「우리 오빠와 화로」와 「오랑캐꽃」의 경우는 문학 장(場) 내에서 문단의 평가, 선집(選集) 수록 과정 등을 통해 주류 정전으로서의 입지를 자연스럽게 구축하였음을 확인하였다. 반면 「나막신」은 '길'이란 표상성이 새나라 세우기의 도정에 있던 해방 직후 상황, 국어교재 편찬자들의 취향과 맞물려 선택된 결과라 할 수 있었다. 문제는 이들 작품이 텍스트의 정전성 여부와 관계없이 작가의 행적 같은 작품 외적 이유에 의해 정부 수립 또는 한국전쟁을 계기로 국어교재에서 전부 배제되었다는 점이다. 「우리 오빠와 화로」와 「나막신」(군정청 문교부 발행, 『중등국어교본』 수록)은 정부 수립 직후 문교부 발행의 『중등국어』①~⑥에서 탈락하게 되는데, 이는 처음부터 작품 선정에서 배제되는 사전 검열기제의 작동에 의한 것이라 할 수 있다. 반면 박노갑 편의 『중등국어』3에 실린 「오랑캐꽃」의 경우는 사후 검열의 형태를 보여 주는 전형적 사례로서, 한국전쟁 직전 강화된 검열 체제가 인정도서에까지 미친 경우라 할 수 있다. 「오랑캐꽃」에 행해진 외적 검열의 흔적은 결국 국가주의 담론과 대항 주체의 담론이 충돌하는 장면을 보여 주는 것이었다. 강화된 국가주의 시선 앞에 국어교재 편찬자는 관 주도의 국어교재와 달리 대항 주체의 텍스트인 「오랑캐꽃」을 인정도서에 수록하는 방식을 택하였다. 그러나 곧 이은 검열기제의 작동은 더 이상

편찬자 나름의 안목이나 취향에 따른 문학 텍스트 선택을 불가능하게 만들었다. 한편 동일자의 이데올로기에 포섭되지 못하였던 이들 작품은 1988년 납·월북 작가의 해금(解禁) 이후 문학교육의 장에 복권되기 시작하였다. 이 중 시대적 표상성과 관련되어 있던 「나막신」은 국어교재에 더 이상 선택되지 못하는 대신 『한국현대대표시선』(창작과비평사)에 실리면서 문학정전으로서의 가능성을 보여 주었다. 반면 나머지 두 작품은 국어교재에 다시 정전화되는데, 「우리 오빠와 화로」는 주로 문학사 부문에, 「오랑캐꽃」은 문학의 본질적 특성을 밝히는 부문에 배치되었다. 이들 텍스트가 새로운 국어교재의 교육정전으로 다시 부각된 이유는 「우리 오빠와 화로」나 「오랑캐꽃」이 다른 카프 작품들과 달리 문학사적 비중 내지 신비평적 관점에서도 크게 떨어지지 않는 문학성을 일부분 구비하고 있다는 사실과 관련된다고 할 수 있다.

외적 검열기제의 작동이 약화되고 다원주의 가치 체계가 힘을 얻어 가는 이 시점에도 여전히 문학 텍스트의 정전화 과정에 다양한 담론들이 충돌되고, 조정된다. 교육정전의 선택에 국어교재 편찬자들의 안목과 취향이 어느 정도 작동할 수밖에 없겠지만, 그들 스스로 만들어 내는 내적 검열의 잣대가 또 다른 폭력이 되고 있지 않은지 반추해 볼 일이다.

제2장

일제 말기 시의 굴종과 자기비판

1. 친일문학 문제

한국문학사에서 1930년대 말부터 해방까지의 기간은 아직까지 많은 논란에 휩싸여 있다. '친일문학'이니 '국민문학'이니 하는 비판적 용어를 넘어 심지어 초창기 몇몇 문학사가들은 '암흑기'라 하여 이 기간을 우리 문학사에서 지워 버리고 싶은 단절의 공간으로 상정하기까지 하였다. 그러나 역사적 실재(實在)는 후대인들이 지워 버리고 싶다고 해서 쉽게 지워지지 않는다. 현재란 언제나 과거로부터 이어 내려온 역사적 상(像)이기 때문이다.

지금까지 일제 말기 문학은 연구자들이 이 당시 문학작품들을 감정위주의 단선적인 방식으로 접근한 까닭에 아직까지 작품의 생성과 영향에 대한 깊이 있는 천착이 이루어지지 못하였다고 할 수 있다. 이는 그 시대를 바라보는 관점 내지 시각의 부재가 큰 원인 중의 하나라 할 수 있다. 또한 실증적 자료의 부족 및 표기 언어의 문제가 이 시기 문학에 접근하는 데 또 하나의 장애물이 되고 있다. 이 시기 문학의 많은 부분들이 『국민문학』, 『신시대』, 『반도지광』, 『대동아』, 『내선일체』, 『동양지광』 등 일본어로 된 잡지 및 『매일신보』에 실려 있다는 점은 이를 잘 말해 준다. 이들 작품의 한국문학 편입 여부를 떠나 이 글들은 그 당시 우리 지식인들의 정신적 파탄과 상처를 볼 수 있다는 점에서 텍스트로서의 의미를 가진다.

일제 말기 지식인들의 순응과 굴절의 모습은 단순히 지나간 역사의 흔적이 아니라 현재를 있게 한 과거이다. 역사의 흐름이라는 연장선상에서 해방 직후 이들의 자기비판의 과정 또한 주목의 대상이 된다. 그러므로 다시 친일파 내지 친일문학을 문제 삼는다는 것은 청산되지 못한 역사에 대한 도전의 의미가 있다. 역사는 순환한다. 그러한 역사가 다시 오지 말란 법도 없다. 그러므로 친일문학에 대한 문제 제기는 화석화된 과거에 대한 접근이 아니라 오늘날의 문제에 대한 접근이기도 하다. 그러나 친일행위에 대한 지나친 감정적 대응은 사실을 왜곡할 가능성이 있다. 친일행위를 보는 데도 엄격한 실사구시의 정신이 요구된다고 하겠다. 겉으로 드러난 실천행위만 문제 삼을 것인지 그렇지 않으면 은밀한 내면의 정신까지 파고들 것인지 결코 간단하지 않다. '죄 없는 자 이 사람에게 돌을 던져라' 식의 문제 회피식 사고 또한 경계해야 할 점이다. 일본 군국주의의 칼날 앞에 제대로 몸을 가눌 수 있었던 사람이 도대체 얼마나 될까? 이 물음은 이미 부정을 내포하고 있다. 대부분의 지식인이 일본 군국주의의 그늘 속으로 도피해 들어갔던 역사적 사실이 이를 증명하고 있다. 그러므로 이 시기 작가들의 현실대응 문제는 긍정적이든 부정적이든 그 당시 지식인의 자세와 몸가짐을 보여 준다는 점에서 주목된다.

이 장에서는 일제 말 친일시의 생성 토대가 된 친일 논리의 형성 과정과 친일시의 양상, 그리고 해방 후 자기비판의 과정을 살펴보고자 한다.

2. 친일시의 생성 배경

1930년대에 접어들면서 한국사회는 차츰 일본 군국주의, 즉 파시즘의 물결에 휩쓸려 들어가기 시작했다. 조선을 강점한 일제는 1931년 만주사변, 1937년 중일전쟁, 1941년 태평양전쟁을 잇달아 일으킴으로써 대륙침략 정책을 본격화한다. 그 결과 식민지 치하에 놓여 있던 조선은 일제의 전쟁 수행을 위한 병참기지로 전락하게 되었다. 민중들의 삶은 더욱 고단해졌고, 만주로, 일본으로, 시베리아로 떠나가는 유이민들의 숫자가 더욱 많아졌다. 지식인들 또한 예외가 아니었다. 특히 1935년 '카프'의 해체 이후 일제의 사상 탄압으로 인해 지식인들의 행동반경은 더욱 줄어들 수밖에 없었다. 그 결과 작가들의 현실대응력은 위축되기 시작하였다. 국내에 남아 있던 대부분의 지식인들은 일제의 비상시국에 순응할 것을 강요받았으며, 힘겹게 지켜 오던 그들의 정신은 군국주의의 위협에 직면하게 되었다. 1937, 1938년경에 접어들면서 일제의 언론 탄압 및 지식인에 대한 회유책은 극에 달하여 지식인들 사이에서 전향자가 속출하였다. 결국 일제가 이 시기에 우리 민족에게 요구한 것은 내선일체(內鮮一體)와 황국신민(皇國臣民)의 길뿐이었다. '비상시국'이란 명목하에 모든 것이 통제되고 '신체제론'이란 독단적 이데올로기가 폭력을 행사하였다. 이러한 "무력(無

力)의 시대"[1]에 지식인들은 "냉동어"[2]처럼 움츠러들거나 아니면 그 나름대로 생존의 논리를 펼쳐 나가야만 했다.

1930년대 후반부터 나타나기 시작한 생존의 논리는 친일문학으로 가는 거점을 확립해 주었다고 할 수 있다. 현실에 굴복한 작가들이 아무 준비 단계 없이 지금까지와는 다른 새로운 세계로 바로 뛰어들 수는 없었기 때문이다. 카프 해체란 큰 사건을 겪은 뒤 작가, 비평가들은 이데올로기의 공백지대에서 많은 모색과 실험을 거듭하였다. 그러나 1930년대 후반이란 시대상황에서 그러한 모색과 실험이 현실에 대한 정공법이 될 수 없었음은 주지의 사실이다. 그러나 그러한 모색과 실험조차도 1930년대 말에 접어들면서 모색 포기의 상태에 이르거나 잠행 상태에 빠져들게 된다. 어찌 보면 모색과 실험의 포기 현상은 파시즘 치하 예정된 문학의 운명이었다. 새롭고도 이질적인, 그 서투른 친일의 논리들은 1930년대 말부터 조심스럽게 나타나기 시작하였다. 그러한 논리들은 처음에는 '우연'이니, '국민'이니, '제3'이니 하는 낯선 모습으로 떠올랐다. 이것이 차츰 나름대로의 형태로 발전한 것이 백철의 사실수리론(事實受理論), 최재서 등의 국민문학론(國民文學論), 이원조의 제3의 논리였다. 이러한 비평의 논리들은 곧 집단 내지 단체 결성과 맞물리면서 적극적인 친일문학의 기반으로 자리 잡게 된다. 황군위문작가단, 조선문인협회, 대동아문학자대회, 조선문인보국회[3]까지 왔을 때 식민지 조선의 문학은 문자 그대로 "취한들의 배"[4]에 실

1 임화, 「세태소설론」, 『문학의 논리』, 학예사, 1940, 364쪽.
2 채만식, 「냉동어」, 『인문평론』, 1940. 4.
3 이들 단체의 모습은 임종국, 『친일문학론』, 평화출판사, 1966 참고.
4 田中英光, 『취한(醉漢)들의 배』, 평화출판사, 1978.

린 꼴이었다.

백철의 표현을 빌리면 1930년대 말의 현실은 "문학의 문제보다 사는 것"[5]이 더 문제인 시대였다. 백철의 이러한 시대인식[6]은 일련의 지식계급론으로 이어졌는데 「현세(現世)에 대한 이해와 애착」, 「시세를 불거(不拒)하는 정신」이란 글을 통해 엿볼 수 있다. 이 글에서 백철은 균형, 조화, 이해, 애착 등의 용어를 쓰면서 현실을 거부할 뜻이 없음을 밝힌다. 지식인의 현실 수용 태도 문제로 고민하던 백철은 곧 「시대적 우연의 수리(受理)」란 글을 통해 자신의 입장을 분명히 한다. 이 글은 백철의 사실수리론(事實受理論)의 요체로서, 동경에서 논의되던 '세계사론'이나 '협동체론'과 깊은 연관이 있다고 할 수 있다.

> 문제는 한 시대의 현실이 우연적으로 도래되었든지 혹은 주관적으로 비위에 거슬리든지 간에 그것이 일차 우리 앞에 현상(現象)되고 정착된 이상엔 우연은 하나의 엄연한 사실이요 객관이라는 것이다. 그 한에서 우연은 다른 시대의 정상적 현실과 같이 한 시대에 존재할 권리를 가진 객관적 사실이라는 것이다.[7]

5 백철, 「이 시대의 내 문학」, 『조선일보』, 1938. 3. 4.

6 백철은 동경고등사범학교 출신으로, 일본 유학 시절 마르크스주의자였다. 일본 프롤레타리아 시인회의 멤버로 활발한 작품활동을 하였으며, 귀국 논문 「농민문학문제」로 1930년대 문단에 화려하게 등장하였다. 그 이후 카프의 주 논객으로 해외문학파와의 논전, 창작 방법론, 인간 탐구론 등을 펼치다가 카프 제2차 검거 사건으로 구속되었다. 그 이후 출감 논문 「비애의 성사(城舍)」를 통해 공식적으로 전향을 발표한 백철은 카프 해체 이후의 문단에 휴머니즘론, 리얼리즘론, 장편소설론 등을 펼쳐 1930년대의 대표적 비평가로 성장하였다. 끊임없는 논점과 문단 주류에 관련되어 있던 백철은 1930년대 말에 접어들면서 차츰 파시즘의 논리 속에 침윤되어 간다. 활발한 비평활동을 통해 문단의 위기와 침체를 극복하고자 하였던 백철의 노력은 1938, 1939년경에 이르면 더 이상 나아가지 못하고 모색 포기의 상태에 이른다. 이때 등장한 것이 '사실수리론'이다. 졸고, 「1930년대 백철문학론 연구」, 경북대학교 석사학위논문, 1984 참고.

7 백철, 「시대적 우연의 수리」, 『소화14년판 조선작품연감』, 인문사, 1939, 302쪽.

여기서 백철은 우연도 엄연한 사실이고 객관인 까닭에 지식인은 오늘의 동양 현실을 수리(受理)하지 않으면 안 된다고 보았다. 그 동양 현실이란 곧 중일전쟁이며 이를 동양사가 크게 비약하는 계기로 보아야 한다는 것이다. 일제의 대륙침략 행위인 중일전쟁을 중국의 봉건적 성문의 함락, 즉 근대화의 일종으로 보는 이러한 시각 속에는 현실순응주의가 깊숙이 내재해 있다. 백철은 사실수리론에서 일제의 침략행위를 용인하고 그것 이상의 의미를 찾으려 노력하고 있다.

한편 친일문학의 정신적 거점은 『인문평론』 말기 내지 『국민문학』을 중심으로 한 지면이었다고 할 수 있다.[8] 이 잡지의 주재자인 최재서는 1930년대 평단에서 "양식론, 취미론, 그리고 실제 비평을 통해" 문학을 "미적 구조"로 보기보다 "인식 구조"로 보면서 문학의 "사회적 지향과 가치추구에 주목"한 비평가였다.[9] 그러나 1930년대 말에 접어들면서 최재서가 『인문평론』을 창간하고 이어 『국민문학』을 주재하면서 그 상황은 달라진다. 개인으로서의 '지성' 탐구의 노력이 도달한 곳이 결국 신체제 문학이었음을 이들 잡지에 실린 글들이 잘 보여 준다. 『인문평론』지나 『국민문학』지의 많은 권두언이 무기명으로 되어 있지만 대부분 최재서가 쓴 것이 틀림없다고 볼 때 최재서는 이제 한 개인이 아니라 잡지 출판을 통한 문화 공작자 내지 문단 권력으로, 일제 말 문단을 '국민문학'화시키고 있었던 것이다. 『인문평론』지 곳곳에 '신질서'니 '신체제'란 담론이 성행하고 있음은 이를 잘 보여 준다.

또한 작가들에 대한 일제의 적극적인 회유책에 부합되어서 나타난

---

8 『국민문학』은 표지에 '반도 유일의 문예 잡지'임을 표방하고 있다.
9 김흥규, 「최재서 연구」, 서울대학교 석사학위논문, 1972, 128쪽.

것이 조선문인협회란 단체의 결성이었다. 조선문인협회는 1939년 10월 29일 부민관에서 결성된 전시 시국하의 전 문단 조직체로, 국책(國策)에 부응하여 나타난 문인들의 보국 단체였다. 회장은 이광수였다. 이의 목표는 '새로운 국민문학의 건설과 내선일체의 구현'에 있었다. 그 성명서는 다음과 같다.

> 이제 아 제국은 국력을 도(睹)하야 흥아(興亞)의 대업에 매진하고 있습니다. 이 국가 비상시를 당하야 국민된 자는 모름직이 화충협력(和衷協力), 그 능(能)을 다하고 재(才)를 기울여 국책선에 부(副)하며 분투 노력하여야 할 것은 말할 것도 없습니다. 우리들 문필에 종사하는 자는 무엇보다도 문필에 의하여 그 책임을 다하여야 될 줄 압니다. 이에 조선에 있어서 진실로 시국의 중대성을 인식하는 동지 상합(相合)하야 '조선문인협회'를 결성하고 흥아(興亞)의 대업을 완성시킬 황군적 신문화 창조를 위하여 용왕 매진코자 맹세하는 바입니다.[10]

이 성명서에 나타난 문인들의 의사가 당시 시국에 대한 자신들의 믿음의 발로였는지 아니면 강요에 의한 어쩔 수 없는 선택이었는지는 현재로선 알 수가 없다. 그러나 후자라 하더라도 이 조선문인협회 이후 본격적인 '문인보국', 즉 친일문학이 공식화된다는 점이 중요하다. 『문장』, 『인문평론』, 『동아일보』, 『조선일보』 등의 폐간으로 이어지는 일제 말의 상황에서 친일의 논리는 이제 공공연하게 문단의 중심

10 『인문평론』 1권 3호, 1939. 12., 101쪽.

논제로 자리 잡아 가고 있었다. '전환'이니 '새로운 논리'니 '신체제'니 하는 어색한 표현 속에 현실 타협의 순응주의가 성장하고 있었던 것이다. 이는 급기야 '국민문학'이란 어용문학으로 나타났고 작가들은 문예보국 강연대의 형식으로 전국 각지를 돌면서 "문학정신대(文學挺身隊)"[11]의 역할을 수행하기에 이르렀다. 작가들은 생존의 문제에 집착하게 되고 문학작품도 국어(일어)로 창작한다든지 일제의 정책에 부응하는 작품을 산출하기 시작하였다. 황군위문작가단의 일원으로 중일전쟁의 현장을 종군하고 돌아와서 쓴 임학수의 『전선시집』, 박영희의 「전선기행」 이후 작품에서의 친일화 경향은 문단의 한 주류가 된다. 이후 해방의 날까지 문학자들은 대부분 군국주의의 그늘 아래서 어색한 논리로 자신을 방어하거나 파시즘에 앞장선 작품을 발표하였다. 과학적이고 합리적이지 못한 이러한 논리들은 일제 말 어두운 시기 동안 친일 작품 생성의 토대가 되었다고 할 수 있다.

3. 친일시의 양상과 서정 장르의 특성

어두운 상황하에서 시의 경우는 어떠하였는가. 이는 시가 파시즘의 압력 앞에 어떻게 응전하고 그 방향을 모색해 나갔느냐 하는 물음과 동궤이다. 우선 시의 장르상 특징을 검토하면서 이 문제를 풀어 나갈 필요가 있다.

시는 일반적으로 '순간적 체험으로서의 생의 지각의 표출 방식'이라

---

11 「문학정신대」, 『인문평론』 3권 1호, 1941. 1., 4쪽.

고 한다. 또 시는 다른 장르에 비해 상대적으로 주관성이 강한 장르라고 말한다. 순간적·주관적이라는 시 장르를 현실대응 문제와 관련시켜 보면 두 가지 해석이 가능하다. 하나는 시가 주관적이고 감성적인 장르이기 때문에 현실에 쉽게 함몰될 수 있다는 점이다. 그러나 반면에 자신의 순간적 생각을 끝까지 견지할 수 있는 압축성, 폭발성도 동시에 구비하고 있다는 점이 또 하나의 고려 대상이다. 시인이 가장 쉽게 현실에 순응해 간 것과, 반면 가장 예리한 정신으로 어둠의 시대를 지켰던 역사적 사실이 이를 말해 준다. 자신의 신념을 오랫동안 좌우, 잴 필요 없이 가장 순수하게 몰두할 수 있는 것이 시 장르이다. 일제 말 이육사, 윤동주 등이 자신의 신념을 끝까지 견지할 수 있었던 것도 시인이었기에 가능한 일이었다. 그러나 이러한 순일(純一)한 정신을 갖기란 쉽지 않다. 시의 주관적·순간적 특성은 시인을 감성화시켜 현실에 쉽게 굴복, 순응하게 만들기도 한다. 그러므로 시인의 경우 시대의 대세에 이끌려 들어가기 쉽다. 일제 말 친일시의 경우도 바로 이러한 경우라고 생각한다. 역사를 전체적 구도하에서 파악하지 못하고, 순간적·주관적 감성으로 대했을 때 군국주의의 그늘이란 작가들에게 매우 매혹적인 대상이 아닐 수 없다. 저항에 따른 고초, 고난과 비교하면 굴복, 순응이 가져다주는 반대급부는 일상의 안일한 삶을 보장하는 이상이 될 수 있을 것이다. 해방 이후 많은 작가들은 자신들의 일제 말기의 행위를 위장 전향, 또는 민족을 위한 행위였다고 발언하였다. 그러나 그것이 대부분 변명 차원에 그치고 만 것도 그러한 행위가 가져다주는 일제 말의 '행복'한 삶이 결코 무시될 수 없는 역사적 사실이었기 때문이다.

그대는 벌써 지원하였는가,
- 특별지원병을 -
내일 지원하려는가
- 특별지원병을 -

공부야 언제나 못하리
다른 일이야 이따가도 하지마는
전쟁은 당장이로세
만사는 승리를 얻은 다음날 일.
승패의 결정은 지금으로부터.
시각이 바쁜지라 학교도 쉬네.
한 사람도 아쉬운지라 그대도 부르시네.
1억이 모자리 전투배치에 서랍시는 오늘.[12]

반도의 아우야, 아들아 나오라!
님께서 부르신다, 동아백만(東亞百萬)의 천배의
용감한 전위(前衛)의 한 부대로 너를 부르신다.
이마에 별 붓치고, 빛나는 별 붓치고 나가자.

님이 나아가라 하시거던 불 속에라도, 물 속에라도,
은날개 펼치고, 나르는 새보다, 더 빨리.
님이 머무르라 하시거든 밀운(密雲)과 격류 가운데서도
움직이지 않은 태산과 같이, 삼림과 같이,

12 이광수, 「조선의 학도여」 중 일부, 『매일신보』, 1943. 11. 5.

이제 청년의 역사에 열리는 첫 장에 이같이 쓰자-
'님의 부르심을 받들고서 우리는 일어섰다 나아간다.
산을 뚫고 바다를 뒤집는 큰덩어리되어
폭풍같이 철화(鐵火)같이 돌진한다'고.[13]

오오, 조선동포의 대표여, 꽃이여
오오, 제국의 수재여, 빛이여
오오, 폐하의 고굉(股肱)이여, 나라의 기둥인 그대여
부명(父命)을 받들고 어서 나서라!
군명(君名)을 받들고 어서 나서라!
때는 급하느니, 천명(天命)을 받들고 어서어서 나서시라[14]

이상은 일제 말에 발표된 친일시의 몇 가지 모습이다. 『매일신보』나 『국민문학』 등을 기반으로 발표된 이러한 시들은 군국 일본의 정책에 철저히 부합하여 순응하는 모습을 보여 준다. 일제의 특별지원병 제도를 찬양하고 조선청년들을 부추겨 전쟁터로 내몰려는 의도가 강하게 나타나 있다. 이들 시의 대부분의 내용은 전쟁터에 기꺼이 나아가 "폭풍같이 철화(鐵火)같이 돌진"하다 임의 품 안에서 거룩하게 죽는다는 것이다. 어려운 시기에 "번듯하게 사는 길"은 임의 부르심에 철저히 따르는 길임을 은연중에 암시하고 있다. 그 임이란 물론 일본 제국주의나 천황이라 볼 수 있다. 친일시에 빈번하게 나타나는

---

13 김기진, 「님의 부르심을 받들고서」 중 일부, 『매일신보』, 1943. 8. 1.
14 김동환, 「권군'취천명'(勸君'就天命')」 중 일부, 『매일신보』, 1943. 11. 7.

'임'이나, 『동양지광』, 『반도지광』 등의 친일잡지에 나타나는 '빛'이란 기표가 가진 의미는 생각보다 단선적이라 할 수 있다. 작품 속의 내적 장치조차 마련되지 못한 이러한 시들에서 이 당시 작가들의 창작상의 고민의 흔적을 읽어 내기는 어렵다. 강압 속에서 좌절한 모습으로 보기에는 텍스트의 내적 의미가 너무 단순하다. 고민하지 않는 당당한 시적 화자의 태도가 오히려 독자들을 당혹스럽게 한다. 일제 말에 유행하던 시국적 언술만이 작품 표면에서 다양하게 변주되고 있을 뿐이다. 이러한 시들에서 독자들은 사상의 빈곤만 느낀다. 이러한 사상의 빈곤 때문에 이들 친일시들은 시로서도 특별한 효과를 거두지 못하고 있다. 이념의 나열 내지 서술투의 어조가 시적 긴장을 흐트러지게 한다. 서투른 선동적 구호만이 시의 전면을 장식하고 있는 것이다. 시인의 내적 정신의 충일로 빚어진 작품이 아니기에 선동적 구호의 공허한 목소리만 울려 퍼진다. 시국에 걸맞은 작품을 생산해야 한다는 작품 창작의 의무감이 친일시 창작의 하나의 동인으로 자리 잡았다고 할 수 있다. 그러나 세계에 대한 치열한 대결 없이 이루어진 시 창작은 작품의 진정성을 제거해 버렸다. 이러한 친일시는 표층적 의미만 단선적으로 되풀이될 뿐이지 독자들에게 내적 공감을 불러 일으키지 못하고 있다.

다음 시는 앞의 시와는 다소 다른 측면에서 접근할 여지를 마련하고 있다. 같은 시기에 발표된 작품이지만 작품으로서의 완성도나 의미 면에서 문제가 될 만하다.

여덟 구멍 피리며 앉으랑 꽃병
동구란 밥상이며 상을 덮은 흰 보재기
안해가 남기고 간 모든 것이 고냥 고대로
한때의 빛을 머금어 차라리 휘휘로운데
새벽마다 뉘우치며 깨는 것이 때론 외로워
술도 아닌 차도 아닌
뜨거운 백탕을 훌훌 마시며 차마 어질게 살아보리

안해가 우리의 첫애길 보듬고
먼 길 돌아오면
내사 고운 꿈 따라 횃불 밝힐까
이 조그마한 방에 푸르른 난초랑 옮겨놓고

나라에 지극히 복된 기별이 있어 찬란한 밤마다
숱한 별 우러러 어찌야 즐거운 백성이 아니리

꽃잎 헤칠사록 깊어만 지는 거울
호올로 차지하기엔 너무나 큰 거울을
언제나 똑바루 앞으로만 대하는 것은
나의 웃음 속에
우리 애기의 길이 틔어 있기에[15]

이용악의 「길」은 논자들 사이에 서로 상반된 평가를 받은 바 있다.

---

15 이용악, 「길」, 『국민문학』, 1942. 3., 『오랑캐꽃』, 아문각, 1947, 50~52쪽.

장덕순[16]은 "나라에 지극히 복된 기별"이나 "즐거운 백성"이란 시어에서 싱가포르 함락(1942. 2. 15.)을 연상하면서 친일시로 거론하였다. 반면 윤영천[17]은 이 시에 나타난 시적 진술의 명백성은 당시의 검열 제도라는 현실적 제약 조건을 벗어나기 위해 그 조건을 일단 만족시키는 것처럼 위장하는 시적 장치를 시인이 의도적으로 마련해 놓은 것이라 보았다. 이어서 친일적 징후가 농후한 이용악의 「눈 나리는 거리에서」까지 겉보기에는 "문학적 임전보국, 즉 전형적인 황민문학의 모습이지만 이 시의 진정한 주제는 이러한 표면적 의미를 전적으로 배반하는 곳"[18]에 있다고 평가한다. 윤영천의 이러한 평가는 일제 말기 시를 어떻게 읽을 것인가 하는 독법의 차이라고도 할 수 있다. 겉으로 드러난 친일적 시구들, 즉 "동양의 창문에 참다운 새벽이 동트는 것", "적을 향해 다만 앞을 향해/ 아세아의 아들들이 뭉쳐서 나아가는 곳", "승리의 길이 있을 뿐"[19]이라는 시어에서 대동아공영권을 주도하면서 침략전쟁을 수행하는 일제를 연상하는 것은 어렵지 않다. 그러나 윤영천의 논리를 수긍한다 하더라도 「눈 나리는 거리에서」의 친일 지향적인 표층 기표들은 너무나 완강히 결합되어 있어서 "단 한 번 정의의 나래를 펴기에/ 우리는 얼마나 많은 세월을 참아왔습니까"란 시구만으로 현실 부정이란 심층적 의미를 읽어 내기에는 무리가 따른다. 그러나 「길」이나 「눈 나리는 거리에서」 등의 시는 다른 친일시와는 상당히 다른 모습을 띠고 있다. 이는 개인의 정서 표출이란 서

16 장덕순, 『한국문학사』, 동화문화사, 1981, 459쪽.
17 윤영천, 「민족시의 전진과 좌절」, 『이용악시전집』, 창작과비평사, 1988, 205~206쪽.
18 위의 책, 207쪽.
19 이용악, 「눈 나리는 거리에서」, 『조광』, 1942. 3.

정시의 본래 기능에 근접해 있음을 뜻한다.

머리 위 어깨 위 내려 내려서 쌓이는
하아얀 눈을 차라리 털지도 않고
호올로 받들기엔 너무나 무거운 감격을 나누기 위하여
누구의 손일지라도
나는 정을 다하여 굳게 쥐고 싶습니다[20]

위의 시구처럼 이 작품은 시인 자신의 개인적 체험 내지 내면 모습을 그려내 보이고 있다는 점에서 주목할 만하다. 「길」의 경우도 마찬가지이다. 「길」은 작품 표면에 보이는 친일적 기표가 「눈 나리는 거리에서」에 비해 상당히 약화되어 있다. 「길」의 시적 자아는 아내가 떠난 빈자리에서 "먼 길 돌아오"는 아내와 첫애기를 기다리고 있다. 시적 자아를 둘러싸고 있는 공간은 아내가 떠나기 전의 물상(物象)들이 그대로 놓여 있는 물리적 공간과 '나라의 복된 기별'이 있는 사회적 공간이 겹쳐 있다. 시적 자아가 위치해 있는 물리적 공간 내지 시적 자아의 내적 심리는 너무나 정결하여 사회적 공간이 끼어들 틈이 없다. "어질게" 올곧게 살아 보겠다는 다짐은 "거울"을 통해 더욱 심화되며, 이 거울은 바로 "우리 애기의 길"과 연결되어 있기 때문에 "언제나 똑바루 앞으로만 대"할 수밖에 없다는 것이다. 거울 이미지가 주는 소재의 효과 또한 이 시를 더욱 탄탄하게 해 준다고 할 수 있다. 이용악의 「길」은 친일적 기표들이 일부 보이기는 하지만 결국 일제

---

20 이용악, 위의 시.

말기를 어떻게 살아갈 것인가에 대한 정결한 정신의 버팀과 삶의 의지를 보여 주는 작품이라고 할 수 있다.

4. 자기비판의 언술과 시들

해방은 이제까지 문학자들의 정신을 흔들었던 '악령'이 사라지고 새로운 시대가 시작됨을 의미하는 것이었다. "도둑처럼 온"[21] 충분히 준비되지 못한 해방이었지만 해방의 감격과 흥분은 전 국토를 뒤흔들 만하였다. 그러나 해방은 우리 민족에게 흥분과 감격만 가져다준 것은 아니었다. 새나라 건설에 매진하기 위해서는 지난 시대의 잔재에 대한 청산이 우선시되어야 했기 때문이다. 당연히 친일 잔재의 청산 문제는 해방 직후 사회의 중요한 공적 쟁점이자 새로운 담론으로 떠올랐다. 새나라 건설의 문제와 맞물린 일제 잔재의 청산 문제는 각종 집회나 잡지, 신문 등의 중심 논제로 등장하면서 우리 민족이 해결해야 할 가장 중요한 과제 중의 하나가 되었다. 이러한 사회적 분위기도 분위기려니와 개인적 입장에서도 일제 말기 친일문학의 선두에 섰던 대부분의 기성문인들은 위축될 수밖에 없었다. 이광수, 김동인, 주요한, 백철, 최재서뿐만 아니라 서정주, 유치환 등 1930년대 후반에 등장하여 주목받았던 젊은 시인들의 경우도 마찬가지였다. 일부 새로 등장한 신인들을 제외하고는 일제 말의 친일 경력으로부터 자유로울 수 있는 기성 작가는 매우 드물었다고 할 수 있다. 그러므로 작가들이

---

21 함석헌, 『성서적 입장에서 본 조선역사』, 성광문화사, 1950, 280쪽.

다시 새로운 문학활동에 참여하기 위해서는 지나간 시대의 자신의 행적에 대한 문학적 자기비판이 필요하였다.

> 자기비판의 문제는 어떤 시기, 어떤 경우를 물론하고 인민적 성실의 최대의 표현이나, 현하의 우리 민족 생활, 그중에도 특히 개인의 성실성이 강한 정신적 의미를 갖는 문화분야에 있어 가장 준엄하고 성실한 자기비판이 있어야 할 것이다. 적지 않은 작가, 예술가, 학자가 왜적의 강압 밑에 본의 아닌 언행을 하여 소시민 출신의 투쟁적 취약성을 노정했음을 솔직히 인정하고 자기비판을 하지 않으면 아니 된다. 우리는 왜적의 강압을 저주하는 동시에 스스로도 많은 책임을 느껴야 한다. 이러한 자기비판은 문화의 모든 영역에 긍(亘)하지 아니하면 안 될 것이나 더욱이 인간의 진실성이 생명인 문학자에 있어 특히 자기비판은 재출발의 한 원천이 되도록 해야 한다.[22]

위의 글은 자기비판의 문제가 문화, 특히 문학 분야에 있어 다른 어느 분야보다 중요함을 지적하고 있다. 정신 내지 인간 내면의 진실성과 밀접히 관련되어 있는 것이 문학이기 때문에 문학자에게 있어 자기비판은 반드시 짚고 넘어가야 할 문제였다. 이처럼 많은 작가들은 자기비판의 당위성을 인식하고 있었다. 소위 봉황각에서의 좌담인 「문학자의 자기비판」(『중성』 창간호, 1946. 2.)이나 아서원에서의 좌담 「조선문학의 지향」(『예술』 3호, 1946. 1.)에 참가한 많은 작가들 또한 이 점을

22 조선공산당중앙위원회, 「조선민족문화건설의 노선(잠정안)」, 『신문학』 창간호, 1946. 4., 142~143쪽.

인식하고 있었다. 그래서 이들은 자기비판 문제야말로 해방이 가져온 새로운 현실에서 창작의 새로운 출발점이 되어야 한다고 주장한다.

> 문학자의 자기비판은 그가 숙명적으로 짊어지고 있는 소시민의 연약성 …… 압제와 협박과 투옥과 고문을 회피하기 위하여 지속해 오던 긍정성과 더불어 그 소극성을 극복하는 계기가 될 뿐만 아니라 교활과 위선과 탐욕과 질투와 이기주의로 물들어져 있는 일체의 소시민적 이데올로기의 부패된 점착성(粘着性)으로부터 자기를 해방시키고 오늘의 문학운동의 최량(最良)의 결정적인 투사로서 새로이 등장하는 계기가 되지 않으면 안 된다.[23]

한효는 소시민적 연약성을 버리는 데서 자기비판은 출발되어야 하며, 자기비판의 가장 중심에 문학적 양심과 성실성이 내재해 있어야 한다고 본다. 물론 한효의 이러한 주장은 은근히 '조선문학건설본부' 측의 임화 등을 겨누고 있는 것처럼 보이지만 일제 치하를 살아오면서 소시민적 근성을 떨쳐 버리지 못했던 대부분의 문학자들에게도 해당되는 말이다. 물론 적극적이고 의식적인 친일행위를 한 것은 아니지만 이들이 본의든 아니든 일제의 정책에 미온적으로나마 협력하였다고 볼 수 있기 때문이다.

이처럼 자기비판 문제는 내부심리와 직접 연결됨으로써 정신의 산물인 창작과 불가분의 관계를 가지게 된다. 다시 말하면 이러한 자기기비판의 정신이야말로 해방기 시 창작의 시발점 내지 원동력이 된다

---

23 한효, 「문학자의 자기비판」, 『우리문학』 창간호, 1946. 2., 67쪽.

고 할 수 있다. 다음과 같은 김기림의 발언은 시작품 창작과 연결되어 있다는 점에서 음미해 볼 만하다.

> 우리는 반드시 한 번은 과거로 다녀와야 하리라고 생각한다. 다름이 아니라 우리의 굴욕과 배신과 변절과 거짓과 아첨에 찬 36년, 특히 그 최후의 수년간을 우리는 쉽사리 잊어서는 아니 될 것이다. 안타깝게 쳐다보는 대중에게 아모 표정도 지어 보일 수 없었으며 더군다나 대중을 속이며 역사를 속이며 가장 무서운 것은 스스로의 양심을 속여가며 침략자의 복음을 노래하던 날을 너무나 값싸게 잊어서는 아니 된다. 나는 감히 돌을 잡으라고 하지는 않는다. 누가 누구에게 돌을 던지랴. 돌을 던질 대상은 반드시 우리들 주위에만 있는 것이 아니고 실로 우리들의 정신 내부에 먼저 있는 것이다. 위대한 민족의 수난기에 있어서 민족을 배반한 정치적, 문화적 모든 반역 행위는 물론이지만 우리들의 정신의 내부에서 범한 온갖 사소한 반역에 대하여서도 우리들 자신이 먼저 준엄해야 할 것이다. 8·15 이후 실로 어디서보다도 먼저 우리들의 시 속에는 이러한 통렬한 회오(悔悟)의 소리는 들려 왔다. 나는 생각한다. 우리들은 우리들의 아픈 상처와 과실 때문에 좀 더 통렬하게 통곡해야 하겠다.[24]

김기림의 위와 같은 지적은 자기비판이 단순한 참회의 몸짓이나 말의 성찬을 떠나서 내부의 정신에서 먼저 시작되어야 함을 의미하는 것이었다. 다시 말하면 김기림은 "가장 준열한 자기비판의 풀무를 스

---

24 김기림, 「우리 시의 방향」, 『건설기의 조선문학』, 백양당, 1946, 66~67쪽.

스로 달게 거쳐야"[25] 해방기의 새로운 현실 속에서 자기비판의 근거가 확보될 수 있다고 본 것이다. 그러나 많은 작가들이 당위로 생각하였던 자기비판은 해방기 현실에서 시 창작으로 직접 연결되어 확산되지는 못하였다. 대부분의 작가들은 자기비판의 관문을 거치지 않고 해방의 감격과 열정을 노래하는 데 급급하였다. 박세영은 "해방되었다는 감격"[26] 이외에는 시로 형상화된 것이 별로 없었다고 이 당시 시를 진단하고 있다. 이는 해방이란 현실을 맞이할 '정신적 준비'가 미처 안 된 상황에서 갑자기 다가온 해방 앞에 "현실을 포착할 힘"[27]을 미처 갖추지 못했음을 뜻한다.

그러나 해방기의 시인들은 일부이기는 하지만 자기비판의 몸짓을 그들의 시 속에서 보여 준다. 시 속에 지난날에 대한 부끄러움이 하나의 의식으로 자리 잡고 있음을 이 시들은 잘 보여 준다고 하겠다.

눈발은 세차게 나리다가도
금시에 어지러히 허트러지고
내 겸연적은 마음이
共靑으로 가는 길

동무들은 벌써부터 기다릴텐데
어두운 방에는 불이 켜지고
굳은 열의에 불타는 동무들은

25 위의 글, 67쪽.
26 좌담 「조선문학의 지향」 중 박세영의 말, 『예술』 제3호, 1946. 1., 5쪽.
27 좌담 「조선문학의 지향」 중 임화의 말, 위의 책, 5쪽.

나 같은 친구조차
믿음으로 기다릴텐데

아 무엇이 작고만 겸연쩍은가
지난 날의 부질없음
이 지금의 약한 마음
그래도 동무들은
너그러히 기다리는데…

눈발은 펑펑 나리다가도
금시에 어지러히 허트러지고
그의 성품
너무나 맑고 차워
내 마음 내 입성에 젖지 않어라

쏘다지렴… 한결같이
쏘다나 지렴…
함박같은 눈송이[28]

이 작품에서 시적 자아가 진보적 운동에 쉽게 뛰어들지 못하고 자꾸 머뭇거리는 것은 지난날의 삶에 대한 겸연쩍음 때문이다. 과거의 올바르지 못했던 삶에 대한 회의와 부끄러움은 현실의 실천적 삶을 살아가려는 시적 자아의 각오에 방해 요소로 작용한다. 그래서 공청(共靑)으로 가는 길목에서 시적 자아는 고민하고 갈등한다. 시적 자아

---

28 오장환, 「공청(共靑)으로 가는 길」, 『병든 서울』, 정음사, 1946, 43~44쪽.

는 자신이 선택해 가는 길 위에서 자신이 진정 그 길에 걸맞은 존재인지 끊임없는 회의와 자기비판의 모습을 보여 주고 있다. 이러한 시적 자아의 갈등과 어지러운 심정이 세차게 내리다가도 금시에 흐트러지는 눈발로 표상되어 있다. 그러나 이 눈발들은 시적 자아의 입성에 맞지 않다. 왜냐하면 그것의 속성이 너무나 맑고 차가워 겸연쩍게 살아온 지난날의 모습과 맞지 않기 때문이다. 차라리 함박 같은 눈송이나 펑펑 내렸으면 하는 것이 시적 자아의 소망이다. 함박눈은 시적 자아의 어지러운 내적 갈등과 지난날을 덮어 줄 수 있는 매개체이기 때문이다. 집단의 목소리와 이념이 난무하던 해방 초기의 현실에서 자신의 내면에 대한 이러한 솔직한 고백은 단연 돋보인다. 더구나 이러한 고백의 양상이 '공청(共靑)'이라는 역사적 운동체와 맞물리면서 실천적 방향성을 획득한다. 임화의 「9월 12일」에도 자기비판의 양상이 역사의 진보적 국면과 맞물려 나타난다.

부끄러운
나의 생애의
쓰라린 기억이
포석마다 널린
서울ㅅ 거리는
비에 젖어

아득한 산도
가차운 들창도
현기로워 바라볼 수 없는

종로ㅅ 거리

저 사람의 이름 부르며
위대한 수령의 만세 부르며
개아미 마냥 모여드는
천만의 사람

어데선가
외로이 죽은
나의 누이의 얼골
찬 옥방에 숨 지운
그리운 동무의 모습
모두 다 살아오는 날

그 밑에 전사하리라
노래 부르던 깃발
자꾸만 바라보며

자랑도 재물도 없는
두 아이와
가난한 안해여

가을 비 차거운
길 가에
노래처럼

죽은 생애의
마지막을 그리워
눈물짓는
한 사람을 위하여

원컨대 용기이어라.[29]

1935년 카프 해체 이후 '낭만정신론'과 '주체 재건론'을 잇따라 제출하면서 문단의 위기 극복에 노력하던 임화가 1930년대 후반에 취한 몸짓은 생활인으로서의 삶이다. 광산주 최남주(崔南周)의 후원으로 학예사를 경영하면서 황군위문작가단 및 조선문인협회에 관여한 임화의 삶은 아무리 본심이 아니었다 하더라도 그것은 엄연히 객관적 사실로 남아 있을 수밖에 없다. 위 작품의 시적 자아가 외치는 "부끄러운 나의 생애의 쓰라린 기억"이란 다름 아닌 일제 말의 전향자의 모습으로서의 임화 자신에 대한 준열한 비판이라 할 수 있다. "모두 다 살아오는 날" 어쩔 수 없었던 생의 문제로 치부해 버리기엔 자신의 양심이 허락되지 않는 것이라 할 수 있다. 이 시의 맥락을 읽기 위해서는 이 당시 김남천, 이태준, 한설야, 이기영, 김사량, 이원조, 한효 등과 함께 참가한 봉황각에서의 좌담회에서 한 임화의 발언을 음미해 볼 만하다.

가령 이번 태평양 전쟁에 만일 일본이 지지 않고 승리를 헌다, 이

29 임화, 「9월 12일」 중 일부, 『찬가』, 백양당, 1947, 9~13쪽.

렇게 생각해 볼 순간에 우리는 무엇을 생각했고, 어떻게 살아갈랴고 생각했느냐고. 나는 이것이 자기비판의 근원이 되어야 한다고 생각합니다. 이 때 만일 〈내〉가 일개의 초부(草夫)로 평생을 두메에 묻혀 끝막자는 것이 한 줄기 양심이 있었다면 이 순간에 〈내〉 마음속 어늬 한 구통이에 강잉히 숨어 있는 생명욕이 승리한 일본과 타협하고 싶지는 않았던가? 이것은 〈내〉 스스로도 느끼기 두려웠던 것이기 때문에 물론 입 밖에 내여 말로나 글로나 행동으로 표시되었을 리 만무할 것이고 남이 알 리도 없을 것이나 그러나 〈나〉만은 이것을 덮어두고 넘어갈 수 없는 이것이 자기비판의 양심이 아닌가 하고 생각합니다.[30]

임화의 자기비판에 대한 이러한 발언은 원칙론에 입각한 것으로, 자기도 감추고 싶은 마음속의 욕망까지 솔직히 털어놓는 데서 자기비판은 시작된다는 것이다. 이러한 양심에 입각해 자신의 지나온 삶을 돌이켜 볼 때 시적 자아가 갖는 부끄러운 죄의식은 당연한 것이라 할 수 있다. 이 부끄러움은 “위대한 수령”(박헌영)을 정점으로 “개아미마냥 모여드는” 해방 직후의 진보적 민중들의 틈바구니에서 더욱 확산된다. 시적 자아 자신이 진보적 운동에 끼어들기 위해서는 “용기”가 필요하며 그 용기는 양심에 입각한 자기비판을 통해서만 올 수 있음을 이 작품은 말하고 있다. 일제 말기 자신의 부끄러운 과거에 대한 반추(反芻)를 통해 진보적 역사에의 참여 의지를 드러내 보이고 있는 것이다.

30 좌담 「문학자의 자기비판」, 『중성』 창간호, 1946. 2.: 김윤식 편, 『원본 한국현대현실주의 비평선집』, 나남, 1989, 68쪽 재인용.

오장환의 「공청(共靑)으로 가는 길」이나 임화의 「9월 12일」 모두 과거의 지나온 삶이 과거로 존재하는 것이 아님을 보여 준다. 이는 곧 현재적인 나의 삶으로 이어져 '지금 이곳'의 삶의 고양화에 기여하고 있는 것이다. 이러한 측면에서 일부 시인들이 자신들의 지난날의 삶에 대해 부분적으로나마 비판의 눈길을 보내고 있어 주목된다. 이용악은 「시굴사람의 노래」나 「오월에의 노래」 등에서 "몇 마디의 서양 말과 글짓는 재주와/ 그러한 것은 자랑삼기에 욕되었"[31]던 과거, 즉 "빨뿌리, 왜접시, 책"[32] 속에 둘러싸여 있는 소시민적 삶을 청산하기를 소망한다. 「오월에의 노래」는 '거울' 속에 위치 지어진 소시민적 삶의 자기 부정 또는 자기 갱신을 시도하고 있다. '거울'은 청산되어야 할 소시민적 삶과 진보적 역사에 참여하고 싶은 화자의 욕망을 차단해 주는 매개체이다. 자기비판에 대한 개인의 내면 모습을 비추기에는 거울만 한 소재가 없다. 개인적 차원에서 이루어지는 솔직한 자기 응시 내지 자기비판의 모습은 어두운 시대를 거쳐 온 양심적 지식인이 해방 직후 어려운 현실에 뛰어드는 과정을 보여 준다는 점에서 의미가 있다.

개인적 자기비판의 차원을 뛰어넘어 일제 잔재 청산이란 시대적 소명에 부합하여 쓰여진 시들도 있다. 친일파 내지 일제 잔재에 대한 청산을 내세우는 이 시들은 당위적 현실에 대한 시적 자아의 목소리로 가득 차 있다. 권환의 「어서 가거라」나 박세영의 「민족 반역자」는 민족 반역자 내지 친일분자에 대한 작가의 단호한 척결 의지를 담고 있

31 이용악, 「시굴사람의 노래」, 『신문예』 창간호, 1945. 12., 38쪽.
32 이용악, 「오월에의 노래」, 『문학』 창간호, 1946. 7., 104쪽.

다. 자숙하지 않고 다시 새나라 건설에 참여하여 민중을 기만하려는 친일분자들에 대한 강한 경고와 경계를 보이고 있는 것이다. 박세영이나 권환이 조선프롤레타리아문학동맹 맹원이라는 점은 시사하는 바가 크다.[33] 이들의 이러한 비판의 이면에는 암흑기를 부끄럽지 않게 보냈다는 나름대로의 자신감이 내재해 있다. 그러나 이러한 유의 시들은 대부분 지나친 의지 표출로 말미암아 시적 긴장감을 상실하고 있다. 즉 공적·집단적 구호로 전락한 이 시들은 생경한 구호와 서술적 어투의 나열로 말미암아 서정시로서의 진정성을 획득하는 데는 많은 한계를 지니고 있다. 반면 마음속 양심을 기반으로 한 개인적 차원의 자기비판의 시들은 어느 정도 삶의 구체성을 획득함으로써 시적 성과를 거두고 있다.

5. 맺음말

일제 말 시인들의 친일 문제를 검토하면서 무엇보다 먼저 생각난 것은 1920년대 초에 발표된 단재 신채호의 다음과 같은 글이다.

> 일본 강도 정치하에서 문화운동을 부르는 자는 누구이냐? 문화는 산업과 문물의 발달한 총적을 가리키는 명사니, 경제약탈의 제도하에서 생존권이 박탈된 민족은 '그 종족의 보존'도 의문이거늘 하물며 문화발전의 가능이 있으랴?[34]

---

33 1945년 12월 발간된 예맹 기관지인 『예술운동』 창간호에 권환은 「현 정세와 예술운동」을, 박세영은 시 「8월 15일」을 발표하였다.

34 신채호, 「조선혁명선언」, 『단재 신채호 전집』(하), 을유문화사, 1972, 368쪽.

식민지 치하 문자 행위의 결과를 단재는 이미 일제강점 초기에 정확히 예측하고 있었던 셈이다. '종족의 보존도 의문'인 시대에 모든 문화가 종국에는 노예문화로 전락하고 말 것임을 경고하였던 것이다. 현실을 정확히 투시할 수 없었던 지식인들은 그릇되어 가는 역사에 대한 방황과 좌절을 연이어 경험하였다. 시간이 흐름에 따라 패배의식이 점점 증대되고 그것은 앞날에 대한 전망을 포기하게까지 만들었다. 이러한 시기에 등장한 것이 '국민문학', 즉 친일문학이었던 것이다. 그들이 즐겨 내세우던 황도정신(皇道精神)의 앙양이란 낯선 신에게 경의를 표하는 것 이상의 의미는 없다고 해야 할 것이다. 일제 말기는 결국 '민족'은 없고 '국민'만 있던 시대라 할 수 있다.

이러한 시대에 시인의 길을 가는 것은 순탄하지 않았다. 민족현실에 응전하고 도전해 가는 정신적 무장이 시 쓰기에 앞서 선결되어야 할 과제였다. 가혹한 시대에 있어서 검열과 탄압에 대해 맞서는 것은 불굴의 정신이 없으면 불가능하다. 이는 역사의 방향성에 대한 올바른 믿음이 있을 때 가능하다. 일제 말의 경우 '국민시'보다는 '민족시'가 더욱 요구된 시대라 할 수 있다. 이육사의 비극적 자기 초극의 정신이나 예언자적 목소리는 이들 '국민시'와는 대극점에 선 '민족시'의 의연한 모습이라 할 수 있다.

문제는 친일문학 자체보다 해방 이후 이러한 친일문학 또는 일제 잔재를 바라보는 우리의 사회 풍토에 있었다. 어두운 시대를 지나온 부끄러운 사람들은 자신의 행위에 대한 진정한 자기비판의 순간을 갖지 못하였다. 친일파들이 자숙하지 않고 도리어 역사의 주인공으로 행세하는 우리 현대사의 아이러니가 존재하는 한 다음과 같은 소설

주인공의 물음에 답할 방법이 없다. “해방 전에도 환영받고, 해방 후에도 환영받고 하면 어떡합니까? 해방 전에 환영받았으면 해방 후에는 환영 못 받고, 해방 전에 환영 못 받은 사람은 해방 후에 환영받아야 합니다.”(안회남, 「폭풍의 역사」 중에서). 일제 잔재에 대한 올바르지 못한 처리는 현재 역사에까지 이어지고 있다. 또 오늘의 역사가 후대의 역사에 그러한 빌미를 제공 못 하리라는 법도 없다. 그러므로 올바른 것과 잘못된 것에 대한 분명한 구분이 반드시 필요하다. 잘못된 행위는 진정에서 우러나오는 자기반성과 비판 행위를 거치지 않으면 안 된다. 이러한 과정을 통해 새로운 역사에의 동참이 이루어지도록 해야 한다. 그렇지 않으면 역사의 순환적 비극은 계속될 따름이다. 친일파 내지 친일문학이 현재에도 문제되는 것, 이것은 바로 현재 우리의 모습이기 때문이다.

제3장

해방기 시에 나타난 억압과 가족 충동

1. 가족과 한국 현대문학

가족은 결혼이나 혈연으로 맺어진 인간의 사회생활에서 가장 기초가 되는 단위이다. "가계(家計)를 공동으로 하는 친족집단"[1]인 가족은 한 개인의 삶을 결정짓는 중요 인자가 된다. 많은 사람들에게 가족은 "척박한 현실 속에서 언제나 개인의 유일한 안식처이며, 최초이자 최후의 근거지"로, "무시간적인 완전성과 불변성을 지니는 가치"[2]로 인식된다. 그러므로 많은 작가들이 매달린 수난 받는 가족 또는 가족사의 모습은 불변적 가치를 지닌 원형적 공간에 대한 강한 열망 내지 회복 의지와 관련이 깊다고 할 수 있다. 한 가족의 이주(移住) 내지 이산(離散)의 문제가 일제강점, 해방, 전쟁으로 이어지는 급변의 한국 현대사를 배경으로 작품화되었다면, 이러한 작품 형성의 배경에는 훼손되지 않은 가족 공간의 완전한 복원에 대한 작가들의 열망이 담겨 있다. 결핍과 부재의 공간에서 한 개인은 쉽게 가족을 떠올린다. 이렇게 기

1 최재석, 『한국가족연구』, 일지사, 1982, 29쪽.

2 권명아, 『가족 이야기는 어떻게 만들어지는가』, 책세상, 2006, 13~14쪽.

억된 가족은 자신의 삶을 퇴행시키거나 전진시키는 계기로 작용한다. 반면 가족주의 내지 가족제도라 했을 때 가족은 한 개인에게 갈등이나 방황을 조장하는 주된 요소로 작용하기도 한다. 가족주의는 가족 이외의 타자를 배제하고 가족 구성원만의 안온한 삶을 전제로 하기 십상이다. 유교적 가부장주의를 바탕으로 하는 가족제도 또한 개인의 삶을 억압하는 장치로 작동되는 경우가 많다. 한 개인의 갈등과 방황이 수직적 가족 관계에서 연원한 경우가 허다한 것도 이 때문이다.

한국 현대문학에서 가족은 작가들에게 중요한 제재로 채택되었다. 시든 소설이든 모든 갈등과 화해의 근원은 가족에서 시작하여 가족으로 끝난다고 해도 과언이 아니다. 한국문학의 정전으로 자리 잡은 염상섭의 『삼대』나 채만식의 『태평천하』는 말할 것도 없고 많은 문학 작품이 가족의 삶을 제재로 삼고 있다. 한설야의 『탑』, 김남천의 『대하』, 이기영의 『봄』, 이태준의 『사상의 월야』가 한국 현대소설사에서 이미 '가족사연대기소설'이란 양식(樣式)으로 자리매김된 바 있다.[3] 그렇다면 시 장르에서 가족의 문제는 작품 속에서 어떻게 형상화되고 있는가? 일제강점기, 특히 1930년대에는 가족이 고향과 동일자로 인식되는 경우가 많았다. 가족 해체로 인한 이산은 곧 고향 상실로 이어졌기 때문이다. 그래서 1930년대의 경우 많은 시인들이 고향의 문제에 관심을 가졌다.[4] 고향은 흔히 어머니나 '집'과 동일자로 표상된다.

---

3 이재선, 『한국현대소설사』, 홍성사, 1979.
이주형, 『1930년대 장편소설 연구』, 서울대학교 박사학위논문, 1984.
류종열, 『1930년대말 한국 가족사·연대기 소설 연구』, 부산대학교 박사학위논문, 1991.

4 1930년대 시의 고향 상실 의식에 대해서는 다음 논문을 참고할 수 있다.
조용훈, 「한국근대시의 고향 상실 모티프 연구」, 서강대학교 박사학위논문, 1994.

집이란 공간을 채우는 중요 요소 중의 하나가 바로 가족이다. 가족의 몸이 거처하는 곳이 '집'이고, 집을 둘러싼 주변부는 고향의 경개(景槪)가 된다.

인간의 삶을 다루는 문학의 경우 대부분의 작품이 가족의 삶을 바탕으로 하고 있다. 그러나 이 장에서 사용하는 가족 제재 시는 가족이 작품의 내용에서 중요한 동적 인자로 작용하는 시를 가리킨다. 다시 말하면 가족 제재 시란 단순히 가족을 배경으로 하는 시가 아닌, 가족 구성원 또는 가족의 삶이 시적 주체의 기억이나 행위에 주된 영향을 미치는 시를 말한다고 할 수 있다. '가족'은 일제강점기, 해방기, 한국전쟁기 시인들에게 중요한 시적 소재의 원천이 되었다. 일제강점기에도 많은 시인들이 가족과 고향의 문제를 다루었지만, 특히 해방기 조선문학가동맹 소속 시인들은 '가족'을 중요한 시적 제재로 삼았다. 그럼에도 불구하고 기존의 해방기 시 연구에서 '가족'의 문제는 크게 주목받지 못하였다.[5] 이는 해방기 현실의 시적 형상화란 거대 담론에 밀려 '가족'의 문제가 연구자의 관심에서 상대적으로 소외되었기 때문이라 할 수 있다. 그러나 실제 해방기의 시 텍스트를 점검해 보면 예상외로 많은 시가 '가족'의 문제를 다루고 있음이 확인된다. 전조선문필가협회나 청년문학가협회 중심의 우파보다 조선문학가동맹의 시

이명찬, 「1930년대 후반 한국시의 고향의식 연구」, 서울대학교 박사학위논문, 1999.

5 해방기 시에서 부분적이든 전체적이든 가족의 문제를 논의의 초점으로 삼고 있는 논문은 다음과 같다.

신범순, 「해방기 시의 리얼리즘 연구: 시적 주체의 이데올로기와 현실성에 대한 기호적 접근」, 서울대학교 박사학위논문, 1990.
박용찬, 「이병철 시에 나타난 '가족'과 전망」, 『해방기 시의 현실인식과 논리』, 역락, 2004.
이기성, 「해방기 시에 나타난 가족주의와 국가주의」, 『상허학보』 26, 상허학회, 2009. 6.

인, 그중에서도 가장 전위적인 '신진시인'[6]들의 시에 '가족'이 특히 많이 등장하고 있음은 주목을 요한다. 현실과 불화하면서 그것을 개선하기 위해 싸움에 나선 이들이 가족 문제에 집착하였다는 것은 아이러니이다. 여기서 가족 제재 시가 단순한 제재의 차원을 넘어 그러한 시가 집중 생산된 배경과 그 구체적 양상을 살펴볼 필요가 생긴다. 이 장은 이러한 점에 착안하여 해방기의 조선문학가동맹 시인들의 시에 나타난 가족 충동[7]의 문제를 중심으로, 그러한 작품이 창작된 내적 동기와 그것이 가지는 문학적 의미를 되짚어 보고자 한다.

2. 근원에 대한 욕망으로 호명되는 '가족'

가족은 "동일한 혈통, 혼인, 공동의 자손 등을 토대로 형성된 생활공동체"로, 보통 "남편과 부인, 부모와 자식으로 이루어진 생물학적인 모든 단위, 그리고 넓은 의미에서 친족 관계 전체"[8]를 지칭한다. 머독(G. P. Murdock)은 "공동의 거주를 가족의 가장 중요한 요소"로, 레비스트로스(C. Levi-Strauss)는 "가족원(家族員)의 유대, 관계, 결합을 중요한 요소"로 파악하였다.[9] 이러한 정의는 다소 다른 관점에서 제시된 것이기는 하지만, 가족이 혈연공동체로, 생활공동체로 인간사회의 가장

6 '신진시인'이란 해방 직후 조선문학가동맹의 이념 아래 결집하였던 젊은 시인들, 즉 『전위시인집』(노농사, 1946)의 김광현, 김상훈, 이병철, 박산운, 유진오, 김상훈 등과 『옥문이 열리든 날』(신학사, 1948)의 상민, 『새벽길』(조선사, 1948)의 최석두까지 포괄하여 일컫는 말이다.

7 가족 충동이란 시적 주체가 어머니, 아버지 같은 한 가족 내의 개별자뿐만 아니라 가족이 만들어 내는 현실적·상상적 공간을 의식적이든 무의식적이든 떠올리거나 지향하는 행위를 말한다.

8 한국철학사상연구회 편, 『철학대사전』, 동녘, 1990, 10쪽.

9 이광규, 『한국가족의 구조 분석』, 일지사, 1977, 28쪽 참고.

기초적인 사회집단임을 말하고 있다. 그러므로 가족은 많은 사람들에게 "구성원이 안심하고 휴식을 취하는 곳으로서 정서적 욕구 등 이른바 심리적 욕구도 충족시켜 주는 곳"[10]으로 인식된다.

가족에서 중요한 것은 가족 구성원과 그들의 거처인 집이라 할 수 있다. 이 중 '집'은 "가족 구성원, 가족원이 생활하는 거주지, 건물, 생활공동체로서의 가족, 그 이외에 가족의 범위를 초월하여 동족, 친척까지 포함"[11]하여 사용되기도 한다. 그러므로 태어나면서부터 같이 한 가족 구성원이나 집은 한 개인에게 원초적 삶의 근원으로 자리 잡게 된다. 바슐라르에 의하면 집은 "존재의 원초적인 충족성"[12]을 부여하는 공간이다. 이는 집이 한 개인에게 "안정의 근거와 그 환상을 주는 이미지들의 집적체"[13]임을 말해 준다. 원래 집은 균열과 부재의 공간이 아닌, 자아와 세계가 일체화된 혼융된 공간이라 할 수 있다. 그러나 근대사회에 접어들면서 집은 더 이상 몸을 눕힐 편안한 공간으로만 다가오지 않는다. 소위 '신이 숨어버린 시대'에 더 이상 유토피아적 공간은 존재하지 않기 때문이다. 현실은 도처에 주체와 객체 사이의 갈등, 자아와 세계 사이의 분열로 인해 뛰어넘을 수 없는 간극만 가득하다. 그럼에도 시인들은 "서정적 열망"으로 "동일성에 대한 꿈"을 꾸며 간극을 메꾸려는 "통합에 대한 바람"[14]을 내보인다. 이는 동일성의 세계를 회복하고자 하는 열망이며, 루카치식으로 말하면 "선

---

10 위의 책, 15쪽.
11 위의 책, 29쪽.
12 가스통 바슐라르, 『공간의 시학』, 민음사, 1994, 119쪽.
13 위의 책, 132쪽.
14 최승호, 「시와 동일성」, 『시론』, 황금알, 2008, 13쪽.

험적 고향"[15]에 대한 한없는 그리움이고, 그것에 대한 지향은 '근원'에 대한 향수라 할 수 있다.

해방기 조선문학가동맹 시인들의 시에 나타나는 가족 충동도 이러한 맥락과 크게 다르지 않다. 결손과 부재의 공간 속에서 이들 시인들은 원초적인 충족성을 표상하는 기호로 '가족'을 소환한다. 현재의 열악한 삶은 수시로 그들로 하여금 시 텍스트에 '가족'을 등장시키게 만든다. "시인의 감정과 정신상태의 꾸밈없는 순수한 표현"[16]이 서정시의 일 요소라면 '가족'에 대한 의식 지향은 개인적이고 고백적인 성격을 지닌 시 장르에서 자연스러운 것이라 할 수 있다.

귀떨어진 소반이며 바가지며
그리고 오오랜 가난에 끄슬린 양은냄비며
모주리 노끈으로 알들히 꾸려들고

젖먹이와 네살먹이와 나의 안해와
어두운 밤 지붕도 없는 화물열차에 실리여 오면서

머얼리 아스럼 감었다가 다시 떠 바래 보는
눈망울 속에
별처럼 또렷이 빛나야 할 나의 위치였다

일흔 아홉 개 「턴넬」을 하나씩 헤아리면서 하나씩 지날 때마다

---

15 게오르그 루카치, 반성완 역, 『소설의 이론』, 심설당, 1985, 29쪽.
16 김준오, 『시론』 4판, 삼지원, 1997, 24쪽.

캄캄한 어둠이 싫어서 싫어서
얼마나 기적소린들 소스라쳐 울었을겐가마는

경부선 500키로
불길처럼 가슴을 식식거리며 쬐그만 기차가 이윽고 와 닿으면

모두들 구렛나루 숭게숭게 기뤄가지고
삼팔식 보병총에 쫓겨오는 시굴사람들 틈에 끼여서
나의 안해와 어린 것들과

어디 쬐그맣게 번지수를 나의 문패를 밝힐 집이나 한 채 있었으면 좋겠다.[17]

이병철의 「역두에서」는 부동(浮動)하는 가족적 삶의 행로를 바탕으로 하고 있다. 경부선 철로를 따라 이동하는 시적 주체 '나'는 "젖먹이와 네 살먹이와 나의 안해"인 가족의 삶을 보장해야만 하는 가장이다. 그러나 가장으로서의 책무를 수행하기에는 그를 둘러싼 환경이 만만치 않다. 가난으로 점철된 그들 가족의 삶은 "귀떨어진 소반이며 바가지며/ 그리고 오오랜 가난에 끄슬린 양은냄비"에서 드러나듯 헐벗음 바로 그 자체이다. 더구나 이런 가난에 찌들린 세간 못지않게 이들 가족의 삶을 위협하는 것은 안주할 공간이 없다는 것이다. 시적 주체의 정착에 대한 욕망은 "어두운 밤 지붕도 없는 화물열차"에 몸을 맡겨 실리어 온 가족의 운명과 겹쳐지면서 더욱 선명해진다. 여기서

17 이병철, 「역두에서」, 『신천지』 2권 1호, 1947. 1., 41쪽.

시적 주체의 욕망은 두 가지로 분화되어 나타나는데, 하나는 "별처럼 또렷이 빛나야 할 나의 위치였다"란 언명에서 보듯이 이상적 자아의 정체성에 대한 욕망이고, 다른 하나는 가족들과 함께 살 공간이나 있었으면 좋겠다는 현실적 자아의 욕망이다. 물론 이 두 개의 욕망은 충돌하는 것처럼 보이지만 서로 분리될 수 있는 것은 아니다. "쬐그맣게 번지수를 밝힐 집"이란 바로 자신과 가족의 존재를 세상에 드러내는 기표이기 때문이다. 시적 주체와 가족들을 "경부선 500키로"나 이동시킨 해방 직후의 현실은 "삼팔식 보병총에 쫓겨오는 시굴사람들"의 모습에서 보듯이 불안정한 공간으로 나타난다. 이런 불안정한 현실에서 시적 주체가 정착하고 싶어 하는 '집'은 단순히 몸을 눕힐 수 있는 물리적 공간만을 지칭하는 것은 아니다. 시적 주체가 해방조국의 일원으로서 자신의 '번지수'를 당당히 밝히며 살아가는 근거지가 바로 '집'이라 할 수 있다. 시적 주체의 '집'에 대한 충동은 삶의 원초적 근원에 향수이며, 최소한의 가족적 삶을 보장받는 사회 실현에 대한 소망이라 할 수 있다. 낯선 거리의 '역두에서', 시적 주체는 불안정한 현실로부터 더 이상 밀려나지 않으려고 끊임없이 자기 정체성을 확인하려는 욕망에 시달리는 것이다. 열악한 현실에서의 가족 충동이 드러난 또 다른 시로 이용악의 「빗발 속에서」를 들 수 있다.

대회는 끝났다 줄기찬 빗발이어 빗발치는 생명이라

문화공작대로 갔다가 춘천에서 강능서 돌팔매를 맞고 돌아온 젊은 시인 상훈도 진식이도 기운 좋구나 우리 모다 깍지 끼고 산마루를 차고 돌며 목 놓아 부르는 것 싸움의 노래

흩어지는 게 아니라 어둠 속 일어서는 조국이 있어 어둠을 밀고 일어선 어깨들은 어깨마다 미움을 물리치기에 천 만 채찍을 참아 왔거니

모다 억울한 사람 속에서 자유를 부르짖는 고함소리와 한결같이 일어나는 박수 속에서 몇 번이고 그저 눈시울이 뜨거웠을 아내는 젖멕이를 업고 지금쯤 어딜루 해서 산길을 내려가는 것일까

대회는 끝났다 줄기찬 빗발이어 승리가 약속된 제마다의 가슴엔 언제까지나 싸움의 노래를 남기고[18]

이 시는 '대회'가 끝난 후 시적 주체가 느끼는 감정의 여운이 주된 동력을 이루고 있다. 어떤 장소가 "특별한 기억의 힘을 지니"게 되는 것은 그 장소가 "가족사와의 확고부동하고 장기적인 연고"[19] 때문이거나 아니면 특별한 경험과 관련되었을 때라 할 수 있다. 이 시는 대회의 열기에 감동한 시적 주체의 특별한 경험과 관련되어 있다. '대회'의 열기에 감동한 시적 주체는 대회가 끝난 뒤에도 여전히 '대회'의 장면을 기억 속에서 끌어낸다. 그런데 여기서 주목할 것은 젖맥이를 업은 아내에 대한 시적 주체의 시선이다. '대회'에 몰입된 시적 주체는 아내 또한 대회장의 열기에 고무되어 몇 번이고 눈시울이 뜨거워졌을 것이라 생각한다. 이는 타자인 아내의 시각을 통해 대회장의 열기를 더욱 효과적으로 전달하고자 하는 수법이라 할 수 있다. 시적 주체는 '대회'란 구체적 싸움의 현장에서 '아내'와 '젖맥이'를 소환함으로

---

18 이용악, 「빗발 속에서」, 『이용악집』, 동지사, 1949, 155쪽.
19 알라이다 아스만 지음, 변학수·채연숙 옮김, 『기억의 공간』, 그린비, 2011, 414쪽.

써 대회에 참가한 '억울한 사람'의 이념이 한 개인의 이념이 아닌 해방 직후 민중 대다수와 관련된 문제임을 드러내 보인다. 대회에 참가한 사람들을 묶어 주는 것이 이념의 정당성이라면, 이념의 정당성을 확보하기 위해 아내란 타자의 시선이 필요하였던 것이다. 수미상관으로 제시된 "줄기찬 빗발"은 자칫 암담함을 나타내는 기표로 읽히기 쉬우나 시인은 "줄기찬 빗발"과 "빗발치는 생명"이 보여 주는 연쇄적 언어 효과를 통해 이를 요구 내지 승리에 대한 믿음으로 환치시킨다.

싸움의 '거리'에서 빈번히 호명되는 가족은 이들이 원초적 공간을 환기하기 때문에 더욱더 의미를 띤다. 싸움의 거리가 부재와 결핍의 장소를 표상한다면 가족은 훼손되었든 훼손되지 않았든 원초적 충만함을 표상하는 기표라 할 수 있다. 「우리의 거리」의 경우도 마찬가지이다.

> 아버지도 어머니도
> 젊어서 한창땐
> 우라지오로 다니는 밀수꾼
>
> 눈보라에 숨어 국경을 넘나들 때
> 어머니의 등곬에 파묻힌 나는
> 모든 가난한 사람들의 젖먹이와 다름없이
> 얼마나 성가스런 짐짝이었을까
>
> 오늘도 행길을 동무들의 행렬이 지나는데
> 뒤이어 뒤를 이어 물결치는

어깨와 어깨에 빛 빛 찬란한데

여러 해 만에 서울로 떠나가는 이 아들이
길에서 요기할 호박떡을 빚으며
어머니는 얼어붙은 우라지오의 바다를
채쭉쳐 달리는 이즈보즈의 마차며 트로이카며
좋은 하늘 못 보고
타향서 돌아가신 아버지의 이야길 하시고

피로 물든 우리의 거리가
폐허에서 새로이 부르짖는
우라아
우라아 ××××[20]

「우리의 거리」는 구체적 싸움의 현장에서 국경을 넘나들 수밖에 없던 고난의 가족사를 투영해 보인다. 기억 속에서 끄집어낸 가족사 또한 현재적 싸움의 정당성을 확보하는 기제로 작동된다. 기억이란 "사라진 순간을 지금의 의식 안으로 다시 현재화하는 능력"[21]이다. 그러므로 이용악 시에 나타난 가족사는 과거의 것으로 존재하는 것이 아니라 현재의 것으로 환원된다. 이 기억은 싸움의 거리에서 소환된 구체적 장면들로 현현된다. 이러한 수난의 가족사는 화석화된 과거가 아닌, 현재적 삶의 근원이 된다. 이용악 시 곳곳에 출몰하는 가족 공

20 이용악, 「우리의 거리」, 『이용악집』, 동지사, 1949, 29~31쪽.
21 서동욱, 「일상의 모험」, 민음사, 2005, 178쪽.

간은 불모와 부재의 상태로 존재한다. 어머니의 등에 업혀 국경을 넘나들던 일, 타관에서 맞이한 아버지의 죽음 등 이용악 자신으로 추정되는 시적 주체의 삶은 곤궁과 유랑 그 자체로 그려진다. 어린 시절의 곤궁과 유랑은 가족공동체, 즉 근원에 대한 향수를 더욱 부채질한다고 할 수 있다. "행(幸)인지 불행(不幸)인지 젖먹이 때 우리는 방랑하는 아비 어미의 등곬에서 시달리며 무서운 국경 넘어 우라지오 바다며 아라사 벌판을 달리는 이즈보즈의 마차에 토로이카에 흔들리어서 갔던 일"[22]이란 시인 이수형(李秀馨)의 회고는 「우리의 거리」에 나온 시적 주체인 이용악의 가족사와 거의 일치한다. 이수형은 해방 직후 이용악의 네 번째 시집인 『이용악집』에 발문을 쓸 정도로 이용악과 친했던 동향 시인이다. "행인지 불행인지"란 이수형의 진술은 두만강 국경을 방랑하는 곤궁 속에서도 가족과 함께 있었던 순간에 대한 그의 복합적 감정을 드러낸 것이라 할 수 있다. 헐벗었지만 '가족'의 품은 기억 속에서 늘 따뜻한 것으로 존재한다. 열악한 환경 속에서 가족이 연상되는 것도 이 때문이다. 근원에 대한 욕구가 해방기 진보적 시인들의 시에 가족을 빈번히 호명하는 계기가 되었다고 할 수 있다.

3. 싸움의 전기(轉機)로 인식되는 '가족'

해방기 시인들의 시에 자주 호명되는 가족이 근원에 대한 향수와 관련이 있지만, 이것이 새로운 싸움의 전기(轉機) 또는 인식소로 작동

---

22 이수형, 「용악과 용악의 예술에 대하여」, 『이용악집』, 동지사, 1949, 160쪽.

하는 경우가 있다. 특히 조선문학가동맹의 전위부대로 활동했던 '신진시인'들의 시에서 이러한 경우가 많이 나타나는데, 싸움의 전위에 선 이들에게 가족도 자신들이 선택한 길의 과정 속에 놓여 있었기 때문이라 할 수 있다. 이는 조선문학가동맹의 이념을 받아들인 신진시인들이, 관념과 당위가 아닌 가족이란 개별자를 통해 구체적이고 생생한 싸움의 동력을 획득하게 된다는 것을 의미한다. 조선문학가동맹의 이념이 선취된 관념에 가까웠다면, 그들의 육체에 다가온 위기는 이러한 관념을 눈앞에 생생하게 현현시키는 실재적인 것이었다. 이러한 시들을 살펴보기 위해서 먼저 창작 주체인 '신진시인'들의 현실관을 검토해 보기로 한다. 유진오의 「싸우는 감옥」과 김상훈의 「테로문학론」은 해방 직후 현실에 대한 그들의 입장을 잘 보여 주는 글이다.

「싸우는 감옥」은 1946년 미군정청 포고령 위반죄로 9개월간 서대문 형무소에 투옥된 유진오의 내적 심경과 감옥에서의 투쟁을 그려내고 있다. "국제청년 데이에서, 국치기념강연회에서, 삼상결정 1주년 기념대회에서, 종합예술제에서 수십만 아니 연인원 수백만의 대관중 앞에서 열광적인 환호"[23]를 받았다는 오장환의 말은 1946년 당시 유진오가 시 낭독으로 대중 선동의 중심에 서 있었음을 보여 준다. 유진오의 서대문 형무소 투옥은 그가 1946년 9월 1일 국제청년 데이 기념식장에서 「누구를 위한 벅차는 우리의 젊음이냐?」라는 시를 낭독했

23 오장환, 「시인의 박해」, 『문학평론』 3호, 1947. 4., 46쪽. 유진오의 투옥은 오장환 외에도 많은 시인들이 언급하고 있다. 이는 유진오의 투옥을 조선문학가동맹 내부에서도 그만큼 중요하게 다루었다는 것을 보여 준다.

기 때문이다. 유진오가 관중들 앞에서 시를 낭독한 1946년 9월 1일 이전에 조선공산당은 이미 미군정과의 우호적 관계를 청산한 상태였다. 1946년 7월 26일을 계기로 미군정의 탄압에 대해 조선공산당은 "수세에서 공세로, 퇴거에서 진격으로" 돌진하는 소위 정당방위의 역공세인 "신전술"[24]을 채택하였다. '신전술'은 조선공산당이 미군정과의 직접적 대결을 선언한 것으로, 이후 '9월총파업', '10월항쟁' 등의 도화선이 되었다고 할 수 있다. 조선공산당의 직간접적 관여 아래 '조선문화건설중앙협의회'와 '조선프롤레타리아예술동맹'의 통합으로 결성된 조선문학가동맹은 미군정의 대항 주체로서 해방 직후 문학운동의 중심 거점으로 부상하였다. 조선문학가동맹은 기관지 『문학』 외에도 다양한 출판매체[25]를 동원하여 자신들의 이념을 전파하고자 하였다. 특히 그들의 이념을 전파하기 위해 젊은 신진시인들을 전선의 전위에 내세웠다. 조선문학가동맹의 미디어 전략하에 발간된 『전위시인집』은 선배 시인들의 기대와 찬사로 가득 차 있다.[26] 이 중 유진오는 이들에 의해 인민의 '계관시인'으로 호명되었을 정도로 각별한 관심을 받았다. 각종 기념식이나 강연장에서의 그의 시 낭독은 '무기로서의 문학'[27]을 몸소 실천해 가는 과정이기도 했다. 「누구를 위한 벽차는 우리의 젊음이냐?」라는 시가 낭독의 현장성을 통해 대중들을 선동

---

24 박일원, 『남로당총비판』, 극동정보사, 1948, 48쪽.

25 조선문학가동맹은 『삼일기념시집』, 『연간조선시집』, 『조선소설집』, 『농민소설집 토지』 등을 발간하였다.

26 『전위시인집』은 임화, 김기림이 서문을, 오장환이 발문을 썼다. 해방기 시집의 서, 발, 후기에 나타난 각종 첨언들의 성격에 대해서는 박용찬, 「해방기 시문학 매체에 나타난 시적 담론의 특성 연구: 서, 발, 후기를 중심으로」, 『어문론총』 47호, 한국문학언어학회, 2007. 12. 참고.

27 박용찬, 『해방기 시의 현실인식과 논리』, 역락, 2004, 33~48쪽 참고.

하는 데 적합한 시였다면, 서대문 형무소 안에서의 생활 및 투쟁 의지를 적어 자신의 내면을 드러내 놓은 글이 「싸우는 감옥」이다. 이 글은 서대문 형무소에서의 수감 생활이 유진오에게 단절의 시간이 아니라 여전히 지속되는 싸움의 시간이었음을 보여 준다. 척결해야 할 부정의 대상이 된 해방기 현실은 유진오에게 형무소 안이든 바깥이든 별반 다를 바 없는 투쟁의 대상이었다. 유진오는 자신의 감옥살이가 해방 직후의 억압적 현실에 맞서서 싸운 결과이며, 이는 "조국을 사랑한 까닭"[28]에서 나온 것임을 고백한다. 유진오는 감옥에서 나오자마자 조선문학가동맹의 기관지인 『문학』 공위재개 기념 특집호(1947. 7.)에 자신의 감옥 체험을 당당하면서도 공격적인 어조로 기고하였다. 그는 이 글에서 미소공위의 절대적인 성공을 관철시키려는 조선문학가동맹의 전략, 전술을 견지하면서, 미군정의 해방 직후 언론 정책 및 반탁(反託) 입장에 선 우파 민족주의자들(이승만, 김구, 김성수 등)에 대해 강한 적개심을 드러내 보인다. 물론 대부분의 내용은 감옥의 비민주적인 처사에 대한 투쟁의 과정을 그리고 있지만 그 외의 정치적 발언은 조선문학가동맹의 전략, 전술을 그대로 대변하고 있는 것에 다름 아니다.

김상훈의 「테로문학론」은 기본적으로는 유진오의 「싸우는 감옥」과 크게 다르지 않지만 좀 더 문학 부문에 치우쳐 있다고 할 수 있다. 김상훈은 "조선 인민에 의하야 조선 인민의 복리를 위하야 봉건 잔재, 친일 세력, 팟시스트의 음모 등 모든 반동 세력과 항쟁하는 인민적 기

28 유진오, 「싸우는 감옥」, 『문학』 공위재개 기념 특집호, 조선문학가동맹, 1947. 7., 16쪽.

초 위에 선 문학만이 조선 민족이 갈구하는"[29] 문학이고, 이러한 문학이 우리 문학의 주조(主潮)를 이루어야 한다고 본다. 이는 "문학의 인민적 기초"[30]를 내세운 임화의 논리를 재생산한 것으로, 조선문학가동맹이 내세우는 문학의 주체와 목적을 더욱 분명히 한 것으로 볼 수 있다. 김상훈은 이 글에서 구체적인 우파 문인들의 실명을 거론하며, 그들의 '반동적' 문학 행위 내지 문학론을 펼치는 행위를 테로문학이라 규정한다. 그는 전조선문필가협회의 이헌구나 조지훈, 박목월, 서정주, 김동리 등의 논리가 "순수란 거짓에서, 반탁이란 매국 합리화 운동으로, 다시 인민의 의사를 억누르는 테로 조장운동"[31]과 관련되어 있음을 지적한다.

유진오나 김상훈 모두 조선문학가동맹의 이념을 받아들이고 그것을 직접적으로 실천해 가던 행동의 시인임을 위의 글을 통해 확인할 수 있다. 이들은 해방 직후의 현실을 투쟁의 장으로 인식하고 소위 '반민족적인 행위(반탁)'에 대한 절대적 배격을 주장한다. 이러한 두 사람의 논리는 곧 스스로를 '인민을 위한 전사'[32], 또는 '방화범인'[33]임을 자처하게 만든다. 『전위시인집』의 신진시인들은 어두운 시대를 거쳐

29 김상훈, 「테로문학론」, 『문학』 4호, 조선문학가동맹, 1947. 7., 10쪽.

30 「문학은 인민에게로 들어가야한다 역설하는 임화씨」, 『민중조선』 창간호, 민중조선사, 1945. 11., 54~56쪽.

31 김상훈, 「테로문학론」, 앞의 책, 12쪽.

32 유진오의 다음 글은 『전위시인집』에 참여한 신진시인들의 세계관을 가장 잘 보여 준다. "시인이 되기는 바쁘지 않다. 먼저 철저한 민주주의자가 되어야겠다. 시는 그 다음에 써도 충분하다. 시인은 누구보다도 먼저 진정한 민중의 소리를 전하는 사람이어야 할 것이다. 투철한 민주주의자가 된다는 것은 인민을 위한 전사가 되는 것이다. 나의 시다운 시는 금후의 과제이다. 나는 젊다. 나는 노력할 것이다." 유진오, 「창」, 정음사, 1948, 94쪽.

33 김상훈, 「나의 길」, 『대열』, 백우서림, 1947, 23쪽.

온 선배시인들에 비해 부끄러운 과거를 지니지 않았기에 새로운 시대에 주저함 없이 당당하게 나설 수 있었던 것이다.[34] 그래서 임화는 이들 시인들에게서 "탄 피부와 망막을 가진 시인", "굳은 정신과 튼튼한 육체를 가진 시의 탄생"[35]을 기대하였던 것이다. 참회해야 할 과거가 없었던 이들 신진시인들에게 어머니는 희생과 사랑의 존재이자, 새로운 삶의 전기(轉機)를 일깨우는 존재로 인식된다.

아들 따라 손주놈들 앞뒤에 주렁주렁 거나리고 서울 메누리 앞세우고, 날만 따스해지면 남산 공원으로 동물원으로 화신상회로 나들이 실컨 서울구경을 하시겠다는 어머니.

태백산 밑에서 나서 태백산 밑에서 여쉰환갑투룩 밭갈기와 산에 산나물 이름 섬기기와 호박국에 농사는 천하지 대본이라는 것과

열두대문집 마람사리 한세월에 천한사람의 말 두어천개쯤 귀에 익혔을 뿐, 흙빛 얼굴을 들어 유쾌한 우숨 한번 온전히 웃어본 적도 없이 느티나무처럼 늙은 어머니

묏돼지보다도 더한 등살에 자식놈들 뿔뿔이 잃어버렸던 자식놈들 따라, 인제사 좋은 세상 왔으니 기와집 한 채쯤 지니고 서울살겠다

34 이기성은 『전위시인집』의 기저에 선배시인들이 신진들의 열정과 패기에 공감을 표명함으로써 자신의 시대감각을 확인하려 하였으며, 이 시집 자체가 하나의 고백으로 읽히는 것은 부끄러운 과거와 순결한 미래의 언어가 마주치고 있기 때문이라 보았다. 이기성, 「해방기 시에 나타난 가족주의와 국가주의: '자기비판' 문제를 중심으로」, 『상허학보』 26, 상허학회, 2009. 6., 165쪽.

35 임화, 「서」, 김상훈 시집 『대열』, 백우서림, 1947, 7~8쪽.

고, 서울에는 사래긴 밭도 많고 논도 많은 줄 알았다고.

여름에 보리밥 먹기 좋은 상추쌈과 녹두랑 팥이랑 강냉이 당고추 같은 것이라든지, 봄철 들면 가지가지 씨앗을, 뜨내기 이불 봇짐 속에 소중히 이어오신 어머니.

왜놈들 가고 또 더한 왜놈들 등살에 예나제나 상기도 쫓겨다니기만 하는 둘째의 일홈을 불러, 어느 때 참말로 좋은 세상이 와서 참말로 기와집 한 채쯤 지니고 살겠느냐고 물으시든 어머니

어머니 어머니!
날씨가 풀리어 채 따스해지기도 전에 화신상회 동물원 구경을 하시기도 전에, 쫓겨다니는 이 자식놈을 돌볼 겨를도 없이 어데로 어데로 이렇게 바삐 길을 채리시는 것입니까.

목이 터지두록 아모리 불러도 불러도 대답없이 하늘가 자꾸만 머얼리로 바삐 가시는 어머니, 어뒤메 살기 좋은 나라 살기 좋은 번지수를 찾아 가시기에 이처럼 이처럼 바쁜 길이옵니까.

가시던 길 돌아오이소 어머니,
왜놈들과 왜놈들의 부치는 아주 사뭇 쫓아버리고 봄이 오면 틀림없이 이땅에 봄이 오면, 이불봇짐과 함께 가지고 오신 어머니의 씨앗을 갈아 꽃피우겠습니다. 꽃피우겠습니다.[36]

36 이병철, 「곡(哭)-오호애재(嗚呼哀哉)」, 『문학평론』 3호, 1947. 4., 31~33쪽.

이 시는 어머니의 죽음에 대한 회한과 안타까움의 정조로 가득 차 있다. 어머니는 긴장되고 불안한 해방기 현실을 감싸안을 수 있는 근원의 표상이다. 가족을 위해 헌신하고 희생하던 어머니의 죽음은 시적 주체에게 원초적 가족 공간, 즉 유토피아의 상실에 다름 아니다. 그러므로 어머니에 대한 지속적이고 반복적인 호명은 "지금과는 다른 현실을 구축하고자 하는 강한 의지의 표명"[37]으로 읽힌다. "기와집 한 채" 지니고 살고 싶어 하던 어머니의 소망은 자신의 "번지수"조차 확보하지 못하고 쫓겨 다니는 시적 주체에게는 실현될 수 없는 것이다. 여기서 "기와집 한 채"는 물론 평화롭고 안정적인 가족 공간을 제유(提喩)하고 있다. 완전한 가족 공간에 대한 희구는 '집'이란 기표의 잦은 호명으로 나타난다.[38] 「곡」에서 어머니의 죽음은 시적 주체에게 싸움의 새로운 전기를 마련해 주는 계기로 작용한다. 이 시의 시적 주체에게 해방기 현실은 분노와 투쟁의 대상이 된다. 그는 어머니의 죽음을 통해 "참말로 좋은 세상"을 이룩하기 위해 '부정적 현실'의 대항 주체로 더욱 전의(戰意)를 다지는 것이다. 이처럼 조선문학가동맹의 신진시인들이 자신들의 시에서 가족을 중요 시적 제재로 삼기 시작했다는 것은 이들이 해방기 사회를 "위기의 순간"[39]으로 인식하고 있었

---

37 권명아, 『가족이야기는 어떻게 만들어지는가』, 책세상, 2006, 34쪽.

38 이용악의 「하늘만 곱구나」도 가족이 안주할 공간, 즉 집에 대한 욕망을 그려낸 시이다. 여기서 그는 최소한의 생존 공간조차 확보하지 못한 귀향 유이민의 운명을 포착하고 있다.

39 사회적 위기의 순간과 가족의 중요성에 대해서는 다음 글을 참고할 만하다. "가족의 중요성은 보편적이라는 신화와 달리 사회적으로든 집단적 무의식으로든 그것이 강력하게 표현되는 시점은 주로 사회적 위기의 순간이다. 다시 말해 역사적으로 볼 때 가족적 관계에 대한 요구가 집단적으로 표명되는 시점은 주로 현실의 모든 것이 깨졌다는 위기의식과 그로 인한 심리적 불안감이 팽배한 시기이다. 그리고 현실에 대한 위기의식은 변화에 대한 팽배한 욕구와 밀접한 관련을 갖는다." 권명아, 앞의 책, 34쪽.

음을 말해 준다.

금시에 깨어질듯 창창한
하늘과 별이 따로 도는 밤

엄마여
당신의 가슴 우에
서리가 나립니다.

(중략)

아!
밤이 부스러지고
총소리 엔징소리 어지러우면
파도처럼 철렁
소금 먹은듯 저려오는 당신의 가슴
이 녀석이
어느 곳 서릿길
살어름짱에
쓰러지느냐

엄마여
무서리 하얗게
풀잎처럼 가슴에 어리는
나의 밤에

당신의 옷고름 히살짓던
나의 사랑이
지열과 함께
으지직 또 하나의
어둠을 바위처럼 문어트립니다

손톱 밑 갈갈이
까실까실한 당신의 손
창자 속에 지니고

엄마여
이 녀석은 훌훌 뛰면서
이빨이 사뭇
칼날보다 날카로워갑니다[40]

이 시의 시적 주체를 둘러싼 공간은 "서릿길 살어름짱"처럼 "금시에 깨어질듯" 위태위태하다. "밤이 부스러지고" "총소리 엔징소리 어지러"운 현실은 어머니의 가슴을 늘 불안하게 만드는 요인이 된다. 그렇지만 이 시 곳곳에 놓인 공격적이고 불안한 이미지들을 포용하면서 동시에 끊임없이 시적 주체에게 날카로운 싸움의 의지를 일깨우는 존재는 어머니이다. 변혁운동에 뛰어든 시적 주체에게 소환된 어머니는 삶의 원형적 존재이자 새로운 전의(戰意)를 가다듬는 모태가 된다. '향수'란 제목이 암시하듯이 어머니는 시적 주체에게 늘 돌아가 기대

40 유진오, 「향수」 중 일부, 『신천지』 4권 2호, 1949. 2., 169쪽.

고 싶은 삶의 근원으로 인식된다. 그러하기에 불안정하고 긴장된 싸움의 도정에서 시적 주체는 반복적으로 어머니를 호명하게 되는 것이다. 이는 어머니를 통해 불완전한 상황을 무화시키고자 하는 욕망과 관계된다. 어머니야말로 균열되기 직전의 위기 상황에 놓여 있는 시적 주체에게 새로운 삶의 충전을 가능하게 해 주는 유일한 존재이기 때문이다. 『전위시인집』에 참가한 신진시인들은 오장환에 의해 "시단의 결사대"[41]로 명명되었다. 결사대란 죽기를 각오하고 있는 힘을 다할 것을 결심한 사람으로 이루어진 부대나 무리를 말한다. 「향수」는 "결사대의 대원"[42]인 유진오가 싸움에 대한 날카로운 전의를 어머니를 통해 획득하고 있음을 보여 주는 작품이라 할 수 있다.

그러나 조선문학가동맹의 전위부대였던 신진시인들에게 가족 또는 가족이 존재하는 '집'이 늘 안정적이고 회귀적인 공간인 것만은 아니다. 가족이 도리어 시적 주체로 하여금 고뇌와 갈등의 원천이 되는 경우도 있다.

> 등짐지기 三十里길 기여넘어
> 갑분 숨결로 두드린 어버지의 門앞에
> 무서운 글자 있어 共産主義者는 들지말라
> 아아 千날을 두고 불러왔거니

---

41 오장환은 『전위시인집』에 참가한 젊은 시인들을 "시단의 결사대"로 명명하고, 유진오를 지칭하여 "그중의 한 동무는 벌써 그 노래로 하여금 몸을 영어(囹圄)에 빠지게 하였으며, 또 참으로 오랜 동안 감격을 모르던 이 땅의 청년들에게 그의 한편의 시로 만뢰(萬雷)의 공명을 일으키게 하였으며 일찍이 아테네의 영광을 약관으로 이 땅에서 다시 찾은 것 같은 느낌을 주게 하였다."라고 격찬하였다. 오장환, 「발(跋)」, 『전위시인집』, 노농사, 1946, 2쪽.

42 위의 글.

떨리는 손이 문고리를 잡은 채
멀그럼이 내 또 무엇을 생각해야 하느냐

(중략)

徵用살이 봇짐에 울며 늘어지든 어머니
刑務所 窓구멍에서 억지로 웃어보이든 아버지
머리 씨다듬어 착한 사람 되라고
옛글에 日月같이 뚜렷한 聖賢의 무리 되라고
삼신판에 물 떠놓고 빌고
말 배울 쩍부터 井田法을 祖述하드니
이젠 믿어운 기빨 아래 발을 마추랴거니
어이 역사가 逆流하고 習俗이 腐敗하는 地點에서
地主의 맏아들로 죄스럽게 늙어야 옳다 하시는고
아아 해방된 다음날 사람마다 잊은 것을 찾아 가슴에 품거니
무엇이 가로막아 내겐 나라를 찾는 날 어버이를 잃게 하는고

형틀과 종문서 지니고
양반을 팔아 송아지를 사든 버릇
小作料 다툼에 마을마다 哭聲이 늘어가든
낡고 不純한 생활 헌신짝처럼 벗어버리고
저기 붉은 기폭 나붓기는 곳 아들, 아버지 손길 맞잡고
새로야 떠나지는 못하겠는가 이 아츰에……
아아 빛도 어둠이런듯 혼자 넘어가는 고개
스물일곱 해 자란 터에 내 눈물도 남기지 않으리
벗아 물끓듯 이는 민중의 함성을 전하라

내 잠깐 惡夢을 물리치고 한숨에 달려가리라[43]

「아버지의 문앞에서」는 시적 주체에게 억압적 기제로 작용하는 아버지의 존재를 문제 삼는다. 부자간의 수직적 갈등은 서로 다른 세계관이 충돌함으로써 빚어지는 것이라 할 수 있다. 봉건적 가족 관계의 틀 속에서 아버지는 여전히 "정전법을 조술하"는 권위 있는 존재이다. 그런데 시적 주체는 아버지의 삶과 다른 공산주의자의 길을 선택함으로써 아버지의 문 앞에서 망설이고 고뇌한다. 여전히 봉건적 습속 아래 "지주의 맏아들"로서의 삶을 살아가기를 바라는 아버지는 시적 주체에게 '결여태'로서의 가족의 모습으로 인식된다. 시적 주체는 원초적 충만함으로 가득 찬, 근원으로서의 가족 공간을 지향하지만 현실적 가족 공간은 그렇지 못하다. 아버지는 "역사가 역류하고 습속이 부패하는 지점"에서 여전히 지주-소작인의 봉건적 유제(遺制)에서 헤어나지 못하고 있는 존재이다. 비록 아버지는 새로운 시대에 적응하지 못하는 억압적인 존재이지만 가족의 중요 구성원이기에, 아버지와의 결별은 시적 주체를 고뇌하고 갈등하게 만든다. 결국 "나라를 찾는 날 어버이를 잃게" 만드는 역설적 상황은 해방이란 큰 역사적 변혁 속에서야만 수긍될 수 있다. 달리 말하면 스스로 가족에서 이탈해 가는 시적 주체의 행위는 원초적 충만함이 가득한 '완전한 가족'과의 합일을 전제로 하고 있다. 이러한 합일에 대한 욕망은 반복되는 의문을 통한 안타까움의 정서와 겹쳐지면서 시적 주체를 새로운 아버지

43 김상훈, 「아버지의 門앞에서」, 『대열』, 백우서림, 1947, 15~17쪽.

찾기, 즉 '나라 만들기'의 길로 나서게 한다. 시적 주체에게 가족과 새로운 나라는 궁극적으로는 동일자로 인식된다. 그러므로 봉건적 유제 내지 습속에 매달린 아버지는 파괴의 대상이 될 수밖에 없다. 아버지와의 결별은 새로운 '나라 만들기' 과정에 참여하고자 하는 시적 주체의 열망 때문에 더욱 단호해지는 것이다. 이는 「나의 길」에서 더욱 도전적이고 파괴적인 이미지로 나타난다. "착취와 탄압과 기만과 군림/ 자라온 집에 불그럼이를 던지는/ 내 용감한 방화범인이 되리라"[44]라는 시구에서 보듯이 시적 주체는 '방화'와 파괴란 극단적 행위를 통해서 지금까지 살아온 자신의 삶을 소멸시키고 새로운 재생의 길로 나아가게 된다.

4. 맺음말

일제강점, 해방, 한국전쟁이란 큰 역사적 변혁을 배경으로 생성된 한국 현대시에서 가족은 많은 시인들에게 주된 시적 제재로 채택되었다. 가족은 한 개인의 삶을 결정짓는 중요 인자로 사회 구성의 가장 기초적인 단위이다.

결핍과 부재의 공간에서 한 개인은 쉽게 가족을 떠올린다. 가족은 흔히 집, 고향 등과 동일자로 인식된다. 일제강점기 시인들은 고향 상실 의식을 통해 주로 가족의 문제를 다루면서, 타자의 폭력으로 인해 훼손된 가족 공간을 회복하려고 하였다. 미정성의 공간인 해방기의

44 김상훈, 「나의 길」, 『대열』, 백우서림, 1947, 23쪽.

경우에도 많은 시인들이 가족을 시적 제재로 삼았다. 이는 해방이란 큰 역사적 변혁에도 불구하고 시인들이 몸담고 있는 해방기가 일제강점기와 별반 다를 바 없는 사회구성체로 인식되었음을 보여 준다. 그런데 특이한 것은 '나라 만들기'의 과정에 참가한 조선문학가동맹의 시인들, 특히 그들의 전위부대 격이었던 '신진시인'들의 시에 가족 충동이 더욱 많았다는 점이다. 이것은 선배시인들이 관념과 당위에 치우친 데 비해 구체적 싸움의 '전위'에 선 이들에게 가족이란 개별자가 더욱 생생하게 다가왔기 때문이다.

해방기는 많은 사람들에게 환희를 안겨 준 열린 공간이었지만 조선문학가동맹의 시인들에게는 여전히 싸움의 공간이었다. 이들은 새나라 건설의 열망을 '거리'에서의 싸움을 통해 쟁취하고자 하였다. 억압적 기표가 횡행하는 육체적 위기 상황 속에서 이들은 수시로 가족 충동에 시달렸다. 무의식적으로 나타나는 이러한 가족 충동은 안정적이고 평화로운 근원적 공간에 대한 시인들의 열망이 표출된 것으로 볼 수 있다. 지친 육체는 가족 또는 집을 상상함으로써 부재와 결핍의 공간을 메꿀 수 있는 가능성을 발견할 수 있었다. 동일성 회복의 열망을 가진 신진시인들은 수시로 그들의 텍스트에 가족을 등장시켰으며, 가족 또는 집은 삶의 근원을 표상하는 중요 기표였다. 한편 가족이 시적 주체에게 새로운 싸움의 전기(轉機) 내지 인식소로 작동하는 경우도 있었다. 이것은 가족 구성원인 어머니나 아버지란 존재의 재인식을 통해 위기의 현실을 극복해 나가고자 하는 이들의 의지와 관계된다.

해방기 시에 나타난 가족 충동은 '나라 만들기'의 과정과 밀접한 관련이 있다고 할 수 있다. 해방기의 한국시에서 가족은 때에 따라 집,

고향 등을 넘어 국가와 동일자로 상상되기도 한다. 가족 회귀 내지 충동이 겉으로는 새나라 건설 행위와 별개의 것처럼 보이지만 실제는 동일한 것이라 할 수 있다. 가족 충동이 퇴행이나 단순 회상의 기억 영역을 넘어 대부분 현실 내지 '거리'에서의 싸움과 연계되는 것도 이 때문이다.

제4장

한국전쟁 직전 문학 텍스트와 국가주의 시선

1. 국어교재와 문학 텍스트

근대계몽기 이후 신식교육이 시작되면서 근현대문학 작품은 자연스럽게 국어교재[1]에 수용되어 왔다. 파시즘이란 타자의 강압이 횡행했던 일제강점기는 많은 작가들의 모색과 실험에도 불구하고 이들의 문학적 성과가 국어교재에 직접적으로 수용되기는 원천적으로 불가능하였다. 해방 이후 국어교육이 본격적으로 출발하게 되면서 이 시기에 발간된 국어교재의 주요 학습 제재로 문학 텍스트들이 많이 실리게 된다. 국어교재의 중요 제재로 자리 잡게 된 문학 텍스트는 이후 국어교재 내에서 어떠한 변천을 겪게 되며, 많은 경향의 문학작품들 중 어떠한 작품들이 국어교재의 정전으로 선택되고 배제되었는가? 이러한 작품을 구성한 담론과 그 내부에서의 배치의 역학 내지 그것에 작동한 이념은 무엇이었는가? 이러한 의문점을 논의의 출발점으

---

1 학교급에서 '교육목표를 달성하기 위하여 사용되는 모든 자료'로서의 국어교과서 내지 준(準) 국어 학습자료를 지칭하는 개념으로 사용한다.

로 잡고자 한다. 논의의 주된 대상은 소위 '교수요목기'[2]에 사용된 국어교재들에 실린 문학작품들이다. 이 시기 국어교재에는 초창기 국어교육의 여러 모색과 실험의 과정이 담겨 있다. 그런데 이 시기에는 미군정청 학무국이나 문교부가 발행한 국어교과서 이외에 다양한 국어교재가 실제 발행되어 학교 현장에서 사용되었다.

국어교재가 신식 출판에 의거해 대중화되기 시작한 것은 근대계몽기 이후라 할 수 있다. 근대계몽기 이후 일제강점, 해방, 한국전쟁 등 격동의 소용돌이를 겪으면서 국어교재는 다양한 변천과 명멸의 과정을 겪었다. 이들의 구체적 양상을 살펴보려면 국어교육사의 도움이 필요하다. 그러나 이 시기 국어교육사는 아직까지 체계적으로 정리되어 있지 못한 상태이다. 교수요목기에 발간된 국어교재의 전체적 현황은 물론이거니와 그 구체적 실물조차 제대로 확보되어 있지 않다. 자료의 빈곤은 이 시기 연구자들의 국어교재에 대한 의욕적 접근을 차단한다. 최근 들어 이 시기 군정청이나 문교부가 주도한 국어교재 목록이나

---

2 교육과정상 교수요목기라 지칭되는 이 시기는 논자에 따라 다양한 명칭으로 명명되고 있거니와 과도기니 건국기니 하는 용어들의 사용만큼이나 국어교육 정립기의 혼돈된 모습을 그대로 보여 준다. 국어교육사의 괄목할 만한 성과로 내세울 수 있는 박붕배의 『국어교육전사』(1987)나 서울대학교 국어교육연구소의 『국어교육 100년사』(2006) 또한 이 시기의 명칭을 서로 달리 쓰는 혼선을 보인다. 박붕배(1987)는 이 시기를 '미군정기'와 '과도기'로 명명하고 있으며, 『국어교육 100년사』는 '건국기'란 명칭으로 이 시기를 대체하여 사용하고 있다. 『국어교육 100년사』는 건국기를 '교육에 대한 긴급조치기'(1945~1946)와 '교수요목기'(1946~1954)를 합한 시기로 보고, 정치적으로는 미군정기와 정부 수립기를 포괄하는 시기로 잡고 있다. 정태범의 「미군정기 및 교수요목기의 교육과정과 교과용 도서 편찬」(『한국편수사 연구』(Ⅰ), 한국교과서연구재단 연구보고서(2000-4.), 2000)는 이 시기를 교육활동의 긴급조치기(1945. 8. 15.~1946. 9.), 교수요목 제정·적용기(1946. 9.~1948. 8.), 교수요목 계승기(1948. 8.~1950. 6.), 전시하 교수요목 변환 적용기(1950. 6.~1955)로 구분하고 있다. 이 장에서는 이 시기를 교육과정의 문서를 중시한다는 입장에서 통칭 '교수요목기'란 용어를 인정하되, 1차적으로 미군정기, 정부 수립기, 한국전쟁기 중 1945~1950년 사이, 즉 미군정기와 정부 수립기의 국어교재를 주로 살펴보고자 한다.

현황에 대한 조사가 일부 연구자들에 의해 수행되고 있으나[3] 여전히 만족할 만한 수준에 이르지는 못하고 있다. 격변의 근현대사 속에 아동들을 대상으로 했던 교과서가 지금은 교육박물관의 한 구석에 화석화된 채 전시되어 있을 뿐이다. 이들 실물자료들을 체계적으로 발굴, 정리하여 연구 대상으로 공간(公刊)하는 것은 시급히 이루어져야 할 일 중의 하나라 할 수 있다. 새로운 국어교과서 구성 못지않게 지금까지 사용된 국어교재를 정리하고 세심히 살펴보는 작업 또한 소홀히 하지 말아야 할 일이다.

이 장은 한국전쟁 직전 미군정기와 정부 수립기에 발간된 국어교과서와 독본류 국어교재를 대상으로 그것에 실린 문학 텍스트의 양상과 구성담론을 살펴보는 데 목적을 두고 있다. 지금까지 이 시기 국어교재에 대한 연구는 군정청이나 문교부에서 발행한 『초등국어교본』, 『중등국어교본』, 『중등국어』를 중심으로 이루어졌다. 이는 기존의 연구가 주로 군정청이나 정부 주도하의 국어교과서만을 연구대상으로

---

3 군정청 교과서나 정부 수립기 관 주도의 국어교과서를 중심으로 연구를 진행한 것은 박붕배이다. 박붕배의 『국어교육전사』상(대한교과서주식회사, 1987), 『국어교육전사』중, 하(대한교과서주식회사, 1997)는 국어교육사를 개화기의 국어과 교육부터 제5차 교육과정기까지 국어교육사 전반을 시대적 개관, 제도적 측면에 대한 고찰, 교육과정 분석, 교재 분석, 학술문헌 분석, 교과 운영과 교수·학습의 방법이란 항목을 통해 고찰하고 있다. 박붕배는 국어교육사의 시대를 개화기, 일제기, 미군정기, 과도기와 제1차 교육과정기, 제2차 교육과정기, 제3차 교육과정기, 제4차 교육과정기, 제5차 교육과정기로 구분하고 있으며, 이 장에서 논의의 대상이 되는 교수요목기를 해방기와 과도기란 명칭으로 지칭하고 있다. 그러나 이 연구는 교재의 제목이나 자료의 일부 목록 제시 이외에는 별도의 분석을 행하고 있지 않아 많은 아쉬움을 남기고 있다. 한편 통사적 차원에서의 국어교재 연구는 개별 연구자들에 의해 이루어지다가 서울대학교 국어교육연구소가 '근현대 민족어문 기초연구'의 일환으로 펴낸 『국어교육 100년사』 I, II (2006)에서 국어교육에 대한 기초 자료 수집과 그 분석 작업을 행함으로써 국어교육사 연구의 한 기점을 마련하였다. 그러나 이 시기의 국어교재 발간 상황에 대한 명확한 증빙자료의 확보와 그것에 따른 실물자료의 확인 내지 확보, 국어교재의 심층적 분석 등은 여전히 지속적인 연구과제로 남아 있다.

삼았다는 것을 말한다. 그런데 해방기의 경우 우리말과 글에 대한 요구가 그 어느 때보다 치열했기에 다양한 형태의 국어교재가 발행되었다는 점을 염두에 둘 필요가 있다. 특히 국문학 내지 문학독본류 교재들이 많이 발간되었는데, 이러한 교재들은 대부분 국어교재의 역할을 동시에 수행하고 있었다. 실제 독본류 교재들이 중등이나 대학교재로 직접 사용되기도 하였기 때문에 이들 독본에 선정된 작품들은 초창기 문학정전의 양상을 연구하는 데 많은 참고가 된다. 그래서 논의의 과정에 관 주도 국어교과서의 보완재 격이었던 독본류 국어교재들 또한 연구 대상에 포함시켜 다루고자 하였다. 미군정기와 정부 수립기 국어교재가 차이를 갖고 있다면, 그 차이를 가져온 이념의 잣대는 무엇인가. 어떠한 이념과 원리에 의해 문학 텍스트가 해방기 교육의 장 속에 편입되고 배제되어 나가는지, 그 양상은 어떠한지를 살펴보는 것이 이 장의 주된 관심사이다. 이는 각 학문 간 학제적 연구의 필요성이 부각되고 있는 이 시점에서 학술담론이 어떻게 교육담론으로 파급되느냐 하는 문제의식과 관련된다. 정전의 구성에는 개인이나 단체 또는 국가의 지배적 담론이 개입되기 마련이다. 관 주도의 국어교과서를 넘어 좀 더 넓은 층위의 국어교재가 논의의 대상이 된 것도 이때문이다.

2. 미군정기 국어교재의 문학 텍스트 양상과 구성담론

해방이 되자 용지난이 심각하였음에도 불구하고 해방의 열기와 새나라 건설에 거는 기대가 신문, 잡지, 팸플릿 및 각종 단행본 책자 등을 통해 분출되고 있었다.[4] 이 중 교과서류의 서적이 많이 출판되었는데, 이는 해방 직후 민중계몽의 도구로 교육이 중요시되었음을 보여준다. 해방 직후는 일제(日帝)의 동화 정책이 가져온 폐해로 말미암아 우리말 교육과 민족 교육의 소생이 그 어느 때보다 시급했던 시기였다. 이러한 임무를 수행하기 위해서 무엇보다 가르칠 교육 내용을 담고 있는 새로운 교과서의 편찬이 시급했다고 할 수 있다.

남한에 진주해 온 미군정은 교육에 관한 시책을 오천석, 최현배 등의 한국인들에게 많은 것을 위임하고 있었는데, 국어교과서 편수 업무는 이병기가 주로 담당하였다. 『중등국어교본』에 조선문학가동맹 계열의 작가나 문학 텍스트들이 많이 실리게 된 원인으로 김윤식이나 정재찬 같은 논자[5]들이 이병기란 인물에 주목한 것도 이 때문이었다. 가람 이병기는 1946년 2월 8~9일 개최된 조선문학가동맹의 전국문학자대회에 참석한 바 있으며, 이 대회에서 그는 『문장』지에서 함께 활

---

4 해방 직후 출판 현황을 정리한 김창집의 다음 글은 출판계가 다른 어느 부문보다도 역동적이었음을 잘 보여 준다. "해방 후에 우리 한국의 출판계는 다른 어느 부문보다도 가장 활발하게 움직이었고 또한 그 업적도 찬란한 바 있다고 할 수 있다. 오랫동안 일정(日政)의 압박 아래서 언론출판의 자유를 누리지 못하여 우리의 문화를 살릴 길이 없던 비참한 환경에서 자유해방을 얻자 가장 씩씩하게 신문화 건설의 발걸음을 나아가게 되어 속속(續續) 신문, 잡지가 발행되고 출판사가 우후죽순같이 생겨 각종 도서가 출판되었다. 해방 4년 동안의 정치, 경제, 문화 등 각 방면의 업적을 돌아보면 문화방면에서도 출판계가 가장 뚜렷한 활약면을 보여주었고 그 공적도 다대하다고 할 수 있다. 용지난, 인쇄난 등 여러 가지 난관으로 더불어 고투를 거듭하여 왔지마는 4년 동안에 해마다 천종의 도서를 수백만부씩 출판하였다. 이제는 경성 각 서점에 우리의 글로 된 도서가 꼭꼭 채워져 있고 각 학교 각 가정에서는 우리의 글로 출판된 도서를 읽고 있다. 이제 우리의 말과 우리의 글은 자유로이 사용되고 우리의 예술과 우리의 역사와 우리의 정신은 찬란하게 발휘되고 있다." 김창집, 「출판계의 4년」, 『출판대감』, 조선출판문화협회, 1949, 4쪽.

5 김윤식, 「문학교육과 이데올로기: 국어교과서의 역사성 비판」, 이응백 고희기념논문집 간행위원회 편, 『광복후의 국어교육』, 한샘, 1992.
정재찬, 「현대시교육의 지배적 담론에 관한 연구」, 서울대학교 박사학위논문, 1996.

동하던 이태준(부위원장), 정지용과 함께 조선문학가동맹의 '중앙집행위원'[6]이자 '고전문학부 위원장'[7]으로 선임되었다. 이러한 그의 이력이 『중등국어교본』의 문학 텍스트 선정 시 중립적 시각을 견지할 수 있는 바탕이 되었다는 것이다. 한편 남민우[8]는 김윤식이나 정재찬의 연구가 미군정청 편수과에 속해 있던 이병기 개인의 역할과 그의 '절묘한 균형감각'만 부각시킨 데 이의를 제기하고, 개인보다는 조선어학회란 단체의 역할에 더 주목해야 한다고 보았다. 그는 조선어학회가 조선문학가동맹과 어느 정도 우호적 관계를 맺고 있었던 해방 초기의 상황을 상기시킨다. 교과서 구성의 담론을 이병기란 개인의 절대적 영향보다 조선어학회란 그룹의 이념과 연관 지어 보이고자 한 이러한 시각은 『중등국어교본』을 둘러싼 구성담론에서 의미 있는 지적이라 할 수 있다. 그렇지만 미군정 초기가 국어교육 초창기로 국어교재에 대한 시각이 제대로 형성되지 못한 시점임을 고려하면, 문학 텍스트 선정에 참여한 개인의 취향이나 역량 또한 무시할 수 없다고 할 수 있다. 조선어학회와 연계된 개인의 역할이 주목되는 것도 이 때문이다. 조선어학회가 긴급히 구성한 '국어교본 편찬위원회'의 면면을 살펴보면 『중등국어교본』에 실린 문학 텍스트의 성격을 어느 정도 추측할 수 있다. 이 위원회는 조선어학회 구성원들이 대부분이었지만 좌익문화단체인 조선문화건설중앙협의회 소속의 이태준이 국어교본 편찬

6 홍구 편, 『건설기의 조선문학』, 조선문학가동맹중앙집행위원회 서기국, 1946, 232쪽.

7 「조선문학가동맹 위원 명부」, 『문학』 창간호, 1946. 7., 153쪽.

8 남민우, 「국어교육계의 원형적 구조와 문학교육의 논리」, 『문학교육의 역사와 성장의 시학』, 역락, 2006, 68~82쪽 참고.

위원이자 『중등국어교본』의 기초위원으로 참여[9]하고 있었음이 확인된다. 이로 미루어 볼 때 해방 직후 좌익작가로 전신한 이태준과 군정청 학무국에 근무한 이병기가 문학 영역의 텍스트 선정에 어느 정도 영향을 미친 것은 자연스러운 일이었다고 할 수 있다. 정부 수립 이후 만들어진 국어교재와 달리 군정청의 『중등국어교본』에 좌익작가들의 작품이 다수 실리게 된 것도 이와 관련이 있다고 할 수 있다.[10]

『중등국어교본』(상, 중, 하)은 독본의 성격을 띠고 있는데, 문학 텍스트 또한 읽기 자료로서 정전이 구성된 측면이 강했다고 할 수 있다.

---

9 조선어학회, 『초등국어교본 한글교수지침』, 1945. 12. 이 책에 의하면 『중등국어교본』의 기초위원은 이숭녕, 이태준, 이희승 등이다.

10 『중등국어교본』의 저작자는 조선어학회였고, 발행자는 군정청 문교부였다. 상권은 1946년 9월 1일, 중권은 1947년 1월 10일, 하권은 1947년 5월 17일 발간되었다. 이 발간일자는 필자가 확인한 텍스트라 처음 발간일자가 다른 텍스트가 발견될 수 있다. 『중등국어교본』에 실린 문학 텍스트(시, 소설, 수필, 비평)를 제시해 보면 다음과 같다.

『중등국어교본』(상) - **현대시**: 「빗소리」(주요한), 「나막신」(이병철), 「비 갠 여름 아침」(김광섭), 「복종」(한용운), 「파초」(김동명), 「난초」(정지용), 「엄마야 누나야」(김소월), 「경이」(조명희), 「바다」(김동명), 「향수」(김기림), 「벗들이여」(변영로), 「우리 오빠와 화로」(임화), **현대시조**: 「가을」(이병기), 「가고파」(이은상), **고시조**: 「동창이 밝았느냐」 외 7편, 「까마귀 검다하고」 외 8편, **현대소설**: 「금강」(채만식-『탁류』 일부), 「원터」(이기영-『고향』 일부), **외국소설**: 「게으른 물장수」, 「네 개 화살」, **설화**: 「설처녀의 정절」, **수필**: 「어린이예찬」(방정환), 「봄비 오는 날」(미상), 「화단을 바라보면서」(미상), 「첫여름」(박태원), 「황토기」(이선희), 「우리집 정원」(노자영), 「어머니께 올리는글」(황의돈), 「해촌일지」(이태준), 「공중의 경치」(미상), 「낙엽」(미상), 「벌레소리」(미상), 「소」(박찬모), 「시선에 대하여」(변영로), 「팔월 십오일」(이원조)
『중등국어교본』(중) - **현대시**: 「마음」(김광섭), 「산촌모경」(백기만), 「선구자」(양주동), **현대시조**: 「아차산」(이병기), **고시조**: 「산촌에 밤이 드니」 외 6편, 「고시조와 노래」, **가사**: 「농가월령가」, **현대소설**: 「아름다운 풍경」(박태원), **수필**: 「청춘예찬」(민태원), 「청추수제」(이희승), 「편지」(최학송, 정지용), 「조선의 영웅」(심훈), 「사온일」(이효석), 「자취 없던 산길」(아문젠), 「물」(이태준), 「부여를 찾는 길에」(미상), 「알렉산더의 말」(미상), 「안심사로부터 상원암까지」(미상), 「녹음 애송시」(정지용), 「회향(懷鄕)」(이원조), 「죽은 사람을 생각하며」(홍벽초), 「그 은행나무」(박화성), 「강서의 삼 고분」(미상), 「건란(建蘭)」(이병기), 「불국사에서」(미상), 「석굴암」(미상)
『중등국어교본』(하) - **현대시**: 「그대들 돌아오시니」(정지용), 「석탑의 노래」(오장환), 「초혼」(김소월), 「마음의 태양」(조지훈), **현대시조**: 「가신 님」(정인보), **고시조**: 「이몸이 죽어죽어」 외 7편, **외국소설**: 「온실」(앙드레 지드), **수필**: 「창」(김진섭), 「적벽유」(이은상), 「목련화그늘에서」(안재홍), **비평**: 「예술의 감상」(미상)

고전과 현대 등 다양한 문학작품을 『중등국어교본』에 배치하고 있는데, 이에 실린 작품의 목록을 보면 고전은 주로 고시조에 국한되었음을 알 수 있다. 『중등국어교본』에 선택된 대부분의 문학작품은 현대문학에 치중되어 있다. 그중에서도 현대시와 현대수필이 갈래의 많은 부분을 차지하고 있다. 서사 장르의 한 축인 소설의 경우 외국소설 3편, 현대소설 3편만 실렸다. 이는 소설의 경우 분량이 길어 국어교재 내에서 많은 지면을 할애할 수 없는 점과 관련된다고 할 수 있다. 그런데 『중등국어교본』에 실린 3편의 현대소설 중 2편이 장편소설임은 특기할 만하다. 현행 국어교과서에도 장편소설을 제대로 수용하기 어려운데, 해방 이후 첫 시도된 국어교과서에 채만식의 『탁류』와 이기영의 『고향』을 실었다는 점은 문제적이라 할 수 있다. 더구나 박태원의 「아름다운 풍경」 역시 「소설가 구보씨의 일일」로, 짧은 단편과는 거리가 멀다. 이후 국어교과서의 소설 정전 구성이 대체로 문학사적 평가가 이루어진 단편소설 위주로 이루어진 사실과 비교해 볼 때 『중등국어교본』의 장편소설 배치는 획기적인 시도라 할 수 있다. 그러나 국어교재에 맞게 작품의 일부분을 싣고 제목을 바꾸긴 하였으나, 그것이 갈등의 중심축을 이루는 부분도 아니고, 할애된 지면도 아주 적어 장편소설 배치의 효과를 제대로 살리지는 못하였다.

한편 시 갈래에는 한용운, 김소월, 정지용, 임화, 박태원, 김기림 같은 중견작가들의 작품을 주로 실었는데 이병철의 「나막신」이 실린 것이 이채롭다. 상권에 실린 임화의 「우리 오빠와 화로」 같은 경우는 1920~1930년대 문단에서 프로시의 한 양식으로 높이 평가받은 작품으로, 『중등국어교본』에 실려도 손색이 없는 작품이라 할 수 있다. 반면 해방 초기 『중등국어교본』을 만들 당시 이병철이 시인으로서 가졌던 상징권력은 거의 없었다고 해도 과언이 아니다.[11] 거의 신진시인에 가까웠던 이병철이 문단에서 본격적인 활동을 시작한 것이 조선문학가동맹이 펴낸 『전위시인집』(노농사, 1946) 발간 전후라면 『중등국어교본』(상)에 그의 시 「나막신」』이 게재된 것은 의외의 일이었다. 물론 『중등국어교본』에는 일제 말기 『문장』지를 통해 등단한 작가인 조지훈이나 박찬모[12] 등의 작품도 실려 있지만 그들에 비해서도 이병철이 가진 일제강점기 문학적 이력은 거의 없는 편이라 할 수 있다. 도리어 시인으로서 이병철의 진가가 발휘된 것은 해방 직후였다. 이때부터 본격적인 작품활동을 시작한 이병철은 조선문학가동맹의 이념을 실천하는 전위시인으로, '남로당 서울시 문련예술과 사건'[13]에 관여하는 등 싸움의 전사로 변신한다. 『중등국어교본』에 실린 이병철의 시 「나막신」 자체는 조선문학가동맹의 이념과 크게 관련이 없다. 「나막신」은 외로운 길을 가는 시적 화자의 심경을 서정적으로 노래한 시에 불과하다. 「나막신」 정도의 작품은 많았을 터인데, 해방 1년 반 전

11 경북 영양군 입암면 병옥리 출신의 이병철은 일제 말 상경(上京)하여 조연현과 더불어 혜화전문학교에 다녔다. 1943년 12월 『조광』지에 이원조의 추천으로 「낙향소식」을 발표하면서 문단에 나왔으나 해방 전까지는 '학생 투고' 정도의 아마추어 수준에서 크게 벗어나지 못하였다고 할 수 있다. 또 이 당시가 일제 말기라서 갓 등단한 이병철이 문학활동을 할 수 있는 충분한 여건도 마련되지 않았다. 박용찬, 「이병철 시에 나타난 '가족'과 전망」, 『해방기 시의 현실인식과 논리』, 역락, 2004, 406~408쪽 참고.

12 박찬모는 1941년 3월 『문장』지에 「과수원」을 발표하면서 등단하였다. 그는 1946년 2월 8, 9일 양일간 열린 제1회 전국문학자대회의 준비위원 겸 서기였으며 조선문학가동맹의 중요 맹원으로 활동하였다. 또한 『맑스엥겔스예술론』(건설출판사, 1946. 12.)과 『유물사관 세계사교정』(백양당, 1947)을 번역하고, 10월항쟁을 소재로 한 소설 「어머니」(『문학』 3·1기념임시증간호, 1947. 2.)를 발표하는 등 좌파 문학운동의 중심부에 서 있었다.

13 대검찰청 수사국, 『좌익사건실록』 4권, 1970, 20~29쪽 참고.

에 등단한 신진시인의 시를 『중등국어교본』에 실었다는 것은 무엇을 말하는가? 해방 초기 조선문학가동맹과 조선어학회의 우호적 관계를 생각해 볼 수도 있으나 『중등국어교본』의 편찬자들이 문학 텍스트 선정 시 문학적 이력(기성, 신인 등)이나 당파적 차이(좌파, 우파 등)를 크게 고려의 대상으로 삼지 않았음을 알 수 있다. 이들은 『중등국어교본』을 구성할 때 단원 구성이나 작품들 사이의 유기적 체계성도 크게 고려하지 않았다. 대단원, 중단원, 소단원 간의 체계성에 대한 구상도 없이 소단원을 나열하는 정도였다. 이를 통해 볼 때 이들은 『중등국어교본』을 국어교육의 체계적 자료로서보다 읽기의 자료, 즉 독본 정도로 생각하였을 가능성이 높다. 고전보다는 친밀감 있게 쉽게 접할 수 있는 동시대의 작품을 많이 실은 것도 이것과 관련이 있다고 할 수 있다. 『중등국어교본』 상권은 문학작품을 집중적으로 배치하고, 중권, 하권으로 갈수록 설명문, 논설문의 비중을 높였다. 『중등국어교본』과 동시대에 만들어진 많은 독본류 교재들의 작가나 작품 선정의 경우도 이와 비슷하다고 할 수 있다.

『중등국어교본』이나 이 당시 나온 독본들에 좌우 작가들이 큰 제약 없이 골고루 실릴 수 있었던 것은 1946년 초까지 미군정이 공산당에 대해 어느 정도 우호적 시각을 가지고 있었던 것과 관련이 있다. 조선공산당은 미군정을 우호적 연합국의 일원으로 평가하고 있었으나 1946년 7월 26일 박헌영이 정당방위의 역공세인 “신전술”[14]을 채택한 이후 미군정과 본격적인 대결 국면에 들어선다. ‘9월총파업’과 ‘10

14 박일원, 『남로당 총비판』, 극동정보사 1948, 48쪽.

월인민항쟁'을 계기로 미군정의 남로당 내지 조선문학가동맹에 대한 탄압은 본격화된다. 급변하는 정세 속에 해방 직후 우리글 교재에 대한 요구로 성급히 만들어졌던 국어교재 내지 문학독본들을 개정·개편할 만큼 미군정의 교육 정책은 치밀하지 못하였다. 군정청과 별도로 개인들이 만들어 내는 독본류 국어교재가 성행하게 되는 것도 이 때문이다. 1946년 김사엽이 발간한 『신생국어교본』1, 2, 3권이나 조선어학회의 정태진, 김원표가 편한 『중등국어독본』(한글사, 1946), 사범대학국문학회(정학모, 손락범) 편찬의 『고급국어』(범인사, 1947) 등이 그 예라 할 수 있다. 이는 중등국어교육의 시급성으로 말미암아 군정청 이외에 각 지방 학무국에서도 국어교재를 발간하였음을 보여 주는 증좌라 할 수 있다. 『중등국어교본』이 만들어지기 전후 국어교재의 발간 상황은 『증보개판 중등신생국어교본』과 『중등국어독본』의 머리말을 통해 어느 정도 추정해 볼 수 있다.

> 문교부에서 발행 예정인 '임시중등국어교본'은 분량으로 보아 도저히, 현재 과정시간수에 미루어 부족하므로 편수국 양해하에 신생국어교본을 개편증정하여 각 학년별로 분책 발행하게 되었으니, 문교부 발행본과 병용하면 가할까 한다.[15]

> 이 책은 주로 중등 정도의 각 학교의 상급 학생들의 국어과 부독본으로 사용하도록 편찬한 것입니다. 그러나 재료를 적당하게 선택하면 하급에도 쓸 수 있으리라고 믿습니다.[16]

---

15 김사엽, 「머리말」, 『증보개판 중등신생국어교본』, 경상북도학무국, 1946.
16 정태진·김원표 공편, 『중등국어독본』, 조선어학회 내 한글사, 1946, 1쪽.

이 글에 따르면 『증보개판 중등신생국어교본』이 1946년 9월 25일 발간되었는데, 이전에 벌써 '신생국어교본'을 발행하여 대구, 경북 일원에서 일부 사용하고 있었음을 알 수 있다. 그런데 '신생국어교본'은 실제 '신생국어독본 중등용'이란 이름으로 발간되었다. 표지에는 문학사(文學士) 김사엽 편저, 경북교육협회 발행이란 표시가 있으나 뒷면에는 판권이 없는 상태로 발행되어 있어 현재로서는 정확한 발간 일자를 알 수 없다. 편저자나 책명이 동일하기에 『신생국어독본』이 증보된 것이 『증보개판 중등신생국어교본』임을 알 수 있다. 『신생국어독본』 상권은 35쪽 분량의 프린터본 형식으로 되어 있는 데 비해 『증보개판 중등신생국어교본』1(초급1년용)은 저작자 김사엽, 발행자 경상북도학무국, 발행소 신생교재사란 판권까지 갖춘 106쪽의 완전한 국어교과서의 형식을 갖추고 있다. 해방 직후 긴급하게 만들어진 국어교재가 제대로 모양을 갖춘 국어교재로 바뀌어 가는 모습을 『신생국어독본』과 『증보개판 중등신생국어교본』을 통해 알 수 있다.

『신생국어독본』 상권에 실린 문학 텍스트와 『증보개판 중등신생국어교본』1(초급1년용)에 실린 문학 텍스트를 비교해 보면 텍스트의 탈락과 증보 과정을 엿볼 수 있다. 『신생국어독본』(상권, 중등용)은 크게 전편과 후편으로 나누어져 있는데, 전편은 한글발음표, 한글 초중성, 인사, 연중행사, 한글철자법 규약 등 한글의 구성원리와 일상생활과 관련된 초보적인 지식 내지 화법예절 등으로 내용이 구성되어 있다. 반면 후편은 시, 재래동요, 고려가요, 수필 등 다양한 문학 텍스트를 싣고 있다. 이 중 현대문학 작품을 보면 이태준의 「물」(수필), 김종한의 「망향곡」과 「오륙도」(시), 이대용의 「발자욱 소리」(시), 고두동의 「추양(秋陽)」과 「비봉폭」(현대시조), 조운의 「독좌」와 「포구의 아침」(현대시조), 이병기의 「석굴암」과 「주시경선생의 무덤」(현대시조), 유창선의 「화랑요」(시), 이광수의 「서울로 간다는 소」(시), 신석정의 「추과삼제(秋果三題)」(시) 등이다. 그런데 『증보개판 중등신생국어교본』1(초급1년용)의 경우 위의 글 외에도 김기림의 「여행」(수필), 박용철의 「우리의 젖어머니」(시), 문일평의 「수선화」와 「서향화(瑞香花)」(수필), 이하윤의 「동포여 다 함께 새아침을 맞자」(시), 김동환의 「초하(初夏)의 반월성」(수필) 등이 증보되어 있다. 반면 유창선의 「화랑요」는 『증보개판 중등신생국어교본』3(초급3년용)으로 옮겨져 배치되었다. 『증보개판 중등신생국어교본』1(초급1년용)과 같은 날 나온 『증보개판 중등신생국어교본』3(초급3년용)에도 박종화, 홍명희, 홍사용, 유치진, 김성칠, 김기림, 일송, 안창호, 임학수, 박용철, 문일평, 안재홍, 을파소(김종한), 박세영, 유광열, 유진오 등 많은 작가들의 작품이 실려 있다. 경성제국대학 조선어문학과 출신인 김사엽은 『신생국어독본』에 실을 수 없었던 많은 작가의 작품을 좌우 구분 없이 싣고 있다.

군정청에서 『중등국어교본』을 공식적으로 발간하고 있음에도 『중등신생국어교본』이나 『중등국어독본』(한글사, 1946) 등이 개정을 하면서까지 계속 발간되고 있음은 무엇 때문인가? 특히 『중등국어독본』의 경우 편자가 조선어학회 회원인 정태진, 김원표이며, 조선어학회 내 한글사가 발행하고 있음은 시사하는 바가 크다. 해방 직후 발간된 군정청 발행의 『중등국어교본』은 편수관 이병기와 조선어학회가 주도하여 만든 국어교과서이다. 그런데 조선어학회가 다시 부독본 격인 『중등국어독본』을 만들었다는 사실은 『중등국어교본』에 실린 작품만으로는 해방 직후 국어교육의 열망과 갈증을 채울 수 없었음을 의미한다.

한편 이 시기 독본류 교재로 발간되었던 정열모의 『한글문예독본』(신흥국어연구회, 1946), 양주동의 『민족문화독본』(청년사, 1946), 이하윤의 『현대국문학정수』(중앙문화협회, 1946) 등에도 다양한 문학 텍스트들이 실려 있다. 이 중 단체나 조직의 이념과 관련지어 볼 수 있는 교재는 이하윤의 『현대국문학정수』이다. 1946년 9월 15일 발간된 『현대국문학정수』가 중앙문화협회에서 나왔고 그 선자(選者)가 이하윤이라는 사실은 이 교재의 성격을 결정짓는 중요한 요소라 할 수 있다. 『현대국문학정수』에 실린 문학 텍스트의 목록을 살펴보면 다음과 같다.

표 4-1 『현대국문학정수』에 수록된 문학 텍스트 목록

작품명	갈래	작가	비고
「장엄한 대백두」	수필	안재홍	
「근화사 3첩」	시조	정인보	
「시조론」	평론	박종화	
「창」	수필	김진섭	
「역사소설문제」	평론	현진건	
「봄비」	시	변영로	
「노변의 향사(鄕思)」	수필	양주동	
「한중가도(閑中歌道)」	연구	조윤제	
「비밀」	시	한용운	
「작품의 수준문제」	평론	이헌구	
「압록강의 문화」	수필	이은상	
「진달래꽃」	시	김소월	
「구운몽의 고구」	연구	김태준	
「단군굴에서(묘향산)」	시조	최남선	
「그믐달」	수필	나도향	

작품명	갈래	작가	비고
「시와 언어」	평론	정지용	
「산」	소설	이효석	
「일분어(一分語)」	수필	이태준	
「유리창」	시	김기림	
「신의(新衣)」	수필	이양하	
「모란이 피기까지는」	시	김영랑	
「팔만대장각을 보고」	수필	함대훈	
「소설의 핀트」	평론	유진오	
「만폭동」	시조	이병기	
「황해금강장수산」	수필	서항석	
「수필문학소고」	평론	김광섭	
「조국」	희곡	유치진	

『현대국문학정수』에 수록된 위의 문학 텍스트를 살펴보기 위해서는 두 가지 측면을 고려해 보아야 한다. 하나는 편자인 이하윤의 문학적 취향 내지 문단활동이요, 다른 하나는 『현대국문학정수』를 펴낸 중앙문화협회의 이념적 기반에 관한 것이다.

먼저 이하윤은 『해외문학』과 『시문학』에 참여한 이력이 있다. 해외문학파의 일원이었던 이하윤은 『현대국문학정수』에 해외문학의 소개와 번역을 함께했던 김진섭, 이헌구, 함대훈, 서항석, 유치진 등의 작품을 실었다. 이러한 작품 선정은 같은 문학적 유파 안에서 활동했던 개인적 친분과 동일한 문학적 취향이 가져온 결과라 할 수 있다. 해외문학파가 1920년대 후반 민족주의문학파와 프로문학파를 함께 비난하며 등장했으나, 다소 "우익적인 데 입각"[17]해 있었다는 송영의

17 송영, 「1931년도의 조선문단 개관」, 『조선일보』, 1931. 12. 27.

말은 시사하는 바가 크다. 이하윤, 김진섭, 함대훈 등이 프로문학파와의 논전을 통해 자신들의 입지점을 구축하고자 한 이유도 이러한 측면에서 설명이 가능하다. 이하윤은 실제 외국문학의 소개와 작품 창작에 상당한 관심을 기울였다. 번역시집 『실향의 화원』(시문학사, 1933)과 『불란서시선』(수선사, 1948), 창작시집 『물레방아』(청색지사, 1939), 편저로 사화집 『현대서정시선』(박문서관, 1939) 등을 남겼다.

한편 해방 직후 명멸하던 문학단체의 조직과 결성에 관한 맥락을 통해 중앙문화협회의 성격을 좀 더 구체적으로 살펴볼 필요가 있다. 해방 다음 날인 1945년 8월 16일 조선문인보국회의 간판이 내려진 한청빌딩에 임화, 김남천, 이태준, 이원조 등이 조선문학건설본부란 간판을 내걸었다. 이어 조선음악건설본부, 조선미술건설본부, 조선영화건설본부 등이 생기면서, 8월 18일 이들이 연합하여 조선문화건설중앙협의회가 결성되었다. 중앙문화협회는 임화가 주도한 조선문화건설중앙협의회에 반발하여 민족문학파와 해외문학파가 중심이 되어 결성된 단체였다. 달리 말하면 중앙문화협회는 해방 직후 재빠르게 대응한 좌익 측의 조선문화건설중앙협의회(임화)에 대응하기 위하여 만들어진 우파의 문화단체라 할 수 있다. 일제강점기 민족주의 우파와 해외문학파 구성원들이 주로 중앙문화협회의 중심인물로 참여하였다. 변영로, 오상순, 박종화, 김영랑, 이하윤, 김광섭, 오종식, 김진섭, 이헌구, 양주동, 서항석, 김환기, 안석주, 유치진, 이선근 등이 그들이다. 중앙문화협회가 발간한 중요 출판매체로 순간(旬刊) 『중앙순보』와 해방의 기쁨을 노래한 『해방기념시집』(1945. 12. 12.) 등이 있다. 이 중 『해방기념시집』은 해방의 감격과 기쁨을 노래한 엔솔러지로 임화, 오장환, 이용악 등이 참가하는 등 좌·우파 구분 없이 전 문단의 작가를 망라하고 있다. 이러한 필진의 구성은 이념적 분화가 명확히 이루어지지 않았던 해방 초기였기에 가능하였다. 문화예술계의 좌우 대립은 1946년을 전후하여 격렬한 양상을 띠게 되는데 조선문학가동맹에서 펴낸 엔솔러지 『연간조선시집』(1947. 3. 20.)만 하더라도 좌익 시인 일색이다. 중앙문화협회가 우파의 문인들을 결집한 단체였고, 이후 이들 구성원 대부분이 조선문학가동맹과 대립한 전조선문필가협회(1946. 3. 13.)에 참여하였던 사실은 이 단체의 성격을 잘 말해 준다. 그렇다면 『해방기념시집』보다는 『현대국문학정수』가 도리어 중앙문화협회의 이념과 더욱 잘 부합되는 매체라 할 수 있다. 『현대국문학정수』에 실린 문학 텍스트는 결국 중앙문화협회가 가진 이념적 기반 위에 구성된 것이라 할 수 있다.

『현대국문학정수』에 실린 작품의 면면을 살펴보면 해외문학파 이외에 민족주의적 성향이 짙은 작가들, 순수문학 내지 모더니즘 작가들의 작품이 주류를 이루고 있다. 이러한 작품 선정에는 『해외문학』과 『시문학』에 관여하였던 편자 이하윤 개인의 취향과 친분 관계가 어느 정도 작용하였다고 볼 수 있다. 이 책의 필진 중에서 조선문학가동맹과 관련이 있는 작가는 27명 가운데 김태준, 이병기, 정지용, 이태준, 김기림 정도이다. 이들의 글은 물론 이념과는 무관한 텍스트들이다. 정지용의 「시와 언어」나 이태준의 「일분어」 등은 언어의 표현, 김태준의 「구운몽의 고구」는 고전을 소개한 것이고, 김기림의 「유리창」은 그의 시집 『바다와 나비』에 실린 감각적인 시이다. 전체적으로 『현대국문학정수』는 중앙문화협회의 이념을 충실히 따른 독본이라 할 수 있다. 여기서 『현대국문학정수』에 실린 많은 작품들이 이후 만들어지는 국어교재에 다시 정전으로 등장한다는 점을 주목해 볼 필요가 있다. 김소월의 「진달래꽃」(시), 나도향의 「그믐달」(수필), 김영랑의 「모란이 피기까지는」(시), 유치진의 「조국」(희곡) 등은 이후 만들어지는 국어교재에 되풀이되어 실린 문학 텍스트들이다. 이는 남한만의 단독정부 수립, 한국전쟁 등을 거치면서 조선문학가동맹과 대립한 중앙문화협회의 이념이 국어교재 선정에 주요 바탕이 되었음을 의미한다. 『현대국문학정수』는 "주로 신학제에 의한 고급중학 2학년과 대학 예과 급 동 전문부 저학년의 국어 국문학 교재로 편찬"되었다는 서문이 아니더라도 독본류 중등국어교재를 넘어 초창기 한국문학 텍스트의 정전화 과정의 일면을 엿볼 수 있는 자료로 기능하였다고 할 수 있다.

한편 청년사에서 펴낸 양주동의 『민족문화독본』(상, 하)는 이하윤의 『현대국문학정수』보다 2~3달 후에 나왔다. 하권이 1946년 11월 15일, 상권이 1946년 12월 20일 발간되었다. 양주동이 편한 이 책은 조선문학가동맹 내지 좌익 측 작가들의 작품에 대해 좀 더 유연한 입장을 취하고 있다. 상권에 김동석, 홍명희, 정지용, 김용준, 엄흥섭, 김태준, 이원조, 하권에 신남철, 김기림, 이여성, 김오성, 김동석, 백남운, 박시형, 정지용, 박치우, 임화, 이원조 등의 많은 좌익작가의 글을 싣고 있다. 한때 절충론자였고 고전 탐구자였던 양주동이 편한 이 책은 민족문화를 제재로 한 글이 대부분이다. 이 책에는 상권 35편, 하권 30편의 글[18]이 실렸는데, 고전주석, 논설, 수필, 시, 소설 등으로 이루어져

18 『민족문화독본』 상권에는 이태준의 「인사」, 김동석의 「나의 서재」, 이하윤의 「고향」, 이병기의 「부여행」, 김성칠의 「육신묘」, 이은상의 「송도노래」, 김윤경의 「훈민정음」, 김억의 「국어

있다. 『민족문화독본』에 실린 일부 글(조지훈의 「승무」, 김진섭의 「백설부」, 이병기의 「난초」, 최남선의 「기미독립선언문」 등) 또한 『현대국문학정수』에 실린 글들과 마찬가지로 이후 국어교재의 정전으로 자주 호명되었다.

미군정기 국어교재의 경우 문학 텍스트 선택을 강제하는 특정 이데올로기가 아직 부재하던 시기였다고 할 수 있다. 그 결과 국어교재에 좌우 작가의 작품이 고루 선택될 수 있었다. 해방의 열기 속에 긴급히 만들어졌던 『국어교재』는 정전 구성 시 이전 시기에 이룩한 작가들의 상징권력이 중요한 역할을 하였지만 반드시 그렇지만은 않았다. 일부 신진작가의 작품이 편입된 것이 그러한 예이기도 하였다. 여기에 편찬자 자신의 취향이나 문학적 이력, 소속된 유파 내지 정파가 작품 선정의 잣대로 작용했다고 할 수 있다. 편찬자가 소속된 조선어학회나 중앙문화협회 같은 단체가 은연중 텍스트 선정의 힘으로 작동되기도 하였다. 이러한 과정 속에 편자에 의해 한 번 선정된 문학 텍스트들은

의 정화」, 박종화의 「비로봉」, 임병철의 「새 이념의 문화생활」, 양재하의 「문화유산의 보전」, 조지훈의 「승무」, 홍명희의 「사화삼칙(史話三則)」, 김진섭의 「백설부」, 김광섭의 「조국」, 이희승의 「언어·문화·민족」, 문일평의 「예술의 성직(聖職)」, 정지용의 「춘설」, 김용준의 「이조의 화가」, 엄흥섭의 「진달래」, 김정식의 「약산등대」, 민태원의 「청춘예찬」, 조연현의 「소설 ABC」, 유치환의 「식목제」, 김환태의 「문학의 성격과 시대」, 김태준의 「조선소설사서설」, 박두진의 「개미」, 정인보의 「대동여지도」, 양주동의 「패강송(浿江頌)」, 안재홍의 「백두산등척」, 변영로의 「백두산 갔던 길에」, 이원조의 「고전부흥론」, 현진건의 「불국사에서」, 이헌구의 「해방기념시집서」, 김기림의 「무지개」가 실려 있고, 하권에는 안재홍의 「민족문화의 진로」, 이태준의 「민족·언어·문학」, 김진섭의 「교양에 대하여」, 이은상의 「금강행」, 김태준의 「정치와 도덕」, 최현배의 「민족문화의 창조」, 신남철의 「애국심」, 김기림의 「새나라송」, 유진오의 「문학과 성격」, 김무삼의 「서예쇄언」, 윤희순의 「솔거와 담징」, 이병도의 「조선수전(水田)의 기원」, 이여성의 「갓」, 양주동의 「사뇌가전주(箋注)서」, 조윤제의 「조선소설개관」, 이병기의 「난초」, 최남선의 「기미독립선언문」, 정인보의 「순국선열추념문」, 김오성의 「3·1운동의 역사적 의의」, 김동석의 「신라의 인상」, 김종무의 「신라의 삼국통일」, 박종화의 「석굴암대불」, 신채호의 「역대의 국사문헌」, 백남운의 「조선사의 과학적 방법론」, 박시형의 「사대주의론」, 정지용의 「백록담」, 박치우의 「연구와 발표의 자유」, 임화의 「민족예술의 가능성」, 이원조의 「민족문화건설과 문화유산」, 김광섭의 「해방의 노래」 등이 실렸다.

권위를 갖게 되고 국어교재류에 반복해서 게재되는 행운을 누리게 되었다.

3. 정부 수립기 국어교재의 텍스트 배치와 일민주의

대한민국 정부 수립(1948. 8. 15.) 이후 국어교재는 미군정기 국어교재와 달리 국가의 통제와 간섭을 받게 된다. 국가는 자신이 지향하는 이데올로기를 국민들에게 주입 또는 관철시키기 위해 흔히 교육을 기획한다. 교과서는 교육 현장에서 가장 강력한 영향을 미치는 계몽의 매체이다. 한 국가가 지향하는 교육과정의 정신을 가장 쉽게, 정확히 반영할 수 있는 매체가 교과서이다. 역대 정권이 교과서를 통해 그들의 지배 이데올로기를 국민에게 주입시키려 한 것도 교과서가 미치는 영향력 때문이라 할 수 있다. 특히 국가나 관이 주도하는 교과서의 경우 교육과정의 정신이나 지배 이데올로기를 반영하는 데 매우 유리하다고 할 수 있다. 국어교육이 해방 초기부터 국민성이나 국민정신 교육과의 관계 설정에 목표를 두고 있었던 것도 이 때문이라고 할 수 있다. 1946년 9월 1일 미군정청 편수국에서 발표한 「국민학교 국어과 교수요목」은 해방 이후 국어교육의 방향성을 드러내는 중요한 지침이 된다고 할 수 있다. 이 가운데 '교수요지'는 이후 전개될 국어교육에서 국어의 위상과 역할을 미리 규정한 것이라 할 수 있다.

> 국어는 일상생활에 필요한 말과 글을 익혀, 바른 말과 맞는 글을 잘 깨쳐 알게 하고, 또 저의 뜻하는 바를 바르고, 똑똑하게 나타

낼 수 있도록 힘을 길러주고, 아울러 지혜와 도덕을 북돋우어 국민 된 도리와 책임을 깨닫게 하며, 우리 국민성의 유다른 바탕과 국문화의 오래 쌓아 온 길을 밝히어, 국민정신을 담뿍 길러내기에 뜻을 둔다.[19]

이상의 '교수요지'는 이어진 '교수사항'과 관련시켜 보면 언어 사용 기능인 읽기, 말하기, 듣기, 짓기, 쓰기 등을 강조하면서도 국어와 국민성의 관계, 국어문화, 국민정신 함양 등을 국어교육과 연계시키고 있다. 국어에 대한 이러한 인식은 1955년 제1차 교육과정이 제정·공포되기 이전까지 국어교육을 관통하는, 국어교재 구성의 저변에 작용한 근본 원리가 되었다고 할 수 있다. 다시 말하면 말하기, 듣기, 읽기, 쓰기란 언어 사용 기능이 국어교육의 기본이 되고 그것을 축으로 하여 국어문화, 국민정신 함양이란 새로운 덕목이 국어교육의 중요 목표로 설정되고 있음을 보여 준다. 해방과 한국전쟁이란 혼란의 와중에서 일관된 국어교육 정책이 추진되기는 어려웠지만 나라를 되찾은 이 시기의 국어교육에 대한 강한 열망은 다른 어느 시기보다 다양한 국어교재를 쏟아져 나오게 만들었다. '국어교육의 당면문제'[20]란 표제를 달고 있는 단행본이나 일부 글 제목이 시사하듯이 국어교육은 해결해야 할 많은 문제를 안고 있기도 했지만 이 시기 교육담론의 중심에 있었음을 알 수 있다. 도구교과로서 국어는 모든 교과의 중심에

---

19 미군정청 편수국, 「국민학교 국어과 교수요목」(1946. 9. 1.): 교육부, 『초·중·고등학교 국어과·한문과 교육과정 기준』(1946~1997), 2000, 5쪽 재인용.

20 조윤제, 『국어교육의 당면문제』, 문화당, 1947.
이희승, 「국어교육의 당면문제」, 『새교육』 2, 대한교육연합회, 1949.

있으면서 국가의 이데올로기를 간접적으로 전달하는 교과였다. 미군정청 발행의 『초등국어교본』, 『중등국어교본』에서 정부 수립기, 한국전쟁기의 국어교과서인 문교부 발행의 『중등국어』, 『고등국어』 등으로 넘어가면서 국어교재에 담긴 국가주의 시선은 더욱 초점화된다고 할 수 있다.

근대 이후 지식인들은 개인의 자유와 국가의 권력 간의 관계를 둘러싸고 두 가지 입장을 보여 왔다. 하나는 국가는 개인의 자유를 침범할 수 없고 개인의 자유를 보장하기 위해 존재한다고 주장하는 자유주의이고, 다른 하나는 국가권력이 개인의 자유나 권리보다 우월한 지위에 있다고 주장하는 국가주의이다. 전자는 모든 인간은 태어나면서부터 평등하다는 천부인권설과, 국가는 개인들의 사회계약에 의해 성립하였다는 사회계약설, 그리고 국가권력에 대한 개인 자유의 우위를 주장하는 개인주의 등에 기초해 있다. 반면 후자는 천부인권설과 사회계약설을 부정하고 그 대신 사회와 국가는 개인과는 독자적으로 성립하여 발전해 왔다는 사회유기체론과 국가유기체론에 기초해 있다.[21] 20세기 전반 한국의 경우도 안종화의 『국가학강령』(1907), 정인호의 『국가사상학』(1908)을 필두로 애국계몽론자인 신채호 등이 논설 「정신상 국가」[22] 등을 통해 국가의 중요성을 언명한 바 있다. 국권이 상실된 상태에서 민권보다 국권이 강조된 것은 당연하였다고 할 수 있다. 그러나 국가주의 사상은 1930년대 유럽의 파시즘과 일본의 파

21 田中浩, 『國家と 個人』, 岩波書店, 東京, 1990; 박찬승, 「20세기 한국 국가주의의 기원」, 『한국사연구』 117호, 한국사연구회, 2002. 6., 201쪽 재인용.

22 신채호, 「정신상 국가」, 『대한매일신보』 1909. 4. 29.

시즘의 영향 아래 초국가주의(超國家主義)로 변질되기도 하였다. 파시즘은 국가를 신성시하고 최고, 최상의 존재로 생각하는데, 여기서 개인은 공동체를 매개로 해서만 존재할 뿐이다. 한편 해방 직후 좌우익의 갈등이라는 현실적 상황은 극우적 성향을 띤 자생적 국가주의가 등장할 수 있는 여건을 마련하였다. 여기서 국가지상, 민족지상주의를 표방하는 민족청년단이 등장하였고, 극우민족주의자들이 이를 지도하였다. 이들은 정부 수립 이후에 이승만과 결합하여 일민주의(一民主義)라는 한국판 국가주의를 만들어 냈다.[23] 일민주의는 "남과 다른 개성을 부정하는 배타적 성격이 강하며, 이것은 점차 반공주의와 결합하여 한편으로는 권력자의 정치활동을 합리화하기 위한 이데올로기로, 다른 한편으로는 국가의 이익이 국민 개개인의 이익이나 그 무엇에도 우선한다고 강조하여 국가권력의 정당성을 확보하려는 국가주의적 성격으로 변하였다."[24] 한국전쟁 이후 일민주의는 민족담론과 결합한 반공주의(反共主義)가 부상하면서 국가주도의 표층담론에서 사라지게 된다.

정부 수립기 국어교재의 경우 일민주의(一民主義)의 강한 영향 아래 놓여 있었다고 할 수 있다. 일민주의는 초대 문교부 장관이었던 안호상[25]이 기초한 것으로, 정부 수립기 문교 정책의 중요 지도이념이었

---

23 박찬승, 「20세기 한국 국가주의의 기원」, 『한국사연구』 117호, 한국사연구회, 2002. 6., 199~246쪽 참고.

24 김수자, 「해방 이후 우익 민족담론의 공고화 과정(1945~1953)」, 『역사학보』 198집, 역사학회, 2008. 6., 103~104쪽.

25 일민주의를 만들어 내고, 보급하는 데 중요한 역할을 한 인물이 정부 수립 후 최초의 문교부 장관이었던 안호상이다. 안호상은 이태리 파시즘과 독일 나치즘이 크게 성장하고 있을 때 독일 유학을 다녀왔다. 그는 독일 예나대학교에서 철학을 전공하고 헤르만 로체의 사상으로 철학박사학위를 받았다. 학위 과정에서 심리학과 교육학을 부전공 과목으로 수강하였으며, 학

다. 안호상은 개인보다는 '민족', '국가'를 중시하고, 이를 하나의 생명체로 인식하였다. 일민주의는 한 겨레, 한 핏줄을 내세우면서 "민족의 분열을 일삼는 나라 안의 모든 반동적 사상과 또 나라 밖에서 침입하는 모든 파괴사상을 철저히 쳐부수"[26]기를 요구한다. 이승만은 자기를 중심으로 무조건 뭉치자며, 일민주의를 "신흥 국가의 국시"[27]로 내세운다. 그는 일민주의를 통해 불안한 권력 기반을 극복하고, 해방 직후 격렬했던 좌우익의 대립과 혼란을 종식시키고자 하였다. 이승만 정권은 일민주의를 이용하여 자신들의 세력을 확장하고자 하였다. 그 결과 '일민주의'는 국민의 사상적 통일과 단합을 꾀하는 신생정부의 중요한 지도원리로 부상하였다. 초대 문교부 장관이었던 안호상이 자신의 신념이자 이승만 정권의 주된 국시였던 일민주의를 문교부 주도의 교과서에 정책적으로 반영하고자 한 흔적은 곳곳에 나타난다.

일민주의란 이데올로기를 직접적으로 국민들에게 주입시키기 적당한 교과는 사회교과였지만 문교부 주도의 국어교과서에도 일민주의

위를 받은 다음에는 영국으로 건너가 옥스퍼드대학교 연구과에서 철학과 교육학을 공부하였다. 귀국 후 김성수의 도움으로 보성전문학교 교수가 되었고, 일본 군국주의, 파시즘이 극단으로 치닫고 있을 때 일본을 여러 차례 다녀왔다. 해방 이후 서울대학교로 자리를 옮겨 우익학생운동과 우익청년운동에 깊게 개입하는 한편, 당시 교육계의 큰 현안이었던 국립서울대학교안을 찬성하는 데 앞장섰다. 또한 1946년부터 '조선교육연구회'를 결성하여 '민주적 민족교육론'을 주장하였고, 미국식 민주주의, 소련식 민주주의에 반대하여 국가주의적이고 민족주의적인 새교육운동을 주도하였다. 안호상은 새교육을 미국식 일변도가 아닌 주체적인 입장에서 받아들일 것을 주장하였으며, 미국식 민주주의에 대해 민족적인 전통을 내세웠다. 그는 민족지상, 국가지상, 반자본주의, 반공주의를 주장하는 국가주의적 경향을 보여 주었는데, 정부 수립 후 초대 문교부 장관에 발탁되면서 교육법을 만들고, 교육과정 제정 작업 착수, 학도호국단 결성 등 학교교육의 기초를 만드는 작업을 주도하였다. 연정은, 「안호상의 일민주의와 정치·교육활동」, 『역사연구』 12호, 2003. 6., 8쪽; 김한종, 「일민주의와 민주적 민족교육론에 나타난 안호상의 역사의식」, 『역사와 담론』 45, 2006. 12., 313~314쪽 참고.

26 안호상, 『일민주의의 본바탕』, 일민주의연구원, 1950, 25쪽.

27 이승만, 『일민주의 개술』, 일민주의보급회, 1949, 4쪽.

를 홍보하기 위한 단원이 배치되었다. 정부 수립 직후 발간된 『중등국어』[28]는 ①~⑥까지 나왔는데 이들 국어교과서는 일민주의의 강한 영향력하에 놓여 있었다고 할 수 있다.

『중등국어』①(문교부, 조선교학도서주식회사)은 1949년 8월 29일 발간본과 1950년 4월 25일 발간본이 있는데, 그 사이에 일부 텍스트의 교체가 이루어지고 있어 주목된다. 먼저 1949년 발간본의 문학 텍스트 목록을 살펴보면 다음과 같다.

> **시**: 「해바라기」(윤곤강), 「가고파」(이은상), 「내 고향」(김억), 「장날」(노천명), 「벗들이여」(변영로), 「옛시조」(김종서, 이순신, 남이), 「어린이와 꽃」(김상옥), 「산수도」(신성정), 「전겁(前劫)」(프란시스 콘포오드 지음, 양주동 옮김), 「은(銀)」(월터 드 라 메어 지음, 양주동 옮김)
>
> **수필**: 「무궁화」(조지훈), 「우리집 정원」(노자영), 「개」(이상), 「희망을 찾는 소리」(최병화), 「상해축구원정」(이용일), 「산림을 사랑하자」(현신규), 「화단을 바라보면서」(미상), 「어느 학생의 일기」(미상), 「화랑 소년 관창」(이은상), 「동해안」(노자영), 「비로봉을 오르다」(박노갑), 「북악의 하루 밤」(미상), 「울릉도기행」(정인조), 「청산리 싸움」(이범석)
>
> **소설**: 「최후의 수업」(알퐁스 도데), 「금강」(채만식), 「서울의 봄」(현진건)

그런데 8개월이 채 지나지 않은 상황에서 1950년 발간본이 나왔다. 아주 짧은 시간에 『중등국어』①의 개정이 이루어졌는데 문학 텍스트

28 미군정청 학무국에서 펴낸 『중등국어교본』과 정부 수립 직후 문교부에서 만든 『중등국어』①~⑥ 사이에 『중등국어』1, 2, 3이 있다. 이는 『중등국어교본』을 바탕으로 미군정청 문교부에서 만든 것으로 『중등국어교본』상, 중, 하와 겹치는 부분이 많다. 허재영 해제, 영인 『건국 과도기의 국정 중등 교과서②: 제2기 중등국어1, 2, 3』, 역락, 2011 참고.

의 변화도 눈에 띄지만 국가주의 시선이 더욱 강화되고 있음을 알 수 있다. 1949년본이든 1950년본이든 『중등국어』①은 「무궁화」(조지훈)나 「산림을 사랑하자」(현신규)같이 국민을 계몽하거나, 「화랑 소년 관창」(이은상)이나 「청산리 싸움」(이범석), 「최후의 수업」(알퐁스 도데, 1950년본에는 「마지막 수업」으로 제목이 바뀜)처럼 애국심을 고취하는 글들로 가득하다. 그런데 1950년본에서 특히 눈에 띄는 것은 조선문학가동맹에 관여하였던 박노갑의 글이 탈락되고, 국가주의 이념을 직접적으로 전파하는 글들이 다수 실렸다는 점이다. 손진태의 「일민주의」나 안호상의 「일」, 모윤숙의 「유·엔 참가기」는 그 대표적인 글이다. '일민주의'를 주창하고 체계를 세운 이는 초대 문교부 장관이었던 안호상인데, 1950년본에는 손진태의 글을 싣고 있다. 일민주의를 주창하고 체계화한 안호상의 글을 싣지 않고 손진태의 글을 실은 연유는 무엇인가? 문제는 「일(勤勞)」(①권), 「앎」(②권), 「학생과 사상」(③권), 「일과 행복」(④권), 「삶과 목적」(⑤권) 등 안호상의 글이 『중등국어』 곳곳에 실려 있다는 점이다. 안호상은 이승만 정권의 초대 문교부 장관으로 일민주의를 통해 국민 사상 통합을 꾀하였으며, 대한민국의 교육이념을 홍익인간으로 정하는 데 주도적인 역할을 하고 있었다. 그렇지만 아무리 필자가 부족한 건국기라 하더라도 국가의 정책과 이념을 기획·홍보하는 문교부 장관의 글이 『중등국어』에 5편이나 실렸다는 것은 『중등국어 교본』과는 또 다른 측면이라 할 수 있다. 「일민주의」까지 안호상의 글로 대치되는 것보다는 국학자로서 손진태가 가지고 있는 상징권력을 이용하는 편이 더 효율적이라 할 수 있었다. 그런데도 부족했는지 같은 책(『중등국어』① 1950년본)에 다시 안호상의 「일(勤勞)」을 마지막에 배치하였다. 그런데 제목만 「일(勤勞)」이지 일민주의의 내용을 되풀이하고 있다. 그렇다면 한 교과서에 일민주의 내용이 두 번이나 실린 셈이다. 그만큼 이승만 정권에게 공산주의에 맞설 수 있는 '일민(한 백성)'의 사상 통일이 시급하였음을 알 수 있다. 한때 안호상의 아내이기도 했던 모윤숙의 「유·엔 참가기」의 경우도 마찬가지이다. 모윤숙은 정부 수립 직후 1948년 제3차 UN총회에 장면, 조병옥 등과 함께 한국 대표로 참가하는 등 활발한 정치활동을 하였다. 모윤숙은 1949년 우파의 대표적 문학잡지인 『문예』를 창간하는 등 이승만 정권의 문화 권력의 한 축을 담당하였다. 각국의 대표 연설에 대한 감회와 신생 대한민국의 운명과 앞날에 대한 단상을 적은 「유·엔 참가기」는 국어교과서보다는 사회교과서의 제재로 더 적합하다고 할 수 있다. 그런데도 1년도 채 되기 전에 『중등국어』가 개정이란 형식을 통해 1950년본에 「일민주의」나 「일(勤勞)」, 「유·엔 참가기」 등을 실은 것은 특이하다고 할 수 있다. 이러한 와중에 1950년본에 김용준의 「과꽃」이 실린 것은 이외라 할 수 있다. 해방기 잡지나 단행본의 삽화와 장정에 뛰어난 솜씨를 발휘한 김용준은 '문장파'의 대표적 인물이다. 「과꽃」은 수필집 『근원수필』(을유문화사, 1948)에도 실리지 않은 글인데, 월북 직전 정부 수립기 국어교재 마지막 발행분에 그의 수필이 실렸다는 것은 이채롭다.

이러한 국가주의 시선은 독본류 국어교재들에도 여전히 작동되고 있었다고 볼 수 있다. 정부 수립기나 한국전쟁기 독본류 국어교재들 중 주목할 만한 교재로는 김병제의 『신편중등국어』1, 2, 3(고려서적주식회사, 1948), 이병기 편의 『중등국어』1~5(금룡도서주식회사, 1949), 박노갑 편의 『중등국어』3(금룡도서주식회사, 1949), 김광주 편저의 『중등문예독본』(대덕출판사, 1951), 최근학의 『중등문학독본』(대동문화사, 1952) 등이 있다. 이들 교재 또한 미군정기 독본류 국어교재와 마찬가지로 학교 현장에서 널리 사용되었다. 다양한 문학작품을 실을 수 없었던 국어교과서 지면을 생각할 때 이러한 독본류 교재들의 역할은 문학 텍스트의 정전화 과정에 하나의 출구로 작용할 수 있었다고 하겠다. 정부 수립 이후 강화되어 가는 국가주의 시선하에 이러한 독본류 교재들이 놓여 있었다고 할 수 있는데, 이 중 국가주의 시선에서 이탈한 '균열'의 텍스트를 싣고 있는 국어교재가 박노갑이 편한 『중등국어』3이다. 박노갑의 『중등국어』3은 당대의 문학작품들을 적극적으로 수용하고 있다. 그 목록을 살펴보면 다음과 같다.

표 4-2 『중등국어』3에 수록된 문학 텍스트 목록

작품명	갈래	작가	비고
1. 「새벽이여」	시	신석정	
2. 「옛글 새로운 정」	수필	정지용	
3. 「조국」	시	김광섭	
4. 「책임에 대하여」	수필	김진섭	
5. 「소년」	소설	김동리	
6. 시 「외오 두고」 외 1편 「춘경」	 시조 시	 이병기 노천명	
7. 「노변잡기」	수필	양주동	
8. ○○		박태원	절취됨
9. 「경칩」	소설	현덕	절취됨
10. 「손」	수필	계용묵	
11. 「오우가」	시조	윤선도	
12. 「고독」	수필	김용준	

작품명	갈래	작가	비고
13. ○○○		안회남	절취됨
14. 「개골산의 일배토」	수필	문일평	
15. 고시조	시조	변계랑 외	
16. ○○○ ○○	소설	이근영	소설 「고향사람들」에서
17. 「국어와 국문학」	평론	조윤제	
18. 「백마강 뱃 속에서」	시조	정인보	
19. 「외유하는 아우에게」	수필	이희승	
20. 「낙화의 기」	수필	박화성	
21. 「오랑캐꽃」	시	이용악	
22. 「첫 여름」	소설	채만식	소설 「반점」에서
23. 「시조연구」	평론	이병기	
24. 「고향생각」	시조	이은상	
25. ○○○○		○○○	절취됨

위의 목록을 보면 문교부 편 『중등국어』보다 훨씬 많은 문학작품을 수록하고 있음을 알 수 있다. 정부 수립기 문교부 편 『중등국어』①~⑥은 일민주의의 영향권 안에서 좌익작가들을 배제시키고 애국심을 고취시키는 방향으로 편찬되었다. 반면 박노갑 편 『중등국어』3은 조선문학가동맹에 관여한 여러 작가가 눈에 띈다. 정지용, 이병기, 현덕, 안회남, 이근영, 이용악 등이 그들이다. 이 중 정지용, 이병기 등은 제외하더라도 1949년 당시 현덕과 안회남, 이근영, 이용악 등은 조선문학가동맹에서 상당히 적극적인 활동을 한 인물이다. 현덕은 조선문학가동맹의 아동문학부위원이자 나중에 기관지 『문학』 7, 8호의 편집인 겸 발행인이었다. 초기에는 이태준이 편집인 겸 발행인이었으나, 이태준 월북 이후 현덕이 그 자리를 이어받아 조선문학가동맹의 출판미디어 정책을 관할하였다. 안회남은 신변체 소설을 쓰다 해방이 되면서

조선문학가동맹이 내세우는 대표적인 작가로 변신한 인물이다. 좌익 측의 표현을 빌리면 크게 "비약하는 작가"[29]로 해방기 대표적인 농민 소설인 「농민의 비애」는 물론이고 10월항쟁을 다룬 「폭풍의 역사」를 썼다. 그는 조선문학가동맹 '중앙집행위원회 위원'이자 '소설부위원장'[30]이었다. 소설집 『고향사람들』(영창서관, 1943)을 펴낸 이근영은 해방 후 조선프로문학동맹에 가담하였고, 조선문학가동맹 '농민문학부사무장'[31]을 역임하였다. 이용악은 정부 수립 이후 1948년 9월부터 『농림신문』 기자로 일하면서 조선문학가동맹의 지령에 따라 불온삐라의 제작, 배포 등의 중간 역할을 하다가 피체, 1950년 2월 서울지법에서 징역 10년을 선고받고 인민군 남하 시 서대문 형무소에 복역 중이었다.[32]

일민주의로 대표되는 국가주의 시선이 강화되어 가던 1949년 무렵에 조선문학가동맹의 맹원으로 실제 활동 중인 여러 작가들의 작품을 『중등국어』3에 실었다는 것은 무엇을 의미하는가? 편자인 박노갑의 역할을 먼저 생각해 볼 수 있다. 박노갑은 일본 호세이(法政)대학 영문과를 졸업하고 휘문중학, 숙명여고 교사 등을 역임하였는다. 해방 직후 국어교사로 있으면서 중등국어교재의 필요성을 절감했을 수 있다. 박노갑은 해방 직후 작품집 『사십년』(육문사, 1948)을 발간한 바 있고, '조선문학가동맹 중앙집행위원'[33]으로 활동한 바 있다. 이러한 그의 경력이 자연스레 『중등국어』3의 문학 텍스트 선정에 영향을 미친 것

29 김동석, 「비약하는작가: 속 안회남론」, 『우리문학』, 우리문학사, 1948. 4.
30 「조선문학가동맹위원명부」, 『문학』 창간호, 조선문학가동맹, 1946. 7., 153쪽.
31 위의 글.
32 대검찰청 수사국, 『좌익사건실록』 4권, 1970, 20~29쪽 참고.
33 최원식 해제, 조선문학가동맹 엮음, 『건설기의 조선문학』, 온누리, 1988, 203쪽.

으로 보인다. 문제는 『중등국어』3의 이러한 정전 선택이 곧 제재(制裁)를 받게 된다는 점이다. 『중등국어』3의 내지를 보면 이 책은 인정도서로, "인정관청은 문교부, 인정종류는 중등학교 국어과 참고용이며, 인정연월일은 1949년 8월 3일, 인정유효기한은 1950년 8월 31일"[34]로 되어 있다. 그런데 실제 1949년 8월 5일 발간된 이 교재가 국어교육 현장에서 제대로 사용되었느냐 하는 문제가 남는다. 강화된 국가주의 시선 앞에 좌우 작가가 골고루 포진한 이 교재는 즉각 검열[35]에 부딪히게 된다. 필자가 소장하고 있는 『중등국어』3을 보면 차례에 정지용, 박태원, 현덕, 안회남, 이근영, 이용악, ○○○ 등의 작품이 알아볼 수 없도록 검게 먹칠이 되어 있으며, 본문에 해당하는 부분도 먹칠이 되거나 절단되어 있다. 이처럼 실제 사용된 『중등국어』3의 경우 검열의 흔적이 곳곳에 남아 있다. ○는 필자가 검열로 인해 해독 불가인 작가 또는 작품을 표시한 것이다. 이런 여러 흔적을 통해 볼 때 문교부가 『중등국어』3을 국어과 참고용 인정도서로 허가하였다가, 실제 사용 도중 서둘러 외적 검열을 가한 것이라 할 수 있다. 이처럼 한

34 박노갑 편, 『중등국어』3, 금룡도서주식회사, 1949, 내지.

35 해방기의 경우, 검열을 통한 출판 통제가 미군정기인 1947년부터 강화되고 있었음을 다음 글을 통해 확인할 수 있다. "출판문화를 통제하고 있는 군정 당국의 출판정책은 1947년 3월 신문 잡지 등 간행물의 허가권이며 상무부로부터 공보부로 이양되고 나서부터 점차로 구체화되기 시작하였다. 즉 동 3월 27일부 공보부령으로 나온 정기간행물의 신규허가 정지령은 최초의 그것이었다. 여기서 일간신문은 10일간, 주간은 3주일간 등등 정기간행물 휴간의 한도를 정한 것은 자칫하면 기계적으로 해석되어 납본을 위한 간행, 혹은 명맥도 없는 일부 간행물의 연명을 도와줄 뿐으로 되었으며 사회적 정세에 발맞추지 못하는 일부 간행물에게는 치명적 타격을 주는 것이었다. 출판물에 대한 감시도 치밀하게 되어 주간 잡지 『민성』에 대한 압수처분, 경찰당국이 시집 『찬가』 등 단행본을 압수 삭제한 것은 거기에 응당한 법적 근거는 차치하고라도 출판문화계에 있어서는 또다시 쓰라린 수난의 기록이 아닐 수 없다. 이러한 관계 당국에 뚜렷한 처결권을 부여하는 「정기간행물법」이 9월 19일 입법위원을 통과하자 언론출판계가 총동원하야 일제(日帝) 신문지법의 소생이라고 반기를 들고 나선 것도 우연한 사실은 아닐 것이다." 『1948년판 조선연감』, 조선통신사, 1947, 373쪽.

국전쟁 직전의 국어교재는 외적 검열이란 흔적을 통해 국가주의 시선 속에 포획되고 있었던 것이다.

4. 맺음말

국어교재는 근대계몽기 이후 일제강점, 해방, 한국전쟁을 겪으면서 다양한 변천과 명멸의 과정을 겪었다. 특히 미군정기와 정부 수립기는 국어교육이 본격적으로 출발되는 시기라는 점에서 그 의미가 남다르다고 할 수 있다. 우리말과 우리글에 대한 열망이 강했던 이 시기에 열악한 출판환경에도 불구하고 다양한 형태의 국어교재가 발간되었다. 이 시기에는 군정청이나 정부 주도의 국어교과서뿐만 아니라 국문학 내지 문학독본류 국어교재들이 다양하게 발간되어 실제 교육 현장의 국어교재로 사용되었다. 이 장에서는 지금까지 크게 주목되지 않았던 정부 수립 전후의 독본류 국어교재를 특히 주목하였다. 이러한 국어교재에 수록된 교육 내용으로서의 문학 텍스트들은 교육정전 형성의 출발점이 된다는 점에서 가치가 있다. 교육정전의 형성에는 개인의 취향이나 단체 또는 한 사회 내지 국가의 이념이 개입되기 마련이다.

미군정기 국어교재의 경우 문학 텍스트 선택을 강요하는 특정 이데올로기가 아직 부재하던 시기였기에 좌우 작가들의 작품이 골고루 수록될 수 있었다. 이는 좌나 우로 대표되는 힘의 충돌이 아직 시작되지 않았기에 가능하였다. 편찬자의 문학적 취향이나 문학적 이력, 또 그가 소속된 조직이나 단체의 성격 정도가 문학 텍스트 선정에 영향을 미쳤다고 할 수 있다. 그러므로 미군정기의 경우 여러 층위의 국어교재들이 중층적으로 생산되고 있었던 것이다. 발행 주체들의 이데올로기는 텍스트의 내용뿐만 아니라 그것의 배치나 구성방식을 통해서도 반영된다. 정부 수립 직후 발간된 국어교재들은 국가주의 이데올로기의 강한 영향을 받고 있었는데, 이는 '일민주의(一民主義)' 담론의 개입으로 나타났다. 이들 국어교재에는 일민주의 제재가 직접적으로 배치되었으며, 국가의식 내지 애국심을 고취하는 글들이 많이 실렸다. 또 잦은 개정을 통해 국가주의 시선을 더욱 강화해 나갔다. 그러나 모든 국어교재가 동일자의 시선으로 묶인 것은 아니었다. 일부 편자의 경우 국가주의 시선에서 이탈한 '균열'된 텍스트를 등장시키기도 하였다. 그래서 이 당시 대항 주체였던 이용악의 「오랑캐꽃」 같은 텍스트가 국어교재에 수록되기도 하였다. 그러나 당국은 검열이나 규율이란 제도를 활용하여 이러한 시도가 널리 확산되어 나가는 것을 방지하였다.

한국전쟁 직전 국어교재는 모색기답게 많은 문학 텍스트들이 '교육정전'으로 채택되기 위해 서로 경쟁하고 있었다. 여기에 발행 주체나 편자의 취향이 작용하기도 하고 지배 이데올로기의 간섭이 이루어지기도 했다. 국어교재에 실린 문학 텍스트들은 지속적으로 도전을 받고 새로운 정전으로 대체되어 나간다. '대항정전' 내지 '대안정전(alternative canon)'으로서 문학 텍스트들이 우리 국어교재 속에서 끊임없이 명멸하고 있었던 것이다. 국어교육사를 통해 이들에 대한 체계적이고도 전체적인 조망이 필요한 시점이다.

제2부

모색과 도전

제5장

이인직의 시대인식과 현실대응

1. 시대 앞에 선 작가

어려운 시대일수록 지식인의 역할은 지대하다. 잘못된 현실을 개조하기 위해서 때로는 고뇌와 좌절의 모습을, 때로는 강한 실천적 행동력을 수반해야 할 순간도 있다. 그러나 비판적 기능과 식자로서의 양식을 견지해야 할 지식인들이 역사 창조의 과정에 또는 민족의 삶에 역기능으로 작용한 경우도 있다. 긍정적이든 부정적이든 우리 역사에 점철된 제 지식인의 의식구조 및 궤적의 편린을 통해 오늘날 문제 해결의 실마리를 잡을 수가 있다. 특히 전환기일수록 지식인의 현실대응 및 문제 해결 방식은 당대 역사의 평가에 중요한 기준이 될 수 있다. 이인직(李人稙)의 경우도 개화기에서 식민지로 이어지는 격동의 현장에서 직접 역사와 관련을 맺었고 언론인, 문학자로서 민중계몽운동에 참가하였다. 그렇다면 이인직은 전환기의 역사 속에서 지식인으로서의 책무를 다하였던가. 역사의 방향성과 그의 행적은 어느 정도 일치하였던가. 여기에 문제의 초점이 가로놓여 있다.

국초 이인직은 개화기 지식인으로 안확의 『조선문학사』(한일서점,

1922), 김동인의 「조선근대소설고」(『조선일보』, 1929. 7. 28.~8. 16.) 이래 한국 신문학사에서 중요한 위치를 차지한 신소설 작가이다. 김동인에 의해 "조선 근대소설의 원조의 영관(榮冠)"[1]을 누린 이인직은 이후 많은 논자들의 관심의 대상이 되면서 찬사와 부정의 대명사로 그 평가가 엇갈렸다. 일제강점기의 경우 안확, 김동인, 김태준,[2] 임화,[3] 류광렬[4] 등이 신소설 작가로서 이인직을 중요하게 다루고 있다. 특히 김태준은 '언문일치 문제, 갑오경장 당시 조선사회의 여실한 반영, 신극운동의 선구자'[5]로서 이인직을 신문학사에서 비중 있는 작가로 설정했다. 한편 "근대정신을 내용으로 하고 서구문학의 장르를 형식으로 한 문학"[6]을 근대문학으로 규정한 임화는 신소설, 그중에서도 이인직의 작품에 대해 자세한 해설을 가하고 있다. 신소설이 일본 명치대정문학사(明治大正文學史)의 강한 영향을 받고 있다고 본 임화에게 이인직은 중요한 연구 대상임에 틀림없었다. 해방 이후 백철,[7] 김하명[8] 등에 의해 문학사적 위치 설정, 작품 고증의 단계를 지나 전광용[9]에 이르러 이인직은 본격적인 조명을 받기 시작했다. 특히 그의 「이인직 연구」

---

1 김동인, 「조선근대소설고」, 『조선일보』, 1929. 7. 28.

2 김태준, 『조선소설사』, 청진서관, 1933.

3 임화, 「조선신문학사론 서설」, 『조선중앙일보』, 1935. 10. 9.~1935. 11. 13.
임화, 「개설신문학사」, 「신문학사」, 「속 신문학사」, 『조선일보』, 1939. 9. 2.~1940. 5. 10.
임화, 「개설조선신문학사」, 『인문평론』, 1940. 11.~1941. 4.

4 류광렬, 「국초 이인직씨의 작품」, 『삼천리』, 1936. 4.

5 김태준, 『조선소설사』, 청진서관, 1933, 174~177쪽.

6 임화, 「신문학사의 방법」, 『문학의 논리』, 학예사, 1940, 819쪽.

7 백철, 『조선신문학사조사』, 수선사, 1948.

8 김하명, 「신소설과 혈의 누와 이인직」, 『문학(백민 개제)』 6권 3호, 중앙문화협회, 1950. 5.

9 전광용, 「신소설 연구」, 『사상계』, 1955. 10.~1956. 11.
전광용, 「이인직 연구」, 『서울대 논문집』 6, 1957.

(1957)는 엄밀한 학적 토대 위에 한 작가의 전기를 치밀하게 재구성하고 있다는 점에서 작가 연구의 한 전범으로 자리 잡았다. 전광용은 상기 논문에서 이인직의 친일활동, 즉 그가 한일합방의 숨은 공로자임을 소상히 밝혀냄으로써 신소설 연구의 새로운 지평을 열었다. 이는 신소설의 성격 규정에 중요한 단서를 제공하는 것이었다. 이어 이재선,[10] 송민호,[11] 신동욱,[12] 조동일,[13] 이주형,[14] 최원식,[15] 김윤식[16] 등에 의해 더욱 연구가 진전되고 신소설의 성격에 대한 깊은 천착이 이루어졌다.

이 장에서는 이러한 연구 성과를 바탕으로 하여 개화기 지식인 이인직의 시대인식과 현실대응 방법을 규명해 보고자 한다. 문학연구가 궁극적으로 우리의 정신사 연구와 일치해야 된다는 소박한 신념에서 이 논의는 출발된다. 그래서 이인직의 의식구조 면에 주로 논의의 초점을 두고자 한다. 개화기 지식인 이인직의 생각과 현실대응 방식, 작품에서 그것의 구현 여부를 문제 삼고자 한다. 다시 말하면 작가론의 입장에서 논의의 출발점을 잡고자 한다.

한편 이인직의 의식은 개인의 생각이 아니라 개화기 한 집단의 의

---

10 이재선, 『한국 개화기소설 연구』, 일조각, 1974.
이재선, 『한국현대소설사』, 홍성사, 1979.

11 송민호, 『한국 개화기 소설의 사적 연구』, 일지사, 1975.

12 신동욱, 「신소설에 반영된 신문화 수용의 태도」, 『동서문화』 4, 계명대학교 인문과학연구소, 1970.

13 조동일, 『신소설의 문학사적 성격』, 한국문화연구소, 1973.

14 이주형, 「「혈의누」-「모란봉」의 시대적 성격 검토」, 『이숭녕선생 고희기념 국어국문학논총』, 탑출판사, 1977.

15 최원식, 「이해조문학 연구」, 『한국근대소설사론』, 창작사, 1986.

16 김윤식, 「'정치소설'의 결여 형태로서의 신소설」, 『한국학보』, 일지사, 1983 여름.

식과 상통할 것으로 생각된다. 특히 대부분의 신소설 작가의 의식 체계 내지 작품 세계가 이인직의 논리에서 크게 벗어나지 못할 것이라는 가정이 용인된다면 우리는 이인직을 통해서 신소설 작가와 작품 해석의 근본적인 실마리를 찾을 수 있을 것이다. 이러한 작업을 하기 위해서는 문학작품 자체 내의 양상 파악, 소설 양식상의 문제, 지나친 형태주의의 시각에서 다소 자유로워질 필요가 있다. 즉 이인직의 신소설이 전대(前代)에 비해 얼마나 새로운 문학인가, 또는 그것의 계승인가에 집착할 것이 아니라, 그의 의식의 변모와 시대적 성격을 통해 이인직 소설의 의미를 찾는 것이 논의의 목적상 더 타당하리라 생각된다. 물론 작품과 작자의 세계관이 동떨어진 것이 아니라 유기적 긴밀 관계임을 생각해 볼 때 작품구조의 분석에도 많은 관심이 있어야 할 것으로 보인다. 그러나 작품구조 분석의 경우, 그것이 그 자체의 결과만으로 끝나서는 안 될 것이다. 작품 생성의 토대인 당대 사회와 현실, 작자의 이념, 정신적 상황까지 동시에 문제 삼아야 한다. 개화기는 봉건왕조의 질서체계가 근본적으로 무너지던 시대요, 민족 전체가 외세에 노출돼 몰락해 가던 시대였다. 이 시기는 역으로 보면 안으로는 봉건적 유제(遺制)의 청산이, 밖으로는 제국주의 외세에 대한 저항을 통해 근대 민족국가 수립이 시급히 요청되던 시기이기도 했다. 이러한 시기에 한 지식인이 추구한 바는 무엇이었고, 그는 어떠한 축을 통해 그 시대의 의미를 천착해 내고자 했던가. 소설 내지 문학사를 넘어서 정신사, 사상사가 문제되는 이유도 여기에 있다.

2. 개화기의 지식인 이인직

19세기 후반에서 20세기 초에 이르는 이 시기는 우리에게 '근대'가 무엇인가, 엄청난 외세의 물결 앞에 '우리 것'을 어떻게 지켜 나갈 것인가 하는 근본적 물음 앞에 방황하던 시기였다. '개화기'는 봉건적인 것과 반봉건적인 것의 투쟁이 가속화되던 시기였다. 19세기 후반부터 강요된 '개항'이란 봉건관료사회가 서구문화의 충격 속에 전면적으로 노출되는 사태를 의미했다. 근대화에 대한 내발적 욕구라기 보다 외세의 제국주의 침략 과정에서 우리의 개항이 이루어지고 있다는 점은 그 시작에서부터 비극을 내포하고 있었다. 그러므로 우리의 전통적 질서와 서구문화 사이의 심한 갈등은 외세와 반외세의 싸움이기도 했다. 그 당시 사회를 이끌어 줄 뚜렷한 지표가 없는 상태에서 근대사회로의 이행 강요는 무수한 혼란을 예고하는 것이었다. 이러한 것은 이 시대를 어떻게 부를 것인가 하는 용어 문제에서부터 논란을 불러일으킨다. '개화기', '개항기', '애국계몽기'[17] 등의 여러 용어들이 바로 그것이다.

'개화기'의 정신적 흐름을 전체적으로 짚어 보기 위해서는 실학파의 후대적 변모, 동학혁명, 의병전쟁, 갑신정변, 애국계몽운동 등 제 사건 및 사상의 저변을 총체적으로 조망해야 한다. 이 장에서는 이러한 작업의 일환으로 개인사를 통해 사상사에 접근하는 방식을 취한다.

---

17 '애국계몽기'는 최원식의 주장에 따른 것으로, 1905~1910년까지의 기간이 나라가 반(半)식민지가 되고 곧 멸망을 눈앞에 둔 절박한 위기의 시대이므로 '개화기'라 지칭할 수 없다는 관점에서 나온 용어이다. 최원식, 「제국주의와 토착자본」, 『전환기의 동아시아 문학』, 창작과비평사, 1985.

즉 친일적 개화파의 대표적 인물이요, 신소설 작가인 이인직의 현실 인식과 문학적 대응 방식을 밝혀 봄으로써 '개화기' 지식인의 정신적 흐름의 한 축을 밝혀내고자 한다. 물론 이인직과 상이한 입장을 취했던 여러 지식인 또는 집단의 의식구조와 동시에 다룰 때 그 의미는 더욱 분명히 드러날 수 있겠다.

먼저 '개화기'를 어떻게 보느냐에 따라 당대 지식인들의 정신적 군(群)은 크게 몇 갈래로 나누어지는데 크게는 민중종교운동, 위정척사운동, 애국계몽운동, 항일의병운동, 개화운동 등에서 그 의식 유형을 추출해 볼 수 있다. 안과 밖의 심각한 도전은 당대 현실에 대한 치열한 반성을 촉구했다. 이러한 도전에 대한 대응 방식은 크게 "반제국주의 활동을 통한 국권수호와 근대화의 시도를 통한 부국강병의 기틀 마련"[18]이라는 두 가지 양상으로 나타났다. 이항로를 중심으로 한 사림, 유림 출신이 중심인 위정척사파는 전자를, 김옥균을 중심으로 서양문명을 적극 받아들이면서 근대적 개혁을 하자는 진보적 지식인 그룹인 개화파는 후자를 대표한다. 위정척사파의 경우는 명분을 중시하고 정통유학의 입장을 고수하고자 하였다. 이들에게는 국권수호, 반제국주의의식은 강했으나 반봉건, 근대화의식은 철저하지 못하였다. 반면 개화파는 반봉건의식과 근대화 의지는 있었으나 서구열강의 실체를 똑바로 간파하지 못하고 이들의 문명에 절대 기준을 설정하였다는 한계를 가진다. 서구 또는 일본이 궁극적으로 한반도에서 노린 것이 제국주의적 침략근성과 결부된 한반도의 식민지화에 있었다는 사

18 김용직, 「개화기 문인의 의식 유형」, 『한국문학연구입문』, 지식산업사, 1982, 476쪽.

실을 인식하면 이들의 한계는 더욱 분명히 드러난다. 외세의 침략을 막고 근대적 개혁을 이룩하기 위해서는 이들 양자의 편향성을 극복하는 일이 시급하였는데 이때 등장한 것이 애국계몽론자들의 이론이었다. 박은식, 신채호, 장지연 같은 사람들은 유학의 전통을 비판적으로 계승하면서 민족주의적 입장에서 서구문화 수용을 주장했다. 이들의 생각 근저에는 민족주체적 입장이 동반되어 있었다고 볼 수 있다. 한편 신기선 같은 이들은 동도서기론(東道西器論)을 주장하기도 하였다. 외세의 침략주의적 성격에 대한 이들의 민족적 자각, 민족주의적 입장은 "자보적(自保的) 민족주의"[19]였다고 할 수 있다. 이 중 이인직은 외세 의존적 개화파에 그 정신적 맥을 대고 있다. 그러므로 이인직은 반봉건의식은 강했으나 반제국주의의식은 없었다고 할 수 있다.[20]

이인직은 1862년 음력 7월 27일 출생[21]하였다. 그러나 그의 본관이 한산(韓山)이라는 것 이외에 그의 출신 가계에 대한 확실한 자료는 남아 있지 않다.[22] 개화, 근대화 과정에서 지식인의 출신 계층 문제가 그들의 삶과 사회활동에 큰 영향력을 행사함을 우리는 최남선, 이광수,

---

19 이재선, 「개화기의 우국소설」, 『개화기의 우국문학』, 신구문화사, 1979, 148쪽.

20 반봉건의식과 반제국주의의식이란 기준으로 김용직은 앞의 논문에서 개화기 문인들의 유형과 의식을 네 종류로 나누어 살펴본 바 있다. 필자도 이를 이인직 소설의 분석에 유용한 잣대로 사용하고자 한다.

21 전광용, 「이인직 연구」, 『서울대 논문집』 6, 서울대학교, 1957, 164쪽.

22 김영모는 『한말 지배층 연구』(한국문화연구소, 1972, 143쪽)에서 이인직이 무반(武班)으로 그 아비가 좌윤(左尹, 한성부의 종2품직)이라고 하였으나, 이주형은 「「혈의 누」-「모란봉」의 시대적 성격 검토」(앞의 책, 564쪽)에서 이는 이인직(李仁稙)의 착오라고 밝히고 있다. 한편 김윤식은 「'정치소설'의 결여 형태로서의 신소설」(『한국근대소설사연구』, 일지사, 1986, 42~43쪽)에서 『한산 이씨 양경공파 세보, 제3권』(1982)에 근거해 이인직의 집안이 무관 집안이며, 그의 친형 및 육촌들이 주사(主事), 즉 실무진 관료들이라 보았다. 그러나 족보의 작성 연대가 1982년이라 그 신빙성이 의심될 수도 있다.

염상섭 등의 경우에서 보아 왔다. 이인직의 경우도 그의 전체적 삶의 궤적을 규명해 보기 위해서는 그의 출신 가계가 꼭 밝혀져야 하리라 생각된다. 후대의 삶, 생애, 작품 등을 고려해 볼 때 이인직은 몰락한 무반, 즉 한미한 집안 출신일 것이라는 막연한 추단만 현재에 가능한 상태이다. 신소설 작가 이해조가 왕족 출신이며 당시 대표적 민족 언론의 하나였던 『제국신문』의 기자로 애국계몽운동에 투신한 사실과 대비해 볼 때 이인직의 문학적 출발 내지 방황의 양상은 그의 출신 계층과의 관계에 더욱 정밀한 접근을 요하고 있다.

이인직은 1900년 2월 구한국 정부의 관비 유학생으로 일본 동경에 건너가 동경정치학교에서 청강생(과외생)으로 수학하고 일로(日露)전쟁 때는 일본 육군성 한어(韓語) 통역에 임명되고 제1군 사령부에 소속되어 종군하였다.[23] 이인직이 동경정치학교에서 수학하였다는 사실은 이인직의 이후 생애를 살펴보는 데 있어서 중요한 의미를 지닌다. 특히 이 당시(1905년 이전) 유학은 그 대부분이 "정부 인사 또는 정부에 의해 파견된 관비 유학생이었으며, 이들이 선발되고 파견되었던 시기 조선 정부의 개혁 정책과 일본의 대한(對韓) 정책은 상호 긴밀한 관련"[24] 아래 전개되었다고 한다. 물론 사비(私費) 유학생들도 적지 않았을 것으로 예상된다. 결국 이 당시 일본의 유학생 권장 정책은 자국의 이익과 필요에 의한 친일세력 형성의 한 과정으로 시도된 것이라 볼 수 있다. 그러한 가운데 유학생들이 자신들이 배운 지식을 국가를 위

---

23 『매일신보』, 1916년 11월 28일 자 이인직 사망 기사에 의함.
전광용, 「이인직의 생애와 문학」, 『신문학과 시대의식』, 새문사, 1981, Ⅱ~17쪽.
국사편찬위원회가 펴낸 『대한제국 관원이력서』, 탐구당, 1972, 68쪽에도 같은 기록이 있다.

24 최덕수, 「구한말 일본 유학과 친일 세력의 형성」, 『역사비평』, 역사비평사, 1991 겨울, 117쪽.

해 발휘할 기회는 곧 이은 한일합방으로 인해 무산되었다고 볼 수 있다. 그 결과 그들의 개화의지는 "오히려 한일합방 후 식민지 관료로 이용"[25]되는 결과를 가져왔다. 한편 이 당시 유학생들이 주로 게이오 기주쿠(慶應義塾), 동경상선학교(東京商船學校), 동경전문학교(東京專門學校) 등을 택한 데 비해 이인직이 동경정치학교에 입학하였다는 것은 흥미롭다.[26]

이인직은 이 학교에서 친구 조중응(趙重應, 1860~1919)과 스승 소송록(小松綠)을 만났다. 조중응은 귀국한 후 "1906년 통감부 촉탁 농사 조사원이 되고, 이듬해 이완용 내각의 법부대신, 농상공부 대신 등을 지내며 매국활동을 한"[27] 적극적 친일파이다. 한일합방 후 자작이 되고 조선총독부 중추원 고문까지 지낸 매국적 인물이다. 한미한 집안 출신의 이인직은 한말 정국의 소용돌이 속에서 친구 조중응과 스승 소송록을 매개로 하여 큰 포부를 품었음 직하다. 소송록은 1906년 통감부의 외사국장(外事局長)으로 조선에 나와 합방의 실무자로 활약한 자이다.[28] 전광용 교수가 주로 소송록의 기록 『명치외교비화』(동경, 1936)와 『조선병합의 이면』(동경, 1920)에 기대어 이인직의 매국적 친일행위를 자세히 밝히고 있는 것도 소송록과 이인직의 관계 때문이다. 소송록이 농상(農相) 조중응과는 직접적 담판이 가능하며 수상인 이완용은

25 김영모, 앞의 책, 181쪽.

26 동경정치학교가 아시아 침략을 위한 거점의 하나가 아니었을까 하는 추단은 최원식, 「애국계몽기의 친일문학」, 『한국근대소설사론』, 창작사, 1986, 287쪽에서 시도된 바 있다. 1902년 당시 관비 유학생 33명의 수학 학교에 관한 자세한 명세는 김영모, 앞의 책, 171쪽에 나와 있다.

27 『한국인명대사전』, 신구문화사, 1967, 900쪽.

28 전광용, 「이인직 연구」, 앞의 책, 287쪽.

이인직을 매개로 설복시킬 수 있다[29]고 자신만만해 한 것도 이인직, 조중응, 소송록 삼자의 인연과 관계를 고려해 보면 분명한 의미가 드러난다. 조중응과 이완용, 소송록이 한일합방의 실질 주도 세력임은 자명한데[30] 이인직은 그 사이에서 나사못과 같은 역할을 했다고 볼 수 있다. 친구, 심복, 스승의 관계 속에서 이인직이 갖는 현실인식은 일본 중심주의로 기울 수밖에 없었다.

러일전쟁이 발발하자 이인직은 전술(前述)한 바와 같이 1904년 2월 일본육군성 한어 통역으로 임명되어 종군하였으며 1906년 2월『국민신보』의 주필이 되었다. 4개월 후『만세보』주필, 1907년 이완용의 후원으로『만세보』를 인수하여『대한신문』사장으로 취임한다. 이인직은 이 당시 주로 언론 방면과 신극운동에 종사하면서 많은 신소설을 창작하였던 것 같다. 그러나 그가 관계한 신문들이 민족지의 성격보다 친일지의 성격이 짙었음을 생각할 때 그는 결국 일제의 보이지 않는 후원 아래 언론, 신극, 신소설을 통해 대중의식을 마비시켜 갔다고 할 수 있다.『국민신보』(1906년 1월 창간)는 친일집단 '일진회'의 기관지이다.『만세보』는 원래 손병희가 일진회에 대항하기 위해 창간한 신문이다. 이인직이『국민신보』,『만세보』,『대한신문』의 요직을 거친 것은 당대의 정치·사회적 배경을 고려해야 이해가 가능하다. 더욱이『만세보』로의 이동은 1900년대 전후 동학의 맥락을 고려해 보면 사실이 구체적으로 드러난다. 초창기 손병희가 "러일전쟁에서 승전할 가

---

29 小松綠,『明活外交必話』, 442쪽: 전광용,「이인직의 생애와 문학」,『신문학과 시대의식』, 새문사, 1981, II~18쪽 재인용.

30 이기범,『조일합병사』, 민중조선사, 1946, 47~50쪽 참조.

능성이 큰 일본을 도와야 전후(戰後)에 우리나라 독립이 보장되리라는 극히 소박한 판단 아래, 동학교도로 하여금 음으로 양으로 일본군을 도우라고 지령을 내렸을 뿐 아니라 조정에 상소까지 올린"[31] 사실이 있음을 상기해 볼 필요가 있다. 동학 계통인 일진회의 이용구는 손병희의 초기 소박한 믿음을 그대로 따랐는지 모른다. 이것이 일본의 정책적 술수에 이용당하면서 당대 민중을 배신하고 역사의 희생물로 비극적 생을 마감하는 결과를 초래하였다. 손병희가 일본의 흉계를 간파했을 때는 이미 때가 늦었다. 그가 할 수 있는 일은 동학을 일진회와 분리해 내면서 천도교를 창건하는 일뿐이었다. 당대의 정치적 배경(스승 소송록, 친구 조중응, 이완용 내각 등)하에 이인직은 『만세보』의 주필을 지냈을 뿐 아니라 이 신문에 「혈의 누」, 「귀의 성」 등을 연재하여 언론인이자 작가로서 명성을 누렸다. 한편 『만세보』를 인수한 『대한신문』은 바로 이완용 내각의 기관지적 성격이 농후했다. 이러한 언론기관을 이인직이 장악했다는 것은 이인직이 이 당시 이완용 내각 내지 일본의 상당한 후원하에 있었음이 입증된다. 1905년에서 1910년 한일합방 사이에 이인직은 활발한 사회활동을 하면서 신소설 작가로서, 신극운동의 선구자로서 입지를 굳혔다. 또한 이완용의 비서직을 역임, 한일합방 담판에서 중요한 역할을 수행하였다. 그러나 그는 한일합방의 숨은 공로자임에도 일제로부터 그에 상응하는 정당한 대우를 받지 못하고 경학원 사성(司成)이라는 한직으로 밀려났다. 1916년 조선총독부 의원에서 숨을 거두기까지 이인직은 통속적 경향의 신소

31 김윤식, 『이광수와 그의 시대』 1, 한길사, 1986, 138쪽.

설을 창작하였다.

언론인, 연극인, 이완용의 비서로서 그의 경력을 두고 볼 때 이인직은 나라가 반(半)식민지적 상황에 빠져들던 이 시기에 역할 여하에 따라 상당한 비중을 차지할 수 있었다. 다시 말하면 그는 민중들에게 영향력을 행사할 수 있는 위치에 있었다. 그러나 그는 올바른 역사의 방향을 잡지 못했다. 여기에 이인직의 비극이 내재해 있다. 문학사에서는 신소설의 대표적 작가로, 원각사 설립과 더불어 신극운동의 주도자로 인정받고 있지만 이인직 문학이 당대 많은 작가, 독자들에게 부정적 영향을 끼쳤음을 생각해 볼 때 어려운 시대일수록 지식인의 자세와 모럴 문제가 얼마나 중요한지를 알 수 있다. 1900년대 전후 정신사 내지 역사의 흐름을 이인직은 올바르게 파악하지 못했고 당대 민중들의 삶과 자신의 문학을 긴밀히 연결시키지 못했다.

결국 이인직의 생애와 당대 현실에 대한 문학적 대응 문제는 대부분의 신소설이 왜 친일적이 될 수밖에 없었던가, 이들이 지향했던 '문명개화', '계몽'의 준거는 진정 무엇이었는가 하는 의문점 해결에도 도움이 되리라 생각된다.

3. 이인직의 시대인식과 현실대응 양상

3.1. 봉건 지배층 및 인습에의 저항

이인직은 봉건 체제와 인습에 대한 강한 저항과 노골적 불만을 그의 작품에서 드러내 보였다. 양반계급의 학정 비판, 개화사상, 자유연애 등을 통한 '문명개화'가 그의 소설의 주요 테마였다. 특히 구시대의 봉건 유습과 체제에 대한 저항이 강하게 드러난 작품은 「혈의 누」, 「은세계」와 「귀의 성」이다. 물론 이인직 작품 대부분이 문명개화론의 논리에서 크게 벗어나지 못하고 있음이 사실이다. 개화를 작품의 주된 요소로 내세울 때 구시대의 인습 및 탐관오리로 대표되는 부패 관료에 대한 공격이 선행됨은 당연한 사실이다.

> 평안도 백성은 염라대왕이 둘이라. 하나는 황천에 있고 하나는 평양 선화당에 앉았는 감사이라. 황천에 있는 염라대왕은 나이 많고 병들어서 세상이 귀치 않게 된 사람을 잡아가거니와, 평양 선화당에 있는 감사는 몸 성하고 재물 있는 사람은 낱낱이 잡아가니, 인간 염라대왕으로 집집에 터주까지 겸한 겸관이 되었는지, 고사를 잘 지내면 탈이 없고 못 지내면 온 집안에 동티가 나서 다 죽을 지경이다.[32]

이러한 부패한 봉건관료층에 대한 부정과 비판은 긍정적인 의미를 가질 수 있다. 그러나 이것이 진정한 주체적 개혁을 위한 비판이 아닐 때 도리어 "우리나라 사람이 제 몸만 위하고 제 욕심만 채우려 하고, 남은 죽든지 살든지, 나라가 망하든지 흥하든지 제 벼슬만 잘하여 제 살만 찌우면 제일로 아는 사람들"[33]이라는 민족열등론에 빠진다. 이처럼 현실의 주체적 개혁을 위한 비판이 아닐 때 그 공격의 문제성은 심각하다 하지 않을 수 없다. 이인직 소설이 외세 의존적이거나 문

---

32 이인직, 「혈의 누」, 『한국신소설전집』, 을유문화사, 1968, 18쪽.
33 이인직, 「혈의 누」, 위의 책, 18쪽.

명개화의 신기성만을 지나치게 강조하고 있는 사실은 이인직의 시대 인식이 철저하지 못했음을 나타낸다. 봉건사회의 피해자 격인 여성을 주로 주인공으로 내세우면서 이들의 수난사를 추적해 들어간 몇몇 소설 역시 진정한 개혁의 수준으로 나아가지 못하고 통속적 흥미 유발 정도에 그쳤다. 물론 이인직이 그의 소설에서 다루고 있는 구시대 인습에 대한 단호한 태도는 '개화기'란 시대적 성격을 고려해 보면 마땅히 수긍할 점이 없는 것이 아니다. 그러나 이인직이 구시대 타파를 통해 궁극적으로 지향하고자 했던 '문명개화'의 준거가 매판적 의식 아래 진행되었다는 점이 문제이다. 이인직의 이러한 의식구조의 이중성은 각 작품의 서술 과정에 일관된 통일성을 부과해 주지 못하고 있다. 「은세계」의 경우가 그 대표적 예이다.

「은세계」(1908, 동문사 상권 간행)는 임화에 따르면 신소설 중 '가장 진실한 당시의 사회를 반영하고 그 시대를 역사적으로 표현한 소설'이었다. 즉 갑오경장 후의 시대상을 반영, 가장 혁신적·현실적 주제를 취한 작품[34]이라는 일반적 평가 이외에 이인직 자신의 각색으로 '원각사'에서 공연된 최초의 신극[35]이라는 연극사적 조명을 받기도 했다. 특히 최원식은 「은세계」 전반부는 '최병두 타령'을 기반으로 이인직에 의해 개작된 것이고, 후반부는 이인직에 의한 창작적 첨가일 것이라는 주장[36]을 하여 「은세계」의 구조 해명에 중요한 실마리를 풀었다.

「은세계」는 봉건관료(탐관오리), 개화파 지식인, 외국 유학생, 의병

---

34 전광용, 「이인직 연구」, 『서울대 논문집』 6, 1957.
35 김재철, 『조선연극사』, 조선어문학회, 1933, 128쪽.
36 최원식, 「은세계 연구」, 『창작과 비평』 48, 창작과비평사, 1978.

등을 등장시켜 당대의 폭넓은 문제를 제기하고자 했으나 상이한 세계의 무리한 집합으로 인해 논리적 파탄을 보여 주며, 이인직의 '최병두 타령' 개작이 당대 민중들의 욕구와는 거리가 있음을 나타내었다. 탐관오리는 결국 구시대의 산물이다. 이들의 학정에 대한 최병도의 결사적 항거는 극적 비장미까지 자아낸다. 여기에 부패관료에 대한 풍자동요(불가사리, 쇠귀신, 구렁이 노래 등)나 작품 곳곳에 삽입된 9편의 노래는 최병도와 강원감사의 대결이 일개인의 대결이 아니라 당시 민중층과 부패한 봉건관료층 간의 집단적 대결임을 암시하고 있다.

> 내려왔네, 내려왔네,
> 불가사리가 내려왔네.
> 무엇하러 내려왔나,
> 쇠 잡아 먹으러 내려왔네.[37]

이처럼 최병도의 배후에는 탐관오리의 학정에 대한 민중들의 강한 저항의지가 동반되어 있는 것이다. 한편「은세계」전반부에는 민중의지와 개화의지가 동시에 나타나 있으나 민중의지가 압도적으로 우세하다. 개화의지는 최병도나 그의 친구 김정수를 통해 조금씩 개진될 뿐 구체적으로 드러나지는 않는다. 최병도의 개화의식은 김옥균을 매개로 하여 이루어지는데 이것은 이인직이 김옥균의 개화사상 내지 정치노선에 상당히 공명하였을 것이라는 추측을 가능하게 한다.

---

37 이인직,「은세계」,『한국신소설전집』, 을유문화사, 1968, 421쪽.

> 갑신년 시월에 변란이 나고 김씨가 일본으로 도망한 후에 최씨가 시골로 내려가서 재물 모으기를 시작했는데, 그 경영인즉 재물을 모아 가지고 그 부인과 옥순이를 데리고 문명한 나라에 가서 공부를 하여 지식이 넉넉한 후에 우리나라를 붙들고, 백성을 건지려는 경륜이라.[38]

최병도는 이처럼 개화의식을 경륜으로 삼고 있는 인물이나 그의 이상과 포부는 다음 세대인 옥남, 옥순 형제에나 가서야 가능하다. 그는 강원감사와의 대결에서 오히려 올바른 왕도정치의 구현을 외침으로써 인물 성격의 불통일성을 보여 준다. 전반부에서 개화의지는 민중의지의 부수적 고리 역할밖에 못 한다. 민요(民擾)로까지 확산될 수 있는 민중의식은 동학혁명의 맥을 이어 나중 의병전쟁으로까지 확산된다. 결국 당대 봉건적 관료 체제에 대한 최병도의 적극적 저항의지는 전래된 '최병두 타령'과 구시대에 대한 이인직의 부정의식이 서로 합치되어 나타난 것으로 볼 수 있다.

한편 「은세계」의 후반부는 민중의지보다 개화의지가 더 승한 구조로 되어 있다. 민중의지와 개화의지는 '개화기' 시대정신의 두 측면을 보여 주는 것으로, 개화의지는 옥남, 옥순을 통한 외세 영합적 친일의지로, 최병도를 둘러싼 민중의지는 의병전쟁의 구국의지로 나타나게 되었다.

「은세계」와는 달리 「귀의 성」은 풍습사적 입장에서 봉건사회의 인습을 비판하고 있다. 처첩 간의 갈등으로 인한 한 여인의 수난사와 죽

---

38 이인직, 「은세계」, 위의 책, 432쪽.

은 딸에 대한 복수극으로 일관한 이 작품은 「치악산」의 경우와 마찬가지로 고소설의 구조에서 크게 벗어나지 못하고 있다. 「귀의 성」 상편은 양반의 횡포와 처첩 간의 갈등이, 하편은 통속적인 살인극이 이 작품의 주요한 사건을 이룬다. 천민 강동지의 딸인 길순이가 자신의 의사와는 전혀 관계없이 외부세계의 횡포에 희생되는 봉건사회의 비극을 그렸다. 돈과 권력욕에 눈먼 강동지와 육욕과 아들 욕심 때문에 군수란 권력을 내세운 김승지 사이의 결탁이 길순의 비극을 초래했다. 「귀의 성」은 결국 피지배 계층 가정의 고난과 길순의 비극적 운명을 통해 봉건 체제가 빚어내는 타락한 힘의 횡포를 문제 삼고 있다. 앞으로 오는 새로운 시대는 양반이 없는, 억눌렸던 하층민이 대접받는 사회를 희구하였다고 볼 수 있다.

> 양반은 보면 대포를 놓아서 무찔러 죽여 씨를 없애고 싶은 마음이 있으면서 거죽으로 따르고, 돈은 보면 어미 아비보다 반갑고 계집, 자식보다 귀애하는 마음이 있어서 속으로 따른다. 그렇게 따르는 돈을 이전 시절에 남부럽지 아니하게 가졌더니, 춘천 부사인지 군수인지 쉽게 말하려면 인피 벗기는 불한당들이 번갈아 내려오는데, 이놈이 가면 살겠다 싶으나 오는 놈마다 그놈이 그놈이라.[39]

양반에 대한 강동지의 이러한 적개심은 부패한 봉건관료(탐관오리)에 대한 적의에서 나왔으며, 인륜보다 돈을 더 중요시하는 이러한 의식은 근대사회로의 이행 과정에서 필연적으로 나타나게 되는 결과이다.

---

39 이인직, 「귀의 성」, 『한국신소설전집』, 을유문화사, 1968, 146쪽.

하편에 거듭 나오는 살인 행위는 윤리부재의식을 드러내는 것이며, 강동지의 복수 또한 통속 치정극에 그쳤다.

결국 이인직은 「은세계」에서 양반 지배층의 학정에 대한 적극적 저항을 통해 봉건관료사회 전체를 부정하려고 했으나 완전부정에는 이르지 못했다. 그러나 「혈의 누」, 「귀의 성」, 「치악산」 등에서 양반사회의 구조, 부패한 인습 자체, 피지배층의 고난상 등을 문제 삼음으로써 구시대에 대한 전체적 부정의 논리를 마련하였다.

3.2. 문명개화의 준거와 친일적 개화의지

이인직은 그의 소설 대부분에서 '문명개화'와 계몽의지를 강하게 드러내고 있다. 이는 이인직이 단순한 신소설 작가나 신극 운동가의 차원을 넘어섰음을 의미한다. 이인직은 "사상적으로는 개화주의자였고 정치적으로는 친일당"[40]이었다는 임화의 말이 이를 뒷받침해 준다.

「혈의 누」의 개화 문제는 모두 유학으로 수렴되며 김관일이나 구완서 등의 유학 목적 또한 처음에는 나라 건지려는 경륜이다. 그러나 이들은 결국 구체적인 행동과 실천력을 보여 주지 못하고 개인적인 문제 해결에 그치고 만다. 그들의 언명과 실천이 일치되지 못하고 있는 셈이다. 옥련 또한 "개인적 문제와 국가적 문제 사이에서 방황"하다가 「모란봉」에서 "다시 개인적 문제로의 방황"[41]으로 끝을 맺는다. 또한 청일전쟁의 원인을 다시 양반 탓, 그중에도 "민영춘이란 양반이 청

---

40 임화, 「속 신문학사: 신소설의 대두(8)」, 『조선일보』, 1940. 2. 14.
41 이주형, 앞의 논문, 앞의 책, 568쪽.

인을 불러 왔"[42]기 때문이라고 한다. 즉 친청파 양반은 비난의 대상이다. 청은 적대국이나, 일본은 외세란 의식은 있으나 적대감은 없다. 도리어 옥련모나 옥련의 위기 구출에 일본군이 등장하므로 우호적인 면을 부각시키고 있다.[43] 또 개화 유학생인 김관일이나 구완서, 옥련 등이 서양 문명과 풍속에 모든 준거를 설정하고 행동하는 모습은 유길준이 말한 "개화의 주인"[44] 되는 참모습이 아니다. 즉 이인직의 봉건 지배층과 인습에 대한 비판이 주체적 개화의 모습으로 이어지지 못하고 외세 추종 내지 민족 역량 부정 쪽으로 기울게 됨으로써 민족현실 오도(誤導) 내지 지식인의 역할을 궁극적으로 약화시키고 있다.

「은세계」의 경우 특히 작품의 후반부에서 이인직의 친일 논리와 소위 '문명개화'의 준거가 무엇인지를 분명히 보여 주고 있다. 애국계몽사상가들이 개화기를 위기의 시대로 파악하고 구국의 영웅상 제시, 언론을 통한 교육·계몽에 힘썼던 사실이나 을사보호조약 체결 이후 민중 봉기의 형태로 일어난 의병 활동 등을 고려해 볼 때 「은세계」 후반부의 신시대 논리는 민족이 나아가야 할 방향성과는 거리가 있는 것이었다. 작품 연결상의 무리, 옥남과 옥순 형제를 통한 작가의 설교투 연설, 세계관의 무리한 주입으로 인한 구조의 파탄 등이 그것이다. 「은세계」 전반부에서 최병도를 후원한 민중의지가 외국 유학에서 돌

42 이인직, 「혈의 누」, 앞의 책, 24쪽.

43 일본에 대한 우호적인 면은 「혈의 누」의 다음과 같은 지문에서 잘 드러난다. "철환이 다리를 뚫고 나갔는데 군의 말이, 만일 청인의 철환을 맞았으면 철환에 독한 약이 섞인지라 맞은 후에 하룻밤을 지냈으면 독기가 몸에 많이 퍼졌을 터이나, 옥련이가 맞은 철환은 일인의 철환이라 치료하기가 대단히 쉽다하더니, 과연 삼주일이 못 되어서 완연히 평일과 같은지라." 이인직, 「혈의 누」, 위의 책, 27쪽.

44 유길준, 『서유견문』, 동경 교순사, 1895, 378쪽.

아오는 2세대인 옥남, 옥순 형제에 이르렀을 때는 이들에게서 완전히 떠나 있음을 주목해야 한다. 즉 개화의지가 친일의지 또는 현실 순응 의식으로 변절되어 나타날 때 민중의지와는 엄청난 괴리가 존재함을 입증해 주는 것이 이 부분이다. 특히 최병도의 유복자 옥남은 그의 어머니까지 미치게 됨으로써 고아와 다름없다. 이러한 고아의식은 "주인공과 조선이라는 역사적 토대와 절연"[45]됨을 의미한다. 이러한 고아의식은 전통을 부정하고 새로운 것에 대한 콤플렉스로까지 이어질 수 있다. 그러므로 개화는 절대적인 것이고 새로운 시대에 대한 순응 또한 필연적인 것이다. 뿌리 없는 몰주체적 사고가 신시대 개척의 논리로는 얼마나 허망한 것인가를 단적으로 보여 주는 것이 이 작품의 후반부이다. 갑신정변의 김옥균을 개혁의 절대 기준으로 삼고 "일본과의 동맹국"[46]론을 옥남, 옥순 형제는 개혁의 근본틀로 생각한다. 이는 「혈의 누」의 구완서가 유학의 목적을 "공부를 힘써 하여 귀국한 뒤에 우리나라를 독일국과 같이 연방도를 삼되, 일본과 만주를 한데 합하여 문명한 강국을 만들고자 하는"[47] 연방도론에 둔 것과 별로 다를 바 없다. 조선으로 돌아오면서 옥남, 옥순 형제는 '융희 원년'을 정치 개혁의 해로 보고 유일한 위안으로 삼고 있는데 융희 원년이란 것이 일제가 고종황제를 강제 퇴위시킨 해임을 상기할 때 이들의 현실 인식은 허망하기 짝이 없다. 이해는 고종황제 양위에 격분한 군중들이 각처에서 일경과 충돌하고 시위대(侍衛隊)의 일인 피습, 이완용가

---

45 최원식, 「은세계 연구」, 앞의 책, 295쪽.
46 이인직, 「은세계」, 앞의 책, 462쪽.
47 이인직, 「혈의 누」, 앞의 책, 50쪽.

방화, 군대 해산으로 인한 박성환 대장 자결 등이 잇달아 일어나던 때였다. 원주, 강화를 비롯한 각지에서 무장의병이 봉기하여 일제에 항거하던 시기가 바로 '융희 원년(1907)'이었다. 이때의 정치 개혁이란 본질적으로 일제의 완전 식민지화의 전단계에 속하는 것에 다름없다. 한편 옥남, 옥순 형제는 귀국하여 어머니와 함께 절에 갔다가 의병들에게 잡히는 신세가 되는데 오히려 의병들을 질타한다.

> 요순 같은 황제 폐하 칙령을 거스리고 흉기를 가지고 산야로 출몰하여 인민의 재산을 강탈하다가 수비대 일병(日兵) 사오십 명만 만나면 수십 명 의병이 더 당치 못하고 패하여 달아나거나, 그렇지 아니하면 사망 무수(無數)하니, 동포의 하는 일은 국민의 생명만 없애고, 국가 행정상에 해만 끼치는 일이라.[48]

을사보호조약, 군대 해산, 고종의 강제 퇴위 등의 사건에 격분하여 전국 각지에서 일어난 의병들을 오히려 폭도로 몰아붙인다. 외국 유학을 통한 옥남, 옥순 형제의 개화의지는 완전히 친일·현실 순응주의로 전락하고 말았다. 옥남의 연설은 계속하여 구시대의 산물인 탐관오리의 학정만 부정의 대상으로 삼고 새로운 제국주의 세력인 일제의 침략 정책을 방관, 획책하고 있는 것이다. 이러한 친일의식은 일제 침략의 명분을 합리화해 주는 것 이상의 아무것도 아니다. 한일합방 직전의 상황을 순종황제가 등극하여 "덕을 헤아리시고 힘을 헤아리셔서 나라 힘에 미쳐갈 만한 일은 일신 개혁하"여 "매관매직하던 악습

48 이인직, 「은세계」, 앞의 책, 466쪽.

이 없어지고"[49] 지방에는 탐관오리들이 낱낱이 면직되어 태평성대가 되었다고 하였다. 외국 유학을 통해 개화한 지식인인 옥남, 옥순 형제의 소위 '문명개화'의 시국관은 이처럼 미성숙한 단계에 머물고 있다. 「은세계」 전반부에서 최병도가 가졌던 개화의 욕구가 다음 세대에 이르러 전혀 엉뚱한 방향으로 나가고 말았다. 이들이 의병들에게 잡혀가는 장면으로 끝난 「은세계」는 하편이 있다 하더라도 의병 설득의 궤변이거나 의병에 대한 부정적 발언 수준 이상을 넘어서지 못할 것이다. 당대의 민중들의 삶과 긴밀히 연결되지 못한, 아니 주체적 수용 과정을 가지지 못한 외세 의존적 개화파의 한계를 보여 주는 것이 바로 이 작품이라 할 수 있다. 「혈의 누」 등에 보이는 '문명개화'의 준거 또한 이것에서 크게 벗어나지 못하리라는 것은 자명한 사실이다. 또한 주인공의 위기 해결 과정에 빈번히 등장하는 구원자가 일본인(「혈의 누」), 또는 구미인(「은세계」)이라는 사실은 주체적 개화의지, 민족적 자각의 인식 결여를 그대로 보여 준다. 역사전기소설 작가들이 몽유록 형태의 소설이나 민족의 영웅상 제시를 통해 위기를 극복하고자 한 사실과는 너무나 상이한 모습이다.

3.3. 통속적 흥미 구조와 현실순응의식

이인직은 한일합방 후 1913년 『매일신보』에 「모란봉」을 썼는데 이는 『만세보』에 연재된 「혈의 누」(1906) 하편의 성격을 지닌다. 이재선 교수가 1907년 『제국신문』에 연재된 「혈의 누」 하편을 발굴하여 의

---

49 이인직, 「은세계」, 위의 책, 467쪽.

의를 제기하였으나[50] 이주형 교수는 다시 그 관계를 검토하여 "「혈의 누」 하편은 「혈의 누」와 「모란봉」의 사건 전개에 아무런 영향을 미치지 못하며, 스토리 전개 면에 국한한다면 중간에 위치할 수도 있으나 그 존재 유무가 주요하다고 하기는 어렵다."[51]라고 추정하였다.

「모란봉」에서는 「혈의 누」의 줄거리가 그대로 이어지고 있기는 하나 그 작품 전개 방식 및 현실대응 양상은 상당히 변질되어 있다고 할 수 있다. 즉 1906년의 「혈의 누」에서는 오도된 방향이기는 해도 국가적 문제, 부인교육 문제, 개화풍습 문제 등이 개화 또는 유학의 목적과 관련되어 작품을 이끌어 가는 추동력이 되어 있었다. 그러나 1913년의 「모란봉」은 시작 초반부터 흥미 유발을 위한 장황한 서술로 일관되어 있다. 「혈의 누」에서의 사건 전개를 일관성 있게 끌어 가지 못하고 불필요한 인물 및 사건으로 점철시키고 있다. 평양에서 기다리는 옥련모에게 느닷없이 장옥련이 등장하여 한바탕 난리를 겪게 하는가 하면, 서일순을 등장시켜 옥련의 결혼 문제로 「모란봉」 전체를 이끌어 가고 있다. 「혈의 누」의 주된 인물이었던 개화 지식인 김관일, 옥련 등은 고국에 돌아와 개화인에 걸맞은 역할을 하기는커녕 개화에 대한 적극적 의지나 의욕조차 보이지 않는다. 작품 전체가 개인사 내지 가족사로 함몰하고 있다. 김관일의 경우는 구완서와의 혼약조차 적극적으로 지킬 의욕마저 상실한 미지근한 현실 순응주의자로 바뀌고 있다. 「혈의 누」에서 위기에 처한 가족까지 팽개치고 유학을 떠난 인물치고는 너무나 무능력하다. 또 장옥련의 가족사에 대한 상투적

50 이재선, 『한국개화기소설연구』, 일조각, 1982, 68쪽.

51 이주형, 앞의 논문, 앞의 책, 582~563쪽.

묘사, 서일순을 중심으로 벌어지는 여러 사소한 갈등 및 정황 묘사는 독자들에게 신기성 내지 통속적 흥미를 유발시켜 보려는 장치에 다름 아니다. 이처럼 「모란봉」이 내용만 개화기를 배경으로 했지 고대소설의 상투적 도식과 갈등에서 그리 멀지 않게 서 있음을 분명히 알 수 있다. 즉 삼각 흥미구조를 통해 계속적인 신기성을 유발함으로써 독자들의 당대 현실인식 문제를 회피시켜 나가고 있다. 「혈의 누」의 개화 내지 국가적 문제가 「모란봉」에서는 애정 갈등의 흥미구조로 바뀌고 있으며, 새로 등장한 서숙자나 최여정 등은 고대소설형 악인의 역할, 즉 모함과 계략으로 일관하고 있다. 상투적 애정 갈등 및 통속적 흥미 유발 등으로 독자들에게 당대의 본질적 문젯거리 및 현실을 은폐시키려는 의도가 「모란봉」에 짙게 깔려 있다고 하겠다. 이인직은 여기에서 한일합방 직후의 "민족적 허탈감을 달콤하게 달래주는" "위안"[52]으로서의 문학 내지 현실을 오도하려는 매판적 문학을 시도했다고 볼 수 있다. 이러한 시대적응의 모습은 한일합방 전에 쓰여진 「은세계」(1908) 후반부에서도 이미 강하게 드러나고 있다.

> 우리나라 국권을 회복할 생각이 있거든 황제 폐하 통치하에서 부지런히 벌어먹고 자식이나 잘 가르쳐서 국민의 지식이 진보될 도리만 하시오[53]

이는 을사보호조약 이후 우리 백성이 지켜야 할 도리를 말한 것이

52 최원식, 「장한몽과 위안으로서의 문학」, 『한국문학의 현단계』, 창작과비평사, 1982, 176쪽.
53 이인직, 「은세계」, 앞의 책, 467쪽.

다. 개화 유학생인 옥남과 의병의 충돌로 끝을 맺는 「은세계」 후반부의 현실인식을 가장 잘 드러내 보여 주는 대목이라 하겠다. 의병이나 독립군 같은 민중의지를 결집해 국권회복운동의 차원으로 전 민중적 힘을 결집할 생각은 아니하고 도리어 민중들의 힘을 마비시킬 현실순응의 논리를 설파하고 있는 셈이다.

이인직은 이처럼 당대 사회에 대한 과학적·객관적 인식 없이 외세지향적 개화의식을 작품 곳곳에 드러내었다. 이는 뿌리 없는 그의 삶을 그대로 반영한 것이기도 했다. 일본 또는 구미를 문명개화의 준거집단으로 삼고 우리의 단점을 이들에게서 찾아 메우려 했다. 그래서 이인직은 그의 인생에서도 일본이 중요한 매개로 작용하여 나중에는 일본의 천리교를 믿고 일본정신을 갖고자 했으며 죽어서도 천리교 의식으로 장례가 집행되었다. 이인직은 신소설과 신극운동을 통해 개화기 민중들의 현실의식을 마비시키고자 했다. 신소설에서는 통속적 흥미 구조와 신기성 유발, 상업적 흥행에 치중했다고 할 수 있다. 초창기에는 개화를 주제로 한 계몽, 개화기의 시대정신으로 개화를 다루기도 했으나 그것 이상으로 통속적 흥미 유발, 풍속에의 함몰, 신기성 유발, 주인공의 고난 극복 양상에 초점을 맞춤으로써 그 시대에 있어서 진정 중요한 문제가 무엇인지를 독자들로 하여금 망각하게 하였다. 일제의 하수인으로 매국의 길을 걸은 이인직에게 남은 것은 현실순응의 논리뿐이었다.

신극운동인으로서의 이인직 또한 마찬가지였다. 이인직은 '원각사'를 통해 일제의 침략을 옹호하는 여론을 조작하고자 했다. 상업적인 극단의 흥행성을 통해 친일파의 논리를 주입시켜 가는 것, 민중들의 저항의식을 무마시키는 것 등이 그의 목적이었다. 원각사에서 공연되었다는 「은세계」의 구조가 바로 이인직의 이러한 의식을 대변해 준다. '최병두 타령'에 보여지는 탐관오리에 대한 민중들의 강한 저항의지는 극의 성격상 자칫 잘못하면 당대의 현실 장벽인 일제 내지 친일 주구에 그 시선이 돌려질 가능성이 충분했다. 그래서 이인직은 「은세계」의 후반부에서 민중들의 저항의지를 현저히 약화시켜 버리고 현실에 순응하는 것만이 국권을 회복하는 길이라는 '문명개화'의 어색한 논리를 전개한다. 무수한 삽입가요로 현장성과 생기 발랄성을 갖고 있던 「은세계」 전반부가 후반부에 들어오면서 세계관의 무리한 주입으로 생경하고 단순한 이념 나열에 그치는 것도 이 때문이다. 일제가 극단에 상당한 관심을 기울였던 사실은 대중성과 흥행성 때문이었다. 대부분 판소리를 개작해서 상연한 창극은 일제의 감시와 통제를 받았으며 1910년대 이후 일본의 신파를 모방한 신파극이 유행한 것은 이를 입증해 준다. 즉 창극 「은세계」[54]의 현실저항의지를 이인직은 서둘러 소설 「은세계」로 개작해 현실순응의 논리로 바꾸어 버린 것이다.

4. 맺음말

새짐승 슬피 울고 강산도 찡그린다
무궁화 이 세상은 이미 가고 말았는가

54 신작 창극 「은세계」는 "실제로 있었던 일을 광대들이 전해 듣고 '최병두 타령'이라는 창극을 꾸며, 공연할 때는 「은세계」라는 제목을 붙였다."(조동일, 『한국문학통사』 4, 지식산업사, 1986, 386쪽)라는 견해가 있다.

가을 등불 아래 책 덮고, 지난 역사 되새기니
세상에서 글 아는 사람 구실하기 참으로 어렵구나[55]

이는 매천 황현의 「절명시(絶命詩)」 4수 중의 한 수이다. 1910년 경술년 한일합방 소식이 전해지자 황현은 글 아는 사람 구실하기 위하여 목숨을 끊었다. 선비였기에 죽음으로써 절개를 지킨 것이다. 몰락해 가는 나라의 식자로서 고민하는 모습이 이 시에 역력히 보인다. 그러나 황현과 달리 이인직은 글 아는 사람 구실을 하지 못했다. 도리어 기개 있는 선비의 죽음을 재촉하는 매국의 심부름꾼 노릇을 했다. 같은 시대를 살아간 두 사람의 현실대응 방식이 참으로 대조된다. 이인직 또는 유사한 신소설 작가군의 논리는 역사의식의 허약성에서 나왔다. 나라가 일본 제국주의에 강점될 위기에 처해 있을 때 많은 벼슬아치 또는 친일적 지식인들이 크고 작은 벼슬을 얻기 위하여 투항, 변절을 일삼을 때 이인직은 역사를 꿰뚫어 보는 안목도, 뿌리 있는 개화의식도 없이 이들에 편승했다. 신소설 또는 신극운동을 통해, 아니 이용해 도리어 대중들의 의식을 마비시키고 통속화의 길로 치닫게 한 이인직은 '문명개화'라는 준거 속에 자신의 친일의식, 현실적응의 논리를 숨겨 놓았던 것이다. 이인직 같은 신소설 작가군의 너머에 놓여 있는 신채호, 박은식, 장지연 등의 애국계몽론자들, 전통적 선비정신으로 무장한 황현, 김택영, 이건창 등과의 대비 고찰이 총체적으로 이루어질 때 개화기의 지식인 이인직의 위상이 바로 드러날 수 있을 것이다.

---

55 鳥獸哀鳴海嶽嚬, 槿花世界已沈淪, 秋燈掩卷懷千古, 難作人間識字人.

제6장

임화의 프로문학 선택과 단편서사시

1. 임화를 향한 항해

임화는 일제강점기와 해방기를 살면서 정치와 문화의 관계를 역동적으로 보여 준 인물이다. 시인, 비평가, 문화운동가, 신문학사가로서 임화의 다양한 얼굴이야말로 그의 문제성을 드러내 준다. 진보적 문학인으로서 임화의 삶과 문학의 궤적은 '카프'로 대표되는 프로문학의 한 축을 극명히 보여 준다.

임화는 일제강점기의 인상비평[1]에서부터 해방기의 좌우 평론[2]을 거쳐 그에 대한 연구가 단행본으로 출간[3]될 정도로 한국문학사에서 주목되는 시인, 비평가이다. 그러나 그는 남북 문학사에서 반세기에 가까운 시기 동안 금기의 대상으로 부당한 평가를 받아 왔다. 반면 해금

---

1 김남천, 「임화에 관하여」, 『조선일보』, 1933. 7. 22.~7. 25.
윤곤강, 「임화론」, 『풍림』 5, 풍림사, 1937. 4.

2 김동석, 「시와 행동」, 『예술과 생활』, 박문출판사, 1947.
임긍재, 「임화론」, 『백민』 14, 백민문화사, 1948. 4.
백철, 『조선신문학사조사 현대편』, 백양당, 1949.

3 김윤식, 『임화연구』, 문학사상사, 1989.
김용직, 『임화문학연구』, 세계사, 1991.

직후 고양된 젊은 연구자들 사이에서 이루어진 과대평가로 인해 임화가 신화화되기까지 했다. 이러한 임화에 대한 부정과 신화는 그의 문학에 대한 분명한 실체와 위치 평가를 현재에 다시금 요구하는 근거가 되기도 한다. 임화의 문학사적 위치를 설정하는 일은 임화의 다양한 모습만큼이나 지난하다. 한 그물눈을 건져 올리면 동시에 올라오는 많은 그물망같이 조직체 속에, 사회의 한 틀 속에 임화는 항상 존재하고 있다. 그러므로 그 사회구조의 틀이라든지 사회운동의 양상을 이해하지 않고 임화의 작품만을 대상으로 한 평가는 허공에 뜰 수밖에 없다. 임화가 산 시대는 일제강점기, 해방기, 한국전쟁기를 전후한 격동기로, 임화의 문학과 삶을 구명해 보기 위해서는 이들 사회의 성격 및 구조에 대한 충분한 해명이 전제되어야 할 것이다. 그러나 작금(昨今)의 사회과학이 이러한 문제를 해결하고 있는지는 여전히 의문이다. 그러므로 문제적 시각을 간직한 수준에서 기초자료를 가지고 검토, 고심해 보는 시행착오를 거듭할 수밖에 없다. 특히 작자의 내면모습과 정신적 편력의 자취, 또 그것의 결과물인 작품 자료를 가지고 당대의 문젯거리를 되짚어 보고자 한다. 특히 최근 들어 리얼리즘 시론에 주목한 몇몇 논자들의 글[4]은 이 장 연구의 출발에 중요한 시사점을 주었다.

카프(KAPF)와 조선문학가동맹의 서기장으로 운동으로서의 문학을

---

4 윤여탁, 「1920~30년대 리얼리즘시의 현실인식과 형상화 방법에 대한 연구」, 서울대학교 박사학위논문, 1990.
오성호, 「식민지 시대 리얼리즘 시론 연구(1)」, 『문학과 논리』 창간호, 태학사, 1991.
윤영천, 「일제강점기 및 해방기 한국 '리얼리즘 시론'의 역사적 전개에 대하여」, 『한국학 연구』 4, 인하대학교 한국학연구소, 1992. 3.

항상 염두에 두었던 임화가 과연 그의 논리와 구체적 작품(시 창작 방법) 간의 거리를 어떻게 좁혀 나갔는지가 이 장의 주된 관심사이다. 이러한 문제를 해결하기 위해서 먼저 임화의 정신적 편력 과정을 점검해 보고, 그가 프로문학에 투신해 가는 과정에 주목할 것이다. 다시 말하면 한 개인이 어려운 시대 속에서 어떻게 자기 주체를 정립해 나갔는가. 또 자기가 택한 사상에 대한 나름대로의 고민과 현실대응 방법, 작품 창작상의 문젯거리를 어떻게 해결해 나갔는지를 규명해 보고자 한다.

임화는 시와 비평을 두 축으로 하여 영화, 연극, 신문학사, 실천운동가의 영역을 넘나들었다. 그래서 이 장에서 다루는 자료의 대상도 임화의 시와 비평이 중심이 될 수밖에 없다.

2. 임화의 독서 체험과 내면 모습

임화의 본명은 임인식(林仁植)이며 1908년 10월 13일 서울 낙산(駱山)에서 태어났다. 그의 가계라든지 가정환경은 잘 알려져 있지 않다. 다만 그의 회고록에 기대어 추정해 보면 19살 때까지는 가정생활이 행복했던 것 같다. 즉 "자상한 아버지와 어머니 슬하에서 행복된 소년"[5] 시절을 보냈다. 열대여섯살 때는 "하이네의 시와 어여쁜 소녀의 생각으로 행복"을 느낄 정도로 낭만적이고 감상적인 청년이었으며 그 당시 "上田敏의 역시집을 읽고 그중에도 베르레느와 칼·부세를 좋아해

5 「작가단편자서전」, 『삼천리문학』, 삼천리사, 1937. 1., 261쪽.

서 그 시를 외"울 수 있을 정도였다고 한다. 보성중학 중퇴 학력이지만 상당히 조숙한 청년이었으며, 그의 집안 또한 서울 중류층은 되었던 것 같다.

> 열아홉살 때 가정의 파산과 더불어 그의 평화한 감상시대는 끝이 났습니다. 그는 무모하게도 교과서를 팔어 그때 유행하던 鳥打帽를 사 쓰고 본정에 가서 「개조」라는 잡지 1책과 크로프토긴의 저서를 1책 사 가지고 意氣軒昻히 집으로 돌아와 양친께 그 뜻을 말했습니다. 그 뒤로 그는 크로프토긴의 「청년에게 고함」이란 소책자를 읽고 몹시 감동되었습니다. 「개조」와 「중앙공론」의 고본을 자꾸 사들여 福田德三이란 이의 논문 속에서 리카아도란 이름과 더불어 '맑스'와 '엥겔스'라는 이름을 알았습니다. …… 그동안 高橋新吉이란 이의 시집을 사 읽고, 어느 틈에 '따따이즘'이란 말을 배웠습니다. 一氏義良이란 이의 「미래파연구」란 책 외에 아렉세이·깡이란 이의 「구성주의예술론」, 표현파 작가, 「까레에市民」과 더불어 로망로오랑을 특히 민중극장론과, …… 그는 이런 신흥예술의 양식을 시험할 만하다가 우연히 村山知義란 사람의 「금일의 예술과 명일의 예술」이란 책을 구경하고 열광했습니다. 그때로부터 그는 낡은 감상풍의 시를 버리고, '따따'풍의 시작을 시험했습니다. 그동안에 조선에서 高漢承, 金華山, 김니꼴라이라는 이름을 발견하고 반가워했습니다. 그동안에 그는 모친상을 치렀습니다. 福田德三과 山川均과 堺利彦이란 이들의 글을 통하야 그는 계급이란 문구를 보았고 차차 그 語義를 알었습니다.[6]

6 임화, 「어떤 청년의 참회」, 『문장』 2권 2호, 문장사, 1940. 2., 22~23쪽.

이처럼 임화는 열아홉살 때 '가정의 파산'과 더불어 보성중학을 졸업 직전에 그만두었으며, 그 이후 다양한 독서 편력을 하였다. 이 독서 체험은 정규학교 수업의 수준을 넘어선 것이었다. 이 당시 임화는 상당히 조숙한 "모던보이형"[7] 청년으로, 당대 지식청년의 지적 역정을 잘 보여 준다. 이 과정에서 신흥예술의 여러 양식, 미래파, 무정부주의, 다다이즘, 민중극장을 거쳐 계급사상에까지 이르렀다. 가출을 전후하여 임화가 겪게 되는 서구문물의 집중적 세례야말로 임화의 정신구조를 서구적·근대적 사고로 이끄는 데 중요한 역할을 한 것으로 판단된다. 당시 그는 주로 성아(星兒)란 필명으로 시를 발표하는 한편,[8] 「근대문학상에 나타난 연애」(『매일신보』, 1926. 1. 1.), 「근대문예잡감」(『매일신보』, 1926. 5. 23.), 「정신분석학을 기초로 한 계급문학의 비판」

7 이헌구, 「편편산주」, 『사상계』, 사상계사, 1966. 10., 267쪽. 이 당시 임화의 모습에 대해서는 김남천의 다음과 같은 회고가 참고가 될 만하다. "동지 임화 – 그러나 나는 여기에서 보성고보의 학모에 반들반들하게 면도를 하고 휘파람을 불며 다니던 어린 시절의 임인식에 대하여, 또 다다이스트적 시작(詩作)에 대하여, 그리고 또한 비상히 애매한 미술적 이론을 가지고 심모(沈某)와 논쟁을 하던 그 시절 …… 「유랑(流浪)」, 「혼가(昏街)」 속의 미남 임화에 관하여서도, 그리고 또한 윤기정, 한설야 등등과 같이 영화 이론의 정당한 이해를 위하여 싸우던 그 시대"(김남천, 「임화에 관하여」, 『조선일보』, 1933. 7. 22.)

8 임화는 1924년부터 1927년까지 『동아일보』, 『매일신보』, 『조선일보』의 독자투고란에 성아(星兒)란 필명으로 많은 시를 발표하였다. 『동아일보』에는 「연주대(戀主臺)(1924. 12. 8.), 「해녀가(海女歌)」(1924. 12. 15.), 「낙수(落水)」(1924. 12. 15.), 「실연(失戀)1」(1924. 12. 22.), 「실연(失戀)2」(1924. 12. 22.), 「소녀가(少女歌)」(1924. 12. 22.)를, 『매일신보』에는 「밤이면」(1926. 3. 28.), 「무엇 찾니」(1926. 4. 18.), 「밤비」(1926. 9. 12.), 「구고(舊稿)」(1926. 9. 12.), 「서정소시(抒情小詩)」(1926. 10. 10.), 「가을의 탄식(嘆息)」(1926. 10. 24.), 「향수(鄕愁)」(1926. 12. 19.)를, 『조선일보』에는 「설(雪)」(1927. 1. 2.), 「혁토(赫土)」(1927. 1. 2.), 「초상(肖像)」(1927. 1. 31.), 「선시(宣詩)」(1927. 1. 31.), 「혼광(昏光)의 아들」(1927. 3. 8.), 「신조태양(新造太陽)」(1927. 4. 8.), 「말세(末世)」(1927. 4. 29.) 등을 투고하였다. 이 중 「밤이면」만 임인식(林仁植)이란 본명을 쓰고 있다. 습작기에 속하는 이들 초기작은 대부분 내면적 감상의 과잉이나 외부 풍경의 단순한 재현에 머무르고 있으며, 단형의 음수율과 미성년적 주체의 애상적 정서를 특징으로 한다. 박정선, 『임화문학과 식민지 근대』, 경북대학교출판부, 2010, 42~54쪽 참고.

(『조선일보』, 1926. 11. 24.) 등의 잡문을 발표하기도 한다. 그의 초기작인 「무엇 찾니」를 통해 그의 의식 세계를 살펴보자.

> 죽은 듯한 밤은 땅과 하날에
> 가만히 덥혓고
> 음울한 대긔는 갈사록 컴컴한
> 져 하날 긋헤서 땅 우를 헤믹는데
> 소리업시 자최를 감츄고 나리는 가는 비는
> 고요히 졸고 있는 나뭇잎에
> 구슬갓흔 눈물을 지워
> 어든 밤에 헤믹면서 우는
> 두견의 슬픈 눈물갓치 굴너 써러진다
> 남모르게 홀로 뛰는 혼령아
> 이 어둔 비오는 밤에도 쉬지 안코 날뛰며
> 무엇을 너는 찻느냐?[9]

시적 자아의 감정 토로와 세계에 대한 주정적 인식이 밑바탕이 되고 있는 이 작품은 습작기 작품의 수준을 크게 벗어나지 못하고 있다. 여기서 임화의 현실인식은 막연하고 모호한 단계에 머무르고 있음을 알 수 있다. 감상주의의 틀에서 크게 벗어나지 못한 관념 속에서 시적 자아는 '눈물'과 '어두움' 속을 방황하고 있다. 그러나 이 작품은 임화 초기 정신의 내면 세계를 잘 보여 준다는 점에서 문젯거리가 될 만하다. 비애와 어둠, 암울한 이미지를 표상하는 시어가 결속되어 애상적

9 임화, 「무엇 찾니」, 『매일신보』, 1926. 4. 18.

정조를 자아낸다. 이처럼 시적 자아의 세계에 대한 인식은 밝고 긍정적이지 못하다. 그러나 이런 상황 속에서도 시적 자아는 "무엇"을 찾으려고 끊임없이 갈망한다. 비 오는 밤에도 쉬지 않고 날뛰며 무엇을 찾는 영혼은 바로 이 당시 임화 자신의 방황과 영혼의 갈증에 다름 아닐 것이다. '무엇 찾니'란 제목 자체가 함축하는 의미를 임화의 회고에 기대어 보면 청년 시절 그의 사상에 대한 갈증과 방황, 지적 독서 편력의 양상과 결부시켜 볼 수 있다. 결국 계급사상에 이르기까지 임화가 신흥예술의 여러 양식을 전전하는 정신의 내면 모습을 가장 잘 보여 주는 시가 이 작품이라 할 수 있다.

카프(KAPF)에 투신하기 전까지 임화는 다양한 독서 체험을 바탕으로 신흥예술의 여러 양식을 전전하였다. 계급사상도 물론 초창기 임화에겐 전위예술의 한 부문으로 인식되었으나 이것이 시대적 풍조와 주위 여건 및 내적 자각 등으로 인하여 종국적 사상 선택의 단계로 정립되었다. 그러므로 정규학교를 중퇴한 임화에게 있어서 다양한 독서 체험과 그것의 변모 과정은 그의 사상 형성의 실마리를 푸는 데 중요한 의미를 지님에 틀림없다.

3. 카프에의 투신과 창작 방법 문제

3.1. 카프에의 투신 과정

초기에 감상적·애상적 정조의 시를 쓰고 한편으로 다다이즘의 세례를 강하게 받았던 임화가 왜 '카프' 조직체에 투신하게 되었을까? 이는 먼저 독서 체험의 변모 과정에서 그 단서를 찾을 수 있다. 일어판 중역을 통해 섭취한 서구예술의 여러 모습들은 임화의 지적 호기심을 만족시키기에는 충분했으나 1920년대의 민족현실과 시대풍조 속에서는 미흡했다고 할 수밖에 없다. 이때 사회과학 서적으로의 전환은 자연스러운 것이었으며, 『개조』 혹은 『중앙공론』을 통해 마르크스, 엥겔스와 일본의 경제학자 또는 사회주의자 후쿠다 도쿠조(福田德三), 야마카와 히토시(山川均), 사카이 토시히코(堺利彦) 등을 접하면서 계급사상에 침윤되어 갔다고 할 수 있다. 또 하나는 당시 세계사적으로 유행한 마르크스주의의 열병을 들 수 있다. 특히 1920년대 조선의 경우 식민지라는 특수성이 내재해 있었기 때문에 계급해방과 민족해방이 서로 맞물려 돌아갈 가능성이 엿보였기 때문이다. 물론 이 당시 임화가 "맑스주의의 즉흥적 심취자이거나 레닌주의에 관한 지식을 약간 가진 청소(青少)한 중산계급적, 소시민적 지식분자"[10]의 수준에서 그리 멀지 않았음은 확연하다. "예술동맹에 가입하는 것을 명예라고 생각"[11]한 임화의 술회가 이를 입증해 준다. 또 하나는 임화의 계급사상 선택엔 주변의 친구 내지 선배들의 영향이 컸다고 볼 수 있다.

임화가 서구의 미래파, 다다이즘을 헤매고 있는 동안 이미 사회운동이 격화, 조직화되고 있었으며 '카프'까지 결성된 터였다. 3·1운동 이후에는 노동쟁의가 더욱 활발해졌으며 농민들은 소작쟁의의 형태로 그들의 의사를 표출할 단계에까지 와 있었다. 이는 3·1운동의 실패와 마르크스주의의 충격으로 사회의식 내지 민족의식이 급성장한 반

---

10 김준엽·김창순, 『한국공산주의운동사』 2, 고려대학교 아세아문제연구소, 1969, 7쪽.
11 임화, 「어떤 청년의 참회」, 앞의 책, 23쪽.

면 민족 내부의 노동자, 농민의 열악한 환경, 민족적 차별대우가 여전하였음을 보여 준다. 조선노동공제회(1920), 조선노농총동맹(1924)의 결성과 더불어 국내 공산주의운동 또한 1920년대 초반부터 조직화되어 가기 시작한다. 일본 유학생을 매개로 무정부주의와 사회주의사상이 유포되기 시작하였으며 그 결과 북풍회, 화요회, 사회주의자동맹, 서울청년회 등의 사회주의 단체가 나타났다. 1925년 4월에는 마침내 제1차 조선공산당이 비밀리에 조직되었다. 문학 분야의 경우도 마찬가지였다. 1922년 "해방문화의 연구와 운동"[12]을 강령으로 내세운 염군사(이적효, 송영, 이호, 최승일, 심대섭, 김두수, 김홍파, 김영팔 등)와 1923년의 파스큐라(박영희, 김기진, 김복진, 이상화, 안석영, 김형원, 연학년, 이익상 등)가 합동하여 "1925년 8월 23일"[13]에 조선프롤레타리아예술동맹, 즉 카프(KAPF)란 단체로 나타났다. 그렇다면 임화의 카프 가입은 한 단계 늦은 셈이다. 그의 본격적 활동이 1929년임을 상기하면 카프로의 이입 내지 계급주의의 사상 선택은 1926, 1927년경이 된다.

> 윤기정 군은 집을 나와 路頭에 방황하던 고독한 나에게 형같이 다정했고, 회월은 좋은 스승이었습니다. 나는 쉽사리 이 단체(카프를 말함 - 필자주)의 충실한 일원이 될 수 있었습니다. 동경서 오는 이 계통의 잡지를 매월 읽고 그중에도 '마르치네'의 시와 三好十郎, 森山啓의 시, 中野重治의 평론을 열독했습니다. 또한『賃勞動과 資本』을 비롯하야 이 저자의 꽤 두꺼운 저서를 읽게 된 것도 이때입니다.

---

12 임화,「송영론」,『문학의 논리』, 학예사, 1940, 47쪽.

13 앵봉산인(鶯峯山人),「조선프로예술운동소사(1)」,『예술운동』 창간호, 1945. 12., 63쪽.

> 그때 몇 편의 시를 써서 호평을 받고, 더욱 八峯, 石松이 절찬을 해 주어서 기쁨을 금할 수 없었습니다.[14]

여기까지 임화는 문학청년다운 치기에서 크게 벗어나지 못하고 있다. 그러나 사회과학 계통에의 독서 체험과 마르크스주의의 시대적 풍조, '형'같이 다정한 윤기정과 '좋은 스승'이었던 회월 박영희와의 만남은 계급문학 경도에의 확실한 전기를 주었음직하다. 박영희는 이 당시 이미 『백조』의 유미주의를 벗어나 김기진과의 내용·형식 논쟁을 거치면서 카프 내의 실질적 주도자로, 목적의식기로 나아가는 1차 방향 전환의 핵심 멤버였다.

임화는 친구 윤기정의 소개로 영화에 관계하는 한편, 「무산계급문화의 장래와 문예작가의 행정(行程)」(『조선일보』, 1926. 12. 27.~12. 28.), 「자본주의 사회에 在한 문학운동의 전개 경향」(『조선일보』, 1927. 3. 30.~4. 20.), 「분화와 전개: 목적의식문예론에 서론적 도입」(『조선일보』, 1927. 5. 16.~5. 21.) 등의 평문을 발표하여 카프의 논객으로 본격 등장한다. 1926년 12월 말경에 이르면 임화는 무산계급문예에 대한 확실한 신념을 표방하고 있는데, 「무산계급문화의 장래와 문예작가의 행정」이 바로 그것이다. 이 글에서 임화는 먼저 무산계급문예의 주체 문제를 언급하면서 무산계급문화의 생산 주체가 무산계급일 수밖에 없으나 과도기에 있어서는 인텔리겐치아의 역할이 필요하다고 보았다. 즉 작가가 무산계급의 인생관을 가지고 모든 현상을 통찰할 수 있는 사람

14 임화, 『어떤 청년의 참회』, 앞의 책, 24쪽.

이면 노동자가 아니라도 가능하다고 보았다. 결국 임화는 프로작가에게 있어서 중요한 것은 무엇보다 프로의식이라는 인식을 하고 있었던 것 같다. 박영희의 영향 아래 임화는 이제 목적의식기를 선도하고 예술대중화론의 격랑에 휩쓸리면서 카프의 이론가로 전위에 나서게 되었다. 그러한 모습을 구체적으로 보여 주는 것이 「분화와 전개」이다. 이는 후쿠모토이즘(福本主義)에 입각한 논문으로 프로문학의 방향 전환, 즉 목적의식 문예론의 도입을 주장한 것이다. 1927년 카프는 박영희와 김팔봉의 내용·형식 논쟁, 아나키스트와의 논쟁을 거치면서 방향 전환을 시도하는데, 그 근본 뿌리는 당시 사상계를 지배하고 있던 후쿠모토이즘(福本主義)이었다. 이는 소위 "전무산계급적 투쟁의식을 전취하기 위함이라는 이론투쟁의 이론"[15]이었다. 목적의식 문예론의 도입을 위해서는 자연발생기에 있어서 동반자 격이었던 다다이즘, 니힐리즘, 미래파, 표현파, 아나키즘 등과 맺은 비과학적 공동전선과의 결별이 급선무라는 것이다. 그런 다음 프롤레타리아 의식에서 출발한 제2기의 목적의식 문예론이 가능하다고 본다. 그런 관계로 특히 '극도의 야성적 개인'을 주장하는 아나키즘과의 분화는 필연적이라는 것이다. 임화는 곧 이어 아나키스트 김화산의 「계급예술론의 신전개」를 둘러싼 윤기정, 조중곤 등의 반박에 가세하여 「착각적 문

---

15 임화, 「『예술운동』 전후」, 『조선일보』, 1933. 10. 7.
후쿠모토이즘(福本主義)은 일본인 후쿠모토 가즈오(福本知夫)에 의해 창도된 것으로, 1926년 이래 일본 좌익운동의 지도적 이론이 되었는데 그 요지는 '결합하기 전에 우선 깨끗하게 분리하라' 즉 '결합에 의한 맑스적 원리'를 주장하였다. 이는 노동조합주의에서 정치행동으로의 전환을 뜻한다. 조합주의적 경제투쟁(山川均主義)을 극복하여 전무산계급적 정치투쟁, 즉 직접적, 맑스주의적 정치투쟁으로 나아가야 한다는 것이다. 이석태 편, 『사회과학대사전』, 문우인서관, 1948, 263쪽.

예이론: 김화산씨의 우론 검토」(『조선일보』, 1927. 9. 4.~9. 11.)를 발표한다. 목적의식기 문예는 문학작품이 계급투쟁의 무기로 사용될 만큼 정치적 명확성을 가져야 하는데 카프 쪽에서 볼 때 "일체의 비맑스주의적이면서도 무산예술운동을 한다는 아나키즘"[16]과의 불화는 당연한 것이었다.

1927년 임화는 동경의 '제3전선파'를 만나는데 그의 프로문학이론을 더욱 발전시키는 계기가 된다. 제3전선파란 동경의 이북만, 김두용, 홍효민, 조중곤 등이 창간한 동인지 『제3전선』에서 유래한 것으로 임화와 김팔봉의 회고[17]에 의하면 제3전선파는 1927년 여름 하기 휴가차 경성으로 강연을 오게 되었다. 이들의 정치적 자극은 '방향전환의 일층의 철저화'를 요구하게 되었는데 "27년 9월 1일 예술동맹의 맑스주의적 정신을 비로소 강령 가운데 장식화하고, 방향전환을 조직적으로 결정한 역사적 총회가 열리었다."[18] 여기서 방향전환의 방침이 결정되고 지방지부와 문호개방이 결의되었다. 제3전선파는 다시 동경에서 제3전선사를 해체하고 『개척』 동인의 일부와 합동하여 카프의 동경지부를 결성하고 처음으로 공식적인 카프의 기관지 『예술운동』(1927. 11.)을 발행하였다.[19] 이후 동경지부의 이북만이 실질적인 이론 투쟁의 우위를 점하게 되는데, 이는 카프의 주도권이 동경지부

16 임화, 「『예술운동』 전후」, 『조선일보』, 1933. 10. 7.

17 임화, 「『예술운동』 전후」, 『조선일보』, 1933. 10. 8.
김팔봉, 「한국문단측면사」, 『사상계』, 1956. 12., 200~201쪽.

18 임화, 「『예술운동』 전후」, 『조선일보』, 1933. 10. 8.

19 물론 이전에도 2호를 내고 중단된 『문예운동』이 있었으나 카프의 기관지라고 공식적으로 표명된 것은 『예술운동』이 처음이다. 이는 2호를 낸 후에 1929년에 『무산자』로 개제되었다. 임화, 위의 글 참조.

로 넘어갔음을 입증하는 것이다.

한편 1927, 1928년의 악화된 정세, 연이은 공산당 검거 선풍(ML당 사건 등) 등으로 위축되어 가는 조직활동에 대해 팔봉 김기진은 예술대중화론을 전개해 나가며 그 탈출구를 마련한다. 김기진은 "문학의 형식과 독자 확보 문제에 큰 관심거리"[20]를 가진 논자였는데 박영희와의 내용·형식 논쟁에서 이미 그 단초를 보여 주었다. 카프의 외부상황으로 자설 철회의 수순을 밟기는 하였으나 그는 내심 자기의 신념을 굽히지 않고 곧 이어 예술대중화론을 펼쳐 나갔다. 그는 이 당시 프로문학작품들에 나타난 대부분 "나무조각을 씹는 것" 같은 "연설" 내지 "이론"[21]으로는 독자 대중에게 깊이 들어갈 수 없다고 본 것이다. 프로문학이 몇몇 투쟁적 인텔리겐치아보다 독자 대중 내지 민중을 중요시함을 감안한다면 김기진의 이런 진단 내지 방안은 수긍할 점이 없는 것은 아니다. 김기진의 문학의 본질에 대한 인식은 당시 어떤 논자보다 깊었던 것으로 볼 수 있다. 그러나 문제는 당면한 현실의 정세 판단 여부가 논란거리가 될 수밖에 없다는 것이다. 과연 이광수, 최독견식의 통속적 일상 견문의 범위 내에서 작품이 창작될 때 프롤레타리아 이데올로기가 근본적으로 김기진의 주장대로 표현될 수 있는가? 물론 방법론이 문제될 터이다. 작가 개인의 역량이나 창작 방법이 우선됨은 물론이다. 그러나 공식적 문제제기로서의 이러한 대중화 방안은 카프의 원칙론적 계급의식을 저하시키고 투항시키는 결과를 초래할 수밖에 없다. 임화가 검열을 문제 삼고 나온 것도 이 때문이었

---

20 이주형, 「김기진의 통속소설론」, 『국어교육연구』 15, 국어교육학회, 1983. 12., 27쪽.

21 김기진, 「문예시대관 단편」, 『조선일보』, 1928. 11. 17.

다. "검열이 현재 이상으로 가혹해진다면 그때의 우리는 어떻게 할 것인가?"[22]라는 임화의 물음은 시기 문제와 더불어 현실대응전략의 타당성 여부를 되짚어 보는 것이다. 이처럼 김기진의 대중화론은 박영희와의 내용형식 논쟁에서 확인된 당(이성태, 김복진으로 대표됨)의 입장과는 상반된 것으로, 임화의 강력한 반격을 받는다. 임화는 팔봉의 대중화론에 대해 「탁류에 항(抗)하야」(『조선지광』, 1929. 8.), 「김기진군에게 답함」(『조선지광』, 1929. 11.)으로 대응한다. 김기진의 "극도로 재미없는 정세에 있어서 우리들의 '연장으로서의 문학'은 그 정도를 수그리어야 한다."[23]라는 주장에 대해 이는 "원칙의 치명적 무장해제적 오류"이며 곧 "싸움에 임하는 우리들의 작품의 수준을 현행 검열제도하로 다시 말하면 합법성의 추수"[24]로 퇴각시키는 것이라 보았다. 즉 팔봉식의 형식문제제기로서의 대중화론이 아니라 '실천적 세력과의 싸움', '역격을 역격으로 하는 공세' 그 자체에 대중화가 가능하다고 본 것이다. 물론 임화의 문학운동론 뒤에는 카프 동경지부의 김두용의 이론이 뒷받침되고 있다.

> 참으로 노동자 농민의 예술을 성장시키라! 예술을 자기의 것으로 만드는 것은 절대로 프롤레타리아트인 것을 알아라! 사실 아무리 훌륭한 시나, 그림이라도 이것을 노동자, 농민이 보지 못하고 이해치 못하면 무슨 선동과 선전에 있을 것이냐. 그러므로 우리는 예술의 배포망을 생각지 않아서는 아니 될 것이요, 어떻게 평이하게

---

22 임화, 「탁류에 항하야」, 『조선지광』, 1929. 8., 94쪽.
23 김기진, 「변증적 사실주의」, 『동아일보』, 1929. 2. 25.
24 임화, 「탁류에 항하야」, 앞의 책, 94쪽.

쓸까 하는 것도 생각할 필요가 있다. 그러나 대중은 결코 우리 동지들이 생각하는 계급성을 말살한 대중이 아닌 것을 확실히 인식하지 않으면 아니 될 것이다. 동시에 참으로 노동자, 농민의 예술은 인테리겐챠가 자기의 예술적 표현을 위한 예술은 아니다. 운동의 권외에서 인테리겐챠가 호소하거나 자위한들 무슨 노동자, 농민의 성장을 조력할까?[25]

이상에서 보는 것처럼 김두용은 문예를 선전 선동 또는 프롤레타리아 조직사업의 한 차륜(車輪)으로 간주한다. 레닌의 「당조직과 당문학」에 기초한 이 글은 선전 선동을 위해서는 무엇보다 대중에 대한 정확한 인식, 당파적 계급성의 확립, 인텔리겐치아의 개량성에 대한 경계가 우선된다고 주장한다. 김두용이나 임화 또한 대중화의 필요성은 인식하고 있으나 운동의 계급성, 시기, 현실대응전략 방법 문제 등에서 김기진과 그 궤를 달리하고 있다.

카프조직체, 구체적으로 동경지부와의 만남은 임화를 박영희의 영향권에서 벗어나게 만드는 동시에 프로문학에 대한 직접적 수용을 가능하게 만드는 계기가 되었다. 1929년을 기해 임화는 카프의 주도적 비평가로 부상했으며 「네거리의 순이」로 최정상급의 카프시인이 된 셈이다. 임화에게 있어서 카프 동경지부와의 만남은 필연적이었고 동경 체재(滯在)를 통해 "김남천, 안막, 한재덕, 이북만, 김두용과 한 클럽"[26]이 된다. 1929년 말 임화의 동경 유학은 카프 소장파의 결속 및 2

25 김두용, 「우리는 어떻게 싸울 것인가」, 『무산자』 3권 2호, 1929. 7., 38쪽.
26 임화, 「어떤 청년의 참회」, 앞의 책, 24쪽.

차 방향전환을 예비하는 것이었다. 임화는 동경 유학 체험을 통하여 이북만, 김두용 등의 이론가들을 만나게 되고 카프의 재조직을 획책하게 되는 것이다. 예술운동의 볼셰비키화 방침은 소련과 일본의 영향에 힘입은 바 크지만 당시 사회운동의 전개 과정과 밀접한 관련을 갖는다. 12월 테제,[27] ML당 사건, 신간회의 해소론으로 이어지는 좌익전선의 이해가 요구되는 것도 이 때문이다.

1928년 ML당 사건 이후 그 관계자 고경흠 등은 카프 동경지부와 접촉, 그 지부를 '무산자사'로 변경하고 '무산자'를 당 재건운동의 기초로 삼았다.[28] 이는 곧 투쟁본위의 실천을 무산자사가 겸비하였음을 뜻한다. 임화는 1930년 「조선 프로예술운동의 당면의 중심적 임무」(『중외일보』, 1930. 6. 28.)에서 예술운동의 볼셰비키화의 전제로서 첫째, 예술동맹을 재조직하는 것, 예술운동이 각 부문 문학, 연극, 영화, 음악, 미술 등에 확대된 전문적·기술적 전국동맹을 형성해야 한다는 것, 둘째, 기관지를 확보할 것, 셋째, 카프 중앙부 내의 일화견주의(日和見主義)를 극복함으로써 카프를 계급적으로 볼셰비키화할 것, 넷째, 노동자, 농민의 조직과 유기적 관계를 가질 것을 주장하였다.[29] 이는

---

27 12월 테제는 1928년 12월 코민테른 서기국에서 '조선의 혁명적 노동자 농민에게' 보내려 결의한 테제인데, 이후 조선의 공산주의운동은 이 테제를 중심으로 발전하였다. 이 테제에서 조선 공산주의운동의 파쟁성을 지적하면서 노동자 대중과의 긴밀한 연결을 주장하였다. 또 조선혁명은 단순히 반제국주의, 반봉건운동에만 그칠 것이 아니라 동시에 프로계급의 제국주의, 봉건제도와 민족부르주아에 대한 투쟁과 긴밀히 결부되지 않으면 안 된다고 보았다. 이석태 편, 『사회과학대사전』, 문우인서관, 1948, 398~399쪽.

28 김정명 편, 『조선독립운동』 4, 동경, 원서방, 1967: 역사문제연구소 문학사연구모임, 『카프문학운동연구』, 역사비평사, 1989, 243쪽 재인용.

29 임화, 「조선 프로예술운동의 당면의 중심적 임무」, 안막, 「조선프롤레타리아예술운동 약사」, 『사상월보』, 1932. 1.: 김재용 엮음, 『카프비평의 이해』, 풀빛, 1989, 627쪽 재인용.

곧 "노동자, 농민에 대한 당의 사상적·정치적 영향을 확대, 확보하고 당의 슬로건을 대중화하기 위한 광범한 아지프로 사업"[30]의 하나로 2차 방향전환론으로 이어진다. 카프 내에서는 기회주의, 방관주의 극복을 내세워 구카프계를 공격하며 소장파가 주도권을 잡는 계기가 된다. 임화는 자신의 귀국을 '1931년 가을'로 회고[31]하고 있으나 1930년 가을 또는 겨울로 추정된다.[32] 김남천, 안막 등의 귀국이 뒤따랐음은 물론이다. 카프의 재조직 문제는 1930년부터 제기되기 시작하였는데 1930년 4월 카프가 기술부를 신설, 조직 확대를 시도한 바 있지만 미흡하였고 임화, 김남천 등에 의해 다시 주창되었다.[33] 이에 "예술운동의 볼셰비키화가 카프재조직과 같은 견해"[34]로 인식되기에 이르렀다. 1931년 3월 27일 카프는 확대위원회를 열어 카프를 재조직하려고 했지만 강령 불온을 이유로 개최가 금지되었다. 이후 중앙위원회에서 임화, 권환에게 강령을 새로 제작하고 합법적 중앙위원회를 열도록 결의했다.[35] 임화는 카프 1차 검거 사건에 관련되었으나 기소유예로 석방되고 카프 해체 시까지 카프의 실질적 지도권을 장악한다.

30 임화, 위의 글.

31 임화, 「어떤 청년의 참회」, 앞의 책, 24쪽.

32 김윤식, 『임화연구』, 문학사상사, 1989, 302쪽.

33 임화, 김남천 등이 카프조직의 재조직을 통해 볼셰비키화를 추진하려 한 데 비해 안막은 「조선프로 예술가가 당면한 긴급임무」(『중외일보』, 1930. 8. 16.~8. 22.)에서 예술운동의 볼셰비키화와 카프 재조직을 분리할 것을 주장하였다.

34 안막, 앞의 글, 629쪽.

35 안막, 위의 글, 633쪽.

3.2. 단편서사시 양식의 창출

카프의 서기장으로 카프란 조직체를 장악하여 본격적 이론가의 수준을 보이기까지 임화의 문학사적 비중이 문제되는 것은 무엇보다도 시 부문이다. 한국 프롤레타리아시의 전개 과정을 구명하기 위해서는 임화를 매개로 하지 않고는 근본논의가 불가능하다.

다양한 독서 체험과 미래파, 다다이즘, 민중극장론 등에 심취했던 임화가 프로시의 가능성을 보인 것은 『예술운동』 창간호(1927. 11.)에 발표한 「담(曇)—1927」이다. '작코, 반제ㅅ티의 명일(命日)에'란 부제가 달린 이 작품은 미국의 무정부주의자 구두수선공 사코(Sacco)와 생선장수 반제티(Vanzetti)가 노동조합운동 도중 경찰에 구금되어 사형에 처해진 사건을 소재로 다루고 있다. 이 작품은 자본가 계급에 대한 강한 적대감과 계급의식을 표출하고 있는데 선동적 용어의 과감한 선택, 외래어의 나열, 장시의 형식 등이 돋보인다. 그러나 아직까지 의식 내지 구호가 현실화, 구체화되지 못하여 막연한 추상성, 관념성을 벗어나지 못하고 있다. 이는 당위가 현실을 압도하고 있기 때문일 것이다.

이러한 시도들이 구체화되고 나름의 양식으로 발전된 것이 1929년에 발표한 「네거리의 순이」, 「우리 오빠와 화로」, 「우산받은 '요꼬하마'의 부두」 등이다. 이는 김기진에 의해 '단편서사시'로 규정된 바 있으며[36] 마르크스주의의 충격이 우리 시에 미친 양식상의 한 변화이기도 하다.[37] 단편서사시는 "아지프로 서술시가 가진 한계(교술적 내용의 교

---

36 김기진, 「단편서사시의 길로」, 『조선문예』 창간호, 1929. 5.
37 김윤식, 「한국문학에 있어서의 마르크스주의의 충격」, 『동아연구』 7, 서강대학교 동아연구소, 1986. 3., 153쪽.

시, 시적 긴장 상실 등)를 극복"[38]하면서 경향시의 일대 혁신을 이룩한 바 있다.

먼저 김기진은 예술대중화론의 연장선상에서 시 부문에서 프로시가의 대중화를 주장하였다. 소설에서와 마찬가지로 프로시 또한 이 당시 대중에게 섭취, 흡수되어 그들의 의식을 진정한 의식으로까지 앙양, 결정시키지 못하였다고 보고 그 이유로 3가지를 들었는데 "우리가 그들에게 가지고 가서 보여주지 못하였고, 그들이 알아보기 쉬운 말로 쓰지 못하였고, 흥미를 느끼고 외우도록 그들의 입맛을 맞추지 못하였다."[39]라는 것이다. 김기진이 이러한 안목에서 새로운 작품의 형식으로 찾아낸 것이 임화의 「우리 오빠와 화로」 계열의 '단편서사시'였던 것이다. 작품을 통해 이론 정립의 수준을 보인 김기진의 비평적 안목은 날카로운 것이었다. 임화와 김기진의 대중화론에 대한 이론투쟁 속에서 김기진이 그의 이론적 근거로 도리어 임화의 시 작품에서 문제를 적출해 낸 것은 흥미로운 사실이 아닐 수 없다. 임화의 주장대로라면 낭만성과 감상성을 밑바탕에 깐 서사 지향의 시보다는 권환 등이 내세우는 선전 선동의 구호시, '뼉다귀시' 쪽에서 방법을 찾는 것이 더 적당하지 않았을까? 이론과 창작의 불일치를 설명해 낼 수 있는 길은 비평의 논리요, 학습의 결과라는 점이고, 반면에 시는 생리요, 체질과 체험에서 시작된다는 것이다.

---

38 정재찬, 「1920~30년대 한국 경향시의 서사지향성 연구」, 서울대학교 석사학위논문, 1987, 106쪽.

39 김기진, 「프로시가의 대중화」, 『문예공론』 2, 1929. 6., 110쪽.

옵바—그러나 염려는 마세요
저는 용감한 이 나라 청년인 우리 옵바와 핏줄을 같이 한 계집애이고
영남이도 옵바도 늘 칭찬하던 쇠같은 거북紋이 화로를 사온 옵바의 동생이 아니에요.
그리고 참 옵바 아까 그 젊은 나머지 옵바의 친구들이 왔다 갔습니다
눈물나는 우리 옵바 동모의 소식을 전해주고 갔어요
  사랑스런 용감한 청년들이었습니다
  세상에 가장 위대한 청년들이었습니다
화로는 깨어져도 火적갈은 깃대처럼 남지 안었세요
우리 옵바는 가셨서도 귀여운 「피오닐」 영남이가 있고
그리고 모 - 든 어린 「피오닐」의 따뜻한 누이 품 제 가슴이 아즉도 더웁습니다

그리고 옵바……
저뿐이 사랑하는 옵바를 잃고 영남이뿐이 굳세인 형님을 보낸 것이겠습니까
슬지도 않고 외롭지도 않습니다
세상에 고마운 청년 옵바의 무수한 위대한 친구가 있고 옵바와 형님을 잃은 수없는 계집아희와 동생
저의들의 귀한 동모가 있습니다

- 「우리 오빠와 화로」[40] 중에서

위의 시는 1929년 『조선지광』 2월호에 실린 것으로 프로문학 선택 이후 초창기 임화시의 모습을 대변한다. 노동운동을 하다 감옥에 간

---

40 임화, 「우리 오빠와 화로」, 『조선지광』 83, 1929. 2., 118~119쪽.

오빠에게 누이가 쓰는 편지 형식의 이 작품은 우리 근대시사의 전통에서는 몹시 생소하다. 그러나 일반대중에게 편지 쓰기란 가장 익숙한 글쓰기의 한 방법이다. 대중에게 익숙한 편지 형식의 차용은 이념과 내용 전달 측면에서도 그 효과를 배가시킨다. 또 하나는 오빠, 누이, 동생 등 다양한 인물을 등장시켜 서사적 구조를 시에서 재현하고 있다는 점이다. 특히 여러 논자도 지적한 바 있지만 구체적 사건을 가진 서사 지향성이야말로 이 작품을 이끌어 가는 근본 동력이다. 서정시에 이야기 또는 사건을 도입하여 서정시가 감당하지 못했던 현실반영의 폭을 넓혀 가고 있다. 일반적으로 프로시의 경우 선전 선동시 또는 날카로운 투쟁의식을 내장한 무기로서의 시가 돋보인다. 그런데 임화는 서사 지향성의 '사건'시를 선보임으로써 리얼리즘시의 가능성을 실험하고 있다. 리얼리즘이라 했을 때 무엇보다 현실반영의 방법과 그 폭이 문제될 것이기 때문이다.

이 작품은 인물들의 관계를 통해 노동계급의 운명과 의지를 표출해 보인다. 노동현장에서의 투쟁의식, 동지들 간의 강한 연대감이 이 작품의 저류를 흐르고 있다. 노동운동과 감옥 체험이 여성화자를 매개로 연결됨으로써 작품의 경직성, 교조성 완화에 상당히 기여하고 있는 셈이다. 작자의 메시지는 밖으로 드러나지 않고 '거북무늬 화로'나 '화젓가락' 같은 강렬하고도 선명한 상징성 속에 묻혀 있다. 세부의 진실성에 관한 잡다한 묘사가 없더라도 이러한 상징적 시어들이 소설과는 달리 리얼리즘적 성취를 이룩하는 데 크게 기여하고 있다. '연설' 내지 '구호' 일색이던 '뼉다귀' 경향시 대신 선명한 상징성을 통한 노동계급의 낙관적 전망 제시가 이 작품이 획득한 성과라 할 수 있겠다. 투쟁적 현실 속에서 전망을 상실하지 않고 꿋꿋이 살아가고자 하는 노동계급의 의지와 신념을 드러내 보인 것이라 하겠다. 오빠의 감옥행이 도리어 시적 화자에게 현실에 대한 자각의 계기를 안겨 주고 있다. 물론 이 작품이 가진 유효성 내지 한계성 여부 등은 다음 작품들과 같이 다루어 보기로 한다.

> 네가 지금 간다면 어듸를 간단 말이냐
> 그러면 내 사랑하는 젊은 동모
> 너, 내 사랑하는 오즉 하나뿐인 누이동생 순이, 너의 사랑하는 그 귀중한 아이희-
> 　근로하는 모든 여자의 연인……
> 그 청년인 용감한 사나이가 어디서 온단 말이냐
>
> 눈바람 찬 불상한 도시 종로 복판의 순이야
> 너와 나는 지내간 꽃피는 봄에 사랑하는 한 어머니를 눈물나는 가난 속에서 여의었지
> 그리하야 너는 이 믿지 못할 얼골 하얀 옵바를 염려하고, 옵바는 너를 근심하는, 가난한 그날 속에서도, 순이야- 너는 네 마음을 둘 믿음성 있는 이나라 청년을 가졌었고,
> 내 사랑하는 동모는……
> 청년의 연인 근로하는 여자 너를 가졌었다
>
> -「네거리의 순이」[41] 중에서

41 임화,「네거리의 순이」,『조선지광』82, 1929. 1., 136쪽.

항구의 계집애야! 이국의 계집애야!
「독크」를 뛰어오지 마러라 「독크」는 비에 젖었고
내 가슴은 떠나가는 서러움과 내어쫓기는 분함에 불이 타는데
오오 사랑하는 항구 「요꼬하마」의 계집애야!
「독크」를 뛰어오지 마러라 란간은 비에 젖어 있다

– 「우산밧은 '요꼬하마'의 부두」[42] 중에서

1927~1929년경 박영희와 동경 제3전선파의 충격을 통해 정치투쟁의 한 부문으로서 문학을 인식한 임화는 이제 미래파, 다다이즘을 헤매는 치기어린 소년이 아니었다. 이는 '네거리'에 전면적으로 나섰음을 의미한다. 1927~1930년경 '네거리'는 임화에게 있어서 프로문학의 광장인 동시에 싸움의 현장이기도 하였다. '네거리'에서의 싸움, 이것은 곧 운동으로서의 문학을 뜻하며 실천과 조직이 뒤따라 올 수밖에 없다. 실천 중시, 운동으로서의 문학이 임화의 앞에 가로놓여 있는 것이다. 그런데 싸움에 복무하는 시문학은 어떠한 형식이 되어야 하는가? 권환으로 대표되는 '뼥다귀시', 즉 구호 중심의 슬로건시가 대중을 진정한 의식의 차원으로 이끌어 낼 수 있는가 하는 점이다. 투쟁기에 있어서 이러한 시의 역할은 필요하고 어느 정도까지 허용되어야 한다고 본다. 그러나 독자 대중에게 익숙하지 않은 설익고 서투른 구호 내지 사상의 나열은 독자 대중의 정서와 감정을 자연스럽게 계속적으로 유발해 나가는 데에는 미흡할 수밖에 없다. 그러므로 경향

42 임화, 「우산밧은 '요꼬하마'의 부두」, 『조선지광』 87, 1929. 9., 3쪽.

시의 양식에 대한 새로운 창작 방법이 모색되지 않으면 안 된다. 어느 단계에 이르면 무엇을 쓰느냐가 아니라 어떻게 쓰느냐가 중요하다. 임화 자신이 의식해서 의도적으로 썼든 그렇지 않든 임화가 시도한 소위 '단편서사시'는 경향시 창작 방법상의 진전된 모습이었다.

앞의 작품들 또한 「우리 오빠와 화로」와 맥을 같이하는 임화의 대표적인 단편서사시 계열의 작품이다. 이 작품들에서는 시적 화자가 여성이 아닌 누이의 오빠와 노동자인 사내로 역전되어 있다. 임화는 이 계열의 시에서 시인 자신의 모습은 드러내지 않고 배역을 사용했다. 여성 노동자, 남성 노동자, 누이동생, 오빠 등을 통해 노동현장의 구체적 모습을 드러내 보인다. '사건' 중심의 서사적 구조와 급박한 호흡, 주관적 감정의 과잉 표출이 이들 시의 주요한 특징이다. 다시 말하면 임화의 이 작품들은 투쟁의식과 그것을 드러내기 위한 방법으로 이야기 구조를 채택했다는 점, 적절한 호흡 조절, 그리고 그 내밀에 짙은 감상성이 깔려 있다는 점이 공통점이다. 그런데 임화 시에 짙게 깔려 있는 이러한 감상성은 운동에 있어서 어느 정도 유효한가. 이러한 감상성과 낭만성은 1920년대 초기 시에서 이미 나타난 바 있으며 임화의 초기 정신 세계를 선점한 적도 있다. 센티멘털리즘은 소시민적 지식인이 갖기 쉬운 속성으로, 운동선상에서의 감상성은 배격의 대상이다. 여기에 '얼굴 하얀 오빠' 임화가 있는 것이다. 이러한 감상성과 이야기 구조는 독자 대중의 호흡을 시의 공간으로 끌어들이고 시로서의 대중성을 확보하는 데 큰 기여를 할 수 있다. 그러나 이것은 어디까지나 소시민적 지식인 내지 감상적 청년들에 국한된 문제이다. 운동의 주체인 노동자의 의식에서 감상성은 운동에 대한 전의를 상실케 하는 요소가 될 수 있다. 작자의 의도와는 다르게 운동의 역기능이 될 수 있다는 것이다. 물론 시로서는 이 감상성이 오히려 긍정적 역할을 할 수도 있다. 최두석은 임화 시에서 이러한 감상성을 오히려 장점으로 보고 있는데[43] 이는 물론 문학작품으로서의 시를 이야기할 때 가능한 이야기이다. 임화의 「네거리의 순이」 계열의 시가 "권환 등의 '뼉다귀의 포엠'을 소탕시키는 데 둘도 없는 챔피온의 역할"[44]을 수행했다는 윤곤강의 지적도 이러한 견해에서 나온 것이다. 지식인 독자, 일군의 감상적 노동자군들에게 이러한 시 양식은 선명한 인상과 기억을 줄 수 있다. 그러나 경향시는 어디까지나 경향시로 보아야 하지 않을까 한다. 특히 경향시에서 이러한 감상성은 많은 독자를 끌어들일 수 있을지는 몰라도 경향시 본래의 의도인 이념이나 사상 주입, 투쟁의식 고취에는 실패할 것이 틀림없을 것이기 때문이다.

카프운동 노선상에서의 의도 전달 문제라는 약점에도 불구하고 임화의 단편서사시 계열은 앞에서도 지적했다시피 우리 시의 한 양식으로 의미있게 정착되었다. 현실반영의 측면에서 상당한 성과를 거둘 수 있는 양식이기에 이러한 창작 방법은 시사에서 깊은 천착과 일정한 평가를 요한다. 특히 임화류의 시에서 소시민 지식인의 지나친 감상성을 극복할 수 있을 때 이러한 형식은 당대 현실의 전형을 포착해 내는 데 아주 유효하다. 이는 리얼리즘시의 가능성에 접근하기 때문에 더욱 중요하다. 임화식의 감상성이 상당히 제거되어 있으면서 시적 화자의 주관적 감정의 통제도 적절히 이루어지고 있는 이용악의

43 최두석, 「단편서사시 논쟁」, 『한국현대시론사』, 모음사, 1992, 183쪽.
44 윤곤강, 「임화론」, 앞의 책, 8쪽.

「낡은 집」은 하나의 예증이 된다.

권환은 시 형식이 필요한 이유로 "가장 단축(短促)하고 간약(簡約)한 말 가운데 가장 강렬한 감정을 담어 그것을 다른 대중에게 전달, 흡입시킬 수 있는 때문"[45]이라고 보았다. 권환의 시에 대한 정의는 경향시 창작 방법의 일 지침으로, 특히 무기로서의 시를 염두에 둘 때 아주 중요한 발언이라 여겨진다. '짧은 형식 속에 강렬한 감정 담기'의 효과가 경향시의 주된 창작의도이다. 이는 일제강점기의 경향시와 해방 직후의 투쟁시(무기로서의 시)에서 많이 실험된 바 있다.[46] 그러나 이러한 창작 지침만으로는 실제 창작에 임했을 때 그것의 구체적인 창작 방안과 대중 독자를 운동에 끌어들일 수 있는 방법이 문제시된다. 물론 이러한 점에서 구호시 내지 투쟁시 계열의 경향시는 시의 대중화에 성공했다고 할 수 없다. '뼉다귀시'라는 명칭이 모든 것을 설명해준다. 결국 사건적·구체적인 것을 묘사해 가는 소위 단편서사시 계열의 시들은 카프의 선전 선동을 목적으로 한 경향시의 한계를 극복하면서 대중성을 확보할 수 있는 방안이었다.

> 일찍이 조선의 프로레타리아시가 가져보지 못하였던 풍부성을 가지고 있었던 것은 사실이었다. 뼉다귀만의 슬로건 시에 비하여는 몇 배나 더 강렬한 힘을 가지고 우리들의 심정을 붙드는 힘이 있었던 것이다.[47]

---

45 권환, 「시평과 시론」, 『대조』 4, 1930. 7., 37쪽 참고.
46 박용찬, 『해방기 시의 현실인식과 논리』, 역락, 2004, 31~66쪽 참고.
47 김남천, 「임화에 관하여」, 『조선일보』, 1933. 7. 22.

이상 김남천의 지적은 임화의 「네거리의 순이」 계열의 시가 감당할 수 있었던 정서와 감정의 수용 부분에 대한 적극적 설명이라 볼 수 있다. 그러나 이 대중화가 지나친 감상성의 노출로 인하여 경향시의 창작 의도 전달에는 미흡했다고 할 수 있다. 단편서사시 계열의 시가 "소시민층, 주로 학생지식자 청년들의 가슴(?)을 흔들"[48] 정도에 그쳤다는 임화 자신의 술회가 이를 뒷받침한다.

그러므로 임화는 다시 '자기비판'의 깃발을 들었던 것이다. '시에 대한 자기비판 기타'의 부제를 단 「시인이여! 일보전진하자!」(『조선지광』, 1930. 6.)가 바로 그것이다. "시인이여! 일보전진하자! 퇴각이냐? 전진이냐? 거기에는 오직 운동이 있을 뿐이다."[49]라는 임화의 당당한 선언이야말로 자기비판의 핵이다. 임화는 1929년 「우리 오빠와 화로」 이후 프로시의 경향을 주목하고 엄정한 자기비판을 가하다. 임화의 이러한 입장은 "시인이 '시인'인 것을 완전히 포기"[50]한 것에서 이해가 가능하다. 이 글을 쓸 1930년 무렵 임화는 동경에서 "사회과학서적 난독에 몰두"[51]하였으며 볼셰비키화를 주도하는 카프 소장파의 핵심 인물로 급성장하고 있을 때였다. 이러한 임화의 자기비판에도 불구하고 임화의 단편서사시 계열은 "가장 많은 평가", "가장 많은 영향"[52]을 주었으며 임화 자신도 완전한 방향전환을 이룩하지 못했다. 여전히 이러한 흔적은 「양말 속의 편지」(1930), 「오늘밤 아버지는 퍼렁이불

---

48 임화, 「시인이여! 일보 전진하자!」, 『조선지광』 91, 1930. 6., 67쪽.

49 위의 글, 63쪽.

50 위의 글, 70쪽.

51 임화, 「어떤 청년의 참회」, 앞의 책, 24쪽.

52 권환, 「시평과 시론」, 앞의 책, 33쪽.

을 덮고」(1933) 등의 작품에서 계속되고 있다. 그러나 이론과 창작의 불일치에 대한 고심의 흔적을 「양말 속의 편지」나 「오늘밤 아버지는 퍼렁이불을 덮고」의 경우가 잘 보여 주고 있다. 특히 이전의 지나친 감상성이 많이 제거되어 있다는 점에서 주목을 요한다. 창작에 있어서 현실반영 방법에 관한 고심의 결과라 하겠다. 다시 말하면 구체적 현실성과 서정적 낭만성 사이의 조화 문제라 할 수 있다. 서정적 양식인 시 속에 어떻게 당대의 구체적 현실을 투영시켜 나갈 것인가 하는 고민과 모색이 '단편서사시' 창작의 형태로 나타났다. 그러나 '단편서사시' 계열의 작품은 지나친 낭만성과 감상성 속에 함몰됨으로써 도리어 경향시의 창작 의도를 훼손시켰다. 그것의 극복 형태로 「양말 속의 편지」나 「오늘밤 아버지는 퍼렁이불을 덮고」와 같은 작품 형식이 산출된 것이다. 예술운동의 볼셰비키화를 이끈 핵심 논자인 임화가 창작의 실제에서는 구호시 계열의 '뼉다귀'시로 치닫지 않고, 그것과 단편서사시의 중도적 형태를 취했다는 점은 중요하다. 이는 서정적 장르인 시의 현실반영 문제에 대한 임화의 인식이 깊어졌음을 보여 주는 예라 할 것이다. 특히 일제강점기라는 특수 상황 속에서 시양식이 서정성 내지 낭만성만으로 리얼리즘적 성취를 이룩할 수 없는 것은 자명하기에, 임화의 체질과 논리 사이의 고민, 그리고 그 변신의 모습은 자못 주목할 만하다.

실제 노동자로 계급투쟁의 전위가 될 수 없었던 소시민적 지식인 임화가 계급사상을 신념으로 받아들여 가는 과정에서 겪었던 이론과 창작상의 불일치는 1930~1933년경에 접어들면서 차차 제거되어 이론 우위의 모습으로 나타나게 되었다. 다시 말하면 '낭만적 지식인' 임화가 사상 선택의 과정에서 보여 주었던 체질과 논리의 일그러진 모습은 1930년경에 들어와서야 차차 극복의 기미를 보여 주었다는 것이다. 그러나 그 극복은 불운하게도 그것의 변증법적 종합과 지향에 의한 것이 아니라 논리와 이론을 중심축으로 한 것이었다. 1930년대 초 「네거리의 순이」 계열 이후 임화가 비평에 더 주력하는 모습을 보인 것도 이러한 이유 때문이었다.

4. 맺음말

이상에서 임화의 프로문학 선택 과정과 그의 시사적 주요 업적으로 평가되는 소위 '단편서사시' 계열의 작품을 검토하였다. 이러한 작업을 통하여 식민지 지식청년의 정신구조와 사상선택 과정의 일부가 밝혀질 수 있으리라는 소박한 신념으로 이 장의 연구가 시작되었다.

임화의 사상선택의 이면에는 식민지 지식청년이란 내적 문제가 깊이 관여하고 있었으며, 그 시대적 풍조와 독서 체험이 결국 그를 프로문학에 경도, 카프의 서기장으로 자리 잡게 했다. 여러 사상의 편력을 헤쳐 나와 확실한 사상으로 마르크스주의, 즉 프로문학을 택한 임화는 이후 현실에 대한 치열한 인식과 그것을 통한 나름대로의 대응방법 문제로 항상 고민해 왔다고 할 수 있다. '단편서사시' 창작이란 시사적 업적이 그러하며 카프 해체 후 노력한 '주체 재건'의 과정과 리얼리즘론 확립 과정이 또한 그러하다. 열린 세계를 향한 강한 열망은 임화를 때로는 조직체(KAPF)의 선두에 또는 뒷면에 머무르게 하면서 현실에 대한 전진과 좌절을 경험하게 만들었던 것이다.

다음으로 임화시에 나타나는 감상성 문제를 집중적으로 다루어 보고자 하였다. 1920년대 후반 우리 시사에 일정한 흐름을 형성한 '단편서사시'의 시적 특성을 카프의 문학운동론에 비추어 점검해 보는 것이 처음의 의도였다. 그러나 논의의 과정에서 그것을 전부 감당하기는 어려웠다. 경향시는 크게 구호시(뼉다귀시) 계열과 단편서사시 계열로 구분할 수 있는데, 둘 다 무기로서의 시와 현실반영의 측면에서 리얼리즘시로 발전해 가는 과정이었다. 이 장의 내용 또한 1920년대 후반 임화의 경우를 중심으로 이러한 문제를 구명해 보려 한 것이다. 본 장에서는 카프 소장파의 핵심으로 볼셰비키화를 선도해 나갔던 임화의 경우 비평의 논리와 창작상의 실제가 일치하지 않음을 발견하고 그것이 어떻게 변증법적으로 발전해 갔는지를 주목해 보았다. 프로비평가로 선도적 입장에서 이론 투쟁을 벌이던 임화의 논리와 감상적·낭만적으로 특징지어질 수 있는 그의 체질이 어떻게 분리되고 결합되어 갔는지가 이 장의 주된 관심사였다. 이는 1930~1933년경에 접어들면서 일그러진 모습이기는 하나 일치되는데, 그것은 이론 우위의 모습으로 나타나게 되었다. 그러나 그것은 논리와 체질이 발전적으로 합한 것이기에 이후 우리 근대시사상 리얼리즘시로 나아가는 중요한 과도기 모습인 것으로 판단된다.

제7장

중국 망명 전 이상정의 삶과 문화투쟁

1. 이상정 바라보기

일본 강도 정치하에서 문화운동을 부르는 자ㅣ누구이냐? 문화는 산업과 문물의 발달한 총적(總積)을 가리키는 명사니, 경제 약탈의 제도하에서 생존권이 박탈된 민족은 그 종족의 보전도 의문이거든, 하물며 문화 발전의 가능이 있으랴? 쇠망한 인도족, 유태족도 문화가 있다. 하지만 일(一)은 금전(金錢)의 역(力)으로, 그 조선(祖先)의 종교적 유업을 계속함이며, 일(一)은 그 토지의 광(廣)과 인구의 중(衆)으로 상고(上古)의 자유발달한 여택(餘澤)을 보수(保守)함이니, 어디 문맹(蚊蝱)같이 시랑(豺狼)같이 인혈(人血)을 빨다가 골수까지 깨무는 강도 일본의 입에 물린 조선 같은 데서 문화를 발전 혹 보수(保守)한 전례가 있더냐? 검열·압수, 모든 압박 중에 기개(幾個) 신문·잡지를 가지고 '문화운동'의 목탁(木鐸)으로 자명(自鳴)하며, 강도의 비위(脾胃)에 거스르지 아니할 만한 언론이나 주창하여 이것을 문화발전의 과정으로 본다 하면, 그 문화발전이 도리어 조선의 불행인가 하노라. 이상의 이유에 거(據)하여 우리는 우리의 생존의 적인 강도 일본과 타협하려는 자(내정독립·자치·참정권 등 논자)나 강도 정치하에서 기생하려는 주의(主義)를 가진 자(문화운동자)나 다 우리의 적임을 선언하노라.[1]

이 글은 단재 신채호가 1923년 1월에 작성한 「조선혁명선언」의 일부로, 1919년 11월 만주 길림성(吉林省)에서 결성된 무장독립운동 단체인 의열단의 요청에 의해 쓰여진 의열단 선언서이다. 신채호의 명제를 수용하면 일제 강도 정치하에서 이루어진 모든 신문화운동은 부정되고, 노예문화로 치부되고 만다. 일제 치하에서 이루어진 문화운동이 노예문화인가 아닌가. 이후의 문학사적 성취는 이것이 이렇게 이분법적으로 다룰 문제만은 아니라는 점을 보여 준다. 여기서 신채호는 3·1운동 이후 독립운동의 노선을 외교론, 준비론, 민중직접혁명론 등으로 구분한 바 있다. 상해(上海) 임정(臨政)에 참여하였다가 반(反)임정 노선에 선 바 있는 신채호는 이 글에서 독립운동의 방책으로 외교론, 준비론의 미몽을 버리고 민중직접혁명의 수단을 취할 것을 내세운다. 특히 실력양성론으로 대표되는 준비론과, 민중직접혁명론과 연관되는 무장투쟁론은 현실과 이상 사이에서 오랜 시간 각축하였던 독립운동 방책이었다. 3·1운동 이후 발흥되기 시작한 '문화운동' 또한 교육의 진흥, 상공업의 발전, 민족의식의 자각 내지 계몽 등을 내세우는 점진적 실력양성운동과 거리가 그리 멀지 않다고 할 수 있다. 정치의 욕망이 차단된 식민지 상황에서 문화운동은 당시의 지사나 지식인들에게 민족계몽의 유효한 방편으로 인식되었던 것이다. 언론, 문학, 미술 등의 제 분야에 지식인들이 몰려든 것이 그들의 가진 재능이나 단순한 취향의 문제만은 아니라는 것을 주목할 필요가 있다. 3·1운동 직후 국내외의 신식학교를 졸업한 지식

1 신채호, 「조선혁명선언」, 『개정판 단재신채호전집』 하, 형설출판사, 1977, 38쪽.

인들이 교사, 신문기자, 문학자, 화가, 음악가 등이 되는 것은 다반사였다. 경술년의 국치(國恥)와 3·1운동이란 큰 역사적 변혁을 겪으면서 이들은 사회·역사적 현실을 조망할 수 있는 개인적 주체로 성장하였던 것이다.

3·1운동 직후 1919년 4월 11일 상해에서 공화정(共和政)을 지향하는 대한민국임시정부가 수립되었다. 임시정부가 해외 독립운동의 거점 역할을 하게 되면서 문인들도 독립운동에 가담하기 시작하였다. 김윤식은 문인 자신이 직접 독립운동에 참여함으로써 스스로 비극적 주인공이 된 사례로 이광수, 김동인, 염상섭, 주요한, 신채호, 이육사, 윤동주, 김학철 등을 들었다.[2] 한국 근대문학연구에서 문학작품 속에 형상화된 국권회복 염원이나 의지는 많이 다룬 바 있지만 작가 개인의 독립운동 투신이나 그것과 관련된 문자 행위에 대한 고찰은 비교적 소략하였다. 백범 김구가 쓴 『백범일지』나 김사량의 『노마만리』, 김태준의 「연안행」 등의 일기, 수기 같은 수필류 글들이 근대문학연구의 주변부로 밀려난 것도 이와 무관하지 않다. 이상정(李相定)의 『표박기(飄泊記)』[3]도 그러한 경우의 하나이다.

『표박기』의 저자 이상정은 1920년대 초·중반 국내에서 교육, 미술, 문학 등의 제 분야에서 문화운동에 전념하다가 중국으로 망명, 무장

---

2 김윤식, 『한국 근대문학과 문인들의 독립운동』, 독립기념관 한국독립운동사연구소, 1989, 11쪽.

3 『표박기』는 1950년 청구출판사에서 『중국유기(中國遊記)』란 이름으로 『표박기』의 전체 원고는 아니지만 그 내용 중 일부가 출판된 적이 있다. 대구광역시 달서구 소재 상화기념관·이장가문화관에 『표박기』의 육필 원고 일부가 소장되어 있다. 이 유고는 2023년 상화기념관·이장가문화관에서 『중국 국민혁명군 이상정 장군의 역주 표박기』(이상규 역주)란 이름으로 간행되었다. 『표박기』를 통해 1925년에서 1930년까지 망명 초기 중국 내 이상정 장군의 행적을 읽어낼 수 있다.

투쟁에 가담한 특이한 경력의 소유자이다. 중국을 오고 간 독립운동가의 글쓰기를 상정할 때, 이육사, 이상정, 김구를 비교해 볼 수 있다. 이육사는 국내 문단과 밀접한 관련을 맺으면서 시 쓰기와 독립운동을 병행하였으며, 김구는 국내 문단과 관계없이 망명지 중국에서 자전적 기록이라 할 수 있는 『백범일지』를 남겼다. 이상정은 이들의 중간 항에 위치한다고 할 수 있다. 이상정은 국내에서 문학과 미술에 관여하다 중국으로 망명하여 『표박기』란 기행수필집을 남겼다. 독립운동사나 근현대문학사에서 이상정은 김구나 이육사에 비해 크게 조명받지 못하였다. 그 원인으로 대부분의 삶을 중국 국민혁명군 막료로서 항일투쟁에 나섰다는 점, 그가 남긴 『표박기』가 온전하게 보관되지 못한 필사된 유고였다는 점 등을 들 수 있다.

문제는 이상정에 대한 연구가 아직 초기 단계에 머물러 있어 문학자, 서양화가, 독립운동가로서의 그의 면모가 제대로 드러나지 못하고 있다는 점이다. 1950년 백기만이 추모문집의 성격이 강한 『중국유기(中國遊記)』[4]를 편찬한 이후에도 오랫동안 그에 대한 연구는 이루어지지 못했다. 한 세대 만에 이상정의 장남인 승남 이중희 교수의 회갑기념논문집에 신동근의 「이상정장군고」가 실리는 정도였다.[5] 그러다가 2000년대에 접어들면서 독립운동가,[6] 서양화가,[7] 현대시조작가[8]로

---

4 이상정장군 유고, 『중국유기』, 청구출판사, 1950.

5 신동근, 「청남이상정장군고」, 『승남이중희교수 회갑기념 수필 및 학술논문선집』, 승남이중희교수회갑기념논문집 발간위원회, 1979.

6 최기영, 「이상정(1897-1947)의 재중(在中) 독립운동」, 『역사학보』 200, 역사학회, 2008.

7 김태곤, 「대구 서양화단의 서양화 수용과 전개에 관한 연구」, 영남대학교 석사학위논문, 2004.
이중희, 『대구미술이 한국미술이다』, 동아문화사, 2019.

서 이상정을 해명해 보려는 연구자들의 개별적 접근이 이루어졌다. 최근 들어서는 '벽동사'를 창설한 서양화가로서의 이상정을 좀 더 주목해 보려는 시도도 이루어졌다.[9] 각론별로 이루어진 이들의 연구는 지금까지 이루어지지 않았던 이상정이 이룩한 성취를 각 분야별로 자리매김해 보고자 하는 것이었다. 그러나 이상정의 삶의 행적을 아우르는 기본적인 연보조차 제대로 구성되지 못한 까닭에 도출해 낸 연구의 결과가 흔들리는 경우가 많았다. 주로 기억과 풍문에 의해 기록된 이상정의 행적을 사실과 검증을 통해 접근해 보자는 것이 이 논의의 출발점이다.

굴곡진 이상정의 삶을 제대로 이해하기 위해서는 그의 삶을 전반부와 후반부, 즉 중국 망명 전과 후로 나누어 살펴보는 것이 보다 효율적이라 생각한다. 중국 망명 전의 이상정은 교원, 서양화가, 시조시인으로서의 삶을 살았으며, 중국 망명 후의 이상정은 중국 내 무장투쟁 전선에 가담하면서 독립운동가로서의 삶을 살았다. 독립운동의 와중에 그는 수필기행집에 가까운 『표박기』와 전각(篆刻)과 관련된 인보(印譜) 등을 남겼다. 교원, 서양화가, 시조시인으로서의 전반기 삶이 문화를 통한 민족의식 앙양 내지 계몽의 차원에 머물렀다면, 독립운동가로서의 후반기 삶은 억압의 주체에 대한 저항적 의지가 실천적 행위

이상규, 『이상정과 이여성』, 민속원, 2021.
이인숙, 「서양화가이자 전각가인 미술가 청남 이상정 연구」, 『영남학』 83, 경북대학교 영남문화연구원, 2022.

8 이상규, 「대구 최초의 현대 시조작가 청남 이상정」(1), (2), 『대구문학』 141, 142, 대구문인협회, 2019.

9 2023년 12월 14일 대구 상화기념관·이장가문화관에서 이상정장군기념사업회 주관으로 '벽동사 100주년 이상정 학술세미나'를 개최한 바 있다.

로 드러난 것이라 할 수 있다.

여기서는 이상정의 성장 과정, 일본 유학 시절, 귀국 후 전전한 교원생활, 서양화가로서의 제 활동, 용진단 결성을 통한 사회투쟁까지를 연구의 주된 대상으로 삼았다. 그의 삶을 제대로 평가하기 위해서는 각 시기마다 표출된 제 행적과 실천적 행위들의 결과물들을 적절한 잣대로 연결할 필요가 있다. 그래서 이 장에서는 교육, 미술, 문학 분야에 전념한 이상정의 중국 망명 전 삶을 문화투쟁이란 관점으로 묶어 내고자 한다. 문화투쟁은 속칭 '문화적 민족주의'에 기반을 두고 있다. 문화적 민족주의가 아닌 문화투쟁이란 용어를 쓴 것은 후반기 삶의 주류인 무장투쟁과 상대되기도 하고 '투쟁'이 주체의 실천적 의지를 잘 드러내 보여 주는 용어이기 때문이다. 이러한 논의를 진전시키는 데, 그의 삶과 관련된 정확한 연보 작성 및 전기적 사실의 확인은 매우 중요하다. 이를 위해 논의의 과정에 최근 발굴된 이상정 본인의 자필이력서를 바탕으로 당시의 신문 기사 및 몇몇 서간 자료 등을 활용할 것이다.

2. 자필이력서와 일본 유학 시기 고증

중국 망명 전 이상정은 주로 교육, 미술, 문학, 즉 문화 분야에서 활동하였다. 이상정은 도화(圖畫) 교원, 서양화가, 시조시인 이외에 미술연구소 벽동사(碧瞳社) 창설과 사회운동 단체 용진단(勇進團) 결성을 주도한 실천가였다. 교육과 실천의 와중에 "시서화(詩書畫)"[10]를 통한 이

10 백기만은 여기서 이상정의 문화예술 방면에서의 재능을 다음과 같이 말하고 있다. "장군의 시

러한 제 활동은 문화를 통한 민족계몽 내지 항일의식의 제고로 이어지면서 문화투쟁의 양상을 띠고 있다. 그런데 지금까지 이상정에 관한 삶의 이력과 행적은 제대로 밝혀지지 못했다.

이상정의 본관은 경주(慶州)이고, 아호(雅號)로 청남(靑南), 청람(晴嵐), 산은(汕隱), 혹은 청금산방주인(聽琴山房主人)을 썼다. 이상정은 1894년 6월 10일 이시우(李時雨)와 김신자(金愼子; 법명은 화수華秀) 사이의 장자로 태어났으며, 중국 망명 중에는 가명으로 이연호(李然皓), 이직문(李直文), 이상협(李祥俠) 등을 쓰기도 했다. 아우로 상화(相和), 상백(相佰), 상오(相旿)가 있다. 그의 이력을 알 수 있는 자료로는 『국외에 있어서 용의 조선인 명부(國外ニ於ケル容疑朝鮮人名簿)』(조선총독부 경무국, 1934)나 유고(遺稿) 『중국유기』(청구출판사, 1950) 등에 소개된 「장군의 약력」 등이 있다. 이후 후대 연구자들이 간략하게 정리한 생애나 연보[11] 등도 도움이 된다. 그러나 여전히 일부 세부적인 행적은 자료에 근거하지 못해 한계를 드러내고 있다. 특히 출생 연도나 1910년대 일본 유학 시절의 행적, 교원으로 근무한 학교 및 시기 등은 논란의 여지가 있다.

생년은 1894년(『國外ニ於ケル容疑朝鮮人名簿』), 1896년(『중국유기』, 이상규), 1897년(『경주이씨소경공파보』, 최기영), 1898년(호적) 등 각기 다르게 기술

서화(詩書畵)는 전문 대가들을 경탄케 하였고 장군의 전각예술은 근역 5천년을 통한 거장(巨匠)임을 청람인보(靑嵐印譜)가 말하는 바입니다. 장군은 일찍이 사학(史學)으로 천명하였고, 특히 궁중비사에 있어서는 조선의 권위였습니다." 백기만, 「곡조(哭弔)·이상정장군」, 『대구시보』, 1947. 11. 11.

11 최기영, 「이상정(1987~1947)의 재중독립운동」, 『역사학보』 200, 역사학회, 2008. 12., 345~370쪽.
이상규, 「청남 이상정의 연보」, 『이상정과 이여성』, 민속원, 2021, 161~167쪽.

12 2021년 교남학교의 후신인 대구 대륜고등학교가 이상정의 이력서를 독립기념관에 기탁하면서 세상에 모습을 드러냈다.

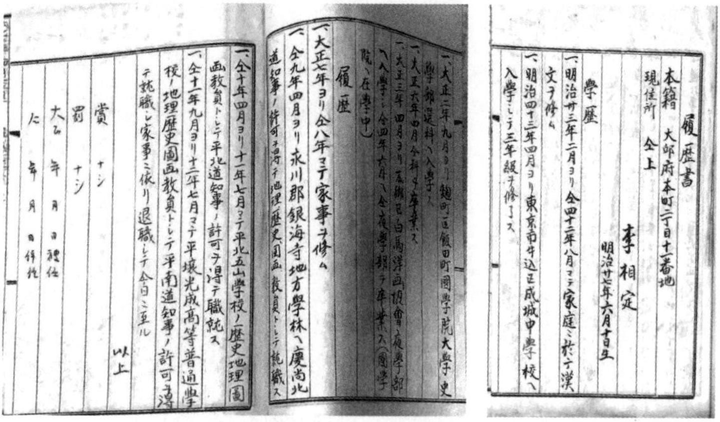
履歴書
本籍 大邱府本町二丁目十一番地
現住所 仝上
李相定 明治廿七年六月十日生
學歴
一、明治廿三年二月ヨリ仝四十二年八月マテ家庭ニ於テ漢文ヲ修ム
一、明治四十三年四月ヨリ東京市牛込区成城中學校ヘ入學シ三年級ヲ修了ス
一、大正二年九月ヨリ麹町区飯田町國學院大學史學部選科ヘ入學ス
一、大正六年四月仝科ヲ卒業ス
一、大正三年四月ヨリ本郷区白馬洋画研究會夜學部ヘ入學シ仝四年六月ヘ仝夜學部ヲ卒業ス（國學院ヘ在學中）
履歴
一、大正七年ヨリ仝八年マテ家事ヲ修ム
一、仝九年四月ヨリ永川郡銀海寺地方學林ヘ慶尚北道知事ノ許可ヲ得テ地理歴史図画教員トシテ就職ス
一、仝十年四月ヨリ十一年七月マテ平北五山學校ノ歴史地理図画教員トシテ平北道知事ノ許可ヲ得テ職就ス
一、仝十一年九月ヨリ十二年七月マテ平壌光成高等普通學校ノ地理歴史図画教員トシテ平南道知事ノ許可ヲ得テ就職シ家事ニ依リ退職シテ今日ニ至ル
賞 ナシ
罰 ナシ
以上

그림 7-1 이상정이 대구 교남학교에 제출한 이력서[12]

되어 있다. 이상정이 1923년 대구 교남학교에 제출한 '자필이력서'에는 명치(明治) 27년(1894)으로 되어 있다. 이상정 자신이 쓴 이력서이기에 1894년을 생년으로 보는 것이 합당하다. 1923년 7월까지 이상정이 직접 기록한 이력서에는 본적, 현주소, 생년월일, 학력 등이 상세하게 기재되어 있다. 이는 중국 망명 전 이상정의 행적을 밝히는 데 중요한 근거가 된다.

위의 이력서는 전체 3쪽으로, 이상정이 교남학교에 교원 또는 강사로 지원하기 위해 1923년 7월 이후 제출한 것이다. 이를 해독하여 다시 정리하면 다음과 같다.

이력서

본적 대구부 본정 이정목(二丁目) 11번지

현주소 동상(同上)

이상정

명치(明治) 27년(1894) 6월 10일생

학력

- 명치(明治) 33년(1900) 2월부터 동 42년(1909) 8월까지 가정에서 한문을 수학함
- 명치(明治) 43년(1910) 4월부터 동경시(東京市) 우시고메구(牛込區) 세이조중학교(成城中學校)에 입학하여 3년급을 수료함
- 대정(大正) 2년(1913) 9월부터 고지마치구(麴町區) 이다마치(飯田町) 고쿠가쿠인대학(國學院大學) 사학부(史學部) 선과(選科)에 입학함
- 대정(大正) 6년(1917) 4월 동과를 졸업함
- 대정(大正) 3년(1914) 4월부터 혼고구(本鄕區) 하쿠바양화협회(白馬洋畫協會) 야학부(夜學部)에 입학하고, 동 4년(1915) 6월에 동 야학부를 졸업함(國學院에 재학 중)

이력

- 대정(大正) 7년(1918)부터 동 8년(1919)까지 가사(家事)를 행함[修]
- 동 9년(1920) 4월부터 영천군 은해사(銀海寺) 지방학림(地方學林)에 경상북도지사의 허가를 얻어 지리, 역사, 도화 교원으로 취직함
- 동 10년(1921) 4월부터 11년(1922) 7월까지 평북 오산학교(五山學校)의 역사, 지리, 도화 교원으로서 평북도지사의 허가를 득(得)

하여 취직함[職就]

- 동 11년(1922) 9월부터 12년(1923) 7월까지 평양 광성고등보통학교(光成高等普通學校)의 지리, 역사, 도화 교원으로서 평남도지사의 허가를 득(得)하여 취직하고, 가사(家事)에 의해 퇴직하고 금일(今日)에 이름[至]

이상

상　무

벌　무

위의 이력서에 나타난 제 사실을 바탕으로 이상정의 중국 망명 전까지 삶의 행적과 삶의 전기(轉機)가 되는 주요 부분에 대해 살펴보기로 한다.

1907년 아버지 우남(又南) 이시우(李時雨)를 여의고 백부 소남(小南) 이일우(李一雨)의 슬하에서 교육을 받았다. 이상정은 자연스레 백부 이일우가 세운 우현서루(友弦書樓)나 집안 사숙(私塾)을 드나들면서 한학과 근대지식을 습득하였다. 우현서루는 1904년(갑진년) 서울 유람을 통해 새로운 문물의 수용과 지식 보급의 필요성을 깨달은 소남 이일우가 부친 금남(錦南) 이동진(李東珍)의 후원하에 세운 교육기관이자 서고(書庫)라 할 수 있다.[13] 이일우는 1905년 초 '시무학당(時務學堂)'을 인허해 줄 것을 학부(學部)에 청원하면서 우현서루의 설립 목적과 나아갈 방향을 뚜렷이 제시하였다. 우현서루는 1905년에서 1910년대 초 동서 신구서적을 보유한 서고이자 교육기관으로 대구에 자리 잡았다. 당연

13 우현서루에 대해서는 박용찬, 「대구의 문학 장(場) 형성과 우현서루」, 『대구경북 근대문학과 매체』, 역락, 2022, 125~152쪽 참고.

히 소남 이일우가(家) 자제들을 위한 사숙의 기능도 일부 수행하였을 것으로 보인다. 1894년을 그의 생년으로 확정한다면, 이 시기 이상정의 나이 11~15세였으니 우현서루를 드나들 수 있는 충분한 나이였다. 이 당시 우현서루에는 장지연, 박은식, 이동휘, 조성환, 김지섭 같은 지사들 외에 국학자 안확[14]도 드나들었다. 이들을 보면서 이상정은 동서양의 정세와 지식 습득은 물론 민족의식을 키워 나갔던 것으로 보인다. 반면 이상정이 1910년대 초에 세워진 강의원(講義院)에서 수학했다는 주장도 있으나[15] 1910년 이후 이상정은 일본 유학 중이라 신빙성이 부족하다 할 수 있다.

1910년 이상정은 일본 세이조중학교(成城中學校)에 입학한다.[16] 1900년(명치 33) 2월부터 1909년(명치 42) 8월까지 이상정은 대구에서 한문을 수학한 것으로 되어 있다. 그의 이력서에 나타난 '가정에서 한문을 배우고 익혔다'는 기술은 이 시기 이상정이 소남 이일우 집안의 사숙이나 우현서루에서 한학(漢學)과 동서양 역사, 시서화(詩書畵) 등에 대한 소양을 두루 닦았음을 보여 준다. 교남시서화연구회를 이끌었던 석재(石齋) 서병오(徐丙五)가 이상정의 백부인 소남 이일우와 사돈 관계인 것을 염두에 두면, 시서화에 대한 소양은 소남가(家)에 드나들던 석재

14 1910년 전후 안확(安廓)의 대구 체재(滯在)는 그가 남긴 『중등교육 대한문법』(협성학우회, 1910)의 간기(刊記)에 나오는 대구 협성학교 교수라는 표기, 또 소남 이일우가 우현서루에서 안확과 함께 공부하였다는 사실 진술 등을 통해 알 수 있다. 「증인 이일우 신문조서」, 『한민족독립운동사자료집』 7, 국사편찬위원회, 1988, 44쪽.

15 신동근, 「청남이상정장군고」, 앞의 책, 15~16쪽.

16 자필이력서에는 명치 43년(1910) 4월에 일본 동경 소재 세이조중학교(成城中學校)에 입학하여 3년간 수학했다는 기록이 나온다. 그렇다면 도일(渡日)은 1910년 이전인 1909년 말 무렵에 이루어졌을 수도 있다. 이상화, 백기만과 함께 대구에서 동인작문집 『거화』를 만들었던 소설가 현진건도 그후 세이조중학교(成城中學校)를 졸업하였다.

의 영향을 받았을 수도 있다.

한편 일본 유학 시절 이상정의 학력과 귀국 후 국내에서의 교원 이력은 현재까지 명확히 밝혀지지 않았다. 앞의 자필이력서를 바탕으로 그의 동경유학 시절을 먼저 고증해 보기로 하자.

이상정은 1910년 4월 동경시(東京市) 우시고메구(牛込區) 세이조중학교(成城中學校)에 입학하여 3년급을 수료하였는데, 이후 전문부 과정인 상급학교의 진학을 시도하였다. 중학에서 전문과로 가는 상급학교 진학에 대한 저간의 사정은 이상정이 백부인 소남 이일우에게 보낸 서간에 잘 나타나 있다.[17]

이 서간에 의하면 이상정은 동경에서 소남 이일우의 아들인 사촌 중형(仲兄)인 이상무(李相武)와 함께 생활하고 있었으며, 당시 세이조중학교(成城中學校)를 졸업할 즈음, 백부에게 "전문부(상과 및 미술학교) 진학에 필요한 학비를 조달하기 위해 우회적으로 도움을 요청"[18]하고 있음을 알 수 있다. 이 시기에 이상정이 "일본에서 부기 공부를 했다."[19] 라는 진술도 있다. 상업학교 관련 부기 공부를 한 이력에 대해서는 이

17 이 서간은 대구광역시 달서구 소재 이상화기념관·이장가문화관에 소장되어 있다. 현재 원문과 번역문을 함께 전시하고 있는데 여기서는 번역문을 소개하기로 한다. "백부님 앞에 올리는 편지. 요사이 조모님의 기체후(氣體候)가 한결같이 편안하신지 알지 못하겠습니다. 백부님 내외분의 기체후도 한결같이 편안하신지요? 사모하는 마음 간절하여 지극한 저의 마음 가눌 길이 없습니다. 저와 둘째 형은 객지에서 먹고 자는 것이 이전과 같이 그럭저럭 지내니, 다행스러운 마음 어찌 말로 다 하겠습니까? 삼가 아뢸 부분은 저의 학교 졸업이 십여 일 남짓 남았지만 한 차례 편지도 올리지 못했으니, 마음의 근심스러움이 어찌 다함이 있겠습니까? 이에 감히 용서를 바랄 따름입니다. 이번 저의 졸업은 중학 정도에 불과하니 중학 과정을 당겨 이로부터 전문과에 입학하기로 정했습니다. 며칠 전 동경 조일신문에 이르길 '조선에 금전이 매우 귀해 흰쌀 한 섬에 칠원 남짓이다'고 하여 조선의 재정상태를 알 수가 있었습니다. 나머지는 이만 줄이고 편지를 올려 아룁니다. 양력 11월 16일 조카 상정 올림"

18 이상규, 『이상정과 이여성』, 민속원, 2021, 126쪽.

19 「증인 이일우 신문조서」, 『한민족독립운동사자료집』 7, 국사편찬위원회, 1988, 44쪽.

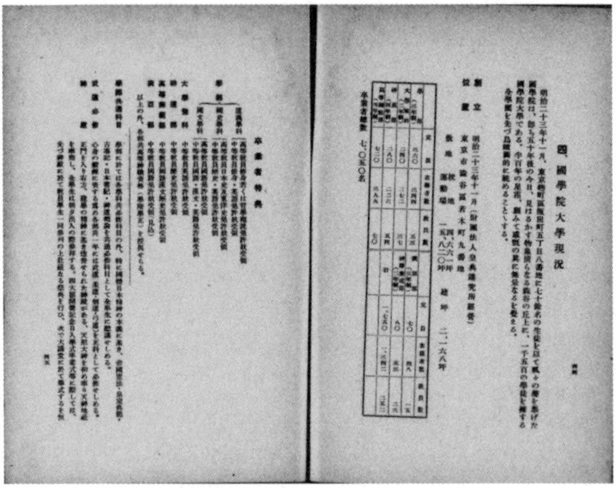

四、國學院大學現況

그림 7-2 고쿠가쿠인대학(國學院大學) 현황

진술 외에 증빙자료가 없어 그 사실을 알 수가 없다. 자필이력서에 등장하는 고쿠가쿠인대학(國學院大學) 수학 기간은 이상정이 역사와 지리, 미술에 관한 문화자본을 획득할 수 있는 중요한 시기라 할 수 있다. 그래서 고쿠가쿠인대학(國學院大學)과 지금까지 전혀 알려지지 않았던 하쿠바양화협회(白馬洋畫協會) 야학부(夜學部)에 대해 살펴보기로 한다. [그림 7-2]는 1940년 발간된 『우리 고쿠가쿠인대학(我が國學院大學)』에 나오는 고쿠가쿠인대학(國學院大學)의 현황이다.[20]

고쿠가쿠인대학(國學院大學)은 재단법인 황전강구소(皇典講究所)에 의해 1890년 11월 동경(東京) 고지마치구(麴町區) 이다마치(飯田町) 오정목(五丁目) 8번지에서 창립되었다. 1906년 6월 사립고쿠가쿠인대학(私立

20 『我が國學院大學』, 國學院大學, 1940, 44~45쪽.

國學院大學)으로 개칭되었고, 1919년에는 궁내성으로부터 10개년간 1만 원을 지원받으면서 사립 두 자가 삭제되고 고쿠가쿠인대학(國學院大學)으로만 칭하게 되었다. 그러나 대학이란 명칭을 사용했지만 이 당시의 일본의 사립대학들은 실질적으로는 전문학교급이었다. 1920년 대학령에 의해 이들 대학이 대학으로 승격된다. 고쿠가쿠인대학(國學院大學)도 마찬가지이다. 고쿠가쿠인대학(國學院大學)의 학제는 학부(學部, 3년제), 대학예과(大學豫科, 2년제), 신도부(神道部, 4년제), 고등사범부(高等師範部, 4년제), 흥아부(興亞部, 3년제), 신직양성부(神職養成部, 2년제)로 나누어져 있었으며, 그중 학부(學部)에는 도의학과(道義學科), 국사학과(國史學科), 국문학과(國文學科)가 있었다. 국사학과 졸업자에게는 고등교원 일본사 급 동양사 면허장 수여, 중등교원 역사, 영어 면허장 수여라는 특전이 주어졌다. 1923년에 동경시(東京市) 시부야구(澁谷區) 와카기조(若木町)로 교사를 신축, 이전하여 오늘에 이르고 있다.

이상정의 자필이력서에 의하면 그는 1913년 9월 고지마치구(麴町區) 이다마치(飯田町) 고쿠가쿠인대학(國學院大學) 사학부(史學部) 선과(選科)에 입학하여 1917년 4월 동과(同科)를 졸업한 것으로 되어 있다. 그렇다면 이상정은 시부야구(澁谷區)로 이전하기 전의 고지마치구(麴町區)에 소재했던 고쿠가쿠인대학(國學院大學)에 다녔다고 할 수 있다. 학부(學部, 3년제)의 3개 학과(도의학과, 국사학과, 국문학과) 중 국사학과(이력서에는 사학부史學部로 기재됨) 선과(選科)에 입학하였는데, 당시의 고쿠가쿠인대학(國學院大學)은 학부와 대학예과, 고등사범부를 동시에 구비하고 있는 학교였다. 여기서 선과란 말에 주목해 보기로 하자. 선과란 규정된 학과의 일부 과목만을 선택해 배우는 과정 또는 학과이며, 본과에 준하는 과정이다. 일본의 제국대학에 있어서는 본과의 결원을 메우는 형태로 모집이 이루어졌다. 수업 연한은 본과와 마찬가지로 3년이었지만 학교도서관 등의 이용에 제한을 받고, 수료해도 학사학위가 부여되지 않았다. 고등학교 졸업을 입학 자격으로 하는 본과와 달리 중학교 졸업 자격이면 입학이 허용되었다. 입학 후 전문학교 학력인정시험이나 고등학교 학력인정시험에 합격하면 본과로 들어가는 것이 인정되어, 그때까지의 재학기간도 통산해 3년에 수료할 수 있는 이점이 있었다. 당시 중학교 졸업자 또는 동등 이상의 학력 소지자는 전문학교, 2년제 대학예과 또는 학부의 선과생(選科生)으로 지원이 가능했다. 그래서 세이조중학교(成城中學校) 3년을 졸업한 이상정은 사학부 선과생으로 고쿠가쿠인대학(國學院大學)에 진학이 가능했다고 할 수 있다. "이번 저의 졸업은 중학 정도에 불과하니 중학 과정을 당겨 이로부터 전문과에 입학하기로 정했"[21]다는, 이상정이 백부 소남 이일우에게 보낸 서간 또한 이를 뒷받침하고 있다. 하여튼 이상정이 귀국 후 역사, 지리 과목 교원이 되는 데 필요한 배경지식이나 『표박기』에 드러난 역사와 지리에 관한 해박한 지식 등은 상당 부분 고쿠가쿠인대학(國學院大學) 시절에 습득된 것으로 보인다.

고쿠가쿠인대학(國學院大學)을 다니던 시기 이상정은 저녁에 1년여 과정의 하쿠바양화협회(白馬洋畫協會) 야학부까지 졸업하였다. 이상정이 대정(大正) 3년(1914) 4월 혼고구(本鄕區) 소재 하쿠바양화협회(白馬洋畫協會) 야학부에 입학하여 대정(大正) 4년(1915) 6월에 동 야학부를 졸

21 이상정이 백부 소남 이일우에게 보낸 11월 16일 자 서간.

업하였다는 사실은 서양화가 이상정의 문화자본을 파헤치는 데 중요한 이력이다. 이것은 도화 교원 또는 서양화가 이상정의 등장이 그냥 이루어진 것이 아니라는 사실을 보여 준다. 그가 다녔다는 동경시(東京市) 혼고구(本鄕區) 하쿠바양화협회(白馬洋畫協會) 야학부의 존재를 알아보기 위해서는 하쿠바카이(白馬會)와 그것과 관련된 서양화연구소에 대해 살펴보아야 한다.

하쿠바카이(白馬會)의 중심인물은 구로다 세이키(黑田清輝)이다. 그는 법률을 공부하기 위해 1884년 프랑스로 건너갔다. 중도에 화가가 되기 위해 1886년 '라파엘 콜랭(Raphael Collin) 스튜디오'에 들어간다. 여기서 그는 콜랭의 제자로 "고전적인 사실 기법에 인상파풍의 밝은 외광(外光) 표현을 가미한 화풍"[22]을 배우게 된다. 프랑스에서 귀국한 구로다 세이키(黑田清輝)를 중심으로 형성된 외광파(外光派)는 텐진도조(天眞道場)를 출발점으로 급속히 세력을 키워 나간다.[23] 1896년 동경미술학교(東京美術學校) 서양화과 신설과 더불어 구로다 세이키(黑田清輝)는 주임교수로 임명되었으며, 그해 구로다 세이키(黑田清輝)와 구메 게이이치로(久米桂一郎)는 구파(舊派)와 결별하며 하쿠바카이(白馬會)를 결성하였다. 하쿠바카이(白馬會)는 "거의 매년 전시회를 열어 1911년 해산 때까지 13회를 거듭 개최하였으며, 오늘날 메이지 양화의 명작으로 일컬어지는 거의 대

22 大野郁彦,「일본 근대미술과 동경미술학교」,『월간미술』, 1989. 9., 68쪽.

23 갈색을 많이 사용하는 기존의 화가들이 그린 화면이 나무에서 나오는 액체와 같이 끈끈하다는 의미로 송진파(松津派) 혹은 구파(舊派)라 하고, 외광을 받아들여서 색조가 밝고 특히 어두운 부분에도 보라색이나 청색을 사용하는 구로다 세이키(黑田清輝) 등의 외광파를 보라파[紫派] 혹은 신파(新派)라 하였다. 岩崎吉一·原田 實 편저, 강덕희 역,『일본근대회화사』, 예경, 1998, 189쪽.

부분이 이 전시회를 통해 나왔다."[24] 하쿠바카이(白馬會)는 또한 회화연구소를 개설하여 연구생을 모집하고 지도하는 교육활동을 시작했다.

1898년 구로다 세이키(黑田清輝)는 미술학교 졸업 후 서양화 연구를 계속할 수 있는 장소로 하쿠바카이양화연구소(白馬會洋畫硏究所)를 설치하였다. 이후 1904년 6월 혼고구(本鄕區) 기쿠자카조(菊坂町) 30번지에 제2연구소가 개설되고 나가하라 고타로(長原孝太郎)와 고바야시 소오키치(小林鐘吉)가 실기를 지도하였다. 1904년 12월에 1901년 4월 후지시마 다케지(藤島武二)에 의해 개설된 후지시마양화연구소(藤島洋畫硏究所, 本鄕區 駒込曙町)를 하쿠바카이 고마고메연구소(白馬會駒込硏究所)로 하였다. 제1연구소를 하쿠바카이 다메이케연구소(白馬會溜池硏究所), 제2연구소를 하쿠바카이 기쿠자카연구소(白馬會菊坂硏究所)라 불렀다. 하쿠바카이 고마고메연구소(白馬會駒込硏究所)는 1905년 9월 후지시마 다케지(藤島武二)의 유럽 유학으로 폐쇄되었다. 1905년경 하쿠바카이 다메이케연구소(白馬會溜池硏究所)는 와다 에이사쿠(和田英作)와 유아사 이치로(湯淺一郎)에 의한 실기지도가 이루어졌다. 1907년경 다메이케연구소(溜池硏究所)는 구로다(黑田)의 실기지도, 구메(久米)의 강의 담당 체제로 돌아온다. 그 후 아오이바시(葵橋)로 이전, 아오이바시연구소(葵橋硏究所)로 1923년까지 존속되었다. 또 기쿠자카연구소(菊坂硏究所)는 고이시카와구(小石川區) 하라마치(原町) 54번지로 이전, 하쿠바카이 하라마치연구소(白馬會原町硏究所)가 된다.[25]

한편 1911년 하쿠바카이(白馬會)가 해산되고 그 후신으로 1912년 광

---

24 위의 책, 190쪽.

25 植野建造,『日本近代洋畫の成立 白馬会』, 中央公論美術出版, 2005, 32~33쪽 참고.

풍회(光風會)가 결성되었다. 1912년 오카다 사부로스케(岡田三郎助)가 설립한 혼고양화연구소(本鄉洋畫研究所, 1924년 本鄉繪畵研究所로 개칭) 또한 하쿠바카이(白馬會)·광풍회(光風會)에서 파생된 미술연구소였다. 동경미술학교 서양화과 실기 교수는 구로다 세이키(黑田淸輝), 와다 에이사쿠(和田英作), 오카다 사부로스케(岡田三郎助), 나가하라 고타로(長原孝太郎), 후지시마 다케지(藤島武二) 등이었는데, 이들 모두 하쿠바카이(白馬會) 관련 양화연구소(洋畫研究所) 운영에 관여하고 있음을 알 수 있다.

1914년 4월 이상정이 입학하였다는 혼고구(本鄉區) 하쿠바양화협회(白馬洋畫協會) 야학부의 존재를 확인하기 위해서는 혼고구(本鄉區)에 하쿠바카이(白馬會) 관련 미술학교 내지 연구소가 있어야 한다. 혼고구(本鄉區)에 설립된 하쿠바카이(白馬會) 관련 양화연구소는 1904년 6월 혼고구(本鄉區) 기쿠자카조(菊坂町) 30번지에 세워졌던 하쿠바카이 기쿠자카연구소(白馬會菊坂研究所)와 1912년 오카다 사부로스케(岡田三郎助)가 설립한 혼고양화연구소(本鄉洋畫研究所)가 있다. 그런데 하쿠바카이 기쿠자카연구소(白馬會菊坂研究所)는 혼고구(本鄉區)에서 고이시카와구(小石川區) 하라마치(原町) 54번지로 이전하였다. 이상정이 다녔다는 하쿠바양화협회(白馬洋畫協會) 야학부는 하쿠바카이 기쿠자카연구소(白馬會菊坂研究所)라기보다 1912년 오카다 사부로스케(岡田三郎助)가 설립한 혼고양화연구소(本鄉洋畫研究所)일 가능성이 높다. 그렇다면 하쿠바카이(白馬會)와 관련된 양화연구소의 학제와 지도 내용은 어떠했을까?

[그림 7-3]은 1905년 5월 3일 하쿠바카이(白馬會) 편집부가 발간한 『광풍(光風)』 제1호이다. 『광풍(光風)』은 1905년 구로다 세이키(黑田淸輝)가 창간한 하쿠바카이(白馬會) 기관지이다. 내지에 하쿠바카이(白馬會)

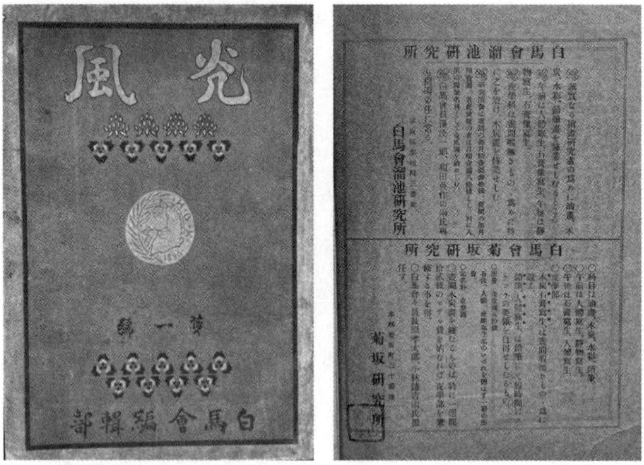

그림 7-3 하쿠바카이(白馬會) 편집부, 『광풍(光風)』 제1호, 광풍발행소, 1905. 5. 3.(좌), 내지 광고(우)

관련 양화연구소의 학생 모집 광고가 게재되어 있다. 윗부분은 하쿠바카이 다메이케연구소(白馬會溜池研究所), 아랫부분은 하쿠바카이 기쿠자카연구소(白馬會菊坂研究所)의 학생 모집 광고이다. 하쿠바카이 다메이케연구소(白馬會溜池研究所)는 동경시(東京市) 아카사카구(赤坂區) 다메이케조(溜池町) 3번지, 하쿠바카이 기쿠자카연구소(白馬會菊坂研究所)는 동경시(東京市) 혼고구(本鄕區) 기쿠자카조(菊坂町) 30번지에 위치해 있다. 이 광고에는 학제, 과목, 지도 내용이 담겨 있다. 혼고구(本鄕區)에 있는 하쿠바카이 기쿠자카연구소(白馬會菊坂研究所)의 과목 및 지도 내용을 정리해 보면 다음과 같다.

하쿠바카이 기쿠자카연구소(白馬會菊坂研究所)

・과목은 유화, 목탄, 수채, 연필

· 오전은 인체사생, 정물사생
· 오후는 석고사생, 인체사생
· 야학부
-목탄 석고사생은 주간에 여가가 없는 사람을 위하여 개설함
-연필 인체사생은 연필로 단시간에 스케치의 요령을 스스로 익히게 하는 것임
· 소비(所費, 비용) 금 1원 50전
-석고, 인체, 야간사생부의 어느 쪽을 불문하고 한 과의 소정의 비용이면 됨
· 기명료(記名料, 등록비) 금 3원
· 주간 목탄화를 익히는 자는 특별히 1주간 12전의 모델비를 납부하면 야학부를 겸하여 배울 수 있음
· 하쿠바카이(白馬會) 회원 나가하라 고타로(長原孝太郎), 고바야시 소오키치(小林鐘吉) 양씨가 담임함

혼고(本鄕) 기쿠자카조(菊坂町) 30번지

기쿠자카연구소(菊坂硏究所)[26]

하쿠바카이 기쿠자카연구소(白馬會菊坂硏究所)의 경우 오전, 오후, 야학부로 나누어져 수업이 진행되고 있다. 가르치는 과목은 유화, 목탄화, 수채화, 연필화로, 오전은 인체사생, 정물사생, 오후는 석고사생, 인체사생이다. 야학부의 경우 이러한 과목을 중심으로 하되, 목탄 석고사생, 연필 인체사생을 가르치고 있다. 혼고양화연구소(本鄕洋畫硏究所) 또한 이러한 운영 체제에서 크게 벗어나지 않았을 것으로 생각된

26 하쿠바카이(白馬會) 편집부, 『광풍(光風)』1, 광풍발행소, 1905. 5. 3., 내지.

다. 이상정은 혼고양화연구소(本鄕洋畫硏究所)의 야학부에서 유화, 목탄화, 수채화, 연필화에 의한 인체사생, 정물사생, 석고사생을 기본으로 서양화에 관한 기본적인 미술수업을 받았던 것으로 보인다. 전체적인 수업 내용 및 분위기는 하쿠바카이(白馬會)를 이끌던 외광파(外光派)의 영향 아래 놓여 있었다고 할 수 있다. 하쿠바카이(白馬會) 관련 미술 연구소는 구로다 세이키(黑田淸輝)의 당초 구상처럼 미술학교 졸업 후 서양화 연구를 계속할 수 있는 장소이기도 했지만 미술학교 입학 전의 학생들이 서양미술을 배우는 장소로서의 기능을 수행했다고 할 수 있다. 그런데 이상정은 하쿠바카이(白馬會)가 아니라 하쿠바양화협회(白馬洋畫協會)라고 하였다. 이는 1911년 3월 하쿠바카이(白馬會)가 해산된 것과 관련이 있다. 1911년 하쿠바카이(白馬會)가 해산되고, 그 후신으로 1912년에 광풍회(光風會)가 만들어졌다. 그렇지만 하쿠바카이(白馬會) 관련 회원들이 운영하는 양화연구소는 동경(東京) 각지에서 여전히 유지되고 있었다. 이상정은 고쿠가쿠인대학(國學院大學) 재학 시 혼고구(本鄕區)의 하쿠바카이(白馬會) 관련 양화연구소 야학부를 다니며, 목탄 석고사생, 연필 인체사생은 물론이고 서양화에 관한 제 기량을 익힐 수 있었다고 할 수 있다.

3. 교육, 미술, 문학을 통한 문화투쟁

3.1. 교원 이력 고증과 민족계몽 교육

이상정의 문화자본은 소남 이일우가(家)에서 익힌 시서화(詩書畵)에 대한 소양과 일본 유학을 통한 역사, 지리, 미술에 관한 근대지식 습

등에서 비롯되었다고 할 수 있다. 이상정은 고쿠가쿠인대학(國學院大學)을 졸업한 1917년에 일본에서 귀국하였다. 자필이력서에 의하면 고쿠가쿠인대학(國學院大學) 사학부(史學部)를 1917년 4월에 졸업하고 1918년부터 1919년까지 집안일을 한 것으로 되어 있다. 이 시기에 이상정은 대구에 거주하면서 대구 지역의 사립학교에서 일정 기간 교원으로 근무하기도 하였다. 이 당시 대구에는 계성학교, 신명학교 등의 북장로 계열 기독교 학교가 있었는데, 『계성학보』 5호(1917. 7.)에 수록된 「교원씨명 급 분담과목 일람」에 의하면 이상정은 1917년 4월 현재 도화(자재화自裁畵) 담당 교원으로 되어 있다.[27] 백기만이 편한 『중국유기』(1950)의 「장군의 약력」 부분에 1919~1921년 대구 계성학교와 대구 신명여학교의 교원이란 기록이 있으나 이는 시기적으로 맞지 않다. 신명학교에 대한 증빙자료 또한 현재 남아 있지 않다. "명치 42년(1909) 동경(東京) 세이조학교(成城學校) 3개년 수학, 대정 원년(1912) 9월 동경(東京) 고쿠가쿠인(國學院)에 입학하여 동 4년(1915) 8월 졸업 후 사립인 대구 계성학교, 평북 오산학교, 평양 광성고보 등에서 교편을 잡았다."[28]라는 조선총독부 경무국의 기록이나 『중국유기』에 나오는 제 약력[29]은 이상정이 손수 쓴 자필이력서의 기록과 비교하면 시기나 사실이 여러 부분에서 일치하지 않는다. 추모 문집의 성격이 강한 『중국

27 「교원씨명 급 분담과목 일람」, 『계성학보』 5호, 1917. 7., 18쪽. 『계성50년사』(1956)의 「구직원일람표」에도 이상정은 1917년부터 1919년 사이 도화(圖畵) 과목 교원으로 근무했다고 되어 있다. 계성50년사편찬위원회, 『계성50년사』, 1956, 부록 6쪽.

28 『國外ニ於ケル容疑朝鮮人名簿』, 경성, 조선총독부 경무국, 1934, 286쪽.

29 『중국유기』(청구출판사, 1950)에 기록된 중국 망명 전 「장군의 약력」은 다음과 같다. "1919년 일본 國學院大學 졸업, 1919~1921년 대구 계성학교와 대구 신명여학교의 교원, 1921년 대구에서 양화(洋畫) 개인전람회 개최, 1921~1923년 경성 경신학교와 정주 오산학교의 교원, 1923년 해외로 망명"

유기』의 경우 약력 부분 등은 백기만이나 친지들의 기억에 의존했을 가능성이 높다.

이상정은 1917년 봄 일본 고쿠가쿠인대학(國學院大學)을 마치고 귀국, 대구의 북장로계 기독교 학교인 계성학교의 도화 교원으로 교육사업에 투신하였다. 이후 그의 자필이력서에 의하면 1920년 4월부터 대구 인근인 영천군 은해사(銀海寺) 소속 지방학림(地方學林)의 지리, 역사, 도화 교원으로 근무한 것으로 되어 있다. 지방학림은 어떻게 탄생되었는가? 1908년 8월 「사립학교령」에 따라 불교계는 불교 교육 학제(學制)를 모색하게 되는데, 1915년 7월 15일 조선총독부로부터 지방학림 학칙과 강령을 승인받는다. 그 결과 불교계의 학제는 일본식 불교교육 체제인 학림 체제로 개편되었다. 중앙학림(中央學林)을 불교 최고 학부로 두고, 그 기초학교로 지방에 지방학림과 보통학교 과정을 두었다. 1919년 3·1만세운동 당시 지방학림은 불교계 만세운동의 중심지 역할을 하였다. 한용운과 유심사에 모여 만세운동을 기획한 중앙학림 학생들도 대부분 지방학림 출신이었다. 경상도의 경우 동화사 지방학림, 범어사 지방학림, 문경 김룡사 지방학림 등이 지역의 3·1만세운동을 주도하기도 하였다. 3·1만세운동 전후 지방학림은 일제의 감시와 통제 속에서도 민족의식이 충만한 장소였다. 3·1운동 직후인 1920년 4월에 이상정이 은해사 지방학림에서 교원 생활을 한 것은 민족의식과 항일의식을 가진 이상정의 성정과 잘 부합된다고 할 수 있다. 이후 이상정은 전국의 여러 학교를 전전하면서 민족교육에 전념하게 된다.

1921년 4월부터 1922년 7월까지 평안북도 정주의 오산학교(五山學

校)에서 역사, 지리, 도화 교원으로 교육을 통한 민족계몽운동에 앞장선다. 오산학교는 남강 이승훈이 도산 안창호의 영향[30]을 받아 1907년 12월 24일 평북 정주에 세운 민족학교였다. 백이행, 박기선, 여준, 서진순, 류영모, 신채호, 이광수, 조만식, 윤기섭, 염상섭, 김억 등이 교사, 교장으로 재임하였으며,[31] 민족정신 고취에 주력한 기독교계 민족학교였다. 민족대표 33인으로 3·1운동에 참가한 이승훈은 일제에 의해 투옥되고, 오산학교는 일제의 감시와 탄압 속에 화재가 일어나거나 일시 폐교를 당하기도 하였다. 이상정이 근무하던 1921년 당시 교장은 고당 조만식(1921년 4월 강제 퇴임)과 다석 류영모(1921년 7월 부임)였다. 짧은 기간이었지만 오산학교에서 역사, 지리, 도화 교원으로 근무하면서 이상정은 일제에 대한 저항정신과 민족의식을 키웠던 것으로 보인다. 『표박기』의 「T현에서」란 글에도 오산학교 이야기가 나온다.[32] 오산학교 학생들이 조밥으로 끼니를 이어 가는 모습을 보고 이상정은 연민과 비애의 감정을 강하게 느끼고 있다.

한편 자필이력서에 의하면 이상정은 1922년 9월부터 1923년 7월까지 평양 광성고등보통학교의 지리, 역사, 도화 교원으로 근무한 것으

---

30 구한말 사업으로 자본을 축적한 이승훈은 안창호의 연설과 사상에 깊은 감명을 받아 신민회에 가입하였으며, 평북 정주군 갈산면에 오산학교를 세웠다. 오산학교는 안창호가 평양에 세운 대성학교와 함께 평안도 지역의 대표적인 민족교육 기관이었다.

31 오산백년사편찬위원회, 『오산백년사 1907-2001』, 학교법인 오산학원, 2007, 59~82쪽.

32 "내가 본국 평북지방에서 학생들이 조밥 먹는 것을 처음으로 보았을 때 1922년 무렵 정주 오산학교 교원 시절 나는 울었다. 저 항우와 초패와 같은 기골에 조밥을 먹고 어찌 견디나? 무슨 양분이 있을까? 부지중에 눈이 흐려지고 코끝이 뜨끈뜨끈했다." 이상정, 「T현에서」, 『표박기』, 이상규 엮음, 상화기념관·이장가문학관, 2023, 41~42쪽. 이상정의 오산학교 교원 경력은 이상정 본인의 글 외에 백기만의 「곡조·이상정장군」(『대구시보』, 1947. 11. 11.)에서 "오산중학의 교편을 던지고 표연히 해외로 망명"하였다는 기술에도 나온다.

로 되어 있다. 그런데 이력서의 일자와 달리 이상정은 '1922년 3월 28일 대구부 서성정 일정목 이일우(李一雨) 씨 댁 입납(入納)'의 서간(書簡)을 광성고등보통학교에서 보냈다.[33] 발신인은 '질자(姪子) 상정(相定) 상서(上書)'이며 발신인 주소는 '평양부 남산정 사립 광성고보(光成高普) 교내'이다. 그렇다면 자필이력서에 나오는 1921년 4월부터 1922년 7월까지 오산학교에 근무하였다는 기록은 무엇인가? 이 서간을 인정한다면 평북 정주의 오산학교와 평양의 광성고등보통학교 근무 시기가 5개월 정도 겹치게 된다. 이를 논리적으로 설명하기는 쉽지 않다. 아마 정주의 오산학교에 근무하면서 가까운 거리에 있는 평양의 광성고등보통학교에 강사로 출강하지 않았나 하는 생각을 해 볼 수 있다.

3·1운동 직후 이상정은 영천 은해사 지방학림, 평북 정주의 오산학교, 평양의 광성고등보통학교 등을 전전하면서 민족계몽 교육에 진력하였다. 교육에 대한 열정은 중국 망명 후에도 이어진다. 북만주 흑룡강성 하얼빈 통허현의 Y학교(한인학교) 근무가 그것이다. 『표박기』에 나오는 「T현에서」는 교육자로서의 이상정의 심경을 엿볼 수 있는 자료이다.

> 북만주의 겨울은 우리 조선 함경도와 평안도 사람들도 경험해 보지 못한 말로 다 못할 추위다. 머리카락과 수염에 얼음이 달리고 코끝이 어는 추위다. 조금 과장되게 말하면 소변을 누면 바로 고드름이 되는 곳이다. 교실에 난로 같은 것으로는 도저히 막아내지 못할

---

33 「이상정이 백부 이일우에게 보낸 편지」, 1922. 3. 28., 대구광역시 달서구 소재 이상화기념관·이장가문화관 소장. 이상규, 『이상정과 이여성』, 민속원, 2021, 127~129쪽. 편지 겉봉의 직인을 면밀히 확인할 필요가 있다.

추위이다. 그런데 화목으로 석탄을 대신하는 이 지방에서 바람이 불게 되면 교실이 연실(烟室)이 되고 만다. 남학생은 그래도 관계없다 할지 모르지마는 여학생들은 정말 견디기 어려운 것이다. …… 또 서쪽에서 씨를 뿌리고 동쪽에서 밭을 가는 것으로 해마다 유랑하는 이도 있으니 항구적인 재산이 없어 그러한지 가난한 사람들이 살 곳을 찾아 이리저리 떠돌아다니며 자러 왔다가 자러 떠나는 떠돌이를 하는 이들을 종종 보았다. 일반의 생활이 이러하니 그 아이들인 학생들의 생활은 다시 무엇이라 할 수 없다. 그러나 마주 앉아 웃거나 즐거워하기는 이 학생들 외에는 다시 구하지 못하나니 그네는 가난과 추위에 단련을 받고 눈바람에 연마되어서 굳센 가운데도 민첩하고 침묵한 중에도 태연한 중에도 열렬히 뛰노는 까닭이다.[34]

이상정이 가난과 추위에 시달리는 북만주 한인 동포에 대해 느끼는 이러한 감정은 조밥 먹는 오산학교 학생들에 대해 느꼈던 감정과 동질적인 것이라 할 수 있다. 일본에서 귀국 후 중국 망명 전까지 지리, 역사, 도화 교원으로 여러 학교를 전전하면서 이상정은 조선민족의 참상을 목도하였다. 이 과정에서 동포애가 증대되고 민족적 감정이 더욱 고양되었다고 할 수 있다. 3·1운동 직후 대구에서 잠시 행방을 감추기도 했던[35] 이상정은 영천(은해사 지방학림), 평북(정주 오산학교), 평남

34 이상정, 「T현에서」, 『표박기』, 이상규 엮음, 상화기념관·이장가문학관, 2023, 41~43쪽.

35 1919년 「제령(制令)」 제7호 위반 사건의 증인 신문조서에서 소남 이일우는 3·1운동 직후 이상정의 행방에 대해 다음과 같이 말하고 있다. “죽은 동생의 아들 이상정이란 자는 일본에서 부기 공부를 했다는데, 그는 원래가 방탕무뢰하여 항상 내가 감독은 하고 있으나 지금부터 한 달쯤 전에 가출하여 현재 행방을 알 수 없는 상태인데, 혹은 그와 신문하는 것과 같은 말이 있었는지는 모르겠다. 그도 3·4만 원의 재산이 있다.” 「증인 이일우 신문조서」, 『한민족독립운동사자료집』 7, 국사편찬위원회, 1988, 44쪽.

(평양 광성고보) 등의 제 학교에서 역사, 지리, 도화 과목의 교원으로 근무하였다. 독립운동 전선에서 보면 교육을 통한 민족계몽운동은 도산 안창호의 준비론 사상에 맞닿아 있다. 교육자 및 서양화가로서의 이상정의 제 활동은 일제에 대한 문화투쟁의 한 부분으로, 무장투쟁으로 나아가는 전 단계의 행위라 할 수 있다. 도화 담당 교사였던 이상정이 대구 최초의 서양화가로 활동한 것도 마찬가지이다. 1923년 7월 평양 광성고등보통학교를 퇴직하고 이상정이 다시 대구로 돌아온 해가 1923년이다. 이력서에 의하면 1923년 7월까지 이상정은 평양의 광성고등보통학교에 근무하였다. 대구의 교남학교에 자필이력서를 제출한 것은 1923년 7월 이후이다. 이력서를 제출하였으나 대구의 교남학교에 이상정이 교원으로 채용되었다는 증빙자료는 현재 남아 있지 않다.

3.2. 개인전람회 출품과 벽동사 창설

이상정의 미술 관련 활동은 크게 두 가지로 나누어 볼 수 있다. 하나는 1921년 대구에서 서양화 개인전람회를 개최하고 1923년 대구미술전람회에 서양화를 출품한 것이고, 다른 하나는 미술연구소 벽동사(碧曈社)를 창립한 것이다.

교원으로서 주로 도화 과목을 담당했던 이상정의 미술에 대한 소양은 1910년대 동경 유학 시절에 길러졌던 것으로 보인다. 동경에서 이상정은 세이조중학교(成城中學校)와 고쿠가쿠인대학(國學院大學)을 다녔다. 고쿠가쿠인대학(國學院大學) 재학 중 1914년 4월부터 1915년 6월까지 1년 남짓 동경 혼고구(本鄕區)에 소재한 하쿠바양화협회(白馬洋畫

協會) 야학부를 다녔다. 앞서 살펴본 바와 같이 하쿠바양화협회(白馬洋畫協會)를 통한 서양화 수학은 이상정의 서양화가로서의 터를 마련하는 일이었다. 또 하나는 1910년대 동경의 미술 풍토이다. 특히 이 시기 동경미술학교(東京美術學校) 등 동경에 유학 온 조선인 유학생들의 성취가 이상정의 미술 관련 재능을 자극했을 것으로 보인다. 1910년대 동경은 조선인 유학생들이 문학과 역사와 미술에 심취해 있던 장소였다. 1914년 4월부터 재일본동경조선유학생학우회에서는 기관지 『학지광(學之光)』까지 발간하고 있었다. 『학지광』에는 언론, 학술, 문예, 학우회 기사 등 다양한 글을 싣고 있었다. 3호, 4호, 5호에 글쓴이로 장덕수, 현상윤, 나혜석, 최승구, 최두선, 최소월, 안확, 김찬영, 송진우, 김억 등이 보인다.

1910년대 조선인 유학생들 중 미술 분야에서 성취를 보여 준 화가는 고희동(高羲東), 김관호(金觀鎬), 김찬영(金瓚永), 나혜석(羅蕙錫) 등이다. 이 중 고희동, 김관호, 김찬영 등은 처음에는 모두 동경미술학교 서양화과 선과에 입학하였다. 고희동은 1909년에서 1915년, 김관호는 1911년에서 1916년, 김찬영은 1912년에서 1917년까지 동경미술학교에서 미술공부를 했다. 이때의 동경미술학교 실기교수는 구로다 세이키(黑田清輝), 와다 에이사쿠(和田英作), 오카다 사부로스케(岡田三郎助), 나가하라 고타로(長原孝太郎) 등으로, 이들은 앞에서 살펴본 하쿠바카이(白馬會)와도 깊은 관련이 있었다.

안중식과 조석진의 문하를 드나들던 고희동은 궁내부(宮內府) 출장 명령으로 일본 유학을 떠났다가 1909년 일본 동경미술학교 서양화과 선과생으로 입학한다. "1915년 3월 29일 동경미술학교 서양화과 선과 과정을 이수"[36]하고 귀국한 고희동은 최초의 서양화가로 환영받았다. 귀국 후 고희동은 신미술운동에 관심을 갖고 1918년 서화계의 중진과 대가들을 종용하여 최초의 한국인 서화가들의 모임이자 근대적인 의미의 미술 단체인 서화협회(초대회장 안중식, 총무 고희동)를 결성하였다. 1914년 10월에는 『청춘』 창간호 표지화를 그리기도 했다.

김관호는 1911년 9월 동경 미술학교 서양화과에 선과생으로 입학했으며 1916년 3월 최우등의 성적으로 졸업하였다. 그해 10월, 졸업 작품인 「해질녘」으로 제10회 일본 문부성미술전람회에서 특선을 수상했다. 「해질녘」은 대동강 능라도 부근 물가에서 목욕하는 두 여인의 뒷모습을 그린 누드화이다. 춘원 이광수가 『매일신보』 지면에 「동경잡신: 문부성미술전람회기」를 3회에 걸쳐 썼을 만큼[37] 국내외 반향이 컸다.

김찬영은 1912년 9월 동경미술학교 서양화과 선과생으로 입학했다가 1917년 3월에 졸업한 뒤 귀국, 미술 창작과 더불어 『창조』, 『폐허』, 『영대』의 동인으로 참가하는 등 문예활동도 열심히 했다. 김유방(金惟邦)이란 필명으로 비평문을 쓰기도 하고, 김억의 『오뇌의 무도』나 동인지 『영대』 창간호의 표지를 장정하기도 했다.

---

36 「고희동 동경미술학교 졸업장」, 조은정, 『춘곡 고희동』, 컬처북스, 2015, 137쪽.

37 이광수, 「동경잡신: 문부성미술전람회기(1)」(『매일신보』, 1916. 10. 28.), 「동경잡신: 문부성미술전람회기(2)」(『매일신보』, 1916. 10. 31.), 「동경잡신: 문부성미술전람회기(3)」(『매일신보』, 1916. 11. 2.) "「조선의 그림」이라는 여학생들의 소리에 번적 정신을 차려 보니 대동강 석양에 목욕 두 여인을 화(畵)한 김관호군의 「ひぐれ(日暮)」라. 아아 김관호군이여 감사하노라. 차(此)에 군의 작품 1점이 무(無)하얏던들 얼마나 여(余)로 하야곰 저어(齟齬)케 하얏스리오. 여(余)는 군이 조선인을 대표하야 조선인의 미술적 천재를 세계에 표(表)하얏슴을 다사(多謝)하노라. …… 차고를 완(完)한 후에 신문에 김군의 화(畵)가 특선에 입(入)하다는 기사를 보다. 아 특선! 특선! 특선이라 하면 미술계의 알성급제라." 이광수, 「동경잡신: 문부성미술전람기(3)」, 『매일신보』, 1916. 11. 2.

나혜석은 진명여학교를 졸업하고, 1913년 오빠 나경석의 권유로 동경의 여자사립미술학교 서양화과 선과에 입학, 다시 고등사범과로 옮겨 1918년까지 5년간 동경에서 미술을 공부한다. 1914년 『학지광』(1914. 12.)에 「이상적 부인(夫人)」이란 논설, 1918년 동경여자유학생친목회에서 발간한 『여자계』 2호(1918. 3.)에 단편소설 「경희」를 발표하면서 유학생계에서 주목을 받았다.

이상정이 유학하고 있던 1910년대 동경은 이처럼 조선인 유학생들이 예술을 향유하고 서양미술을 배울 수 있는 중요한 장소였다. 고희동, 김관호, 김찬영, 나혜석 등 조선인 유학생들의 미술활동은 이미 시서화에 재능이 있던 이상정의 예술적 욕구를 자극하기에 충분하였다. 귀국 후 이상정이 근무한 여러 신식학교에서 도화 과목을 담당하였던 것, 개인전과 단체전에 서양화를 출품한 것, 중국 망명 후 전각(篆刻) 예술에 전념한 것 등은 모두 집안 사숙에서 배태된 시서화에 대한 그의 소양과 일본 동경에서의 서양화 체험이 밑바탕이 되었다고 할 수 있다.

백기만이 편한 『중국유기』(청구출판사, 1950) 중 「장군의 약력」 부분에 "단기 4254년 대구에서 양화 개인전람회 개최"[38]란 기록이 나온다. 이 기록에 의하면 이상정은 1921년 대구에서 서양화 개인전을 개최한 것이 된다. 이상정이 최초의 대구 서양화가란 말은 여기서 나왔다고 할 수 있다. 그러나 1921년에 열었다는 서양화 개인전람회에 관한 자료는 이 기록 외에 어떤 증빙자료도 남아 있지 않다. 이상정이 본격적으

---

38 「장군의 약력」, 이상정장군 유고, 『중국유기(中國遊記)』, 청구출판사, 1950.

로 서양화가로 등장한 것은 1923년 제2회 교남시서화전인 대구미술전람회였다.

> 대구청년 이여성(李如星), 정운해(鄭雲海), 서건호(徐建鎬), 서병인(徐丙仁) 등 제씨의 주최로 미술전람회를 금 12일부터 17일까지 서성정 노동공제회관 내에서 개최하는데 개관 시간은 매일 오전 10시부터 오후 10시까지라 하며 입장은 무료이라더라.[39]

> 대구미술전람회는 긔보와 같이 지난 십일일부터 노동공제회관(勞動共濟會館) 안에서 열리였는 바 이는 적어도 남국(南國) 정조(情調)와 풍토를 가진 곳에서 처음 표현되는 예술의 빛이다. 회장(會場)은 무료 공개인 바 입장 인수는 매일 오륙백 명에 달하는 성황을 이루어 좁은 공제회관이 더욱 잡답케 된 바 출품점수는 서양화부에는 리여성(李如星) 군의 「유우(悠牛)」 외 16점, 리상정(李相定) 군의 「지나사원」 외 13점, 황윤수(黃允守) 군의 「봄비 온 뒤」 외 5점, 박명조(朴命祚) 군의 「초추(初秋)」 외 5점, 합 43점인 바 눈 뜨이는 가작이 이외에 많아서 대구에 이만한 미술가가 있었던가를 의심할 만큼 되었고, 동양화부의 출품은 40점인 바 서석재(徐石齋)의 난초, 서경재(徐敬齋)의 매화, 서태당(徐兌堂)의 대, 박회산(朴晦山)의 글씨, 허기석(許箕石)의 산수가 그중 호평이었으며, 고서화부 출품은 30여 점인 바 가장 인기를 끄는 것은 추사(秋史), 미수(眉叟)의 친필과 최소동육세서(崔小東六歲書)와 휴휴당(休休堂) 임사당(任姒堂)의 화(畵)이며 조월파(趙

39 「대구미술전람 공제회관에 개최」, 『동아일보』, 1923. 11. 12.

月波)의 금강산 사생 등이었더라.[40]

1923년 11월 12일부터 11월 17일까지 대구 서성정의 노동공제회관에서 열린 대구미술전람회는 대성황을 이루었으며, 특히 서양화부는 이 기사에서 보듯이 "눈 뜨이는 가작이 이외에 많아서 대구에 이만한 미술가가 있었던가"란 평가까지 받았다. 1923년은 대구 지역에서 서양화가 본격적으로 출발한 시기로 볼 수 있다. 벽두에 대구의 서양화가로 이여성, 이상정, 황윤수, 박명조가 있었음을 확인할 수 있다.

근대 초창기 대구의 서화계를 주도한 인물은 석재 서병오이다. 그가 주도한 서화 단체는 1922년 1월 서화 교류, 후진 양성 및 교육, 전람회 개최 등을 목적으로 개설된 교남시서화연구회(嶠南詩書畫研究會)였다. 교남시서화연구회의 회장은 서병오, 부회장은 박기돈, 강사는 정용기, 서병주였고, 총무는 이영민, 김재환, 이사는 김홍기, 회계는 서창기였다. 연구생은 배효원, 서동균, 서창규, 서병주, 김응섭, 김진만 등이었다. 1922년 5월에 첫 전람회가 열렸고, 1923년 11월에는 동양화부, 서양화부, 고서화부까지 포괄하는 대구미술전람회를 개최했다. 대구미술전람회는 대구 서성정(西城町) 이정목(二丁目)에 위치한 노동공제회관에서 1923년 11월 12일부터 11월 17일 사이 열렸다. 앞의 『동아일보』 기사에 의하면 대구미술전람회에 이상정은 「지나사원」 외 13점을 출품한 것으로 되어 있다. 다음은 대구미술전람회 프로그램 목록이다.

40 「대성황의 대구미전」, 『동아일보』, 1923. 11. 17.

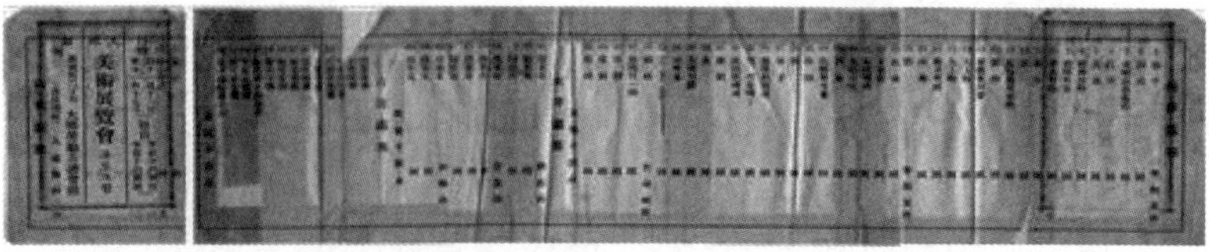

그림 7-4「대구미술전람회 프로그람」, 1923. 11. 12.~11. 17.

「대구미술전람회 프로그람」 목록에 의하면 이여성은 17점, 이상정은 18점, 박명조는 5점을 출품하였으며, 기타 십수 점(十數占)의 서양화도 출품되었다. 이상정이 출품한 서양화의 제목은 다음과 같다. 「수(愁)」, 「광분(狂奔)」, 「지나정(支那町)」, 「청도(青嶋)에서」, 「지나사원(支那寺院)」, 「초상(肖像)」, 「고향(故鄕)의 가을」, 「목욕(沐浴)」, 「한(恨)」, 「모자(母子)」, 「상상(想像)의 영웅(英雄)」, 「챈 치오래—」, 「만주리(滿洲里)에서」, 「무도(舞蹈)」, 「화(花)」, 「대지(大地)의 비(悲)」, 「이 마음」, 「my dear miss」 등이다. 제목만 볼 때 「지나정(支那町)」, 「청도(青嶋)에서」, 「지나사원(支那寺院)」, 「고향(故鄕)의 가을」, 「챈 치오래—」, 「만주리(滿洲里)에서」, 「화(花)」 등은 풍경화 또는 정물화, 「초상(肖像)」, 「목욕(沐浴)」, 「모자(母子)」, 「상상(想像)의 영웅(英雄)」, 「무도(舞蹈)」, 「my dear miss」 등은 인물화에 가깝다. 그러나 「수(愁)」, 「광분(狂奔)」, 「한(恨)」, 「대지(大地)의 비(悲)」, 「이 마음」 등은 제목 자체에 수심, 분노, 한, 슬픔 같은 화가의 내면심리가 배어 있다. 현재 남아 있는 그림은 없지만 세계의 부조리함이나 답답함을 그려 내려 한 이상정의 의도가 읽힌다. 교원 생활을 하면서 맞닥뜨렸던 비참한 식민지 현실에 대한 분노, 동포들의 모습에서 느꼈던 연민과 비애, 전망 없는 세계에 대한 내적 고뇌 등이 출품된 작품에 인상적으로 재현되었을 것으로 보인다. 「지나정(支那町)」, 「청도(青嶋)에서」, 「지나사원(支那寺院)」, 「챈 치오래—」, 「만주리(滿洲里)에서」 같은 출품작의 제목을 통해 1923년 이전 이상정이 중국을 드나들었음을 알 수 있다. 현재 작품이 남아 있지 않아 알 수는 없으나 「초상(肖像)」, 「목욕(沐浴)」, 「모자(母子)」 같은 그림에는 하쿠바카이(白馬會) 미술전이나 하쿠바양화협회(白馬洋畫協會) 야학부에서 영향받은 외광파(外光派)나 인상파의 요소들도 일부 남아 있을 것으로 생각된다.

이상정이 18점, 이여성이 17점을 서양화부에 출품하였다는 것은 이들이 대구의 초창기 서양화 화단을 주도하고 있었음을 말해 준다. 이상정은 연이어 1923년 12월 미술연구소 벽동사(碧瞳社)를 창설한다. 벽동사의 '벽동(碧瞳)'은 '푸른 눈동자'란 뜻이지만 상징적인 다른 뜻을 담고 있기도 하다.[41] 『매일신보』의 벽동사 관련 기사를 살펴보면 다음과 같다.

> 조선고래(古來)의 예술이 여하이 발달되얏든 것은 수천년전래의 역사에 징(徵)하며 현시(現時) 경주고분에 의하여 기 정도를 족히 추상(追想)한 바이다. 그러나 차(此)가 만근(輓近) 수백년래 점차 퇴보황잔(退步荒殘)함을 항상 유감으로 사(思)하든 당지(當地) 청년 유지(有志)

41 이인숙, 앞의 논문, 331쪽에서 '벽동'에 담긴 뜻을 다음과 같이 풀이하고 있어 참고가 된다. "벽동사의 벽동은 '푸른 눈동자'이다. 말 그대로 검은색이나 갈색이 아닌 푸른 눈을 지닌 벽안의 비아시아계 외국인을 뜻하기도 하고, 고전 문헌에서는 세속에 물들지 않은 초탈한 인물의 시원한 눈빛으로 비유하기도 하며, 어린아이 같은 순진무구함 또는 신선의 용모를 묘사할 때 그 눈을 벽동이라 한다. 나이 들어도 노쇠하지 않은 모습을 동안벽동(童顔碧瞳)이라고 했다. 이상정은 미를 보는 순수하고 색다른 눈, 세상의 눈을 뛰어넘는 예술에 대한 시선을 '벽동'이라는 이름에 담았다."

이상정씨는 차(此)에 감(感)한 바이 유(有)하야 대구부 서성정(西城町) 일정목(一丁目) 팔십구(八十九)번지에 벽동사(碧瞳社)를 창설하고 사원을 모집하여 미술에 대한 연구도 하며 실습도 하야 쇠잔한 예술을 부흥코저 사원(社員)의 제작한 회화(繪畵)로 시시(時時) 전람회를 개최하야 일반의 관람(觀覽)에 공(供)한다는대, 그 제작 과목은 의장화(意匠畵), 초상화(肖像畵), 도안화(圖案畵), 간판화(看板畵), 유화(油畫), 광고화(廣告畵) 등의 각종(各種)이오. 현재 사원의 씨명(氏名)은 이상정(李相定), 황윤수(黃允守), 상계도(尙繼道), 박명조(朴命祚), 이여성(李如星), 정유택(鄭裕澤)의 육씨(六氏)인데 기(其) 취지서 급(及)와 기(其) 규칙은 좌(左)와 여(如)하다더라.(대구)

취지서(趣旨書)

천(天)의 성지(星地)의 화인(花人)의 정(情)은 우주의 삼보(三寶)이라. 애(愛)에 사(死)함도 미(美)이오 주의(主義)에 에(殪)함도 미(美)이며 춘행추안(春鶯秋雁)과 화조월석(花朝月夕)이 미(美) 안임이 무(無)하나니 일폭(一幅)의 화(畵), 일기(一其)의 각(刻)은 만인이 조망(眺望)하며 일곡(一曲)의 수(水) 일진(一陳)의 풍(風)은 유의자(有意者)면 공청(共聽)할 것이어날 모순(矛盾)과 악착(齷齪)이 교침(交侵)하야 난만(爛漫)한 천진(天眞)은 물질에 미(迷)하고 이지(理智)의 명경(明鏡)은 찬영(鑽營)에 담(曇)하여서 인간의 왕양(汪洋)한 미(美)의 추구성(追求性)을 소실(消失)하야 가도○. 희(噫)라 우리의 역사를 회고하면 탄금(彈琴)의 묘지(妙指)가 즐비(櫛比)하얏으나 종기(種期)가 기몰(己沒)에 아아(娥娥)의 곡(曲)을 양양(洋洋)으로 오청(誤聽)하는 자(者)뿐임으로 애석(愛惜)키도 라려(羅麗) 양조(兩朝)의 찬란한 예술은 심산궁곡(深山窮谷)에서 초목(草木)의 비(悲)만 공이(空貽)하고 황옥패체(荒屋敗砌)에서 고토(孤兎)의 혈(穴)만 구성하얏으며 솔거(率居)의 화(畵)와 우륵(于勒)의 금(琴)은 퇴창파벽

(頹窓破壁)에서 우설(雨雪)의 쇄쇄연멸(碎碎烟滅)하고 창아슬상(唱娥膝上)에서 북야(北野)의 노(老)만 도증(徒增)하야 강산이 영성(零星)하고 하구(河丘)가 적막(寂寞)일뿐이로다. 인(人)은 활동에 생(生)함과 여(如)히 정사(靜思)에도 생(生)하며 현재에 생(生)홈과 여(如)히 이상(理想)에도 생(生)하나니 우리는 이상(理想)의 동경(憧憬)으로 미술(美術)의 낙원을 건설키 위하야 자(玆)에 미술에 대하야 호상(互相) 연구도 하며 실습도 하기 위하야 사원(社員)을 모집하야 각종 회도(繪圖)를 연구 제작코저 하노라(이하 략)

규칙

1. 본사는 미술연구로써 목적함
2. 본사는 시기(時機)를 종(從)하야 전람회를 개최홈
3. 본사 사원은 전문적 기술이 유(有)한 자(者)로 함
4. 본 사원은 제작품 혹 참고품을 선정하야 본사에 보관홈이 가(可)함
5. 본 사원은 매월 일차식(一次式) 모집홈
6. 본 사원은 매월 회비 일원식(一圓式) 변출(辨出)하야 경비에 충용(充用)함

세칙은 집회 시마다 임시 평정(評定)홈[42]

이는 이상정의 벽동사 창설의 경위, 취지서와 그 규칙을 말한 것이다. 대구미술전람회 출품이 서양화가로서의 이상정의 기량을 보여 준 것이었다면, 미술연구소라 할 수 있는 벽동사 창설은 미술에 대한 연

42 「대구 벽동사(碧瞳社) 창립」, 『매일신보』, 1923. 12. 25.

구, 회화 실습, 전람회 개최 같은 이상정이 가진 예술행정에 대한 실천력을 보여 준 것이었다. 이상정(李相定), 황윤수(黃允守), 상계도(尙繼道), 박명조(朴命祚), 이여성(李如星), 정유택(鄭裕澤) 같은 참가자의 면면과 의장화(意匠畵), 초상화(肖像畵), 도안회(圖案畵), 간판화(看板畵), 유화(油畫), 광고화(廣告畵) 같은 제작 과목을 보면 주로 서양화와 관련된 것임을 알 수 있다. 그러나 벽동사는 그들이 의도했던 미술 연구의 결과물이나 전람회 개최 소식을 더 이상 전하지 못하고 있다. 그러나 벽동사가 이후 대구 서양화의 발전에 자극과 영향을 준 것만은 틀림없는 사실이었다.

한편 대구소년회 주최『동아일보』대구지국 후원으로 '대구아동자유화전람회'가 1924년 6월 28일부터 29일 양일간 조양회관 2층에서 개최되었다. 유년부(5~12세)와 소년부(13~17세)로 나누어 진행되었으며, 심사위원은 "각교(各校) 선생 중으로 서동진(徐東辰), 이상완(李相完), 최윤수(崔允秀), 라지강(羅知綱) 등 사씨(四氏)로 정하였다."[43]라고 한다. 이상완(李相完)은 이상정(李相定)의 오식(誤植)으로 볼 수 있다. 초창기 대구 지역 미술 관련 인사로 이상완이란 사람을 찾을 수 없다는 점, 또 벽동사를 이끌었던 이상정이 아동 미술교육에 관심을 가지는 것은 자연스러운 일이라는 점 등을 이유로 들 수 있다.

1921년 서양화 개인전람회 개최, 1923년 11월 대구미술전람회에 서양화 18점 출품, 12월 미술연구소 벽동사의 창설은 이상정이 초창기 대구 서양화단에서 중요한 위치를 차지하고 있음을 보여 준다. 1923

---

43 「대구 아동의 자유전람회」,『동아일보』, 1924. 6. 1.

년 이상정의 전위적인 미술활동 위에 '박명조 개인전', '서동진 개인전' 같은 개인전람회나 '영과회(零科會, ㅇ科會, 1927년 창립전)'나 '향토회(鄕土會, 1930년 창립전)' 같은 그룹전이 시작될 수 있었던 것이다. 이여성과 달리 이상정의 서양화는 현재 한 점도 남아 있지 않다. 앞으로 유작이 발굴된다면 이상정이 즐겨 사용한 색채나 화풍을 통해 서양화 도입기 지역미술의 수준 및 일본 동경의 하쿠바카이(白馬會)의 영향 관계 등을 추정해 볼 수 있을 것이다. 영과회에 이상정의 아우 이상화가 시가부에 참가하여 3편의 시를 출품하였다는 것 또한 특기할 만하다. 영과회를 주도적으로 이끌었던 인물은 카프계 이상춘(李相春)이었으며, 양화부, 동요부, 시가부로 나누어 전시가 진행되었다.[44]

3.3. 심경(心境)을 의탁한 시조 창작

시조시인으로서 이상정의 글쓰기를 문화투쟁의 한 부분으로 다루기에는 남긴 작품이 다소 소략하다. 그러나 정치가 폐쇄된 상황에서 시작된 3·1운동 직후의 문화운동 내지 문학적 글쓰기는 정치적 행위와 등가의 관계에 놓일 수 있다는 점을 고려할 필요가 있다. 시조는 복고주의적 성향을 띠고 있지만 우리 민족이 자신의 감정을 즐겨 의탁하던 갈래이다. 이상정은 『개벽』지 25호, 26호(1922. 7, 8월호)에 시조

44 제2회 영과전(○科展)은 1928년 4월 28일부터 5월 2일까지 조양회관에서 양화부, 동요부, 시가부로 나누어 개최되었는데, 대표적인 출품자는 다음과 같다. **양화부(洋畫部)**: 박효상, 배명학, 주정환, 권태철, 주재환, 김성암, 김삼산, 이인성, 이종용, 이갑기, 이상춘, 박명조, 김용준, 서동진, 최화수, **동요부(童謠部)**: 최경화, 이원수, 임동혁, 윤석중, 송완순, 최창화, 조광걸, 최영애, 최순애, 서덕출, 송무익, 김여수, 방정환, 한정동, 백합화, 박소석, 신고송, 윤복진, **시가부(詩歌部)**: 이원조, 남만희, 김용준, 이상화, 최화수. 「제2회 ○과전 출품목록」, 영과회, 1928. 4. 28.~5. 2.

를 각각 2편씩 발표하였다.

홍진(紅塵)에 저진 몸을 녹파(綠波)에 맑이 씻고
일엽주(一葉舟) 벗을 삼아 오호(五湖)에 누엇스니
어저버 삼춘행락(三春行樂)이 꿈이런가 하노라

미워도 내님이요 고워도 내님이라
치마랑(馳馬郎) 경박자(輕薄子)야 제 어찌 이를 알리
밤거이 계명신(雞鳴晨)할 제 옹금(擁衾)코 우는 줄을[45]

객창(客窓)에 비친 달은 부지럽시 드락나락
면면(綿綿)한 춘추몽(春秋夢)은 한(恨)이 없이 오락가락
이중(中)에 못보는 이는 님뿐인가 하노라

패강(浿江)에 배를 띄워 청류벽(淸流壁) 올라갈 제
모란봉(牡丹峯) 부벽루(浮碧樓)가 중류(中流)에 영파사(影婆娑)라
아마도 관서승지(關西勝地)는 강상지평양(江上之平壤)인저[46]

이 작품들은 가창이나 필사가 아닌 근대 인쇄매체인 『개벽』지에 발표된 현대시조이다. 그러나 형식적·내용적 측면에서 고시조의 형식과 발상에서 크게 나아가지는 못하였다. 이 시조 네 편은 각각 인생무상, 님과의 이별에 대한 아픔, 달밤에 사무치는 님에 대한 그리움, 승지(勝

45 이상정, 「시조」, 『개벽』 25호, 1922. 7., 145쪽.
46 이상정, 「시조」, 『개벽』 26호, 1922. 8., 36쪽.

地)의 경물에 대한 찬양을 노래하고 있다. 문제는 이상정이 시조부흥 운동이 일어나기 전, 최초의 근대 창작시조집인 최남선의 『백팔번뇌』(1926)가 발간되기 이전에 이 시조들을 발표하였다는 점이다. 한학(漢學)과 시서화(詩書畵)에 재능을 가진 이상정이 전통문학 갈래인 시조에 관심을 갖는 것은 자연스러운 일이다. 이상정은 『개벽』지에 시조를 발표하면서 현대시조작가로서 그 가능성을 실험해 보았다고 할 수 있다. 중국 망명 후 쓴 『표박기』 곳곳에 여러 편의 창작시조를 삽입하여 시조작가로서의 면모를 보여 준 것도 주목해 볼 일이다. 창작주체의 감정을 시조 형식에 잘 담아낸 작품으로 「남대문역에서」를 들 수 있다. 『표박기』의 첫 부분 「봉천으로」란 글의 첫머리에 실려 있는 시조이다.

> 이 속에 타는 불은 저 님은 모르시고
> 서운히 가는 뒷모습 애석히 눈에 박혀
> 이따금 샘솟는 눈물 걷잡을 줄 없애라[47]

이 시조는 고시조에 흔히 등장하는 상투적 표현이나 수사에 의탁하기보다 화자의 솟구치는 감정을 직정적으로 드러내 보이고 있다는 점에서 주목된다. '강력한 감정의 자발적 유로(流路)'란 워즈워스(W. Wordsworth)의 낭만주의 문학관에 의하지 않더라도 이 시는 이별이란 상황에 처한 화자의 절실한 감정을 잘 드러내고 있다. 남대문역에서 님과 이별하며 눈물을 흘리고 있는 시적 화자는 고국을 떠나는 이상정 자신의 분신이라 할 수 있다. 만약 이 시조가 중국 망명길에 쓰여

---

47 이상정, 「남대문역에서」, 『표박기』, 이상규 역주, 상화기념관·이장가문화관, 1923, 23쪽.

진 작품이라면 님은 부모 친지나 고국산천으로 해석될 여지가 크다. 역두(驛頭)는 만나기도 하고 헤어지기도 하는 장소이다. 그러나 '지금 이곳' 역두에서의 이별은 더 이상 만남이 기약되지 않는 이별이다. 그러하기에 화자의 슬픔은 걷잡을 수 없는 것이다. 이제 고국(고향)을 떠나 이리저리 떠돌아다닐 수밖에 없는 '표박'의 신세임을 화자는 고백하고 있다.

4. 용진단 결성과 사회투쟁

이상정은 1920년부터 청년활동에 가담하였는데, 대구청년회의 참가도 그중의 하나이다. 대구청년회는 "풍기를 개선하고 문화를 촉진코저 하는 취지로 조직"[48]된 단체로, 문사극(文士劇), 활동사진음악대회, 강연회 등의 계몽활동,[49] 축구, 야구대회 같은 체육행사 등을 통해 대구 청년들의 '지식 교환, 친화돈목(親和敦睦)'[50]을 도모하였다. 이상정은 대구청년회에 200원을 기부, 기부자 명단에 두 번째 이름을 올리고 있다.[51]

이상정이 사회주의운동 단체 용진단(勇進團)을 창단한 해가 1925년인데, 이상화가 「폭풍우를 기다리는 마음」(『개벽』 57호, 1925. 3.), 「구루마꾼」, 「엿장수」, 「거러지」(『개벽』 60호, 1925. 6.) 같은 신경향파 시를 쓰

---

48 「대구청년회 소식」, 『매일신보』, 1920. 5. 22.
49 「활동음악강연: 대구청년회활동 지난 19일부터」, 『매일신보』, 1922. 6. 21.
50 「대구청년회 좌담회」, 『매일신보』, 1924. 9. 21.
51 「대구청년회 소식」, 『매일신보』, 1920. 5. 22.

던 시기 또한 1925년이다. 이해는 형제가 모두 사회주의 쪽으로 관심을 돌리던 때이다. 이상정이 1925년 벽두까지 벽동사, 용진단 등의 활동을 한 흔적들이 국내에 남아 있기에 이상정이 중국으로 망명한 해는 1923년[52]이 아니고 1925년이다. 1925년 신년 초에 결성된 용진단은 이상정이 주도한 사회주의 성향의 청년운동 단체이다. 이상정을 위원장으로 한 용진단이 결성된 것은 1925년 1월 5일이다. 용진단 창단과 관련된 1925년 초의 신문 기사를 보기로 하자.

> 신년 벽두(劈頭) 원월원일(元月元日)에 대구에서는 새로운 단체가 발기되었는데, 단명(團名)은 용진단이라 하고 단(團)의 목적은 단원간 단결, 부조, 옹호, 친목으로 하며, 사무를 분장키 위하야 인사부(人事部), 지육부(智育部), 사교부(社交部), 사업부(事業部), 방범부(防犯部)의 오부(五部)를 설(設)하고 각부(各部)에 위원(委員) 삼인식(三人式) 치(置)하며, 총 집행위원 15인 중에서 위원장 1인을 선택하여 위원장이 총무까지 겸하게 되고 정식 위원 선거는 래오일(來五日) 발회식겸총회(發會式兼總會)에서 행한다 하며 선언과 강령은 여좌(如左)하다고
>
> · 선언
>
> 수양(修養)의 실력이 없으면 행진(行進)의 실각(失脚)이 됨은 자연(自然)의 추세이다. 우리는 이것을 자각하고 무엇보다도 수양하야 행진코저 한다.
>
> 세계는 무산자(無產者)의 활무대(活舞臺)로 되었다. 무산계급(無產階級)의 처지에 입(立)한 우리여, 전투의 준비를 하자! 전선상(前線上)에서는 우리를 기다린다. 다같이 함성(喊聲)을 치며 각일각(刻一刻) 보일

52 「장군의 약력」, 이상정장군 유고, 『중국유기』, 청구출판사, 1950.

보(步一步)로 악수하고 저 앞에 보이는 서광(曙光)의 전선(前線)으로

・강령

一. 오인(吾人)은 각자의 역(力)에 의하야 절대(絶對)로 수양하고 자아의 인격을 존중하야 최고의 완성을 기(期)함

一. 오인(吾人)은 합리적 경제조직의 출현과 사회적 자유활동의 획득과 계급적 절대 해방의 완성을 기함

一. 오인(吾人)은 맹목적(盲目的) 지위에서 신문화의 건설과 비리적(非理的) 계단에서 신생활(新生活)의 안정을 기함

一. 오인(吾人)은 사상단체와 실제 운동단체에 대하야 전심(專心)으로 절대 옹호(擁護)를 기함[53]

대구에서 용진단(勇進團)이 조직된다 함은 기보(旣報)와 같거니와 지난 5일 하오 7시 반부터 9시 반까지에 창단식(創團式) 겸 발행식(發行式)을 거행하얐다는데, 단원 40여 명과 그 외 수백 명의 인사가 회합(會合)하야 이상정(李相定)군의 사회로 식사(式辭)를 간단히 하고 안달득(安達得)군의 취지 설명과 규칙 제정이 있었고 위원 선거와 내빈 축사로 정운해(鄭雲海), 최원택(崔元澤), 김영기(金永基), 신재모(申宰模) 제씨(諸氏)의 간단한 축사가 끝난 후 개조소년단(改造少年團)과 연맹식(聯盟式)이 있었고, 용진단 위원장 이상정(李相定), 개조소년단장 서영복(徐永福) 양군(兩君)이 악수하는 동시에 단원은 서로 박수로 환영하고 폐회(閉會)하였다 한다.[54]

대구에서 용진단(勇進團)이 새로 조직되야 지난 오일(五日) 오후 한

53 「용진단(勇進團) 새해의 새 조직(組織)」, 『동아일보』, 1925. 1. 4. 「대구의 용진단(勇進團) 선언 급 강령」이란 제목의 『매일신보』 기사(1925. 1. 6.)도 용진단 창단 소식을 전하고 있다.

54 「용진단창립식(勇進團創立式), 개조소년단(改造少年團)과 연맹」, 『시대일보』, 1925. 1. 8.

시에 장엄한 발회식이 있었다 함은 이미 보도한 바어니와 당일에는 각부 위원을 선정하야 부서를 정하야 가지고 착착 실행 중이라는데 위원의 씨명은 다음과 같더라.(대구)

◇ 집행위원

위원장 이상정(李相定), 사업부 서상욱(徐相郁), 김대산(金大山), 상삼식(尙三植), 인사부(人事部) 최창한(崔昌韓), 김민동(金民同), 이인수(李寅洙), 사교부(社交部) 최익조(崔翼朝), 이성학(李聖學), 안달득(安達得), 지육부(智育部) 박두뫼, 박중환(朴仲煥), 방범부(防犯部) 김한주(金漢周), 정성득(鄭成得), 이준우(李準雨), 한인수(韓寅洙), 곽용수(郭龍洙), 서기(書記) 백득완(白得完), 이유재(李柳載)[55]

앞의 세 기사는 용진단 창단과 관련된 소식을 다루고 있다. '무산계급의 처지에 입(立)한 우리여! 전투의 준비를 하자', '전선상(前線上)에서는 우리를 기다린다.'는 선언이나 강령에 나오는 '계급적 절대 해방의 완성' 등의 문구는 용진단이 사회주의 성향을 띠는 청년운동 단체임을 말해 준다.

용진단은 시작 초기부터 경북 지역의 각 단체 간 "암투의 문제를 해결"[56]하자고 통고문을 발행하는 등 분망히 움직였다. 그러나 1925년 3월 14일 철성단원 십수 명이 용진단원 서상욱(徐相郁) 군을 집단 폭행하는 등[57] 경북 지역에서는 사회운동의 주도권을 둘러싼 단체들 간의 반목이 심하였다.[58] 1925년을 전후하여 사회주의운동은 서울청년회,

---

55 「용진단(勇進團)의 부서(部署), 위원장은 리상뎡씨」, 『조선일보』, 1925. 1. 10.

56 「용진단 위원회」, 『시대일보』, 1925. 1. 12.

57 「대구용진단총회」, 『매일신보』, 1925. 3. 18.

58 사회주의운동 단체인 북풍회와 서울청년회 간의 대립이 북풍회 계열의 용진단과 서울청년회

화요회·북풍회 간의 세력 다툼으로 그 갈등과 대립이 극에 달하였다. 서울청년회와 반목 관계에 놓이기는 화요회와 북풍회가 같았다. 동경 재일 유학생의 사회주의운동 단체가 북성회이며, 이들이 경성에 낸 국내 본부가 북풍회였다. 북풍회(김약수, 김종범, 마명, 정운해, 남정철, 서정희, 박창한, 박세희, 신용기, 송봉우, 이호 등)는 화요회와 대립하면서 노선투쟁을 벌였으나 조선공산당 창당 과정에서 화요회에 주도권을 빼앗기면서 서로 대립하기도 했다. 용진단이 북풍회와 관련 없음을 용진단원 서상욱이 밝히기도 하였지만[59] 용진단 창단식에 북풍회의 정운해(鄭雲海)가 내빈으로 참석한 사실,[60] 북성회(北星會)에 이여성이 가담한 점 등은 그 관련성에 나름의 신빙성을 부여한다. 앞서 기술한 1923년 11월 12일에서 11월 17까지 열린 대구미술전람회에 정운해, 이여성, 이상정이 주최자 또는 출품자로 함께 관여하였다는 것[61]은 이들 사이에 친교가 깊었음을 보여 준다. 대구 지역 사회주의 단체인 대구청년동맹, 철성단, 북부청년회 등은 용진단을 제외하고 별도로 로서아혁명기념일 기념대회를 갖기도 하였다.[62] 용진단은 1925년 후반에 접어들면서 새로운 진용을 꾸리고 강령을 발표하기도 하였다.[63]

1925년 1월 5일 용진단 창단식 겸 발회식에서 이상정은 직접 사회를 보고 위원장으로 추대된다. 이는 용진단 창단에 이상정이 주도적

계열의 철성단의 폭력 대결로 나타나기도 했다. 김일수, 「1920년대 경북지역 사회주의운동」, 성대경 엮음, 『한국현대사와 사회주의』, 역사비평사, 2001, 74쪽 참고.

59 「사실 와전으로 누명 쓴 대구 용진단, 용진단과 북풍회는 관계 없다」, 『매일신보』, 1925. 4. 16.

60 「용진단창립식(勇進團創立式), 개조소년단(改造少年團)과 연맹」, 『시대일보』, 1925. 1. 8.

61 「대구미술전람 공제회관에 개최」, 『동아일보』, 1923. 11. 12.

62 「대구 3단체 혁명기념 준비」, 『시대일보』, 1925. 11. 3.

63 「용진단 신진용(新陣容) 강령(綱領) 발표」, 『시대일보』, 1925. 11. 3.

역할을 하였음을 보여 준다. 문제는 이후 용진단의 소식을 전하는 여러 관련 기사에 위원장인 이상정의 이름이 더 이상 보이지 않는다는 점이다. "기타 사항으로 경성(京城)에서 적기(赤旗) 사건으로 8개월 복역 중인 신철수(申哲洙)씨를 위하야 동정책을 강구할 사(事)"[64]를 결정한 1925년 7월 5일 임시총회에서도 임시의장으로 서상욱(徐相郁)이 선정된다. 이것은 이상정이 더 이상 대구 또는 국내에 머무르지 않고 있음을 의미한다. 이를 1925년 4월 일어난 적기(赤旗) 사건과 연계해서 살펴볼 수 있다. 적기 사건이란 1925년 4월 20일 화요회(火曜會)가 개최한 전조선민중운동자대회가 대회 몇 시간을 앞두고 일경(日警)의 집회 금지로 무산되자 시위대 200여 명이 종로에서 적기를 흔들며 '전조선민중운동자대회 만세', '무산자 만세'를 외치며 행진한 사건이다. 이때 대구에서 올라간 용진단 단원 신철수가 검거되었다. 이로 인해 일경의 검거선풍이 용진단 지도부에까지 미치자 이상정이 중국 망명을 결심하게 되었다는 것이다.

이상정은 국내에서 미술연구소 벽동사 창립(1923)에서 사회주의 운동단체 용진단 창단(1925)까지 나아갔다. 1925년 이상정은 이제 문화투쟁을 넘어서 사회투쟁의 길목에 들어섰음을 보여 준다. 문화적 민족주의자들은 "근대적 교육과 서구의 자유주의를 유난히 강조"[65]하고 있었는데, 이는 자칫하면 일본의 지배를 수긍하는 결과를 초래할 가능성이 있다. 이상정이 사회투쟁으로 나아간 것은 점진적 형태의 문화투쟁만으로는 더 이상 식민지 체제의 틀을 바꿀 수 없다는 것을

---

64 「용진단 총회 회원정리와 기타를 결정」, 『시대일보』, 1925. 7. 9.
65 M. 로빈슨 지음, 김민환 옮김, 『일제하 문화적 민족주의』, 나남, 1990, 197쪽.

인식한 결과라 하겠다. "1925년 5월경 중국으로 망명"[66]했다는 사실은 교원으로서, 서양화가로서, 시조시인으로서 이상정이 더 이상 국내에 설 입지가 좁아졌다는 것을 의미한다. 교원, 서양화가, 시조시인으로 생을 보내기에는 이상정의 호방한 자유주의적 기질[67]과 나라 사랑의 속내가 그를 가만두지 않았다고 할 수 있다. 교육, 문학, 미술 등을 통해 문화투쟁의 전위에 서고자 했던 이상정은 국내에서 용진단이란 사회주의운동 단체를 만드는 데까지 나아갔다. 이제 나아갈 곳은 국외, 즉 무장투쟁이 가능한 중국이란 장소뿐이었다. 부모와 고국을 버리고 중국으로 가 항일투쟁의 전선에 서는 것, 이것이 이상정이 감당할 이후의 삶이었다. 못다 한 문화투쟁(교육, 문학, 미술)은 무장투쟁의 와중에 틈틈이 이룩하는 수밖에 없었다. 기록문학에 가까운 『표박기』와 전각 작품집인 『청람인보(晴嵐印譜)』, 『청금산방인원(聽琴山房印苑)』, 『청금산방금석고(聽琴山房金石稿)』 등은 항일전선의 와중에 성취한 결과물이었다.

5. 맺음말

이상정은 문화투쟁과 무장투쟁을 넘나든 특이한 경력을 가진 독립운동가이다. 그럼에도 그의 삶에 대한 접근은 문학, 미술, 독립운동사 분야에서 제대로 다루어지지 못했다. 이상정은 대구에서 태어나 평생

---

66 최기영, 「이상정(1987-1947)의 재중독립운동」, 『역사학보』 200, 2008. 12., 353쪽.

67 소남 이일우는 '제령 7호' 위반 사건과 관련된 일경(日警)의 신문(訊問)에서 이상정의 성격을 '방탕무뢰'로 표현한 바 있다. 이 표현은 일경의 신문 중이라는 상황을 참작하여 해독해야 할 것이다. 「증인 이일우 신문조서」, 『한민족독립운동사자료집』 7, 국사편찬위원회, 1988, 44쪽.

일본, 조선, 중국 등을 오가며 표박의 삶을 살았다. 중국 망명 전이든 후든 그는 억압과 구속에 맞서 싸운 자유인이었다. 자유의 정신은 중국 망명 전에는 교육과 문학과 미술을 통한 문화투쟁으로, 중국 망명 후에는 항일전선의 전위를 담당하는 무장투쟁으로 나타났다.

이상에서 새로 발굴된 자료를 바탕으로 중국 망명 전 이상정의 삶을 복원하고 문화투쟁의 양상을 살펴보고자 하였다. 이 과정에서 새로 발굴된 그의 자필이력서를 바탕으로 지금까지 잘 알려지지 않았던 일본 유학 시절 이상정의 행적과 귀국 후 전전한 학교들을 상당 부분 복원하였다. 이상정은 유년 시절에는 백부 이일우가 세운 우현서루나 가내(家內)의 사숙에서 한학(漢學) 및 시서화(詩書畵)를 익혔고, 일본 동경 유학을 통해 미술, 역사, 지리 등 신학문을 접했다. 소남 이일우가(家)와 일본 동경 유학의 과정에서 획득한 문화자본과 상징자본은 이후 이상정의 삶을 결정짓는 중요한 요소가 되었다. 특히 논의의 과정에서 일본 동경 유학 시절 고쿠가쿠인대학(國學院大學)과 하쿠바양화협회(白馬洋畫協會) 야학부 수학이란 학력과 1910년대 동경미술학교를 중심으로 한 조선인 유학생들의 미술 동향을 주목함으로써 귀국 후 도화 교사 내지 서양화가로서의 이상정이 어떻게 존재할 수 있었는지를 밝혀내었다. 또 대구의 계성학교, 영천 은해사 지방학림, 평북 정주의 오산학교, 평양의 광성고등보통학교 등에서 그가 지리, 역사, 도화 교원을 지낸 사실을 실증적 자료를 통해 확정 지었다.

한편 문화적 민족주의자의 관점에서 이상정의 중국망명 전 삶을 교육, 미술, 문학 분야로 나누어 정리하였다. 이상정은 교육 분야에서 민족계몽운동에 투신하는 한편, 미술 분야에서 개인전 개최, 대구미술전람회 출품 등을 통해 대구 최초의 서양화가로 나름의 역할을 수행하였으며, 미술연구소 '벽동사'를 창설하기도 하였다. 시조 창작이나 수필적 글쓰기로 나타난 문학작품은 자신의 삶의 행로와 깊은 연관을 맺은 것이었다.

교원, 서양화가, 시조시인으로 점진적 문화투쟁의 선상에 있던 이상정은 1925년 초부터 사회주의 청년운동 단체인 용진단의 결성을 주도하게 된다. 이는 문화투쟁의 한계를 인식하고 그것을 극복하기 위한 방책으로 그가 이제 실천적 행위자로 나서게 된 것을 의미한다. 그러나 문화를 통한 점진적 항일투쟁은 식민지 치하에서 벽에 부딪칠 수밖에 없었고, 그것을 넘어서고자 하는 지점에 독립운동가 이상정이 존재한다고 할 수 있다. 이는 곧 국외에서의 무장투쟁으로 연결되었다.

제8장

미군정기 조선문학가동맹의 매체투쟁

1. 조선문학가동맹에 대해

1990년대 초·중반 증폭되었던 해방기 문학에 대한 연구 열기가 1950년대 이후 문학으로 연구자들의 관심이 이동하면서 차츰 수그러들고 있다. 해방기 문학의 문학사적 정리가 어느 정도 이루어졌을 것이라는 연구자들의 선입견도 그 이유 중의 하나라 할 수 있다. 그러나 해방기란 시기의 중요성에 비해 실제 해방 직후 문학에 대한 제반 정리 및 문학사적 평가는 올바로 이루어지지 못하였다. 주로 좌·우파의 대립구도란 이분법적 시각을 바탕으로 정리된 해방기 문학사는 민족문학사란 큰 틀 속에 여전히 제자리를 잡지 못하고 있다. 1988년 납·월북 작가 해금 이후 고양된 분위기에 휩쓸려 해방 직후 문학에 관한 많은 연구 성과가 축적되긴 하였지만 들뜬 연구 태도와 열기로 인해 해방기 문학의 내·외적 체계가 엄밀한 학적 바탕 위에 세워지지는 못하였다. 해방기 문학에 대한 중층적이면서도 전진적인 연구를 수행하기 위해서는 중요 문학공간을 생성해 낸 정치집단 내지 문학단체의 이념 내지 전략을 검토할 필요가 있다.

'카프(KAPF)'의 후신이라 할 수 있는 조선문학가동맹에 대한 연구 또한 마찬가지이다. 이 당시 좌·우파 문학의 중심축이었던 조선문학가동맹이나 전조선문필가협회의 이념 내지 현실대응전략을 다층적 측면에서 따져 보는 것은 해방기 문학의 실상을 규명하는 데 선결요건이 된다고 할 수 있다. 특히 해방기의 중요 문학단체로 진보적 문학의 중심축이었던 조선문학가동맹에 대한 연구는 해방기 문학사의 근간을 해명하는 중요 작업이라 할 수 있다. 물론 해금(解禁) 이후 지금까지 많은 연구자들의 노력으로 조선문학가동맹의 조직이나 이념에 대한 규명이 어느 정도 이루어진 상태에 머물러 있다.[1] 그러나 조선문학가동맹의 실체에 대한 구체적이고도 실증적인 작업들은 여전히 미흡한 상태이다. 특히 조선문학가동맹이 다양한 출판매체를 동원한 미디어 전략을 구사하였지만 지금까지 기존 연구에서 이 부문에 대해서는 크게 주목하지 않았다. 출판매체에 대한 주목은 지금까지 문학연구에서 다소 도외시되던 부분이다. 그러나 최근 들어 문학연구에서 문화연구로 문학 논의의 영역이 확장되어 나가면서 매체에 대한 관심 또한 어느 때보다 높아지고 있다. 이 장에서는 조선문학가동맹과 출판매체의 관련 양상에 대해 논의의 초점을 맞추고자 한다.

조선문학가동맹은 해방 직후 우파와 대립한 좌파의 대표적 문학단체이다. 조선문학가동맹은 해방기의 진보적 정치세력 및 문학단체

---

1 권영민, 『해방 직후의 문학운동 연구』, 서울대학교출판부, 1986.
신형기, 『해방 직후의 문학운동론』, 화다, 1988.
김윤식 외, 『해방공간의 문학운동과 문학의 현실인식』, 한울, 1989.
박용규, 「조선문학가동맹의 민족문학론 연구」, 서울대학교 석사학위논문, 1990.
박헌호, 「해방 직후의 문예대중화론 연구」, 성균관대학교 석사학위논문, 1991.
하정일, 「해방기 민족문학론 연구」, 연세대학교 박사학위논문, 1992.

와 직접적이든 간접적이든 관련을 맺고 있다. 심지어 대타의식(對他意識)하에 만들어진 전조선문필가협회조차 조선문학가동맹이 있었기에 그들만의 논리가 만들어질 수 있었다. 그런데 조선문학가동맹이 발간한 출판매체에 대한 접근은 아직 제대로 이루어지지 못한 상태이다. 물론 『건설기의 조선문학』이나 『문학』에 실린 비평문이나 작품들에 대한 논의는 있었다. 그렇지만 이들에 대한 매체적 특성이나 출판문화사적 접근은 미흡하였다고 할 수 있다. 또한 이 당시 출판의 흔적은 있으나 실물이 발굴되지 못한 문학매체, 예를 들면 문학운동에 관한 팸플릿이나 시 낭독회 같은 행사용으로 제작된 각종 비도서 자료 등은 아직 연구의 수면에 부상하지 않은 상태이다. 지금까지 해방기 문학에 대한 연구의 경우 잘 알려진 작가나 작품, 또는 좌우 이데올로기 위주의 문학연구가 성행한 결과 획일적 관점의 확산, 텍스트의 고정화 등이 성행하였다. 이러한 연구는 다양하고도 풍부한 문학자산들을 표준화시켜 버리는 오류를 범하였다. 한 문학단체나 텍스트는 그 시대의 다양한 층위의 맥락 속에서 형성, 생산됨을 염두에 둘 필요가 있다. 이는 다양한 문학활동을 구체적으로 수용하지 못하는 획일주의적 시선을 극복하는 하나의 방법이기도 하다. 제 출판매체와 그것을 생산한 단체 내지 그룹의 속성을 연관시키고자 하는 이러한 작업은 매체 중심 연구라는 새로운 패러다임 생성과, 결락된 해방기 문학사의 복원에도 일정 부분 기여할 것으로 생각된다. 이 장에서는 미군정의 검열 및 출판 규제 정책과 맞서 대항 주체인 조선문학가동맹이 어떠한 미디어 전략을 구사해 나갔는지를 살펴보고자 한다.

2. 미군정기의 출판 상황과 검열

근대문학은 출판매체, 검열, 등단 제도 등과 밀접한 관련을 가지고 탄생되었다. 이 중 출판매체는 근대문학 형성의 가장 중요한 인자(因子)이다. 근대 신식 활자매체를 통해 대량 생산된 문학매체들은 독자들이 쉽게 작품을 접할 수 있는 통로였기 때문이다. 문제는 근대문학의 생성과 발전의 시기라 할 수 있는 근대계몽기, 일제강점기, 해방기의 사회·문화적 상황이 순조롭지 않았다는 점이다. 일제강점에서 벗어난 해방기의 경우에도 여전히 검열과 판금이 되풀이되는 문학 장(場)의 구도는 크게 바뀌지 않았다. 특히 한반도에 미소 군정이 들어서면서 이러한 상황은 더욱 심화되었다고 할 수 있다.

해방 직후 출판계는 용지난, 인쇄난에도 불구하고 해방의 열기 속에 활기를 띠기 시작했다. 38 이남의 경우, 1947년 8월 말 현재 519개소의 출판사, 278개소의 인쇄소에 의해 통신, 신문, 잡지가 총 334종 발간되었으며,[2] 1949년 1월 15일 현재 등록된 출판사는 798개, 1949년 1월 8일 현재 전국에 산재한 정기간행물(신문, 잡지, 동인지 포함)은 248종으로 되어 있다.[3] 이 현황은 명목뿐인 출판사나 정기간행물이 있다

---

2 『1948년판 조선연감』, 조선통신사, 1947, 371쪽.

3 「출판사일람표」, 『출판대감』, 조선출판문화협회, 1949, 57~63쪽 참고. 『출판대감』은 이 시기 출판매체의 목록뿐만 아니라 출판사, 인쇄소, 서점 등의 명부까지 보여 주고 있다. 해방기 출판사와 출판물의 현황을 전체적으로 조망할 수 있는 목록을 열거하고 있다는 점에서 이 책의 의의는 적지 않다. 이 책은 출판물의 발간 상황이나 목록 확인에 많은 도움을 주는 중요한 자료이다. 그러나 매체의 특성에 대한 기술이나 문제적 인식 없는 평면적 나열은 이 책이 갖는 한계이기도 하다. 물론 해방기나 한국전쟁 전후에 나온 『조선해방1년사』, 『1947년판 예술연감』 같은 각종 연감(年鑑), 연보(年報) 등도 참고의 대상이 된다. 이러한 책들 또한 간략하긴 하지만 이 당시 출간된 출판매체의 목록이나 현황을 담고 있다.

고 하더라도, 출판을 통한 계몽의 열기가 해방기 내내 식지 않았음을 보여 준다.[4] 해방이 되자 표현의 자유를 누리지 못하였던 지식인들은 새나라 건설에 대한 제반 욕구와 주장을 각종 출판매체를 통해 표출해 나가기 시작하였다. 출판물의 폭발적인 증가는 지식인들의 해방에 거는 기대가 그만큼 컸음을 보여 준다. 해방기 출판 상황에 대한 연구는 주로 회고류의 기억[5]에 의존하다가, 최근에는 실증적인 목록 구축 작업[6]이나 문화사적 접근[7] 등으로 그 범위가 확대되어 가는 중이다.

검열, 판금이 되풀이되는 해방기 문학의 장(場)에서 조선문학가동맹은 미군정의 검열에 대해 어떠한 미디어 정책을 구사하여 대항 주체로 자리 잡게 되었는가? 이것은 미군정기의 엄혹한 출판상황하에서 조선문학가동맹은 어떠한 전략과 전술을 가지고 미군정의 검열 및 출판 규제 정책에 맞서 나갔는가 하는 문제와 연결된다. 여기에 필연적으로 검열의 문제가 등장한다. 검열은 크게 외적 검열과 내적 검열로 나누어진다. 외적 검열은 외부에서 가해지는 폭력의 양상이고, 내적 검열은 작가가 외적 검열을 의식해 작품 생산 과정에서 자기 작품에 대해 스스로 행하는 검열의 한 형태이다. 내적 검열은 물론 겉으로 드러나지는 않지만 스스로의 검열로 인해 표현할 수 있는 많은 부분

4 해방기 출판매체를 살펴보고자 할 때 이 당시 발간된 잡지의 광고나 연감, 연보 등에 나오는 출판매체의 목록을 비판적으로 접근할 필요가 있다. 출판목록과 실물 자료의 대조가 필요한 부분이라 하겠다. 광고에는 등장하나 현재 실물을 확보할 수 없는 경우는 아직 미발굴 상태로 남아 있거나 검열 또는 출판사의 사정으로 발간되지 못한 경우라 할 수 있다. 아니면 출간되자마자 판금된 경우도 있을 수 있다.

5 이경훈, 『속 책은 만인의 것』, 보성사, 1993.

6 오영식, 『해방기 간행도서 총목록』, 소명출판, 2009.
윤길수, 『윤길수책: 한국근현대도서목록 1895-2010』, 도서출판b, 2011.

7 이중연, 『책 사슬에서 풀리다: 해방기 책의 문화사』, 혜안, 2005.

들이 훼손된다고 할 수 있다. 일제강점기에도 검열의 문제는 심각하였다. 일제는 식민지 조선의 사상 통제를 위해 다양한 수단을 동원하였는데, 문화 부문인 언론, 출판, 문학 제 분야에 검열장치를 지속적으로 작동시켰다. 그 결과 정치, 사회, 문화 제 분야 매체들에 대한 정간, 판금 등의 금서 조치가 일제강점기 내내 행해졌다. 경술국치 직전 신문지법(1907)과 출판법(1909)을 통해 시작된 검열 체제는 식민지 시기 미디어의 생산과 통제에 지속적으로 관여하였던 것이다.

해방기 검열의 주체는 조선반도에 진주해 온 미소 군정이라 할 수 있다. 이들은 용이한 통치를 위하여 차츰 규율 체제를 강화시켜 나갔다.[8] 규율 체제의 강화는 출판매체의 발간에 큰 영향을 미치게 된다. 38 이남의 경우 해방 초기에는 출판매체의 발간이 어느 정도 자유로웠다. 미군정 당국 또한 좌익의 출판매체에 대해 비교적 수용적이었다. 그러나 해방 1년이 지나면서부터 미군정과 좌익 측의 충돌은 새로운 국면을 파생시켰다. 해방 직후 잠시 누렸던 언론, 출판의 자유는 미군정 당국의 정책 변화로 인해 지속적으로 유지되지 못하였다. 1946년 5월 29일 발포된 미군정법령 83호는 잡지의 경우 납본제에서 허가제로 바꾸는 법령이었다. 이는 그들의 정책과 상반되는 출판매체를 더 이상 38 이남에 허가하지 않겠다는 것을 언명한 것이었다.

---

8 문학 부문에서의 통제와 검열은 38 이북에서 먼저 시작되었다. 북조선문예총이 원산문학가동맹이 편집한 시집 『응향(凝香)』에 관한 결정서를 발표하였는데, 이는 자신들의 체제에 부합하지 않는 문학작품을 북조선에서 축출하겠다는 표시였다. 조선문학가동맹이 펴낸 『문학』 3호(1947. 4.)에 실린 「잡지 『별』과 『레닌그라드』에 관한 1946년 8월 14일부 소련공산당중앙위원회의 결정서」와 「시집 『응향』에 관한 결정서: 북조선문학예술총동맹중앙상임위원회의 결정서」, 백인준의 「문학예술은 인민에게 복무하여야 할 것이다: 원산문학가동맹편집시집 『응향』을 평함」 등은 모두 북조선 문학예술의 방향을 지시한 것이라 할 수 있다.

『1948년판 조선연감』에 실린 다음 내용은 강화되어 가는 미군정 당국의 언론출판 정책의 모습을 잘 보여 주고 있다.

> 출판문화를 통제하고 있는 군정 당국의 출판정책은 1947년 3월 신문, 잡지 등 간행물의 허가권이 상무부로부터 공보부로 이양되고 나서부터 점차로 구체화되기 시작하였다. 즉 동 3월 17일부 공보부령으로 나온 정기간행물의 신규허가 정지령은 최초의 그것이었다. 여기서 일간신문은 10일간, 주간은 3주일간 등등 정기간행물 휴간의 한도를 정한 것은 자칫하면 기계적으로 해석되어 납본을 위한 간행, 혹은 명맥도 없는 일부 간행물의 연명을 도와줄 뿐으로 되었으며 사회적 정세에 발맞추지 못하는 일부 간행물에게는 치명적 타격을 주는 것이었다. 출판물에 대한 감시도 치밀하게 되어 주간 잡지 『민성』에 대한 압수처분, 경찰당국이 시집 『찬가』 등 단행본을 압수, 삭제한 것은 거기에 응당한 법적 근거는 차치하고라도 출판문화계에 있어서는 또다시 쓰라린 수난의 기록이 아닐 수 없다. 이러한 관계 당국에 뚜렷한 처결권을 부여하는 '정기간행물법'이 9월 19일 입법위원을 통과하자 언론출판계가 총동원하야 일제(日帝) 신문지법의 소생이라고 반기를 들고 나선 것도 우연한 사실은 아닐 것이다.[9]

미군정의 검열은 주로 언론, 출판문화 부문에서 그들에 맞선 조선문학가동맹 내지 그것에 소속된 맹원들의 작품에 맞추어져 있었다고 할 수 있다. 실제 검열과 그것에 대한 조선문학가동맹의 대응을 임화의 시집 『찬가』의 경우를 통해 살펴보기로 하자.

---

9 『1948년판 조선연감』, 조선통신사, 1947, 373쪽.

이미 공보부의 공인 아래 판매 중인 임화씨 시집 『찬가』에 대한 경찰의 삭제문제는 민족문화건설의 구호가 높은 이때 관계문화 예술인뿐만 아니라 일반의 여론이 분분한데 작(昨) 28일 문학가동맹 중앙집행위원회에서는 그 부당성을 지적하는 다음의 성명서를 발표하였다. — 우리 문화예술인은 해방과 더불어 언론출판의 자유라는 민주주의 원칙하에서 말살되었던 민족문화예술의 건설은 우리들의 역사적인 임무가 되어 있는 것이다. 우리의 애국시인 임화씨의, 해방 후 민족의 환희를 노래했으며, 인민을 찬양한 시집 『찬가』에 대한 경찰당국의 시의 삭제에 대하야서는 문화예술을 모독하는 천만부당한 처사요 비민주적이라는 것을 우리는 지적하는 바이다. 일제시대부터 반항정신에 투철 일관해 온 임화씨의 시는 일구일절(一句一節)이 우리 인민의 소리요 노래가 되는 것이다. 우리는 이 시집이 합법적으로 공보부의 공인으로써 출간 발매 중에도 불구하고 삭제되는 사실은 언론출판의 자유라는 민주주의 원칙을 무시하는 점이요, 이 같은 문화예술을 몰이해하는 것은 민족문화예술을 저해하는 과거 일제 잔재와 유사한 정책으로 우리는 적극 반대를 주장하며 모든 선량한 민족문화예술인과 더불어 공통된 성명을 당국에 보내는 바이다.[10]

백양당 간행인 임화씨 시집 『찬가』는 군정청 공보부에 납본 수속을 완료하고 얼마 전부터 시장에서 판매되고 있었는데 돌연 수도청(首都廳)에서 내용 일부가 볼온타고 발매금지를 시킨 데 대하여 문련(文聯) 각 산하단체에서는 러-취 장관에게 서한을 전달하는 등 물의를 일으키고 있었는데, 지난 4일 조선문학가동맹을 대표한 조허림

10 「시집 『찬가』 삭제에 조선문학가동맹서 성명 발표」, 『민보(民報)』, 1947. 5. 29.

(趙虛林)씨 외 수씨는 러-취 장관, 안(安) 민정장관, 이철원 공보부장 등을 예방하고 다음과 같은 서한을 전달하였다. — 시집 『찬가』를 발매금지를 하게 된 초점은 1, 2편의 시인 것 같은데, 이것은 예술에 대한 이해 부족이며 신경과민에서 온 오해라고 본다. 일제시대에 너무나 이런 쓰라림을 조선문화인들이 많이 받았으니 이러한 경찰의 오해는 시정하도록 해주기 바라며 시집 발매금지를 즉시 중지시켜 주기를 바란다.[11]

임화의 『찬가』에 대해 수도경찰청(청장: 장택상)에서 삭제 지시가 내려진 시는 『찬가』에 실린 「깃발을 내리자」 외 1편이다.[12] 「깃발을 내리자」는 의문형과 청유형 어미를 반복 사용하여 읽는 순간 독자(청중)들의 감정이 고양되는 선동시이다. 1946년 5월 19일 쓰여진 이 시는 38 이남의 현실을 "노름꾼과 강도를/ 잡던 손이/ 위대한 혁명가의/ 소매를 쥐려는/ 욕된 하늘", "살인의 자유와/ 약탈의 신성이/ 주야로 방

11 「시집 『찬가』 발매금지에 문학동맹서 당로(當路)에 서한 제출」, 『독립신보』, 1947. 6. 6.

12 시집 『찬가』의 출판 및 발매 금지 과정은 「물의(物議) 되는 시집 『찬가』 '기빨을 나리자'가 문제」란 『우리신문』의 1947년 5월 2일 자 기사를 참고해 볼 수 있다. "시내 종로 2가에 있는 백양당 출판 임화씨 시집 『찬가』 가운데 '동포여 일제히 기빨을 나리자'라는 구절이 있는데, 이 시집은 군정청 공보부에 납부 허가되어 이미 시장에서 판매 중에 있음에도 불구하고 금번 수도경찰청 사찰과에서는 돌연 동 시집 출판소인 전기 백양당 주인(필자 주: 배정국)을 불러 시장에 산포되어 있는 동 시집의 전기 구절을 삭제 판매하라고 명령한 사건이 있었다. 이에 의하여 동 시집을 판매 중이던 각 서점에서는 삭제 검열을 맞기에 혼잡을 이루고 있는 동시에 일반 문화인 사이에 전번 문학가 동맹 출판인 『인민항쟁시집』 압수 사건 후 거듭하는 경찰 당국의 처사에 대하야 물의가 높다. 이에 대하야 장(張)수도청장은 26일 다음과 같이 말하였다. 「설사 공보부에서 허가한 출판물이라도 그 자체가 불온하다고 인정될 때에는 출판물의 일부분을 삭제할 수도 있고 또 그 출판물의 판매금지를 재판소에 고발할 수도 있다.」" 한편 필자가 소장하고 있는 『찬가』를 보면 목차 부분에서 「깃발을 내리자」의 쪽수만 삭제되어 있을 뿐 본문에는 그대로 실려 있다. 이는 『찬가』가 검열에 대해 형식적 시늉만 하였을 뿐 그 후에도 정상적으로 시장에서 유통되었음을 보여 준다.

송되는/ 남부조선/ 더러운 하늘"[13]로 묘사하고 있다. 이러한 내용을 좌시할 수 없었던 수도경찰청이 내린 삭제 지시는 조선문학가동맹의 즉각적인 반발을 불러일으켰다. 조선문학가동맹은 「깃발을 내리자」에 대한 수도경찰청의 삭제 지시를 거부하면서, 성명서를 발표하고 항의 서한을 당국에 전달하였다. 앞에서 보다시피 『찬가』는 공보부의 납본 허가까지 받고 정상적으로 출판된 것이었다. 정상적인 절차에 의해 독서시장에 유통되던 『찬가』에 대한 미군정의 발매 금지 조처는 조선문학가동맹을 주도하고 있던 임화나 조선문학가동맹 소속 작가들이 펴내는 선동적 출판물에 대한 경고라 할 수 있다. 이를 조선문학가동맹은 중대 국면으로 인식하고 공개적인 성명서 발표와 동시에 관계기관을 예방하는 등 강온 양 전략을 구사하였던 것이다.

미군정 당국이 『찬가』를 발매 금지시킨 것은 임화의 위치와 그의 시가 가진 선동성과 관련된 것이라 할 수 있다. 미군정 당국이 해방 직후 엄청나게 발간된 좌익 사상서나 이론서 등에 판금 조치를 취하지 않으면서 임화의 『찬가』 같은 시집에 삭제 내지 발매 금지 조치를 내린 것은 문학서적이 가진 선동성 내지 파급효과를 잘 알고 있었기 때문이라 할 수 있다. 이후 이태준의 『소련기행』은 예외라 하더라도 박문서의 『소백산』이나 조벽암의 『지열』 등이 잇따라 금서 처분을 받게 된 것을 볼 때, 다른 서적에 비해 시집에 대한 판금 조치가 우선시되었음을 알 수 있다.

해방 초기 다소 우호적이었던 미군정과 조선공산당의 관계는 1946

---

13 임화, 『찬가』, 백양당, 1947, 51~54쪽.

년 조선공산당의 '신전술' 채택 이후 악화되기 시작한다. 1946년 9월 총파업, 10월항쟁을 전후하여 좌익 계열 신문에 대한 정간이 빈번히 이루어지고, 1947년을 지나면서 출판물에 대한 통제 조치가 가시화되었다. 이러한 상황하에서 조선문학가동맹은 미군정의 언론, 출판에 관한 통제 내지 규율 정책을 일제의 신문지법과 크게 다를 바 없는 검열기제로 인식하게 되었던 것이다. 미군정 내지 신생 정부에 맞선 대항 주체였던 조선문학가동맹에게 검열은 문자 행위를 긴장시키는 중요 장벽이었다. 해방기 조선문학가동맹의 출판매체들은 대부분 검열과 저항의 틈바구니에서 생산된 것이라 할 수 있다. 1948년 남북한 정권의 성립 이후 강화되어 가는 국가주의와 반공주의 시선 앞에 조선문학가동맹원들의 활동반경은 더욱 위축되어 갔다. 월북, 지하 잠입, 보도연맹 가입 등의 선택 행위 앞에 이들의 욕망과 의식을 드러내 보여 주던 출판매체들의 운명은 쇠락할 수밖에 없었다.

3. 조선문학가동맹의 매체투쟁과 미디어 전략

3.1. 기관지를 통한 매체투쟁

해방 직후 정세에 따른 조선문학가동맹의 미디어 정책을 가장 잘 살펴볼 수 있는 것은 기관지인 『문학』이라 할 수 있다. 『문학』은 창간호부터 8호까지 출간되었다. 『문학』 창간호(1946. 7. 15.)에 실린 「조선문학가동맹운동사업개황보고」는 이 당시 조선문학가동맹이 적극적인 문학운동을 전개하였음을 보여 준다. 이 중 '기관지 급 필요한 단행본의 출판 배포' 항목을 눈여겨볼 필요가 있다. 출판 사업이 거둔

성과로 제시한 것은 다음과 같다.

- 『삼일기념시집』: 1946년 3월 1일에 반일투쟁 28주년 기념일을 맞이하여 우수한 기념시 16편을 선정 편집하여 발간 배포하였다.
- 『건설기의 조선문학』: 1946년 2월 8, 9 양일에 역사적으로 최초인 전국문학자대회에서 피력한 각 보고, 연설, 기타 의의 깊은 축사 급 회의록 등을 일괄 편집한 단행본을 발간하야 널리 배포한다. 또 수시 필요에 따라 양서 단행본을 발간함
- 『문학』: 동맹 기관지로서 월간 발행하고 지도이론, 평론, 창작, 시, 동맹활동 상황, 외국작품 소개 등을 게재하여 지식층에 문학건설운동 자료로서 배포한다. 창간호를 6월에 발간하였다.[14]

위의 항목은 조선문학가동맹의 매체출판이 '문예강연회의 개최'나 '문학의 인민적 기초의 확립을 위한 대중활동' 같은 조선문학가동맹의 전체 사업 속에 놓여 있음을 보여 준다. 조선문학가동맹은 자신들의 이념을 대중 속으로 전파하기 위해 여러 가지 전략을 수립하였는데, 그중 하나가 기관지와 단행본의 출판 배포였던 것이다. 여기서 기관지인 『문학』이 새나라 건설 도정에서 '문학건설운동 자료'로서 발간되었음을 확인할 수 있다. 『문학』은 표지, 내지 등을 활용하여 주로 출판사의 광고를 싣고 있는데, 여기에 주로 실린 광고는 백양당, 건설출판사, 아문각 같은 좌익 경향의 출판사가 낸 서적들을 대

14 「조선문학가동맹운동사업개황보고」, 『문학』 창간호, 조선문학가동맹, 1946. 7., 152~153쪽.

상으로 하고 있다.[15] 『문학』 2호(1946. 11. 25.)는 시, 소설, 비평 같은 작품 수록 이외에도 여백의 공간마다 같은 이념을 가진 출판사의 서적 광고를 실어 그들의 이념을 확산시켜 나가고자 하였다. 다시 말하면 민중들에게 자신들의 이념을 전달하려는 계몽적 욕구를 강하게 가진 조선문학가동맹 지도부에게 출판매체 또는 그것에 실린 서적 광고는 “자신들의 욕망과 의식을 실천할 또 하나의 지면”[16]이었다고 할 수 있다. 한편 조선문학가동맹의 소설부위원회는 아문각판 『8·15 이후 조선단편소설선집』 세 권을 기획하였는데 그 기획 의도는 다음과 같다.

> 1945년 8·15는 우리 민족이 역사를 가진 후 최대의 희열을 느끼던 날이었다. 우러러 치여다보던 하늘도 변한듯 골수에 사모치던 원한과 증오를 풀던 날이다. 감히 문학인이 위대한 민족의 환희를 어떻게 처리하며 표현했는가. 본 동맹 소설부위원회는 그날을 기념 삼아 서너 권의 소설집을 편집 출간함은 오로지 그것에 의의를 갖고자 하는 바이다.[17]

광고에서 밝힌 제1권의 집필진은 안회남, 채만식, 박태원, 박노갑,

---

15 『문학』 2호(1946. 11. 25.)에 실린 출판 광고는 다음과 같다. 내지 뒷면에 백양당의 신간으로 박치우의 『사상과 현실』, 정지용의 『백록담』, 이태준의 『상허문학독본』을, 건설출판사의 신간으로 조명희의 『낙동강』, 정지용의 『정지용시집』, 이기영의 『민촌』, 권환의 『동결』, 한설야의 『이녕』, 임화의 『회상시집』, 박찬모가 번역한 『맑스엥겔스예술론』을, 그 외에도 지면 사이사이로 우리문학사의 『우리문학』 3호, 백양당의 『건설기의 조선문학』, 『찬가』(임화), 아문각의 『조선단편소설선집』, 『성벽』(오장환), 『표준한글사전』(이윤재) 등을 광고하고 있다.

16 박지영, 「1920년대 ‘책광고’를 통해서 본 베스트셀러의 운명」, 『대동문화연구』 53, 성균관대학교 대동문화연구원, 2006. 3., 123쪽.

17 『문학』 2호, 조선문학가동맹, 1946. 2., 74쪽.

박계주, 박영준, 김만선, 김영석, 안동수, 홍구 등이다. 그런데 아문각에서 발행한 『1946년판 조선소설집』에 이들의 작품이 그대로 실려 있는 것으로 보아 출판 과정에서 책자의 제목이 바뀐 것으로 보인다. 전 3권 중 제1권 인쇄 중이란 아문각의 광고에도 불구하고 '서너 권의 소설집'을 펴내려던 조선문학가동맹 소설부위원회의 기획은 결국 뜻을 이루지 못하였다.

한편 『문학』 2호는 백양당에서 펴낸 제1회 전국문학자대회 보고 연설 급 회의록인 『건설기의 조선문학』, 임화의 해방 직후 시집 『찬가』를 광고하고 있다. 『찬가』에 대한 출판광고 문구를 읽어 보면 단순 책 홍보 차원으로 제작된 것이 아님을 알 수 있다. 임화는 조선문학가동맹을 실질적으로 주도하고 있는 인물이다. 그의 시집 『찬가』에 「깃발을 내리자」와 같은 선동적인 시가 실려 있음을 고려해 보면, 『문학』에 실린 『찬가』의 광고는 조선문학가동맹 지도부의 문학 정책 내지 그 방향과 관련이 있다고 할 수 있다.

> 8월 15일은 시인에게 새로운 노래의 세계를 선물하였다. 해방이 가져온 환희와 인민조선의 끊임없는 진격에 대하여 시인들은 무엇을 노래하고 있느냐. 혹은 대열 밖에서 바라보며 쭈빗거리고 혹은 대오에서 뒤떨어져 다리를 절며 따라갈 때에 오직 한 사람 임화만이 진격의 선봉이 되어 거대한 혁명의 물결 앞에 서 있다. 이리하여 이 책에 모은 노래들은 영원히 전진하는 해방인민의 대행군에 바치는 『찬가』다.[18]

---

18 위의 책, 60쪽.

이 글은 해방 직후 시인이 문학자로서 무엇을 노래해야 하는지를 분명히 제시하고 있다. 많은 시인들이 혁명의 전위에 서지 못하고 머뭇거리고 있음을 비판하고 임화만이 '해방인민'의 선봉에서 거대한 혁명의 물결을 선도하고 있음을 찬양한다. 이 광고는 결국 혁명을 선도하는 전위적 인물인 임화와 그의 혁명적 노래에 대한 찬가라 할 수 있다. 책 소개 형식을 취한 광고이기에 과다한 찬사가 붙기 마련이지만, 독자는 『찬가』의 광고를 읽으면서 자연스럽게 조선문학가동맹 지도부와 그들의 노선에 대한 지지의 감정을 갖게 된다. 조선문학가동맹은 이처럼 기관지 『문학』 곳곳의 문학서적 광고를 통해서 자신들의 이념을 전달하고 있다. 이들은 광고의 대상이 되는 출판사를 무제한 개방하지 않고 백양당, 아문각, 건설출판사 같은 좌익 계열 출판사로 제한하였다. 즉 자신들의 영향하에 있는 출판사의 광고를 기관지 『문학』에 실었으며, 선택된 출판매체의 경우 광고의 언사를 최대한 이용하는 전략을 사용하였다. 이러한 방침은 『문학』 3호(1947. 4. 15.)에도 계속되는데 시일이 지나면서 좀 더 많은 책자들이 발간된 결과 다양한 책자들을 소개하는 정도이나 그 방법은 2호와 거의 대동소이하다.[19] 『문학』 3호의 경우 기존의 출판사 이외에 좌익의 이론서를 주로

---

19 『문학』 3호(1947. 4. 15.)에 실린 출판매체의 광고를 제시해 보면 다음과 같다. 백양당의 출판물로 박치우의 『사상과 현실』, 설정식의 『종』을, 아문각의 근간 발매 예고 출판물로 김태준의 『연안행』, 임화의 『문학론』, 안회남의 신작 장편소설 『조국에 바치는 날』, 김남천 소설집 『삼일운동』, 현덕 소설집 『남생이』, 홍구 소설집 『유성(流星)』, 박찬모 소설집 『개구리』를, 아문각의 신간 안내로 조선문학가동맹 시부위원회 편 『1946년판 조선시집』, 조선문학가동맹 소설부위원회 편 『1946년판 조선소설집』, 이용악 시집 『오랑캐꽃』, 오장환 시집 『성벽』을, 뒤표지에 아문각의 근간 예고로 이윤재의 『표준한글사전』 등을 싣고 있다. 이 중 김태준의 『연안행』, 임화의 『문학론』, 안회남의 『조국에 바치는 날』, 홍구의 『유성』, 박찬모의 『개구리』 등은 실제 출판되지 않은 것으로 보인다.

펴내던 신학사(新學社)의 광고가 중간의 여백에 자리 잡고 있음이 다소 특이하다고 할 수 있다. 신학사는 주로 좌익 이론 번역서를 많이 내던 출판사[20]로 『문학』 3호의 광고에도 인민문화연구소 사회과학부가 편한 『사회주의정치학 제일보』, 『사회주의경제학 제일보』, 루이미얀스키의 『변증법적 논리학』, 최두성의 『헤-겔 역사철학』 등을 내보이고 있다. 기관지 『문학』은 주로 좌익 출판사가 펴낸 조선문학가동맹원의 문학서적 광고를 중심으로 하되 부분적으로 좌익 이론 서적을 광고하는 전략을 구사하였다. 조선문학가동맹이 월간, 주간 발행의 다양한 매체 출판을 시도하였음이 『문학』지에 실린 제 광고를 통해 확인된다. 조선문학가동맹은 기관지 월간 『문학』 이외에 기관주보(機關週報)로 『건설』을 발간[21]하였으며, 백양당을 총발매소로 하였다.

조선문학가동맹은 긴급한 정세에 대응하기 위하여 『문학』 2호와 3호 사이에 3·1 기념 임시증간호(1947. 2. 25.)를 발간하였다. 『문학』 3·1 기념 임시증간호는 '인민항쟁 특집'이란 제호로 35쪽의 팸플릿 형식으로 출판되었다. '10월인민항쟁'은 조선공산당(10월항쟁 이후 남로당)뿐만 아니라 조선문학가동맹 지도부에서도 그것의 의의를 높이 평가하고 있었는데,[22] 이 책자는 문학 부문의 대응 산물이라 할 수 있다.

---

20 최태성(崔泰成)이 사장으로 있던 신학사는 상민의 『옥문이 열리든 날』(1948. 9. 10.)과 설정식의 『제신의 분노』(1948. 11. 18.)란 시집 이외에는 대부분 좌익 이론 또는 번역서적 발간에 치중한 출판사였다. 신학사의 좌익 이론서 또는 번역서적의 목록에 대해서는 오영식, 『해방기 간행도서 총목록 1945~1950』(소명출판, 2009), 172~173쪽에 14권의 도서가 소개되어 있다.

21 『건설』의 발간 의도와 그 내용은 다음의 광고 문구를 통해 어느 정도 짐작해 볼 수 있다. "문학인들이 제작해 내는 주간(週刊), 평이하게 간명하게 문학인은 정치, 경제, 사회, 부녀, 청년, 소년 문제를 해석한다. 흥미와 취미와 오락을 위하여 소설, 시, 음악, 미술, 연극을 집필 기재한다." 『문학』 3, 조선문학가동맹, 1947. 4. 15., 21쪽.

22 박헌영 등 남로당 지도부는 10월인민항쟁의 의의를 "조선민족해방투쟁사상에서 볼 수 없는

1946년 11월 25일 발간된 『문학』 2호의 경우 '10월인민항쟁'이 한창 진행 중이라 작품을 모으거나 그것의 의의를 평가할 계제가 아니었다. 조선문학가동맹으로서는 10월인민항쟁의 정신을 어쨌든 널리 퍼뜨릴 필요가 있었다. 그래서 서둘러 10월인민항쟁에 관한 작품을 모으고 3·1절 이전에 임시증간호를 긴급 발행하였던 것이다. 임시증간호의 발간 과정을 잠깐 보기로 하자.

> 극히 촉박한 원고마감에도 불구하고 시가 20여 편, 소설이 16편이 들어왔다. 동맹 여러 작가들의 그 성실한 노력에 감사하여 동시에 시는 별책으로 시집 『인민항쟁』이 나오게 되었고 소설은 직접 인민항쟁에서 취재한 것으로 좋은 영향력을 가진 작품이 아니라고 생각되는 작품은 사양하기로 하였다. 동맹원 여러분의 넓은 양해가 있기 바란다.[23]

「편집후기」는 시일이 상당히 촉박하였음에도 조선문학가동맹의 긴급 기획에 많은 작가들이 호응하였음을 보여 준다. 『문학』 3·1기념 임

위대한 의의와 찬란한 성과를 거둔"(「인민항쟁의 피어린 기록」, 『민주조선독립을 위한 3대투쟁사』, 1948, 해방사, 93쪽) 것으로 평가하는데, 문학과 관련하여 인민항쟁의 의의를 논한 것으로 임화의 다음 글을 들 수 있다. "10월인민항쟁은 실로 조선인민의 모든 자유의 새로운 출발점이 될 것이다. 문학의 자유의 위기는 이리하여 구원되고, 투쟁과 승리의 새로운 길은 다시 열리게 된 것이다. 그리하여 인민항쟁은 조선문학의 새로운 기원이 되었으며, 조선의 문학운동은 인민항쟁과 영원히 분리할 수 없이 결합된 것이다. 이로부터의 조선문학은 일찍이 신문학이 그러했던 것처럼 인민항쟁의 정신을 떠나서는 영원히 존재할 수 없을 것이다." 임화, 「인민항쟁과 문학운동」, 『문학』 3·1 기념 임시증간호, 조선문학가동맹, 1947. 2., 15쪽. 이러한 임화의 견해는 "우리 민족에게 3·1운동이 없었더라면 조선문학은 존재하지 못하였을 것이며 오늘의 인민항쟁이 없었다면 민족과 더불어 조선문학은 완전히 말살당하였을 것이다. 이 위대한 날을 기념하여 임시증간호를 냄에 있어 넉넉하게 꾸미지 못함을 부끄럽게 생각한다."(같은 책, 35쪽)라는 이 책의 「편집후기」에도 그대로 이어지고 있다.

23 「편집후기」, 『문학』 3·1 기념 임시증간호, 조선문학가동맹, 1947. 2., 35쪽.

시증간호는 권두에 임화의 「인민항쟁과 문학운동」을 싣고, 시는 한진식의 「2월의 노래」, 이용악의 「기관구에서」를, 소설은 전명선의 「방아쇠」, 강형구의 「연락원」, 김현구의 「산풍」, 황순원의 「아버지」, 박찬모의 「어머니」를 싣고 있다. 소설은 16편의 작품 중 5편만 실었다. 시가 2편밖에 실리지 못한 이유는 「편집후기」를 통해 짐작할 수 있다. 그것에 따르면 투고된 20여 편의 시를 묶어 시집 『인민항쟁』을 낸다고 하였다. 그렇다면 왜 시집 『인민항쟁』을 별도로 묶어 내었던 것인가? 이는 조선문학가동맹의 전략과 연계된 것으로, 편집진들이 시의 기능을 잘 알고 있었기 때문이라 할 수 있다. 격동기일수록 시가 소설에 비해 기민하게 현실에 대응할 수 있음은 주지의 사실이다. 동시에 시는 순간적으로 대중을 흥분시켜 감정을 폭발하게 만듦으로써 다른 장르에 비해 선전 선동의 효과가 크다고 할 수 있다. 현재 시집 『인민항쟁』이 남아 있지 않아 그 내용은 알 수 없으나,[24] 한진식이나 이용악의 시를 통해 그 내용을 대략 짐작할 수 있다. 현재 그것에 대한 압수의 기록[25]이 남아 있는 것을 볼 때 출간 직후 널리 유포되지는 못한 것 같다.

조선문학가동맹의 이러한 미디어 전략은 『문학』 4호(1947. 7. 14.)의 경우에도 상당 부분 이어졌다고 볼 수 있다. 『문학』 4호는 공위재개 기

24 시집 『인민항쟁』에 대한 광고가 '오늘의 3·1운동인 위대한 10월인민항쟁의 영웅들에게 드리는 영광과 영생의 노래'란 표제로 3·1 기념 임시증간호의 뒤표지에 실려 있는데 그 내용은 다음과 같다. "조선의 시인으로 태어나서 어찌 이 위대한 인민항쟁을 노래하지 않을 것이며, 어찌 또 이 위대한 인민항쟁의 영도자들과 그 숭고한 영웅들에 대하여 영광을 드리지 않을 수 있을까? 우리의 문학과 우리의 시는 이 위대한 항쟁을 싸운 용감한 인민들의 붉은 마음과 붉은 피에서 자라나는 것이다." 『문학』 3·1 기념 임시증간호, 조선문학가동맹, 1947. 2., 뒤표지 광고.

25 「물의(物議) 되는 시집 『찬가』」, 『우리신문』, 1947. 5. 27.

념 특집호인데 그 발행의 과정을 편집진은 다음과 같이 밝히고 있다.

> 우리는 공위재개 축하 기념호를 내지 않을 수 없었다. 그러나 제 4호 민족문학 특집의 편집을 거의 손 떼게 되었을 때 갑자기 이 기념호를 꾸미느라 만족할 만한 내용과 체재를 갖추어 여러분 앞에 내놓지 못함을 부끄러이 생각한다. 다음 5호에는 민족문학 특집과 8·15 2주년 기념 특집으로 내용을 충실케 해 여러분의 기대에 어그러지지 않게 할 것을 맹세하며 민족문학에 대하야 옥고를 많이 주셨던 동맹원 여러분의 넓은 양해 있기를 바란다.[26]

「편집묵여(編輯墨餘)」는 『문학』 4호가 38쪽의 팸플릿 형식으로 나올 수밖에 없는 이유로 미소공동위원회의 재개란 긴급한 상황을 들고 있다. 이는 3·1 기념 임시증간호와 마찬가지로 『문학』 4호가 정상적인 발행 절차 속에 나오지 못했음을 의미한다.

『문학』 4호는 민족문학 특집호로 거의 마무리 편집 단계에서 공위재개 기념 특집호로 긴급하게 변경되었다. 이 당시 좌익 측은 남한만의 단독정부 수립을 막기 위한 방책으로 미소공동위원회의 재개에 큰 희망을 걸고 있었다. 이는 조선문학가동맹만의 문제를 넘어서 좌익 전체의 정세 대응 문제와 관련된 것이라 할 수 있다. 이러한 방침이 민주주의민족전선 산하에 있던 조선문학가동맹의 기관지인 『문학』의 예정된 기획까지 바꾸게 만들었던 것이다. 인민항쟁을 특집으로 한 3·1 기념 임시증간호나 공위재개 기념 특집호인 『문학』 4호는 급

---

26 「편집묵여(編輯墨餘)」, 『문학』 4호, 1947. 7., 39쪽.

변하는 정세에 대응하기 위해 조선문학가동맹이 취한 미디어 정책의 산물이라 할 수 있다.

3.2. 기념 출판과 장정을 활용한 미디어 전략

조선문학가동맹은 회의록은 물론이고 중요 시점마다 기념 출판을 시도하였다. 회의록의 출판은 특히 좌익 측에서 성행하였는데, 민주주의민족전선 산하의 여러 단체에서 회의록을 발간하였다.[27] 이 중 『건설기의 조선문학』은 조선문학가동맹의 기본 노선과 문예 정책, 정강 등을 담고 있는 책자로, 1946년 2월 8, 9일 양일간에 개최된 전국문학자대회의 모습을 생동감 있게 전달하고 있다. '제1회 전국문학자대회 보고연설 급 회의록'이란 부제가 보여 주듯이 전국문학자대회의 구체적인 현장 모습과 보고된 연설 내용, 결정서, 회의록 등을 담고 있다. 특히 임화, 이원조, 김기림, 한효, 권환, 박세영, 김영건, 김태준, 김남천, 이태준, 김오성, 박치우, 신남철 등이 행한 각 분야에 관한 '보고연설'과 3건의 결정서 뒤에 덧붙인 회의록 부분은 양일간 진행된 회의의 현장 상황을 있는 그대로 전달하고 있어 주목된다. 이는 행사에 참가하지 못한 독자들에게 생생한 현장감을 보여 주는 동시에 회의가 민주적인 절차에 의해 진행되었음을 알리는 효과를 노렸다고 할 수 있다.

---

27 이 당시 출판된 좌익 측의 대표적인 회의록은 다음과 같다.

『민주주의민족전선 결성대회의사록』, 민주주의민족전선선전부, 1946.
『전국농민조합총연맹결성대회회의록』, 전국농민조합총연맹서기국, 1946.
『건설기의 조선문학: 제1회 조선문학자대회 회의록』, 조선문학가동맹중앙집행위원회서기국, 1946.

조선문학가동맹은 전술(前述)한 바와 같이 백양당(白楊堂)이나 아문각(雅文閣) 같은 좌익 경향의 출판사를 통해 많은 매체를 발간하였다. 기관지 『문학』에 백양당이나 아문각 같은 좌익 경향의 출판 도서가 집중 광고된 것도 이 때문이다. 조선문학가동맹은 『건설기의 조선문학』 이외에도 『삼일기념시집』, 『1946년판 조선소설집』, 『1946년판 연간 조선시집』, 농민소설집 『토지』 같은 기념 출판을 통해 자신들의 이념을 보급하고자 하였다. 기관지 『문학』의 경우에도 미소공위, 10월항쟁, 구국문학 특집 같은 것을 지속적으로 배치함으로써 해방 정국의 주도권을 장악해 나가고자 하였다. 이로 미루어 볼 때 조선문학가동맹은 매체의 편집 체제와 기획된 구성을 통해 자신들의 이념을 관철시키고자 하였던 것이다. 기념 출판물이나 현장에서 배부되는 팸플릿 등도 마찬가지였다. 조선문학가동맹은 이처럼 다양한 방식을 통해 매체투쟁을 감행하였다. 급변하는 해방 정국의 상황 속에서 조선문학가동맹은 자신들의 이념을 견지하고 보급해 나가는 방법으로 출판매체를 동원하였다. 그래서 조선문학가동맹은 지역별 또는 하위 위원회별로 각종 출판매체의 발행을 시도하였다.[28] 아동문학위원회가 책임 편집한 월간잡지 『아동문학』[29]이나 농민문학위원회가 편한 농민소설집 『토지』[30]가 그러한 예라 할 수 있다. 『토지』의 「간행사」를 잠

---

28 조선문학가동맹 서울시지부 서기국 출판부가 편찬한 『우리문학』이 그 예가 될 수 있다.

29 『문학』 3호에 실린 『아동문학』의 광고 문구는 다음과 같다. "우리 아동문학위원회는 오랫동안 우리말과 우리글에 굶주린 여러 어린이를 위하야 출간하는 잡지올시다. 모두 힘 있게 이 잡지가 나오는 것을 깃거워 하시기 바랍니다. 속간(續刊) 배대호(倍大號)에는 그림에 미술동맹, 음악동맹, 연극동맹 등 여러 선생님이 총동원되어 찬란하게 꾸미어져 나옵니다. 역시 총발매소는 『집을 나간 소년』을 낸 아문각이올시다." 『문학』 3호, 조선문학가동맹, 1947. 4. 15., 86쪽.

30 농민소설집 『토지』는 농민문학총서 제1집으로, 조선문학가동맹 농민문학위원회가 편한 것을 아문각(1947. 7. 1.)에서 발간하였다. 『토지』에 실린 작품은 이기영의 「개벽」, 이근영의 「고구

깐 살펴보기로 하자.

> 농민은 땅과 함께 책을 요구한다. 그들에게 땅을 주는 일과 더불어 책을 주는 일도 병행해야 될 것이다. 우리나라의 민족 8할을 차지한 농사짓는 농민에게 자유로이 농사지을 땅이 보장되어 있지 못한다면, 그것을 일러써 완전한 민주독립이라 할 수 없는 것과 같이 그들이 죄다 몽매한 굴 속에서 어둠만을 어루만지고 있다면 우리나라는 문명된 민주국가가 될 수 없을 것이다. 땅을 주어 굶지 않게 하고 책을 주어 깨우치게 해야만 비로소 우리나라도 당당한 인민의 나라로서 세계민주주의연합국과 어깨를 겨누어 나갈 수 있는 것이다. 하물며 오늘날 우리나라 민주독립에 있어 가장 중대한 문제인 토지개혁이 남조선엔 아직 실시되지 못하여 책으로써 그것을 촉진해야만 될 시급한 형편이라면 농민문학에 종사하는 문학가의 임무야말로 얼마나 더 크다 할 것인가. 일찍이 우리는 일본제국주의 총독정치하에도 이 농민문제에 유의하여 적은 힘을 바친 일이 있고, 『농민소설집』(조선프로레타리아예술연맹 = '카프' 편, 별나라사판)을 내놓은 일이 있거니와 오늘날엔 더욱더 이것의 필요를 절감하야 마지 않는다. 이러한 필요에서 우리 동맹의 농민문학위원회는 농민문학총서의 간행을 계획하여 농민에 관한 각종의 문학서를 계속하여 출판할 작정이다.[31]

조선문학가동맹이 농민문학총서를 기획하고 농민에 관한 각종 문

마」, 강형구의 「동원(動員)」, 안회남의 「쌀」, 박승극의 「사랑」이며, 『문학』 3호에는 『토지』의 광고를 게재하고 있다. 그런데 광고에는 박영준의 작품이 실린다고 예고되어 있으나 실제 소설집에는 실리지 않았다. 『문학』 3호, 조선문학가동맹, 1947. 4. 15., 97쪽 참고.

31 「간행사」, 농민소설집 『토지』, 조선문학가동맹 농민문학위원회 편, 1947, 5~6쪽.

학서를 출판하려는 것은 결국 농민을 깨우치게 하려는 의도와 관련되어 있다. 위의 글은 조선문학가동맹이 책자가 노동자, 농민들의 의식을 각성시키는 데 중요한 역할을 하는 매체임을 인식하고 있었음을 보여 준다. 이처럼 조선문학가동맹은 출판매체를 농민이나 민중의 계몽이나 각성에 적극적으로 이용하고자 하였다. 이러한 미디어 전략은 조선문학가동맹의 문학대중화 사업과 연관되어 진행된다. 조선문학가동맹은 1947년을 전후하여 전체 조직의 활성화, 대중 침투 방법의 다양화 등 문화적 차원의 대중화 작업에 많이 관여하게 된다. 다시 말하면 이 시기 조선문학가동맹은 지부의 확산과 계몽운동의 전개, 문학 서클망의 확립 등을 통해 문학가들이 '인민' 속으로 들어가는 것을 목표로 설정하였다.

조선문학가동맹은 그들의 이념 및 창작 지도 노선을 대중들에게 정당하게 인식시키기 위해 다양한 계몽적 수단을 구사하였다. 시위 현장이나 문학의 밤 같은 행사 장소에서는 조선문학가동맹 명의의 삐라나 팸플릿 같은 것을 배포하였다. 이 당시 조선문학가동맹이 개최한 '시의 밤'을 주목해 볼 필요가 있다. 행사 순서에 시 낭독이 들어 있는 경우 반드시 '낭독시집' 같은 팸플릿을 배포하여 청중들의 호응을 유도하였다. 1946년 4월 20일 하오 6시 30분 종로 YMCA 회관에서 열린 '시의 밤' 행사 팸플릿은 그러한 사례 중의 하나이다. 『시의 밤 낭독시집』은 '조선문학가동맹 시부 시인의 집'이 출간한 것으로 되어 있다. 갱지로 나온 이 매체는 입장권 대용으로 청중들에게 나누어 준 것으로, 시인들의 시 낭독에 청중들이 호응할 수 있도록 만든 것이다. '시의 밤'이 열린 장소는 종로 YMCA 회관이다. 조선문학가동맹의 제

1회 전국문학자대회가 열린 종로기독교청년회관과 동일 장소이다. 이후에도 '시의 밤' 행사가 이 장소에서 지속적으로 열렸음은 다음 글을 통해 추정해 볼 수 있다.

> 8월 29일 국치기념대문예강연회를 종로 YMCA 강당에서 개최했다. 연제 연사는 다음과 같다. 〈개회사〉 김동석, 〈강연〉 「망국의 교훈」- 임화, 「회고의 반성」- 양주동, 「민족의 오열」- 김기림, 「국치를 씻는 길」- 이원조, 〈시 낭독〉 「한술의 밥을 위하여」- 오장환, 「이완용」- 이흡, 「팔리던 날」/ 「38 이남」- 유진오, 「또 하나의 다른 태양」- 설정식, 「구의리곡안병수군」(九宜里哭安秉洙君)- 김광균, 「모다 엉키여 팔을 끼자」- 김용호, 「오월에의 노래」- 이용악, 「치분(恥憤)」- 조벽암[32]

조선문학가동맹은 시 낭독을 통해 자신들의 이념을 전달하고자 하였는데 실제 그들이 기대한 것보다 많은 청중들의 열광을 이끌어 내기도 하였다.[33] 시 낭독 현장에 배포된 이러한 비도서 매체들은 청중

---

32 「소식과 통신」, 『문학』 2호, 1946. 2., 143쪽.

33 같은 「소식과 통신」란에 유진오 시인의 시 낭독과 관련된 소식이 게재되어 있다. "9월 1일 국제청년데- 기념행사에 동맹원 유진오씨가 시 「누구를 위한 벅차는 우리의 젊음이냐?」라는 시를 낭독했던 바 훈련원 광장에 모인 10만 청년의 열광적 갈채 속에 재독을 했으나 드디어 그의 시는 포고령 위반으로 9월 3일 피검되었다. 문학인으로 시의 옹호에 대한 성명과 아울러 당국과의 직접 교섭이 있었으나 10월 일 군정재판에서 1년 체형(體刑)을 받고 지금 서대문형무소에 복역 중에 있다. 씨는 아주 젊은 시인으로 앞길이 촉망되는바 그의 건강을 일상 염려하고 있다."(위의 책, 143쪽) 유진오가 「누구를 위한 벅차는 우리의 젊음이냐?」의 낭독으로 서대문형무소에 복역 중임에도 1946년 12월 30일 노농사에서 발간된 『전위시인집』에 이 시가 그대로 실린 것을 보면, 미군정 당국이 1946년까지는 읽는 텍스트로서의 출판된 시와 시 낭독을 통한 대중 선동행위를 구분하고 있었다고 할 수 있다. 이중연은 1946년을 아직 출판이 자유롭고 제약이 없었던 '좌익 팸플릿'의 시절로 규정한다. 그 또한 유진오의 체포와 그의 시가 실린 『전위시인집』의 발간을 한 예로 들고 있다. 이중연, 앞의 책, 248쪽 참고. 한편 또 다른 시의

들의 청각적·시각적 효과를 증폭시키는 역할을 하였다고 할 수 있다. 조선문학가동맹은 이처럼 현장과 관련된 팸플릿, 삐라 등을 적절히 활용함으로써 다양하고 직접적인 매체투쟁을 주도해 나갈 수 있었다. 다음과 같은 사고(社告)에서 현장 속에서의 문학의 실천적 활동을 발굴하기 위한 조선문학가동맹의 노력을 엿볼 수 있다.

> 공장, 농촌, 그 외 직장에 숨은 문학자, 문학공작자여! 생생한 생활면을 그대로 적어 보내라. 문학공작 써-클 작성에 대한 경험을 적어 보내라. 문학은 그대들의 문학통신으로 자라난다. 시로 소설로 르포르타-쥬, 어떤 형식이라도 좋다. 시는 몇 편이라도 좋고 산문은 1편 20매 이내로 하기 바란다. 우수한 작품은 본지에 게재한다.
>
> 조선문학가동맹 서울시지부 서기국 출판부[34]

우선 이 사고(社告)가 조선문학가동맹 서울시지부 서기국 출판부 명의로 되어 있음을 눈여겨볼 필요가 있다. 서울시지부는 『우리문학』을 3호부터 실제 책임 편집하고 있었으며,[35] 이 잡지에 서울시지부의 많은 맹원들이 참가하고 있었다.[36] 『우리문학』 3호는 시(임화, 오장환, 김동석, 조허림, 김상훈, 조남령, 김철수), 소설(안동수, 박영준, 강형구), 비평(김남천, 김기림, 한효, 김수경, 김영건, 변두갑, 라한, 박찬모, 안영일), 아동문학(남대우, 송완순,

---

밤 행사에 대해서는 김철수의 「시의 위치: 제3회 '시의 밤' 인상기」(『문학』 8, 1948. 7.)를 참고할 수 있다.

34 「문학통신을 보내라!」, 『우리문학』 3호, 1947. 3., 59쪽.

35 「편집후기」, 『우리문학』 3호, 1947. 3., 125쪽.

36 조선문학가동맹 서울시지부 부서와 맹원들의 현황은 「조선문학가동맹서울시지부 부서」, 『우리문학』, 1947. 3., 49쪽 참고.

임원호, 양미림, 김철수) 제 분야에 다양한 필진들을 동원하고 있는데, 조선문학가동맹의 기관지인 『문학』과 비교해 보아도 크게 손색이 없다. 필진들은 서울이란 장소로 말미암아 겹칠 수밖에 없다 하더라도 서울시지부에서 조선문학가동맹과 별도로 결정서까지 내고 있음은 주목된다. 『우리문학』 3호에는 3개의 결정서가 실려 있다. 하나는 조선문학가동맹 명의의 「문학운동의 대중화와 창조적 활동의 전개에 관한 결정서」이고, 나머지 2개는 조선문학가동맹서울지부결정서란 이름의 「문학대중화운동에 관한 결정서」와 「조선문학가동맹서울지부 결성대회의 결정서」이다. 이를 통해 볼 때 조선문학가동맹서울시지부는 전국 단위의 조직이라 사안마다 기민하게 대처할 수 없는 조선문학가동맹의 한계를 보완하고자 하였다.

한편 조선문학가동맹은 자신들의 이념을 보급하기 위해 출판매체의 장정을 활용하기도 하였다. 장정(裝幀)은 국어사전에 의하면 "책의 겉장이나 면지(面紙), 도안, 색채, 싸개 따위의 겉모양을 꾸밈, 또는 그런 꾸밈새"[37]라고 되어 있다. 다시 말하면 책 표지의 디자인이나 겉모양과 관련된 책의 외적 형식이라 할 수 있다. 장정은 흔히 생각하는 표지 디자인 수준을 넘어선다. 장정은 "책의 형태적 구성요소를 디자인하는 작업 전체로, ㉠ 표지 전체의 디자인, ㉡ 양장본일 경우의 자켓(Jacket), ㉢ 등 글자의 처리, ㉣ 제목 처리, ㉤ 띠지, ㉥ 케이스(Case), 박스(Box), ㉦ 클로드(Cloth), ㉧ 면지 등을 디자인하는 작업"[38]까지 포

37 국립국어연구원, 『표준국어대사전』 하, 두산동아, 1999, 5233쪽.
38 박암종, 「문학도서 장정의 변화와 특성, 그리고 의의」, 『비블리오필리』 7, 한국애서가클럽, 1996, 89쪽.

괄한다고 할 수 있다. 장정은 내용과 관계없는 것이 아니라 책의 내용을 더욱 잘 드러내 보여 주는 기능을 한다고 할 수 있다. 다음은 조선문학가동맹이 발간한 출판매체의 현황이다.

표 8-1 조선문학가동맹 발행 출판물

책명	편·저자	발행소	발행 연월일	표지 장정
『삼일기념시집』	조선문학가동맹 시부	건설출판사	1946. 3. 1.	장정가 표시 없음
『시의 밤 낭독시집』	조선문학가동맹 시부위원회	조선문학가동맹	1946. 4. 20.	갱지, 팸플릿
『건설기의 조선문학』	홍구	조선문학가동맹 중앙집행위원회 서기국	1946. 6. 28.	장정가 표시 없음
『문학』 1~8호	이태준/ 현덕	조선문학가동맹 중앙집행위원회 서기국	1946. 7. 1.~ 1948. 7. 10.	이주홍, 길진섭, 박문원 등
『우리문학』 3호	조선문학가동맹 서울시지부	우리문학사	1947. 3. 15.	이주홍
시집 『인민항쟁』	조선문학가동맹 시부위원회	조선문학가동맹	미상	미상
『1946년판 연간조선시집』	조선문학가동맹 시부위원회	조선문학가동맹	1947. 3. 20.	이주홍
『소련기행』	이태준	조소문화협회·조선문학가동맹	1947. 5. 1.	배정국
『1946년판 조선소설집』	조선문학가동맹 소설부위원회	아문각	1947. 6. 20.	이주홍
농민소설집 『토지』	조선문학가동맹 농민문학위원회	아문각	1947. 7. 1.	이주홍

위의 책자 중 기관지인 『문학』의 장정 변화가 특히 주목된다. 기관

지 『문학』은 조선문학가동맹의 미디어 정책이 직접적으로 반영되기 쉬운 위치에 있었다. 기관지 『문학』의 제자(題字)는 백양당 대표 배정국[39]의 것이나, 표지의 장정에는 여러 사람이 동원되었다. 표지 장정의 경우 1, 2, 3호는 이주홍,[40] 7호는 길진섭,[41] 8호는 박문원[42]이 담당하였다. 『문학』 1, 2, 3, 7, 8호의 표지 장정은 별전, 기명절지, 운학 무늬, 산, 나무 등을 활용하고 있는데, 대체로 정적이고 동양적인 품격을 자아내고 있다. 그런데 공위재개 기념 특집호인 『문학』 4호와 인민항쟁 특집호인 『문학』 3·1 기념 임시증간호의 경우 기존 장정과 상당히 색다르게 구성하였다. 공위재개와 인민항쟁 특집으로 긴급하게 구성된 두 권의 『문학』은 표지의 경우 목탄의 굵은 선을 이용한 우뚝

---

39 배정국은 백양당의 대표로, 해방 직후 좌익 계열 출판물이나 일반 단행본 책자의 장정에 많이 관여하였다. 그가 한 장정으로 이태준의 『상허문학독본』(백양당, 1946), 설정식의 『종』(백양당, 1947), 임화의 『찬가』(백양당, 1947), 이병기의 『가람시조집』(백양당, 1947), 이태준의 『소련기행』(백양당, 1947), 설정식의 『포도』(정음사, 1948) 등이 남아 있다. 출판인으로서의 배정국에 대해서는 이중연, 『책, 사슬에서 풀리다: 해방기 책의 문화사』(혜안, 2005) 207~234쪽 참고.

40 향파 이주홍은 해방 직후 좌익 계열 출판물의 장정을 주로 하였는데 특히 조선문학가동맹 출판물의 장정에 많이 참가하였다. 해방기 이주홍의 장정으로 눈에 띄는 것은 상기 서적 외 박세영의 『산제비』(별나라사, 1946), 박세영 외의 『횃불』(우리문학사, 1946), 박아지의 『심화』(우리문학사, 1946), 정태병의 『조선동요집』(신성문화사, 1946), 김동석의 『예술과 생활』(박문출판사, 1947), 이태준의 『해방전후』(조선문학사, 1947), 이기영의 『고향』 상(아문각, 1947), 이명선의 『조선문학사』(조선문학사, 1948) 등이 있다.

41 길진섭은 길선주 목사의 아들로, 이육사의 『육사시집』(서울출판사, 1946), 최명익의 『장삼이사』(을유문화사, 1947), 정지용의 『지용문학독본』(박문출판사, 1948), 임학수의 『필부의 노래』(고려문화사, 1948), 정지용의 『백록담』(문장사, 1941), 『산문』(동지사, 1949) 등의 장정에 참가하였다.

42 박문원은 소설가 박태원의 동생으로, 해방 직후 조선미술가동맹 서기장을 지내는 등 좌익미술활동에 전력하였으며, 이 당시 출판된 많은 단행본이나 잡지에 삽화를 그리거나 표지 장정을 담당하였다. 박찬모 역의 『맑스·엥겔스예술론』(건설출판사, 1946), 현덕의 『남생이』(아문각, 1947), 김상훈의 『대열』(백우사, 1947), 박태원의 『천변풍경』(박문출판사, 1947), 이희승의 『박꽃』(백양당, 1947), 유진오의 『창』(정음사, 1948), 설정식의 『제신의 분노』(신학사, 1948), 박용구의 『음악과 현실』(민교사, 1949) 등이 그가 남긴 대표적인 장정이다.

선 인물의 형상, 즉 화면을 가득 채운 선동적인 인물의 형상으로 채웠다. 3·1 기념 임시증간호의 표지는 박문원이 장정한 것으로 되어 있으나 『문학』 4호는 장정가의 표시가 없다. 『문학』 3·1 기념 임시증간호의 경우 인민항쟁의 불길 속에 변혁의 주체인 노동자의 앞장선 모습을, 공위재개 기념 특집호인 『문학』 4호는 튼튼한 팔을 드러낸 채 우뚝 서 있는 두 노동자와 왜소한 부정적 군상들을 대비시켜 놓았다. 이처럼 조선문학가동맹은 선동적 표지 장정의 전략을 통해 항쟁의 주체인 노동자, 농민 계급의 승리라는 낙관적 전망을 드러내 보이고자 하였다. 두 권의 기념 및 임시증간호 『문학』은 내용도 그렇지만 그 내용에 걸맞은 표지 장정을 시도하였다. 조선문학가동맹은 긴급히 호명된 두 권의 『문학』 임시특집호를 통해 선전 선동의 의도에 부합하는 미디어 전략을 구사하였던 것이다. 『문학』의 경우 평상시에는 동양적이고 정적인 장정을 하다가 긴급 임시특집호의 경우에는 투쟁 도상의 노동자, 농민들의 뚜렷한 형상을 제시하여 선전 선동의 효과를 노렸다. 장정이 다양하게 시도된 것은 개화기 이후 양장본이 등장하면서부터라 할 수 있다. 조선문학가동맹은 자신들의 이념을 선명히 전달하려는 표상으로 매체의 장정을 적극 활용하거나 기획하였던 것이다.

장정은 단순한 표지 디자인이 아니다. 문학과 미술이 만나 만들어낸 하나의 융합적 지점에 장정이 놓여 있다. 독자들에게 사건의 장면이나 작품의 줄거리 못지않게 표지의 장정이나 삽화는 기억에 오래 남기 마련이다. 그러므로 지식인 독자층이나 민중들에게 자신들의 이념을 보급하고자 하는 조선문학가동맹 측에 장정이 단순한 표지 그림에 머물지 않음은 자명하다. 조선문학가동맹이 발간한 출판매체의 경우 표지 장정의 많은 부분이 향파 이주홍에 의해 이루어지고 있음은 주목된다. 이 시기는 아직까지 장정 자체에 대한 뚜렷한 의식이 없었기에 장정만을 전문적으로 담당한 장정가는 없었다고 할 수 있다. 대부분 서양화가나 솜씨 좋은 문학자 일부가 표지 장정이나 삽화를 담당하고 있었다. 향파 이주홍의 경우는 후자에 해당된다고 할 수 있다. 그는 해방 이전 계급주의의 영향하에 놓여 있던 『신소년』, 『풍림』, 『신세기』 등의 잡지 편집에 관여한 경험이 있었다. 계급주의 동요와 동화작가로서의 문학적 이력과 출판 잡지에 관여한 미디어적 이력이 그를 해방 직후 조선문학가동맹 출판매체의 주요 장정을 담당케 하는 계기로 작용하였다. 단순히 그림만 그리는 서양화가들에 비해 그가 가진 문학적·미디어적 이력은 조선문학가동맹의 요구와 잘 부합할 수 있는 조건이 되었다. 다시 말하면 그는 서양화가들에 비해 작품이나 조선문학가동맹의 문학 이념을 잘 이해할 수 있는 위치에 있었던 것이다.

향파 이주홍이 한 장정 가운데 농민소설집 『토지』와 『1946년판 연간 조선시집』은 서로 대조된다. 『토지』의 장정은 푸른 하늘을 배경으로 수확하는 농민의 형상을 뚜렷이 제시하였는데, 이는 토지개혁을 통해 땅 주인이 된 농민의 모습을 부각시켜 보인 것이라 할 수 있다. 『토지』는 이기영의 「개벽」, 이근영의 「고구마」, 강형구의 「동원」, 안회남의 「쌀」, 박승극의 「사랑」 등 다섯 작품을 싣고 있다. 이 표지 그림은 38 이북의 토지개혁을 다루고 있는 이기영의 「개벽」의 내용을 압축적으로 제시한 것이라 할 수 있다. 해방을 맞아 수확의 기쁨을 누리는 농민의 형상이야말로 조선문학가동맹이 독자나 이 당시 민중들에게 제시하고 싶었던 표상이었다. 반면 『1946년판 연간조선시집』의 경우 구상적 형식이 아닌 직선을 이용한 추상적 도안에 가까운 장정을 하고 있다. 과감한 면 분할, 녹색과 검은색, 흰색의 대조를 통해 보여 주었던 『우리문학』 3호의 모던한 장정이 여기서는 좀 더 복잡하게 드러났다고 할 수 있다. 『1946년판 연간조선시집』은 직선으로 그린 공장의 건물과 굴뚝, 우뚝 솟은 기계들을 배경으로 선동하고 호응하는 노동자의 모습을 압축적으로 그려 내었다. 상단의 회색과 하단의 붉은색의 대비를 통해 공장을 배경으로 한 노동자의 투쟁 모습을 모던하게 도안하였다. 한편 장정가가 표시되어 있지는 않지만 『삼일기념시집』의 경우는 과감한 면 분할을 시도하고 있다. 『삼일기념시집』은 붉은색과 흰색의 면 분할을 통해 단순하면서도 현대적인 감각을 보여 주고 있다. 또한 강하게 부각된 붉은 색채는 혁명의 열정을 연상시키는 이중적 효과가 있었다.

4. 맺음말

해방 직후 조선문학가동맹은 진보적 문학 그룹의 이념을 대변하는 단체였다. 조선문학가동맹의 이념은 그것에 소속된 작가들의 작품이나 정치적 행위를 통해 표출되었다. 그 결과 조선문학가동맹에 대한 연구가 대부분 조직이나 작품에 나타난 이념을 위주로 이루어지다 보니 조선문학가동맹이 남긴 풍부한 문학적 자산을 제대로 규명하지 못한 경우가 많았다. 이 장에서는 지금까지의 연구와 달리 이들이 남긴 출판매체를 중심으로 조선문학가동맹의 미디어 전략을 규명해 보고자 하였다. 조선문학가동맹 명의로 발간된 각종 출판물은 해방이란 격변의 상황 속에서 그들의 이념과 전략이 빚어낸 산물이라 할 수 있다.

조선문학가동맹은 미군정의 검열과 탄압 하에서 대항 주체로 매체 투쟁을 감행하였다. 그 결과 이들은 다양한 미디어 정책을 구사하였다. 조선문학가동맹은 복수(複數)의 기관지와 다양한 기념 작품집을 통해 자신들의 이념을 보급하고자 하였다. 『문학』 임시증간호나 기념특집호는 정세에 의해 긴급히 호명된 기관지들이었다. 이들은 중요사건을 신속히 특집으로 기획하거나 기관지 곳곳에 자신들의 이념에 부합하는 광고를 적절히 삽입하였다. 또한 대중을 선동하기 위해 각종 행사 시 현장과 관련된 미디어를 적극 활용하였다. 행사장에 뿌려진 팸플릿이나 삐라, 낭독시집 같은 매체들이 그러한 사례의 일종이라 할 수 있다.

한편 조선문학가동맹의 미디어 정책 중 장정(裝幀)의 기획 내지 활용이 특히 주목되었다. 평상시에는 동양적이고 정적(靜的)인 장정을 하다가 긴급한 정세 앞에서는 투쟁 도상의 노동자, 농민들의 뚜렷한 형상을 제시하여 선전 선동의 효과를 노리기도 하였다. 정치정세에 의해 긴급히 만들어진 출판매체에는 선동적인 표지 장정을 많이 사용하였다. 동시에 과감한 면 분할과 색채의 대비를 통해 싸움의 낙관적 전망 내지 열정을 상기시키는 전략을 구사하기도 하였다. 이러한 장정의 전략은 대중들에게 자신들의 이념을 보급하고, 그들을 선동하는데 효과가 있었다.

제9장

정부 수립 전후 시에 나타난 이상과 현실

1. 리얼리즘 논의의 기초

현대사회에서 개인은 하나의 기능인으로 전락하며 모든 가치 선택도 물질에 입각한 '교환가치(훼손된 가치)'에 의해 결정된다. 인간의 제 활동은 시장경제에 의해 시작되고 끝이 난다고 해도 지나친 말이 아니다. 이러한 시대에 '사용가치(진정한 가치)'를 추구하려는 작가들의 경우 부당한 현실 앞에 심한 중압감을 느끼지 않을 수 없다. 그런 의미에서 작가들은 '훼손된 세계'에서 '진정한 가치'를 추구하려는 문제적 개인(Problematische Individuum)으로 남게 된다. 작가들은 결국 문학을 통하여 시대와 현실 앞에 계속해서 물음을 던지고, 그 물음에 답하고자 한다. 지나간 시대나 동시대의 아픈 상처를 작품을 통해 거듭 재확인하고, 다가올 미래에 대한 전망을 미리 부여하고자 하는 것이다. 부당한 현실과 이상적 현실 사이의 간극을 메꿀 수 없어 작가들은 고민하기도 하고 시대와 현실 앞에 맨몸으로 부딪치기도 하는 것이다. 리얼리즘의 문제는 이 지점에서 시작된다.

리얼리즘을 논의하는 자리에서 현실에 대한 투철한 인식 못지않게 미래의 전망을 작자들이 어떻게 형상화해 내느냐 하는 문제는 가벼운 문젯거리가 아니다. 이는 리얼리즘이 현실과 이상이란 두 가지 요소 중 어느 하나를 쉽게 포기할 수 없음을 보여 준다. 즉 있어야 할 이상 세계에 대한 강한 열망은 현실을 올바로 투시할 수 있는 힘을 주기 때문이다. 현실과 이상은 겉보기에는 별개의 것처럼 보이지만 실제적으로는 항상 긴밀히 관련되어 있는 개념이라 할 수 있다. 우리 시사(詩史)에서 현실과 동떨어진 현상으로 흔히 거론되는 1920년대 초기의 소위 '병적 낭만주의'란 것도 실상 현실과 완전히 절연된 것이 아니라 당시 현실이 품어 내던 풍토 내지 정신적 경향과 밀접한 관련이 있다는 것은 주지의 사실이다.[1] 작자들이 작품 속에서 현실을 초극하여 생의 영원성 문제를 다룬다고 하여 우리는 그 작자가 현실과 완전히 유리되어 있다고 말할 수는 없다. 우리 인간에게 있어서 현실 속에서의 삶의 문제는 영원히 천착해 나가야 할 주요한 과제이기 때문이다. 그러므로 열악한 현실 속에서 그것에 함몰되지 않고 끈질기게 그것과 대질하려는 정신 내지 태도는 리얼리즘에 있어 참으로 중요하다. 있어야 할 당위의 세계나 이상적 세계에 대한 집착 내지 믿음은 현실 속의 모순을 더욱 극명히 바라볼 수 있는 계기를 마련한다. 이것은 바로 낭만주의가 리얼리즘과 밀접한 관련이 있음을 또한 의미한다. 리얼리즘의 주요한 요소 중의 하나로 낭만주의를 들고 있는 논자가 있는 것도 바

---

1 김윤식 교수는 1920년대 초기 데카당스 혹은 다다이즘으로 규정되는 퇴폐적·유미주의적 경향의 시 형태가 당시 사회 현실과 대응 관계에 있음을 염두에 두면서, 이러한 시 장르 선택은 당대 현실에 대한 일종의 예술적 저항이라 본 바 있다. 그는 이러한 관점에서 『백조』 혹은 병적 낭만주의의 시적 경향에서 계급문학으로의 이행 과정을 저항의 동질성으로 설명하고 있다. 김윤식, 「서정 양식 선택의 조건」, 『한국근대문학양식논고』, 아세아문화사, 1980.

로 이 때문이다.[2] 또 이 당시 조선문학가동맹의 창작 방법으로 제시된 진보적 리얼리즘과도 밀접한 연관을 가지는 것이었다. 조선공산당중앙위원회에서도 진보적 리얼리즘과 혁명적 로맨티시즘을 해방 직후 진보적 민족문화 수립 과정에서 기본 방향으로 이미 설정한 바 있었으며,[3] 실질적으로 "혁명적 로맨티시즘을 계기로써 내포한 진보적 리얼리즘"[4]은 조선문학가동맹이 구체적으로 내건 새로운 창작 방법이었다. 혁명적 로맨티시즘은 "명일과 미래에로의 부단한 전진", 즉 "미래를 향한 의지, 가능을 위한 치열한 꿈" 등을 토대로 삼고 있다. 더욱이 진보적 민주주의 국가의 건설 시기에 있어서는 "민족의 거대한 꿈과 영웅적인 정신"이 필요하기 때문에 혁명적 로맨티시즘이 요구될 수밖에 없다.[5] 혁명적 로맨티시즘은 "예술 주체가 사회 현실 내에서 오늘은 비록 미약하지만 그러나 결코 정복되지 않는 새로운 맹아를 척박한 현실과 대비시키고 사회 현실 내에서 이러한 맹아를 발견하고 그 전망을 예술적으로 설득력 있게 형상화 할 수 있을 때"[6] 가능하다고 할 수 있다.

이 장에서 다루어 보고자 하는 것도 이러한 맥락에서 열악한 현실과 시인들의 이상에 대한 주관적 열망이 어떻게 교차되고 있으며, 시

---

2 낭만주의는 예술가의 주관적 원망(願望)의 형상적 표현이다. 그 주관적 원망이 사회적 현실에 관한 올바른 인식에 기초를 두고 미래 사회의 발전 과정을 선취할 경우, 낭만주의는 리얼리즘의 본질적인 요소가 된다. 이에 반해 그 주관적 원망이 사회적 현실에 관한 잘못된 인식에 기초를 두고 제멋대로 구는 망상일 경우에는 현실도피, 반동, 허무주의 등과 같은 병적인 양상을 드러낸다. 伊東勉 지음, 이현석 옮김, 『리얼리즘이란 무엇인가』, 세계, 1987, 142쪽.

3 조선공산당중앙위원회, 「조선민족문화건설의 노선(잠정안)」, 『신문학』 창간호, 1946. 4.

4 김남천, 「새로운 창작방법에 관하여」, 『건설기의 조선문학』, 백양당, 1946, 169쪽.

5 위의 글.

6 에르하르트 욘 지음, 임홍배 옮김, 『마르크스레닌주의 미학 입문』, 사계절, 1989, 181쪽.

인들이 어떠한 방식으로 그 현실을 극복해 나가고 있는가 하는 점이다. 특히 1947년과 1948년 전후 시인들의 시 작품에 이러한 양상이 집중적으로 나타나고 있다. 그래서 이 장에서는 이 시기의 시를 논의의 주 대상으로 삼아 시인들의 이상과 현실이 작품 속에서 어떻게 변용되어 나타나고 있는지를 살펴보고자 한다.

2. 외적 현실과 시적 주체의 대응

8·15 해방이 가져온 기쁨과 환희는 1년도 채 되기 전에 변질되기 시작하였다. 해방조국에 거는 민족적 여망과 기대는 냉혹한 국제정세의 개편구도 속에 좌절되기 시작했다. 현실은 우리 민족의 기대나 이상과는 다르게 진전되어 갔다. 38 이남과 이북에 진주한 미소 군정은 자주독립국가 건설이라는 민족적 여망을 차단한 채 자국의 이익에 걸맞은 점령 정책을 수행해 나가기 시작하였다. 물론 이러한 상황이 가속화된 건 외부적 요인 말고도 우리 민족 내부의 문제가 내재해 있었다고 할 수 있다. 자주독립국가 건설이라는 민족적 여망을 하나로 결집해 내지 못하고, 각 정파와 분파로 갈라져 노선 다툼을 벌인 것이 그것이다. 자주독립국가 건설의 방책이나 나름대로의 주의, 주장을 펼치는 것은 바람직한 일이었으나 그것이 분파주의로 이어져 오히려 민족의 힘을 분산시키는 요인이 된 것은 아쉬운 일이었다. 일제의 교활한 정책이 남기고 간 물질적·정신적 상처를 청산하고 새나라 건설에 온 민족의 힘을 모아야 할 때 정치 제 세력 간의 다툼으로 인한 전력의 소모는 자주독립국가 건설이라는 소망의 성취에 커다란 장애가 되

었다. 해방된 지 반년이 지나면서 해방이 뿜어내던 열기와 기대가 냉혹한 현실 정치 속에 차츰 좌절되기 시작하였던 것이 해방기 시 변모의 주된 배경이 된다. 이제까지 해방의 환희와 기쁨 속에 앞날에 대한 꿈과 기대를 형상화하기에 급급했던 시인들은 자신들의 이상과 기대가 좌절되어 가는 현실 앞에 고민하기 시작하였던 것이다. 해방이 된 지 반년이 채 지나지 않은 1946년 초 무렵에 벌써 우리 민족이 거는 기대와 현실 사이에 상당한 거리감이 끼어들고 있었다.

다시 우러러 보는 이 하늘에
겨울밤 달이 아직도 차거니

오는 봄엔 분수처럼 쏟아지는 태양을 안고
그 어늬 언덕 꽃덤불에 아늑히 안겨 보리라[7]

수많은 고난과 아픔을 겪고 난 뒤 맞이한 해방이건만 그 해방은 완전한 해방이 되지 못하였다. 차가운 겨울밤 달이 의미하는 바와 같이 해방조국의 앞날은 여전히 불투명하고 냉혹하였음을 이 시는 잘 보여주고 있다. 그러나 이데올로기의 대립장이 된 이러한 현실 앞에서 시적 주체는 결코 실망, 좌절하지 않고 이상적 앞날에 거는 기대와 꿈을 희구하고 있다. "분수처럼 쏟아지는 태양", "꽃덤불"은 차가운 "겨울밤 달"로 표상되는 현실의 불안하고 어두운 정조와 대비되어 이상과 현실의 거리를 선명하게 드러내 보이고 있다. 많은 희생을 치르고 맞

7 신석정, 「꽃덤불」 중 일부, 『신문학』 1권 2호, 1946. 6., 129쪽.

이한 해방이건만 시적 주체를 둘러싼 현실은 냉혹하기만 하다. 해방 전이나 해방 후나 현실과 이상의 간극은 여전하다. 이러한 현실 속에서 시적 주체는 자신의 소망이 성취되는 앞날이 조만간 오기만을 소망하고 있을 뿐이다. 시적 주체가 현실에 대해 내적이든 외적이든 적극 대응하지는 않고 현실을 조용히 관찰하면서 자신의 소망을 드러내 보이고 있는 것이다.

이 당시 시인들은 현실과 이상 사이에서 이러한 미세한 갈등으로부터 적극적 갈등까지 많은 고민을 하였다고 할 수 있다. 그래서 시 속에서도 시적 주체가 내·외적 현실에 대응하는 양상도 다양하게 나타나게 되었는데, 그 대응의 양상 및 방법을 살펴보면 다음과 같다.

> 눈이 오는가 북쪽엔
> 함박눈 쏟아져 내리는가
>
> 험한 벼랑을 구비 구비 돌아 간
> 백무선 철ㅅ길 우에
> 느릿느릿 밤새어 달리는
> 화물차의 검은 지붕에
>
> 연달린 산과 산 사이
> 너를 남기고 온
> 작은 마을에도 복된 눈 내리는가
>
> 잉크ㅅ병 얼어드는 이러한 밤에
> 어쩌자고 잠을 깨어

그리운 것 참아 그리운 것

눈이 오는가 북쪽엔
함박눈 쏟아져 내리는가[8]

이 시에서 시적 주체는 두고 온 북쪽 고향에 대한 그리움에 시달리고 있다. 그런데 이러한 그리움은 무엇 때문에 불현듯 일어나는가. 그것은 현재의 삶이 외롭고 쓸쓸하기 때문이다. 현실의 삶이 열악하고 이상적으로 마땅히 있어야 할 세계나 대상이 부재한 경우 그리움은 더욱 증폭되기 마련이다. 해방을 맞아 부푼 꿈을 안고 서울로 온 이용악의 분신이기도 한 시적 주체는 해방 직후의 냉혹한 현실과 자신이 지향하는 이상 사이에서 고민하게 된다. 불안정한 현실에서 그는 불현듯 삶의 원형적 공간이 아직 남아 있는 고향 마을로 되돌아가고 싶은 충동에 시달리는 것이다. 이러한 충동의 직접적 원인은 "잉크병 얼어드는 밤" 속에 위치해 있는 시적 주체의 현실적 삶 때문이다. 잉크병이란 시인의 문자행위를 가능하게 해 주는 중요한 도구의 하나이다. 잉크가 얼어드는 밤 추위란 자유로운 언론 내지 작품 활동이 보장되지 못한 억압적 현실을 비유한다고 할 수 있다. 이러한 차갑고 비극적인 현실에서 시적 주체는 편안히 잠 못 이루고, 모두가 잠든 밤에 홀로 깨어나 고향을 그리워하고 있다. 이러한 행위는 일상적 삶에 매몰되어 가는 자기 의식의 각성인 동시에 현실의 열악한 삶을 더 이상 용납할 수 없다는 마음의 다짐과도 통한다. 이 시를 단순한 회고조의

---

8 이용악, 「그리움」, 『협동』 3호, 1947. 1., 86쪽.

회상시로 볼 수 없게 만드는 것도 이러한 이유 때문이다. 겉으로는 4연을 제외하고 모두 고향의 장면 내지 모습으로 되어 있어, 시 전체는 고향으로의 강력한 지향의지를 보여 주고 있다. 그러나 실제 중요한 것은 4연이라 볼 수 있다. 시적 주체가 잠 못 이루고 고향에 대한 그리움에 시달리는 것은 바로 안주할 수 없는 현재의 불안정한 삶 때문이다. 그래서 시적 주체는 지금 이곳의 현실과 대립되는 원형적 체험의 장소로 달려가고 싶은 욕망에 시달리고 있는 것이다. 이 시는 회상적이서 시적 주체의 의식이 고향으로 퇴행하고 있는 것처럼 보이지만, 이러한 퇴행의 원인이 현재적 삶의 고단함과 불편함에 기인하고 있음을 깨닫지 않으면 안 된다. 현실로부터 소외되어 외롭고 쓸쓸할 때 시적 주체는 회상적 어조를 통해 도리어 현실을 깨닫는 계기로 삼고 있다. 외적 현실에 대한 대응 방식이 이것과 다소 다른 양상을 보이는 시를 살펴보기로 하자.

> 어느 사이에 나는 아내도 없고, 또,
> 아내와 같이 살던 집도 없어지고,
> 그리고 살뜰한 부모며 동생들과도 멀리 떨어져서,
> 그 어느 바람 세인 쓸쓸한 거리 끝에 헤메이었다.
> 바로 날도 저물어서,
> 바람은 더욱 세게 불고, 추위는 점점 더해 오는데,
> 나는 어느 木手네 집 헌 샅을 깐,
> 한 방에 들어서 쥔을 붙이었다.
> 이리하여 나는 이 습내 나는 춥고, 누긋한 방에서,
> 낮이나 밤이나 나는 나 혼자도 너무 많은 것 같이 생각하며,

딜옹배기에 북덕불이라도 담겨 오면,
이것을 안고 손을 쬐며 재 우에 뜻 없이 글자를 쓰기도 하며,
또 문 밖에 나가디두 않구 자리에 누어서,
머리에 손깍지 벼개를 하고 굴기도 하면서,
나는 내 슬픔이며 어리석음이며를 소처럼 연하여 쌔김질하는 것이었다.
내 가슴이 꽉 메어 올 적이며,
내 눈에 뜨거운 것이 핑 괴일 적이며,
또 내 스스로 화끈 낯이 부끄러울 적이며,
나는 내 슬픔과 어리석음에 눌리어 죽을 수밖에 없는 것을 느끼는 것이었다.
그러나 잠시 뒤에 나는 고개를 들어,
허연 문창을 바라보든가 또 눈을 떠서 높은 턴정을 쳐다보는 것인데,
이 때 나는 내 뜻이며 힘으로, 나를 이끌어 가는 것이 힘든 일인 것을 생각하고,
이것들보다 더 크고, 높은 것이 있어서, 나를 마음대로 굴려가는 것을 생각하는 것인데,
이렇게 하여 여러 날이 지나는 동안에,
내 어지러운 마음에는 슬픔이며, 한탄이며, 가라앉을 것은 차츰 앙금이 되어 가라앉고,
외로운 생각만이 드는 때 쯤 해서는,
더러 나줏손에 쌀랑쌀랑 싸락눈이 와서 문창을 치기도 하는 때도 있는데,
나는 이런 저녁에는 화로를 더욱 다가 끼며, 무릎을 꿇어 보며,
어두워 오는데 하이야니 눈을 맞을, 그 마른 잎새에는,
쌀랑쌀랑 소리도 나며 눈을 맞을,

그 드물다는 굳고 정한 갈매나무라는 나무를 생각하는 것이었다.[9]

이 시의 시적 주체는 자기 자신에게 닥친 운명 내지 현실을 적극 헤쳐 나갈 의지를 보이지 않는다. 오로지 외로움과 쓸쓸함 속에서 자신의 내부로 칩거하고 있다. 세상으로부터 소외된 시적 주체는 "내 뜻이며 힘으로, 나를 이끌어 가는 것이 힘든 일"이라 생각하고 "이것들보다 더 크고, 높은 것이 있어서, 나를 마음대로 굴려가는 것"이라 생각하는 운명론에 빠져 있다. 그는 현실에 안주하지도 못하고 적극 나서지도 못하는 이중성 속에서 자신만의 현실 극복 방법을 모색한다. 이는 외부현실과의 싸움도 아니며, 이상적 세계를 실현하려는 열망도 아니다. 그것은 자기 내부 세계로 깊이 침잠해 들어가는 방법이다. 그러면서 "어두워 오는데 하이야니 눈을 맞을, 그 마른 잎새에는,/ 쌀랑쌀랑 소리도 나며 눈을 맞을,/ 그 드물다는 굳고 정한 갈매나무라는 나무"를 홀로 생각해 본다. 시적 주체는 "굳고 정한 갈매나무"와 자신을 동일시하고자 하나 이는 어디까지나 자신만의 폐쇄적 공간에서 갖는 생각이다. 여기서 우리는 견인주의 내지 정신주의의 모습을 연상해 볼 수 있다. 외롭고 쓸쓸한 가운데 홀로 가져 보는 견고한 정신의 세계는 속악한 현실세계에 함몰되지 않으려는 시적 주체의 힘겨운 노력이며, 강인한 버팀이다. 그러나 이러한 대응 방식은 시적 주체를 둘러싼 외부현실을 개조하는 데 실질적으로 아무런 힘이 되어 주지는 못한다. 결국 이것은 현실에서 퇴행하지 않으려고 노력하는 시적 주

9 백석, 「남신의주 유동 박시봉방」, 『학풍』 창간호, 1948. 9., 104~105쪽.

체가 체념과 소외의 운명론적 공간에서 홀로 가져 보는 자족의 사상이라 볼 수 있다.

한편 자신에게 부닥친 현실을 외면하지 않고 자신의 이상을 현실 속에서 실현해 보이려는 시인들도 있다. 이러한 방식은 다소 비극적인데, 이들은 그것을 실천적 의지와 다짐으로 극복해 나가고자 한다. 실천주의적 경향의 시의 예로 이병철의 「거리에서」란 시를 들 수 있다.

> 웃을 때마다 보조개 우물지는 안해를 콧구멍이 빠곰빠곰한 어린 것들을
> 낙동강 건너 마을에 버리고 쫓겨왔다.
>
> 하도 바람부는 날이기에 자락을 거슬러 젊음을 버티면서
> 몇몇 동무들은 시장한 회관에서 나를 기다릴텐데.
>
> 아 이 어인 바람이 멈지않어
> 휘몰리는 발거름을 바로 고누으려는 발거름을 비틀거리면서
> 바람벽마다 전봇대에 누덕이진 삐라를 읽는다.
>
> 힌손이 좀 부끄러웠음인가 내가 내 등뒤에 숨으려는 나를 헐벗은 틈에서 새삼 보았니라, 어서 굵다란 첫 획을 그을 붓과 잉크를 사가지고 건너가자.[10]

시적 주체를 짓누르는 현실은 시적 주체에게 일상적이고 행복한 삶

10 이병철, 「거리에서」, 『전위시인집』, 노농사, 1946, 37~38쪽.

의 공간을 더 이상 제공해 주지 않는다. 가장 중요한 아내와 어린 것들과 집까지 버리고 쫓겨 오게 만든 현실 속에서 그는 고민하고 회의한다. 그러한 내적 고민과 회의는 시적 주체가 가진 이상과 실제 그가 거주하고 있는 현실 공간 사이의 거리감 때문에 온다고 할 수 있다. 그래서 그는 지하에 숨어 다니며 자신의 이상이 실현될 새로운 세상을 꿈꾼다. 부당한 현실을 개조하지 않고서는 자기가 그리는 세상이 올 수 없다는 것을 시적 주체는 잘 알고 있다. 현실 밖으로 도피하거나 현실에 체념하면서 일상적으로 살아가기에는 그의 이상이 용납하지 않는다. 그래서 그는 멎지 않는 '바람'을 거슬러 젊음을 버티면서 현실과의 싸움에 뛰어든다. 그러나 이러한 행위의 선택 뒤에도 여전히 시적 주체는 지식인으로서의 자기 회의와 소시민 의식 때문에 고민하고 괴로워한다. 이러한 회의와 자기비판의식[11]은 그를 환멸 또는 도피의 세계로 이끌어 내는 것이 아니라 선명한 자기 투시의 세계로 이끌어 낸다. 그러므로 솔직한 자기 투시는 자기 회의와 소시민의식을 떨쳐 버리고 자기의 실천적 의지를 확인하는 계기가 된다. 자신이 선택한 길에 대한 고민과 회의를 이러한 과정을 통해 비로소 "건너가"게 되는 것이다. 그러므로 역사의 새 장을 열 "굵다란 첫 획을 그을 붓과 잉크"는 자신이 현실과 맞서 싸우는 실천적인 주체로 거듭났음을 보여 주는 결심의 표상이라 볼 수 있다.

---

11 해방기 시에서 자기비판의식은 일제하의 자신의 지나간 행위에 대한 자기비판과 자주독립국가 건설을 지향, 실천해 가는 과정에서의 소시민의식에 대한 자기비판으로 크게 나누어 볼 수 있다. 박용찬, 『해방기 시의 현실인식과 논리』, 역락, 2004, 96~116쪽 참고.

3. 이상의 실현 의지와 전망의 극대화

미래에 대한 전망이 낙관적이지 못하고 비관적일 때 시인들은 어떻게 대응하는가? 일군의 작자들은 체념과 자조, 실의에서 벗어나지 못하며, 작품도 허무주의적 경향을 보이거나 비극적 정조를 띠기 쉽다. 그런데 현실이 그렇다고 하여 모두 그러한 경향을 띠는 것은 아니다. 오히려 자신의 이상을 실현하기 위해 강한 열망을 보여 주려는 작자들도 있다. 그런데 이러한 강한 열망이 현실성 내지 현실의 본질적 경향과 부합하느냐 하는 것이 리얼리즘의 측면에서 문제가 될 수 있지, 작자들이 주관적 열망을 지향하는 것 자체가 부정의 대상이 되는 것은 아니다. 그런 맥락에서 열악한 현실 속에 발을 딛고 있는 작자가 앞날에 대한 이상적 열망을 강하게 내비치는 작품을 써 보이는 것은 오히려 현실 극복에 도움이 될 수도 있다. 물론 전망의 지나친 과장이나 현실에 적합하지 않은 주관적 망상 따위는 항상 경계해야 할 점이다.

사회적 토대와 전망이 열려 있을 때 작품 속에 낙관적 전망을 드러내 보이는 것은 당연하다. 실질적으로 1945년 해방 초기의 시들은 대부분 앞날에 대한 기대와 낙관적 전망을 그려 보이고 있다. 해방 초기에는 우리 민족이 거는 기대와 희망이 그 당시 사회 토대와 어느 정도 부합되었다고 할 수 있다. 실질적으로 8·15 직후엔 우리 민족이 기대하는 모든 것이 실현될 듯이 보였다. 해방 초기에 새나라 건설에 거는 기대가 컸던 만큼 작품 속에서도 미래에 대한 낙관적 전망을 그려 보이는 것은 당연한 일이었다. 이 당시 발표된 김광현의 「새벽길」은 이러한 모습을 잘 보여 주고 있다.

> 기쁨처럼 솟아올으는
> 밝은 사상으로
> 힘차게 믿어지는 사람들이
> 앞서 나아가는 길
> 새나라 바래
> 드새는 새벽길을 내가 간다
>
> 이 모다 우연이 아니여 떳던 눈을 감어
> 감었든 눈을 또 다시 떠
> 꽃 봉오리 봉오리 가슴에 안어
> 인제 정말 붉은 태양이 모란을 밝앟게 피우리라[12]

이 시는 해방 초기의 환희와 기쁨 속에서 앞날에 거는 기대와 전망을 그려 보이고 있다. 해방을 노래하는 다른 시들이 보여 주는 막연한 기대와 들뜬 열정에서 조금은 진전되어 있다. 이는 시적 주체 자신이 가는 길에 대한 확신과 소망을 성취하려는 의지에 의해 구체화됨으로써 가능하였다. 확고한 사상의 단계로까지 고양된 시적 주체의 의지는 새나라 건설의 '새벽길'을 가는 선구자로서의 의식과 맞물려 있다고 할 수 있다. 이러한 고양된 의식은 '꽃봉오리' 가슴에 안고 '붉은 태양'이 '모란'을 빨갛게 피워 내는 황홀경을 통해 극대화된다. 주저나 우울한 정조는 조금도 없이 기쁨, 밝음, 태양, 새벽, 새나라 등 모

---

12 김광현, 「새벽길」 중 일부, 『전위시인집』, 노농사, 1946, 2~3쪽.

두 밝음과 시작을 나타내는 시어들로 가득 차 있다. 앞날에 대한 희망과 소망 성취의 의지가 이처럼 낙관적으로 그려지고 있는 것은 해방이 가져다준 열기 때문이다. 소망의 객관적 상관물이라 할 수 있는 '모란'은 시적 주체가 해방조국에 거는 기대의 상징물로 볼 수 있다. 이처럼 해방 초기 시인들은 김기림의 지적처럼 자기들의 나아가는 길이 "고난"의 길이었음에도 기대와 홍분 때문에 "황홀"과 "희망"에 가득 차 있었다고 할 수 있다.[13]

그런데 반년이 지나지 않아 정세는 급변하였다. 해방조선에서 독립조선으로 가는 길은 난관에 부닥치기 시작하였다. 새나라 건설에 대한 기대와 들뜸은 현실정치의 벽에 부딪혀 실망과 좌절의 정조로 뒤바뀌었다. 시의 경우도 많은 변모가 나타나기 시작하였다. 현실의 비극적·비관적 정조를 그대로 드러내 보여 주는 시가 있는가 하면, 정세가 비극적으로 전이되어 가는 이 시기에도 여전히 작품 속에 낙관적 전망을 빈번하게 드러내 보이는 시들도 있다. 여기서는 후자의 시 경향에 대해 주목하고자 한다. 현실 속에서 승리에 대한 전망이 그다지 밝지 못한데도 시인들은 자신이 가는 길에 대한 강한 확신과 승리에 대한 낙관적 전망을 결코 포기하지 않고 있다. 이러한 모습은 "비극적 종말 속의 낙관적 전망"[14]의 형태를 띠고 있다고 할 수 있다. 외적 현실의 악화로 이상이 더 이상 현실 공간에서 성취되지 못할 지경에 이르면 일반적으로 사람들은 현실에 굴복하여 사사로운 것에 집착하

---

13 김기림, 「서」, 『전위시인집』, 노농사, 1946, 3쪽.

14 임헌영, 「해방 직후 무장투쟁에 대한 문학적 형상화」, 『해방전후사의 인식』 4, 한길사, 1989, 402쪽.

거나 아니면 지나치게 이상에 집착하는 경향을 보인다. 그런데 이 시기 시의 경향은 후자의 모습을 더욱 강하게 띠고 있었다. 1946~1948년경의 시에서 특히 현실보다 이상에 집착하는 경향을 보이는 시들이 많이 나타나는 것은 정세의 악화가 그만큼 진보적 시인들을 옥죄어 들었기 때문이다. 새나라 건설 여부에 대한 전망의 불투명, 체포, 구금으로 이어지는 육체적 위기, 정치에서든 삶에서든 점점 주변부로 밀려날 수밖에 없는 현실적 무력감 등은 시인들로 하여금 현실에 대한 적극적 대응을 불가능하게 만들었다. 그러나 열정에 시달리는 사람은 현실이 어려워지고 앞날에 대한 전망이 불투명해질수록 이상에 대한 열망을 더욱 강하게 가지게 된다. 실질적으로 1946년 10월항쟁을 전후하여 해방조선에서 독립조선으로 가는 길은 상당히 험난하게 전개되어 갔다. 이상적인 새나라 건설에 대한 기대와 욕구는 냉혹한 현실정치 속에서 차츰 좌절되어 갔으며, 압도해 오는 현실의 무게를 시적 주체가 혼자 감당해 내는 것은 어려웠다고 할 수 있다. 남북고착화 과정으로 가는 이 당시 현실은 겉으로는 해방이란 열린 공간이 주는 열기와 흥분으로 들떠 있었으나 실제적으로는 우울과 좌절이 가득 찬 비극적 현실 공간이었다고 할 수 있다. 자주독립국가 건설의 욕구가 좌절되어 가는 현실에서 새나라 건설의 열망에 시달리고 있던 조선문학가동맹 계열의 진보적 시인들은 10월항쟁을 전후하여 적극적 싸움의 길로 나서게 된다. 그러나 이들이 내세우는 싸움이란 것도 그리 낙관적인 것이 되지는 못하였다.[15] 옥죄어 오는 현실 속에서 이

15 김상훈, 「테로문학론」, 『문학』 4호, 조선문학가동맹, 1946. 7., 10~13쪽 및 『남조선 반동테로의 정체』, 건설사, 1947 참고.

들은 투쟁의 근거지조차 확보하지 못하고 변두리로 밀려나고, 흩어지고 있었다. 그러한 상황 속에서도 이들은 앞날에 대한 희망을 끝내 포기하지 않고 투쟁의 의지를 다지며, 자신들의 시에서 앞날에 대한 전망을 활짝 열어 놓고 있다.

칼날을 실고 지나가는 바람소리 요란한 밖앝 날씨래서
자라처럼 비겁하야 부끄러운 어둠 속에 너의 목아지를 숨겨 버릴 것이 아니다.

사슴이의 가느러지도록 울고 싶음에,
원통한 하늘을 호곡하면서, 참을 길 없이 추켜드는 목아지가 시리구나.

자유와 평화와 민주주의를 지키는 젊은 수호신들의 머리 우에,
천둥 번갯불 어르렁대는 하늘이여 남부조선이여!

옆도 뒤도 없는 한 뼘 땅 우에 정녕코 굽힐 수 없는 젊음을 째겨 딛고 서서,
아 사뭇 위태로히 불러보는 우리들의 조국은 아직도 멀리 있는가.

칼날을 아니 바람을 차라리 명주고름처럼 가벼이 감고,
한 사람씩 뒤를 니어 상채기 금간 목아지를 자랑삼아 우줄우줄 나서는 길이 있다.

멀리 바래 보이는 내 사랑 민주주의의 언덕 바삐 이르러

구름 머흘머흘 하늘 걷힌 뒤, 피에 젖은 엽의(獵衣)의 옷자락이며 목아지며,
환히 밝은 햇볕 아래 상채기 말릴 것을 믿으며 가는 길이 있다.[16]

이병철의 「목아지」는 육체까지 다가온 위기의 현실에서 앞날에 대한 전망을 극대화시키고 있다는 점에서 주목할 만한 작품이다. "칼날을 실고 지나가는 바람소리 요란한 밖앝 날씨"와 "옆도 뒤도 없는 한뼘 땅 우"는 오갈 데 없는 현실의 극한 상황을 잘 드러내 보여 주고 있다. 이러한 극한 현실 속에서 내포 작가는 자신의 안전을 도모하며, 안주하여 살고 싶은 욕망을 '자라'의 '목아지'로, 극한 현실에 비겁하게 굴종하지 않고 자신의 이상을 당당히 내세우며 살아가고 싶은 욕망을 '사슴'의 '목아지'로 상징화해 보이고 있다. '목아지'를 통해 나타나는 이러한 이중의 욕망은 바로 시적 주체가 현실 속에서 겪는 내부 갈등의 표출 양상이라 볼 수 있다. 이는 극한 상황 속에서 비겁한 자라처럼 목아지를 숨기고 살아갈 것인가 아니면 사슴처럼 자신의 욕망대로 목을 추켜들면서 살아갈 것인가 하는 삶의 문제로 집약된다. 이러한 선택의 갈림길 속에서 시적 주체는 굴종보다는 자유를, 현실 안주보다는 이상을 지향하고자 한다. 이는 '사슴'의 목처럼 가늘어지고 싶은 자신의 내부 욕망이 비겁하게 안주하며 살아가고자 하는 굴종적인 삶의 욕망을 억누른 결과라 할 수 있다. 물론 이러한 선택은 자신의 이상에 대한 강한 집착과 이상적 현실을 지향하고자 하는 내적 욕망이 있기에 가능하다. 그래서 그는 사슴의 '목아지'에 자신을 동일시

16 이병철, 「목아지」, 『문학』 7호, 1948. 4., 116쪽.

시켜 놓는다. 사슴의 목처럼 가늘어지고 싶은 욕망에 육체적 위기를 무릅쓰고 "참을 길 없이 추켜드는 목아지"를 노출시키는 것이다. 이는 정녕 위험을 무릅쓴 노출 행위로 '목아지'의 시림을, '생채기'를 각오한 단호한 선택적 행위이다. 그렇다면 이러한 선택을 가능하게 한 동인은 무엇인가. 이는 선취된 관념이 빚어내는 앞날의 당위에 대한 낙관적 믿음 때문이다. 이러한 믿음이 '칼날'과 '바람'으로 표상된 가혹한 현실 속에서도 "생채기 금간 목아지를 자랑삼아 우줄우줄 나서"게 만든다. 육체의 부분까지 다가온 위험한 상황 속에서도 시적 주체는 이상적 공간에 대한 열망을 포기하지 않고 자신이 나아가는 길에 대한 확고한 신념을 드러내 보이는 것이다. 이러한 낙관적 전망은 "환히 밝은 햇볕 아래 상채기 말릴 것을 믿으며 가는 길"에 대해 확고한 믿음과 당위적 진실에 대한 실현의지가 있기 때문에 가능하다.

> 주름살 올올이 참아 못잊을 어머니의 얼굴이 자꾸만 멀어져 간다
> 해마다 이러한 봄철이면 하냥 풋나물 캐기에 손톱이 닳든 누이의 나이도 인제 잊어버렸다
> 도라서면 그리워지는 사랑하는 사람도 어쩌면 이대로 잊혀지는가
> 피빨선 눈들이 무시로 겪어내는 싸움터에서 싸움도 익어지면 피빨선 눈도 이러히 맑아지는대
> 이젠 나도 나의 자랑과 젊음을 의심치 않는다
> 사모치는 분함에 오체(五體)를 달구면서 오늘도 훤히 트인 앞길을 간다 뒤 도라보지 않고 앞길을 간다[17]

---

17 한진식, 「앞길을 간다」, 『신인』 2권 1호, 1948. 3.: 김승환·신범순 편, 『해방공간의 문학-시』 2, 돌베개, 1988, 139쪽 재인용.

한진식의 이 작품에서도 악화되어 가는 현실 속에서의 앞날에 대한 이상과 전망의 문제를 살펴볼 수 있다. 시적 주체를 둘러싼 외적 현실은 더 이상 그에게 행복하고 안락한 공간을 허락하지 않는다. 현실은 그에게서 어머니와 누이, 사랑하는 사람 모두를 멀어지고 잊혀지게 만드는 억압기제이다. 결코 잊어버릴 수도 없고 잊어버려서도 안 되는 가족, 사랑하는 사람들이 잊혀져 가는 현실 공간이 시적 주체를 현실로부터 소외시키고 있다. 그런데 현실로부터의 소외가 소외 그 자체로 머물 때는 안타까움과 회한밖에 남지 않는다. 그런데 이러한 억압기제를 극복하게 만드는 것은 앞날에 대한 시적 주체의 주관적 변혁의 열정이다. 주관적 변혁의 열정은 자신이 선택한 길에 대한 '의심'이나 머뭇거림을 배제하게 만든다. 오직 "훤히 트인 앞길"만 존재할 뿐이다. 현실을 개조하는 싸움에 참가한 시적 주체는 이처럼 앞날에 대한 확실한 전망을 통해 자신이 선택한 길을 주저 없이 갈 수 있는 것이다. 자신이 선택한 길에 대한 믿음이 부족하면 이렇게 전망을 활짝 열어 놓지 못한다. 비극적으로 전이되어 가는 현실 속에서 시적 주체는 이상에 대한 주관적 변혁의 열정을 통해 현실을 극복해 나가고자 하는 것이다. 억압기제가 된 현실은 더 이상 시적 주체에게 난관이 아니다. "훤히 트인 앞길"은 낙관적 주관주의가 얻어 낸 결실이라 할 수 있다.

때를 굶다가 어쩌다가 한꺼번에
밥을 많이 먹으니 취한 듯
머리와 아랫두리가 후들거린다

어제는 감자로 아침을 때우고
이번에는 비지를 짜게 삶는 벗들과
너털웃음을 크게 웃어보아도
이것은 자랑이 못되는구나

오늘도 하늘에는 구름이 유유히 흐르고
자동차와 전차는 제멋대로 달린다
누가 상관할 배냐 우리의 가난
구름은 다만 희기만 하다

나의 머리가 흔들리는 저쪽에
白米와 같이 빛나는 조국이여
여기 당신의 아들이 섰다
여기 나의 계급이 있다![18]

이 시의 시적 주체는 열악한 현실 속에서 고통스러워하고 흔들린다. 기본적인 식생활이 보장되지 않는 불안정한 현실은 그를 짓누르는 억압기제이다. 억지로 웃어 보이는 웃음도 허덕이는 기아를 근본적으로 해결해 주지는 못한다. 이 시는 기아와 가난이 횡행하는 현실적 세계와 빛나는 조국을 지칭하는 이상적 세계로 나누어져 있다. 기아와 가난 속에서 시적 주체를 힘겹게 지탱하는 것은 "白米와 같이 빛나는 조국"에 대한 믿음이다. 한편 시적 주체인 '나'를 더욱 흔들리게 하는 것은 무심한 자연과 제멋대로 달리는 "자동차와 전차" 같은

---

18 박산운, 「노래」, 『연간조선시집』, 아문각, 1947, 52~53쪽.

외적 사물들이다. 시적 주체인 '나'와 아무 상관없이 움직이고 있는 자연과 비정한 자본의 운행 질서는 더욱 세계를 냉혹, 거대하게 만든다. 그런데 가난 속에서도 시적 주체가 현실에 쉽게 함몰되지 않은 것은 미래에 대한 뚜렷한 확신과 "빛나는 조국"에 대한 믿음 때문이다. 이처럼 미래에 대한 굳건한 확신과 믿음 때문에 마지막 2행의 시구에서 보듯 시적 주체는 당당해질 수 있는 것이다. 결국 시적 주체가 현실 속에서 힘겹게 살아가면서도 의연해질 수 있는 것은 무엇인가? 이는 바로 자신의 이상과 부합되는 긍정적 미래에 대한 낙관적 전망, 즉 뚜렷한 자기 확신의 결과 때문이다. '나'와 자신의 계급에 대한 분명한 확신과 믿음을 통해서 시적 주체는 비로소 열악한 기아의 현실 속에서 똑바로 설 수 있는 것이다.

조곰씩 서로 닮은
비슷비슷한 얼굴들

모두 다
해바라기처럼 싱싱한 포기 포기

바람에 흔들리면서
이지러질 듯 바람 속에 흔들리면서
붉으레 피빛 좋은 얼굴들

앞을 딸어
목소리를 가즈런히 만세를 부르면서,

예사 함께 누릴 즐거움을 살기 위하여
하늘 걷히고 온전한 햇빛 받어 무성하기 위하여

앞을 딸어
목소리를 가즈런히 만세를 부르면서,
우리 모두 다 함께 간다.[19]

이병철의 「대열」에서는 시적 주체를 억누르는 억압기제가 "바람" 이외에는 거의 표면에 나타나지 않고 숨어 있다. 그런데 그 현실은 시적 주체의 행동을 불러일으키는 주된 원인이 된다. 현실의 삶이 불안정하고 자신의 이상에 부합되지 않기 때문에 자기가 그리는 밝은 세상을 꿈꾸며 앞으로 나아가고 있다. 시적 주체가 가는 길과 미래는 낙관적 전망으로 가득 차 있어 힘차고 활기차다. 시적 주체가 위치해 있는 현실은 비극적이서 극복의 대상이 될텐데도 이 시에는 조금도 체념이나 비애의 정조가 스며들어 있지 않다. 앞날에 대한 확실한 믿음과 낙관적 전망이 이 시 전체를 밝음의 어조로 이끌어 간다고 할 수 있다. 더구나 이러한 낙관적 전망을 더욱 확대시키는 것은 함께 길을 가는 동지들과의 연대감이다. 이들은 모두 온전한 사회를 열망하며 그것을 쟁취하기 위해 애쓰는 존재들이다. 여기서 시인은 병치(竝置) 은유의 기법을 사용하여 공동체의식을 더욱 확산시켜 보이고 있다. "조곰씩 서로 닮은/ 비슷비슷한 얼굴들", "해바라기처럼 싱싱한 포기 포기", "붉으레 피빛 좋은 얼굴들"이란 병치를 통해 "우리"

---

19 이병철, 「대열」, 『전위시인집』, 노농사, 1946, 33~34쪽.

의 동지적 친화감과 연대의식을 더욱 결속시켜 보인다. 이러한 공동체의식과 연대감은 자신들이 가는 길이 옳다는 믿음과 미래의 확신에서 비롯된다. "우리" "함께" 가는 이 길 앞에는 맑은 "하늘"과 "온전한 햇빛"이 가득 찬 이상적 공간에서의 즐거움이 준비되어 있는 것이다.

비극적인 현실 속에서도 결코 현실에 함몰되지 않고 미래에 대한 확신과 전망을 통해 현실을 극복해 가려는 이러한 경향의 시들은 분단이 고착화되기 시작하는 1947, 1948년경의 시에 특히 많이 나타났다. 최석두의 「산길」, 이병철의 「뒷골목이 티일 때까지」, 김철수의 「푸른 산맥을 타고서」, 김동석의 「길」 등의 작품은 그러한 시들의 예이다. 이 시들은 대부분 자신이 선택해 가는 길에 대한 확신과 미래에 대한 강한 낙관적 전망을 그려내 보이고 있다. 이들은 외적 현실이 비극적으로 전이되어 자신들의 소망이 현실 속에서 이루어지기 어려운 단계에 이르렀는데도 여전히 앞날을 낙관적으로 노래한다. 그렇다고 이들이 현실을 버리거나 도피한 것은 아니다. 현실의 억압이 강해지면 강해질수록 이들은 이상에 대한 열망을 더욱 강하게 드러내 보였다. 어쩌면 이것은 현실 속에 함몰되어 가려는 자신을 지키는 방어 수단의 역할을 하였다고 할 수 있다. 즉 이 당시 시에 나타난 강한 낙관주의는 미래의 승리에 대한 믿음과 전망을 통해 열악한 현실을 극복해 나가고자 하는 의욕 내지 문제의식의 소산이라고 볼 수 있다. 현실변혁에의 강렬한 욕구가 현실 속에서 좌초되자 이들은 주관적 이상에 매달려 현실을 헤쳐 나가고자 했던 것이다. 그러나 현실성이 뒷받침되지 못한 이러한 주관화의 경향은 선취된 관념의 성급한 작품화 내지 전망의 과장이란 한계를 남겼다. 지나친 주관화의 함정은 현실의 사실적 투시를 방해해 현실을 구조적으로 보지 못하게 만드는 원인이 되기도 했다. 그 결과 이러한 시들은 현실에 대한 정확한 반영보다 마땅히 있어야 할 당위의 세계에 대한 주관적 의지를 강조하는 데 그치는 경우가 많았다.

4. 맺음말

현실과 이상의 문제는 시인들에게 항상 중요한 문젯거리였다. 그래서 많은 시인들은 자신이 딛고 있는 현실과 지향하고자 하는 이상 사이에서 고민하고 갈등하였으며, 그것을 작품화해 보였다. 그런데 시인들이 현실에 치우치면 객관에, 이상에 치우치면 주관에 빠져들기 마련이다. 이는 달리 말하면 현실을 반영하는 사실주의적 원칙과, 주관화의 경향과 밀접한 낭만주의적 원칙 간의 상호 길항작용이 빚어낸 결과이기도 하다. 그런데 이 둘은 서로 유리되지 않고 적절한 긴장 관계를 유지하는 것이 가장 바람직하다고 할 수 있다. 이는 끊임없는 자기 응시와 성찰, 이상과 현실의 변증법적 파악, 현실의 본질적 경향과 역사의 방향성에 대한 확인 등으로 어느 정도 가능해진다.

1945~1950년 사이 한국 시의 경우도 이러한 역할을 수행해 나간 고투의 흔적을 역력히 보여 준다. 정치, 사회, 예술 모든 분야에서 이 시기만큼 급격한 변동이 있었던 때는 우리 역사에서 드물었다고 할 수 있다. 이 시기에 시인들의 이상이 현실 속에서 좌절되어 가는 정도가 특히 심하였는데, 본 장에서는 이러한 순간에 시인들이 어떠

한 대응을 하였으며, 현실과 이상 중 무엇을 문제 삼고자 하였는지를 주로 검토하고자 하였다. 이 당시 시인들은 시적 주체를 억압하는 현실을 시의 가장 주된 창작 동기로 삼았다. 외적 현실은 시적 주체를 소외시키고 억누르는 억압기제였다. 이러한 상황에서 시적 주체는 현실을 단순히 수동적으로 바라보거나 현실에 안주하려고 하지만은 않았다. 그래서 시적 주체는 이상과 현실의 간극을 메꾸어 보려는 욕망을 강하게 드러내 보였다. 그러나 그 욕망은 육체적 행동으로 직접 드러나지 않고 소극적인 자기 소망의 희구에 머물고 있는 경우가 많았다. 이러한 소망은 물론 눈앞의 현실을 개조하려는 마음가짐 없이는 이루어지지 않는다. 현실을 개조하려는 이러한 마음가짐은 크게 둘로 갈라지게 되는데 하나는 정신주의적 경향이고 다른 하나는 현실 속에서 그것을 극복하려는 실천주의적 경향이다. 정신주의적 경향의 시는 우선 열악한 현실과 적극 맞서 싸우려는 의지가 박약하여 다소 소극적·허무주의적 경향을 보인다. 이 시들은 고통스런 현실 공간을 떠나고 싶어 하거나 내적 마음의 수련 내지 단련에 주로 머물고 있다. 이용악의 「그리움」이나 백석의 「남신의주 유동 박시봉방」 같은 시를 통해 이러한 시들의 존재 방식을 살펴볼 수 있었다. 반면 현실을 도피하지 않고 자신이 그 현실과 대결하려는 노력을 보여 주는 실천주의적 경향의 시로 이병철의 「거리에서」를 들 수 있었다.

한편 외적 현실이 비극적으로 전이되어 시인들의 소망이 성취될 수 없는 단계에 이르렀을 때 이들은 어떠한 방식을 선택했는가? 이들은 현실보다 이상에 더욱 집착하였는데, 그 결과 이들의 시들은 주관적 낙관주의의 경향을 강하게 띠게 되었다. 현실의 억압기제에서 벗어나 이상을 실현하려는 열망에 그들의 온 힘을 쏟아부었다고 할 수 있다. 소위 1947, 1948년경 '구국항쟁'의 시기에 가까워질수록 이들의 시에는 낙관적 전망이나 승리에 대한 주관적 의지가 더 강하게 나타나고 있다. 분단이 고착화되는 비극적인 현실 속에서 그 시들은 투쟁의 무조건적인 승리와 미래에 대한 희망을 끝내 버리지 않는다. 비극적으로 전이되어 가는 현실 속에서 오히려 낙관적 전망의 강한 표출을 통해 억압적 현실구조를 타파해 나가고자 하였다. 그러므로 이 당시 시에 나타난 강한 낙관주의는 미래의 승리에 대한 믿음과 전망을 통해 열악한 현실을 극복해 나가고자 하는 의욕 내지 문제의식의 소산이라고 볼 수 있다. 현실변혁에의 강렬한 욕구가 현실 속에서 좌초되자 이들은 이상에 매달려 현실을 헤쳐 나가고자 했던 것이다. 그러나 현실성이 뒷받침되지 못한 이러한 주관화의 경향은 선취된 관념의 성급한 작품화란 한계를 남겼다. 즉 이러한 시들에 미래에 대한 전망이 지나치게 과장되어 나타남으로써 투쟁은 곧 무조건적인 승리라는 도식적 결론을 유발할 가능성이 컸다. 사실 지나친 주관화의 함정은 현실의 사실적 투시를 방해해 현실을 구조적으로 보지 못하게 만드는 원인이 되었다. 그 결과 이러한 시들은 대부분 시적 주체 개인의 결단, 개인의 투쟁의지에 대한 확인, 이상 실현에 대한 열망에만 머물러 있는 경우가 많았다. 이처럼 이 시인들은 현실에 대한 반영적 욕구보다 마땅히 있어야 할 당위의 세계에 대한 주관적 의지를 강조하는 데 그쳤던 것이다. 물론 이들이 단순히 개인의 주관적 소망이나 꿈의 실현을 열망하는 단계에 전적으로 머무른 것은 아니다. 억압적 현실 속에서 미래의 맹아를 발견해 보려는 주관적 노력의 소산을 보여 준 작가도 있었는데 이들의 창작 정신은 현실을 충실히 반영하려는 리얼리즘의 정신과 그리 멀지 않은 것임을 알 수 있다. 중요한 것은 전망의 예술적 형상화가 올바로 성취되었느냐 아니냐 하는 문제일 것이다.

제3부

정착과 지향

제10장

최초의 근대시선집 『조선시인선집』의 탄생

1. 선집, 사화집, 앤솔러지

1926년 조선통신중학관에서 발간된 『조선시인선집(朝鮮詩人選集)』은 최초의 근대시선집(近代詩選集)이다. 여기서 '최초'와 '선집'이란 말을 주목해 보자. 최초란 맨 처음이란 뜻으로 이전까지 그러한 것이 없었다는 의미이며, 선집(選集)이란 한 명 또는 여러 명의 시나 문장을 일정한 기준에 따라 골라 모아 엮은 책을 말한다. 선집은 사화집(詞華集) 또는 앤솔러지(anthology)라 부르기도 한다. 『조선시인선집』을 최초의 근대시선집이라 부르는 것은 이전까지 이러한 종류의 책이 없었기 때문이다. 선집은 멀리로는 서거정(徐居正)의 『동문선(東文選)』이 있었고, 가까이로는 장지연(張志淵)이 엮은 『대동시선(大東詩選)』(신문관, 1918) 같은 책이 있었다. 물론 이 책들은 근대시를 대상으로 한 책이 아니라는 점에서 『조선시인선집』과 차이가 난다.

잠깐 선집, 사화집, 앤솔러지(anthology)란 표제를 달고 시중에 나와 있는 책들을 살펴보기로 하자. 표제로 앤솔러지란 이름을 달고 나온 책으로 유명한 것이 *The Norton Anthology of English Literature*

이다. 노튼 앤솔러지는 수많은 영문학 작품 중 우수한 작품들을 선별해 놓은 권위 있는 책이다. 필자의 경우 대학원에서 석사 과정을 밟을 때 지도교수님 연구실에서 이 책의 원본을 처음 보았다. 검은색, 파란색, 주황색이 뒤섞인 빛바랜 노튼 앤솔러지 두 권이 두툼한 하드커버 표지로 많은 국문학 책들 속에서 이채를 발하고 있었다. 학부 시절 영문과 친구들이 들고 다니던 줄 그어진 복사판 페이퍼북이 아니라는 것만으로도 기분이 좋았다. 그 책의 표지에 쓰인 anthology란 글자를 다시 보게 된 것은 김경린, 임호권, 박인환, 김수영, 양병식이 펴낸 신시론(新詩論) 동인들의 합동 시집인 『새로운 도시와 시민들의 합창』이었다. 고전문학을 전공하는 친구가 자신의 형이 소장한 책이라면서 이 시집을 가져와 대학원 수업시간에 간략히 소개했는데, 이때 김수영, 박인환이란 시인 이름보다 표지 아랫부분에 박힌 'SIN SHI RON ANTHOLOGY'란 글자에 더 눈길이 갔다. ANTHOLOGY란 글자가 다시 표지 장정에 모습을 드러낸 것은 이들의 후예라 할 수 있는 김경린 외 8인 사화집 『현대의 온도』(도시문화사, 1957)에서였다. 보통 시집이라면 개인 시집 또는 시선(詩選)이란 이름으로 나오던 시절에 ANTHOLOGY란 이름을 노출시킨 『새로운 도시와 시민들의 합창』이나 『현대의 온도』는 특이했다고 할 수 있다.

한국 현대시문학사에 명멸한 앤솔러지(anthology)는 크게 두 종류의 이름으로 발간되었다. 하나는 선집(또는 시선), 다른 하나는 사화집(詞華集)이다. 대개 대동소이하게 사용되었으나 발간된 책들을 보면 일반적으로 선집은 동시대나 후대의 편자가 어떤 기준에 따라 시를 모은 것, 사화집은 같은 취향과 이념을 가진 시인들이 함께 펴낸 시 모음집 정도로 명명되었다. 사화집이 제목에 그대로 표기된 경우로는 1961년에서 1967년 사이 발간된 『60년대사화집(六十年代詞華集)』(통권 12집)이 눈에 띈다.

2. 조선통신중학관과 백기만

그림 10-1 『금성』 3호에 실린 백기만

『조선시인선집』은 1926년 10월 13일 경성부 숭(崇) 2동 121번지에 자리[1]하고 있던 조선통신중학관(朝鮮通信中學舘)에서 발행되었다. 편집 겸 발행인은 조태연(趙台衍)인데, 실제 편집은 백기만(白基萬)이 담당했다.

1921년 7월에 설립된 조선통신중학관은 조선인이 경영한 통신학교로, 교수자와 학습자가 대면하지 않고 『중학강의록』을 매개로 한 인쇄 유형의 통신교육을 시도했다. "평이한 조선문, 조선인이 경영, 고등보통학교령에 준거, 잡지 『신지식』의 무대(無代) 진정(進呈), 강사가 고명(高名), 학비를 대여"[2]해 준다는 등 통신교육계의 유일무이한 6대 특색이란 걸 내세우며 조선통신중학관은 독학생을 모집하였다.

1921년 7월 20일 자 『동아일보』 1면 하단에 게재된 「발행예고 조선

1 조선통신중학관이 처음 만들어질 때는 경성부 정동 1번지의 8에 위치하고 있었다. 「조선통신중학강의록 발행 예고」, 『동아일보』, 1921. 7. 20.

2 『대개정 조선중학강의록 견본 부 규칙』, 조선통신중학관, 1926. 1. 16., 12~14쪽.

통신중학강의록 광고」를 보면 "통신교육의 효시"란 제하(題下)에 조선통신중학관 취지서, 규칙 발췌, 직원, 학과목 등을 제시하고 있어, 그 전모를 짐작할 수 있다. 취지서에 의하면 조선통신중학관은 학자금의 결핍, 교육기관의 불비(不備), 여러 사정으로 인해 향학(向學)의 큰 뜻을 이루지 못하고 앞날의 황폐를 애통해하는 청년 남녀를 위해 만들어졌다. 다시 말하면 수학(修學)의 기회를 잃고 문명의 낙오를 절통(切痛)해하는 청년들, 특히 학자금으로 인해 멀리 유학을 가지 못하는 자를 대상으로 『중학강의록』을 발행하고, 중학교육의 통신교수(通信教授)를 시도하였던 것이다. '규칙 발췌'에 의하면 『중학강의록』은 월 2회 발행되었고, 조선교육령에 의거한 고등보통학교의 과정을 2년에 걸쳐 완전히 학습하게 하는 것을 목표로 하였다. 시험을 행한 후 졸업증서를 수여하였으며, 학과목은 수신(修身), 국어, 조선어, 한문, 영어, 역사, 지리, 수학, 박물, 이화(理化), 법경(法經) 등이었다.

『중학강의록』은 1921년 11월 17일 첫 발행되었으며, 1922년 12월 15일까지 20호가 나왔다. 조선통신중학관에서 낸 『중학강의록』의 발행인은 "제1~16호의 경우 박광희, 제17~20호의 경우는 고순흠이었다."[3] 그런데 20호 이후 『중학강의록』은 발간되지 못하고 연기를 거듭하였다. 그러다가 1923년 5월 17일 「조선통신중학관 근고(謹告)」란 광고를 통해 그동안의 사정을 말하고 제21호의 발간을 예고하였다. 「근고(謹告)」에서는 조선통신중학관이 "해인사의 시설 사업의 일부"로 해인사 주지 이회광(李晦光) 씨가 창립하여 그 뜻을 펼쳤으나 해인

3 김자중, 「일제 식민지기 통신학교의 설립과 중학강의록의 발행에 관한 연구」, 『교육사상연구』 33-2, 교육사상연구회, 2019. 5., 41쪽.

그림 10-2 『조선중학강의록 부록』, 1923(독립기념관 소장)

사 사무가 점차 다단하여 전력을 쓸 수 없게 되어 황량한 상태에 이르렀다는 것, 그래서 출판업을 경영하던 여환옥(呂煥玉) 군 외 3인으로 조직된 합명회사(合名會社) 동우사(同右社)가 조선통신중학관을 인계하게 되었다는 것을 밝히고 있다.[4] 한편 1923년 10월 3일 자 『조선일보』는 「조선통신중학관의 신계획」이란 사설을 통해 해인사 주지 이회광이 경영하던 조선통신중학관이 "인계상 기다(幾多)의 난관"이 있었고, 강사회 등이 나서서 그 난관이 해결되고 재단법인을 설립해 그 기초를 공고히 하여 이를 확장할 계획이라는 소식을 전하고 있다.[5] 1923

4 「조선통신중학관 근고(謹告)」, 『동아일보』, 1923. 5. 17.
5 「조선통신중학관의 신계획」, 『조선일보』, 1923. 10. 3.

년 10월 조선통신중학관은 이름을 달리하여 『조선중학강의록』을 재발행하였고, 『조선중학강의록』의 발행인은 백기만이 맡았다.[6] 1923년 무렵 백기만은 조선통신중학관에 근무하면서, "강의록을 편찬"[7]하고 있었다. 백기만이 조선통신중학관에 근무하였다는 사실은 해방 이후 참의원 의원 입후보 전단지(1960)의 "서울 조선통신중학관 이사, 월 2회 간 『중학강의록』과 월간 『신지식』 4년간 발행"[8]이란 약력에도 기록되어 있다. 박태일은 백기만이 "조선통신중학관 '이사' 가운데서도 '강사회' 중심 관계자였을 뿐 아니라 조선통신중학관 강의록 출판, 운영에 가장 큰 책임을 지는 자리"[9]에 있었을 것으로 추정했다. 『조선중학강의록』을 만드는 일 외에 조선통신중학관이 발간하는 잡지 『신지식』과 시집 『조선시인선집』을 편집하는 것 또한 백기만의 몫이었다. 1920년대 중반 무렵 조선통신중학관은 매체를 생산하는 출판자본으로의 자리를 구축할 정도로 성장하였다.

3. 조선통신중학관과 『신지식』

『신지식』은 1925년 1월 1일 창간된 조선통신중학관 기관 잡지이다. 이는 '강의록'이 아닌 잡지의 표제를 달고 있는 것으로 보아 '강의록'과 병행된, 새로운 근대 지식 및 문예물 등의 흥밋거리 기사를 담아내

6 『조선중학강의록』 5(부록), 조선통신중학관, 1924, 38쪽: 김자중, 앞의 논문, 43쪽 재인용.
7 백기만 편, 『상화와 고월』, 청구출판사, 1951, 115쪽.
8 백기만, 「참의원 의원 입후보 선거용 전단지」.
9 박태일, 「백기만의 『신지식』과 이장희·이상화의 발굴 시」, 『근대서지』 27, 근대서지학회, 2023. 6., 149쪽.

그림 10-3『신지식』 임시창간호, 1925(현담문고 소장)

고자 한 매체이다. 조선통신중학관은 1924년 9월 1일 "기관 잡지(월간)『신지식』을 본관(本館) 학원(學員)에게 한(限)하야 매호(每號) 무대(無代) 진정(進呈)함"[10]이라고 광고하였으나,『신지식』 창간호는 납본 과정에서 발매 금지를 당하고 임시호를 준비하는 등[11] 고초를 당하다가 1925년 1월 1일 창간임시호가 발행되는 우여곡절을 겪었다. 현재『신지식』은 6호(1925. 11. 1.)까지 확인된다. 1926년 1월 16일 발간된『대개정 조선중학강의록 견본 부 규칙』의 뒤표지 안쪽 면에『신지식』 광고

---

10 「중학강의록 광고」,『동아일보』, 1924. 9. 1.
11 「『신지식』 압수」,『시대일보』, 1924. 10. 19.

가 실려 있는 것으로 보아,[12] 1926년에도 『신지식』이 발행되고 있었을 것으로 생각된다. 『신지식』 창간임시호에 이광수의 「지식은 힘이라」라는 창간사가 실려 있는데, 이 창간사를 통해 『신지식』의 지향점 내지 이 잡지의 성격을 살펴볼 수 있다.

> 진실로 지식은 힘이다. 여러분이 이제 『중학강의록』에 취하여 자자(孜孜)히 공부하시는 것이 진실로 여러분 개인과 및 여러분의 조선을 위하야 지식을 구하려 함이니 여러분의 공부는 곧 여러분 개인의 생명이요 또 여러분의 조선의 생명이다. 이제 다시 본지 『신지식』을 발행하는 동기도 여기 있는 것이니 곧 강의의 정과(正科)를 공부하는 여가에 흥미 있고 실익 있는 각종의 신지식을 여러분에게 공급하려 함이다. 우리는 이 소잡지가 여러분 신지식을 갈구하는 이의 호사부(好師傅)가 되는 동시에 호반려(好伴侶)가 되기를 힘쓰고 또 그리 될 줄을 믿거니와 여러분께서도 본지를 각기 제 것으로 애호하기를 바란다. '지식은 힘이라' 원컨대 여러분에게 신지식이 충만하고 여러분의 조선에 신지식이 충만할지어다.[13]

『신지식』은 "강의의 정과(正科)를 공부하는 여가에 흥미 있고 실익 있는 각종의 신지식"을 보급하는 통로 역할을 자처하고 있다. 이광수의 「창간사」 또한 지식의 힘을 강조하고 조선에서 신지식이 필요함을 주장하고 있다. 그러나 지식을 강조하는 이광수의 논조에는 우승열패(優勝劣敗)의 논리가 직접적으로 드러나 있다. 그는 인류를 지식을

12 『대개정 조선중학강의록 견본 부 규칙』, 조선통신중학관, 1926. 1. 16., 뒤표지 안쪽 면 광고.
13 이광수, 「창간사: 지식은 힘이라」, 『신지식』, 창간임시호, 조선통신중학관, 1925. 1., 2~3쪽.

가진 자와 못 가진 자로 구분하고, 지식의 유무에 따라 우승열패(優勝劣敗)의 결과가 나타난다고 역설한다. 결국 조선이 힘이 있기 위해서는 지식을 가져야 하며, 청소년들이 공부를 해야 한다는 지식 계몽론이 이 글의 핵심 논점인 셈이다. 힘 있는 강자가 되기 위해서는 지식이 필요하고 이를 위해서는 교육이 필수적이라는 것이다. 『중학강의록』과 병행되어 발간된 『신지식』은 비록 학교 제도를 통한 정규 교과과정의 수업교재는 아니었지만 새로운 지식을 파급시키는 데에는 아주 유용한 매체였다. 이러한 매체에 실린 이광수의 주장은 신지식을 열망하는 청소년들에게 상당한 설득력을 가졌다. 그러나 『신지식』의 실제 편집 구도는 『중학강의록』 형태의 지식 소개 매체였지만 이광수의 「창간사」와는 달리 다소 진보적 색채를 드러냄으로써 일제의 미디어 관리를 받게 된다. 『신지식』 곳곳에서 일제 당국이 행한 검열의 흔적을 발견하는 것은 어렵지 않다. 검열로 인해 원고 자체가 실리지 못하거나 원고 일부가 삭제된 경우도 있다. 백기만은 편집자로서 여러 검열을 의식했음인지 『신지식』 창간호에 자신의 주장적인 글은 싣지 않았다. 대신 조태연(趙台衍)의 「태서 위인들의 명담(名談)」과 더불어 「태서 위인들의 일화(逸話)」를 싣고 있다. 이는 특별한 내용이 있는 것이 아니라 서양 위인들의 명언 내지 간략한 일화를 소개한 것이다. 또한 잡지의 여백에 로오렌쓰 여사의 동시 「론돈」을 번역해서 싣기도 했다. 이는 잡지 편집자로서의 역할, 즉 『신지식』에 알맞은 흥밋거리 기사를 제공하거나 편집 구성의 여백을 메꾸기 위한 편집상의 고민을 해결하기 위한 것이라 할 수 있다. 수험 잡지 격인 『신지식』에까지 총독부의 미디어 관리가 이루어지고 있음을 볼 때 일제의 검열은 이 당시 미디어 전체로 확대되고 있었음을 알 수 있다. 『신지식』의 경우 이 잡지의 독자층은 주로 새로운 지식에 목말라 있던 청소년층이다. 청소년이야말로 조선 통치를 위해 새롭게 관리해야 하는 주된 대상임을 총독부 검열 당국이 명확히 인식하고 있었음을 보여 준다.

4. 근대시의 정전화 작업과 『조선시인선집』

『조선시인선집』은 1926년 10월 13일 조선통신중학관에서 발행한 시선집이다. 편집 겸 발행인은 조태연으로 되어 있다. 그러나 조태연은 1926년 당시 백기만 이후 조선통신중학관의 명목상 대표로 『신지식』 6호에서처럼 이름을 올린 것에 지나지 않는다.[14] 실제로 『조선시인선집』을 구성하고, 수록 시인과 작품을 배치한 사람은 백기만이다. 『조선시인선집』의 발행 경위를 잘 보여 주는 양주동의 글을 살펴보기로 하자.

> 『조선시인선집』(통신중학관 발행)은 금년추(今年秋)에 비로소 간행된 것이다. 그 원고를 모아 놓은 것은 내 기억에 의하건대 재작년 여름이다.(그 편집에 관하여는 백기만 군의 노勞가 많은 듯하다.) 이 한

---

14 1926년 1월 16일 발간된 『대개정 조선중학강의록 견본 부 규칙』에도 편집 인쇄 겸 발행인은 조태연으로 되어 있다. 박태일은 1925년 11월 1일에 나온 『신지식』 6호의 편집 겸 발행인이 백기만에서 조태연으로 바뀐 점을 주목했다. 조태연은 경북 상주 사람으로, 백기만 다음으로 조선통신중학관 운영을 맡았던 사람이다. 이는 1922년부터 1925년까지 백기만이 서울 조선통신중학관의 실무를 담당하였으며, 1926년을 전후하여 백기만이 조선통신중학관의 주요 업무에서 손을 떼고 있었음을 보여 준다. 그러나 이전까지 『신지식』의 편집과 출판에서 백기만은 주도적인 역할을 했으며, 그것에 고향의 문우인 이상화, 이장희, 오상순의 시와 수필을 싣는 배려까지 하였다. 박태일, 앞의 글, 155쪽.

그림 10-4『조선시인선집』, 1926

권 안에는 실로 수(數)로 보아 28인이나 되는 시인들의 1924년 이전의 작품을 선집한 것이다.(작作의 선출방법은 각 시인들의 자선自選인 것을 기억한다.) 따라서 이 300여혈(頁)의 일 책자는 그 내용 기타의 여하를 막론하고 우리 조선에 신시(新詩)가 생긴 뒤로부터 1924년에 이르기까지 10년 내외간 시단 업적의 총목록인 듯한 감이 없지 않고 또한 지금까지 발행된 시집 중 사화집(詞華集)으로는 가장 대표적이요 완비한 것이라 생각한다.[15]

이 글에서『조선시인선집』의 실제 편집 업무를 백기만이 담당했다는 것, 28명의 시인들이 각자의 작품을 자선(自選)했다는 것, 이 시편

15 양주동,「시단의 회고(1): 시인선집을 읽고」,『동아일보』, 1926. 11. 29.

들이 신시(新詩)가 생긴 뒤로부터 1924년에 이르기까지 10년 내외간 시단 업적의 총목록에 해당될 만한 것임을 알 수 있다. 양주동은 이 당시 백기만과 함께 동인지 『금성』을 만들던 사이[16]로 백기만의 사정을 누구보다 잘 알고 있었다. 1924년 무렵 백기만은 조선통신중학관에서 『조선중학강의록』과 잡지 『신지식』을 만드는 한편, 『조선시인선집』을 편집하고 있었던 것이다. 『조선시인선집』을 편집할 당시 백기만은 조선통신중학관 운영의 주된 실무자였다. 백기만이 『조선시인선집』을 편집했다는 또 하나의 증좌는 그가 몸담았던 『금성』 동인들 중 이상백을 제외한 모든 이의 작품이 『조선시인선집』에 실렸다는 점이다. 『금성』 동인들은 "최초의 본격적인 시전문지"[17]를 펴낸다는 자부심은 있었으나 동인들 모두가 전문적 시인으로서의 자질과 위상을 갖추었다고 말하기는 어렵다. 시인 28명의 시가 수록된 최초의 근대시선집인 『조선시인선집』에 양주동, 백기만, 유춘섭, 손진태, 이장희 등 『금성』 동인 대부분의 작품이 실렸다는 것은 『금성』과 『조선시인선집』을 매개하고 있는 백기만의 역할이 있었기에 가능한 일이었다. 한편 박태일은 해방 이후 배포된 백기만의 「참의원 의원 입후보 선거용 전단지」의 내용 중 저서 부문 맨 앞에 『조선시인선집』이 올라 있는 사실을 주목했는데,[18] 이는 『조선시인선집』이 백기만이 편집한

---

16 양주동은 백기만과 둘이서 『금성』 창간호를 편집했다는 글을 남기고 있다. "잡지를 편집하여 놓고 나니, 자신으로도 부족하다 생각할 만한 점이 많습니다. 원체로 시일이 촉급하였을뿐더러, 동인 중 류군(류춘섭 - 필자 주)은 춘당(春堂)의 환력축(還曆祝)으로 귀향하고 손군(손진태 - 필자 주)은 동경으로 가고, 이런 일에 가장 경험 없는 내(양주동 - 필자 주)가 일 바쁜 백군(백기만 - 필자주)과 어우러져, 이것 한 권을 만드노라니 참 불우어 말하면 불면불휴(不眠不休)의 꼴이었습니다." 양주동, 「편집을 마치고」, 『금성』 창간호, 1923. 11., 49쪽.

17 김용직, 『한국근대시사』 상, 학연사, 1996, 240쪽.

18 박태일, 앞의 글, 149쪽. 백기만은 「참의원 의원 입후보 선거용 전단지」의 저서 부문에 "『조선

시선집임을 보여 주는 증빙자료라 하겠다.

『조선시인선집』에 수록된 시인들과 작품들은 어떻게 선택되었는가? 선집을 구성할 때는 반드시 선택과 배제가 따르기 마련이다. “28문사 걸작”이란 부제에서 보듯이 이 선집에 수록된 시인은 전부 28인이다. 수록 시인의 명단을 목차순으로 보면 다음과 같다.

> 팔봉 김기진, 소월 김정식, 파인 김동환, 안서 김억, 망향초 김탄실(김명순), 석송 김형원, 초몽(故) 남궁벽, 포석 조명희, 무애 양주동, 춘성 노자영, 유춘섭, 춘원 이광수, 이상화, 두우성 이은상, 동원 이일, 고월 이장희, 회월 박영희, 월탄 박종화, 김여수 박팔양, 백기만, 수주 변영로, 손진태, 탄운 오상순, 천원 오천석, 조운, 주요한, 노작 홍사용, 상아탑 황석우

위의 28명의 시인은 『금성』지를 편집한 경험이 있는 백기만이 선정하였다. 시인 선정은 주로 1920년대 초기 동인지나 잡지에서 활동하던 시인들을 대상으로 하였다. 우선 28인의 시인들이 활동한 동인지와 잡지를 살펴보기로 하자.

표 10-1『조선시인선집』수록 시인들이 활동한 동인지와 잡지

동인지	
『창조』	주요한, 이광수, 이일, 오천석, 김억, 김명순
『폐허』	김억, 남궁벽, 변영로, 오상순, 황석우
『장미촌』	변영로, 황석우, 노자영, 박영희, 박종화

계속 ▶▶

시인선집』, 『중국유기』, 『손자정해』, 『상화와 고월』, 『씨뿌린 사람들』”을 내세우고 있다.

『백조』	박영희, 박종화, 홍사용, 이상화, 김기진, 노자영, 오천석
『금성』	양주동, 유춘섭, 손진태, 백기만, 이장희
『영대』	김소월, 김억, 이광수, 오천석, 주요한
잡지	
『개벽』	김형원, 박팔양, 김동환, 조명희
『조선문단』	조운, 이은상

1920년대 초기 동인지 문단의 경우 비슷한 연령의 젊은 작가들이 여러 동인지에 동시에 관여하는 경우가 많았다. 김소월은 『창조』 5호(1920. 3.)에 「낭인의 봄」 외 4편의 시를 발표하였으나 이후 김억과 함께 『영대』의 동인으로 활동했다. 그러나 그가 작품을 발표한 주된 매체는 『개벽』지였다. 하여튼 선정된 시인 28명 중 동인지 출신 시인이 22명인 것을 보면 『조선시인선집』은 1920년대 초기 동인지나 잡지에서 활동한 시인의 작품을 중심으로 구성되었음을 알 수 있다. 이 과정에서 「해에게서 소년에게」의 육당 최남선으로부터 「불노리」의 주요한에 이르기까지 중간자적 존재인 1910년대 시인들, 즉 소성 현상윤, 소월 최승구, 유암 김여제 같은 시인들이 『조선시인선집』에 배제되었다.[19] 이들은 주로 재일본동경조선유학생학우회가 발간한 잡지인 『학지광(學之光)』에 시를 발표한 시인들이다. 춘원 이광수, 안서 김억 등도 같은 경우이나 1920년대 초 여러 동인지에 활발히 활동한

19 소월 최승구의 「뻴지움의 용사」(『학지광』 4호)나 유암 김여제의 「만만파파식적(萬萬波波息笛)을 울음」(『학지광』 11호) 같은 시는 자유시에 근접한 신시로, 당대 시인들에게 깊은 인상을 남겼다. 「노래를 지으시려는 이에게」란 글에서 주요한이 "신시의 첫 작가", "자유시의 첫 작자", "고래의 격을 파한 자유시"의 시인으로 김여제를 들기도 했다. 주요한, 「노래를 지으시려는 이에게」, 『조선문단』 1, 1924. 10., 48~49쪽.

시인이라 예외가 된 듯하다. 『조선시인선집』의 시인 선별만 두고 보면 양주동이 "조선에 신시(新詩)가 생긴 뒤로부터 1924년에 이르기까지 10년 내외간 시단 업적의 총목록"[20]이라 하였으나 "엄정한 의미로 본다면 조선시단이란 3·1운동 이후에 존재된 것"[21]이란 김억의 평가에 더 근접하게 선택된 것이라 할 수 있다. 양주동이나 김억 모두 육당과 춘원, 『학지광』, 『태서문예신보』 등을 신시의 출발로 잡고 있으며, 1920년대 동인지와 잡지 중심으로 근대시의 형성 과정을 개괄, 정리해 보이고 있다. 심선옥은 이들의 글을 바탕으로 "『조선시인선집』이 독서대중의 교양교육이라는 애초의 발간 의도와 달리 한국근대시문학사를 구성한 텍스트로 수용"[22]되었다는 점을 지적하기도 하였다.

근대시가 동인지나 잡지의 발표, 개인 시집이나 선집의 출판이란 제도를 통해 차츰 정전의 지위를 구축해 나간다고 할 때, 『조선시인선집』 이전에 발간된 창작 시집들 또한 이 책의 시인이나 작품 선정에 영향을 미쳤을 것으로 보인다. 『조선시인선집』이 발간된 1926년 10월 13일 이전에 발간된 창작 시집(동요집이나 편저 제외)으로는 김억의 『해파리의 노래』(조선도서주식회사, 1923. 6. 30.), 조명희의 『봄잔디 밭 위에』(춘추각, 1924. 6. 15.), 박종화의 『흑방비곡』(조선도서주식회사, 1924. 6. 25.), 변영로의 『조선의 마음』(평문관, 1924. 8. 22.), 주요한의 『아름다운 새벽』(조선문단사, 1924. 12. 15.), 김동환의 『국경의 밤』(한성도서주식회사, 1925.

---

20 양주동, 「시단의 회고(1): 시인선집을 읽고」, 『동아일보』, 1926. 11. 29.

21 김안서, 「『조선시인선집』을 읽고서(3)」, 『동아일보』, 1926. 12. 20.

22 심선옥, 「1920~30년대 근대시의 정전화 과정」, 『상허학보』 20, 상허학회, 2007. 6., 86쪽.

3. 20.), 노자영의 『처녀의 화환』(창문당서점, 1925. 3. 25.), 김명순의 『생명의 과실』(한성도서주식회사, 1925. 4. 5.), 김억의 『봄의 노래』(매문사, 1925. 9. 28.), 김동환의 『승천하는 청춘』(신문학사, 1925. 12. 25.), 김정식의 『진달래꽃』(매문사, 1925. 12. 26.), 유도순의 『혈흔의 묵화』(1926. 3. 2., 재판: 영창서관, 1931. 6. 10.), 한용운의 『님의 침묵』(회동서관, 1926. 5. 20.) 등이 있다.

『조선시인선집』이 발간되던 해에 나온 1926년판 『혈흔의 묵화』(유도순)나 『님의 침묵』(한용운)을 제외하면, 개인 시집을 발간한 시인 중 동인지 활동이나 잡지 또는 신문을 통해 이름을 알린 김억, 조명희, 박종화, 변영로, 주요한, 김동환, 노자영, 김명순, 김소월 등의 시인들이 모두 『조선시인선집』에 선택되었다. 『조선시인선집』 수록 시인의 선별이 편자 백기만의 취향과 안목에 따라 이루어졌다고 본다면, "조선의 빛을 아로새기고 조선의 마음을 노래하며 조선의 정신을 하늘 높이 읊조리는 시단의 정화총집(精華總集)인 『조선시인선집』", "조선의 마음, 조선의 자랑인 이 선집이 나옴으로부터 우리에게 얼마나 많은 진(眞)과 미(美)를 엿보게 할까"[23]란 편자의 말을 주목해 볼 필요가 있다. 편자인 백기만의 말을 종합하면 이 선집에 담긴 시는 예술적인 것과 조선적인 것을 잣대로 선정되었다. 이 당시 백기만이 예술에 대해, 시에 대해 가졌던 관점은 어떠한 것이었는가? 1920년대 동인지 문단은 관념적 추상성 내지 계몽적 교술성을 배제하고 미적 주체의 세계에 대한 감정과 정서를 중요시하고 있었다. 백기만 또한 이 당시 도덕과 법률 같은 사람이 만든 것을 거부하고 예술이야말로 진실한

23 「서(序)」, 『조선시인선집』, 조선통신중학관, 1926, 2~3쪽.

미의 결정이란 인식을 갖고 있었다. 그래서 "예술은 사람의 참소리-사람의 참소리는 예술이다."[24]라고 부르짖는다. "참예술"을 내세우는 백기만의 예술에 대한 이러한 관점은 자아의 각성과 열정을 기반으로 한 것이었다.[25] 백기만은 이 선집을 구성할 때 자신이 평소 주창했던 '참예술'과 '조선의 마음', '조선의 정신'을 담은 작품을 염두에 두었음을 알 수 있다. 물론 작품 선택의 경우 시인 스스로 자선(自選)하게 하는 원칙을 고수함으로써 편자의 간섭을 최대한 배제하려고는 했다. 그러나 시인 선정에서 1920년대 초기 동인지 문단, 즉 문학의 자율성을 인정하고자 하는 풍토에서 활동하던 시인들을 주로 선별함으로써 『조선시인선집』에 자신이 가졌던 미학적 입장을 비교적 자연스럽게 담을 수 있었다.

문제는 정전화의 과정에 근대시의 주요 작가나 작품이 제대로 수록되었느냐 하는 점이다. 『조선시인선집』이 발간되자마자 나온 양주동과 김억의 독후감에 벌써 선정된 작가나 작품에 대한 불만이 제기되었다. "정직하게 불평을 말하자면 선집의 인선(人選)에는 함부로 한 감이 있"으며, "시가의 선택에도 적지 아니한 불만이 있습니다."[26]란 김억의 평보다 시인 선별이나 작품의 질에 대한 문제점을 구체적으로 적시한 양주동의 평은 더 신랄하다. 첫째, 시인 수가 너무 많은 것에 대한 지적이다. 그 결과 시단에 별 공헌이 없는 이나 시단적 지위가 의심될 만한 시인과 시들이 일부 수록되었다는 것이다. 둘째, 작

24 백기만, 「예술」, 『개벽』 58호, 1925. 4., 22쪽.
25 박용찬, 「1920년대 시와 매개자적 통로」, 『한국현대시의 정전과 매체』, 소명출판, 2011, 39쪽.
26 김안서, 「『조선시인선집』을 읽고서(5)」, 『동아일보』, 1926. 12. 22.

품의 질의 문제이다. 그 원인을 "작자 자선(自選)"의 방식에 돌리기는 했으나 양주동은 선집이라면 작자끼리의 호선(互選), 아니면 편자가 독단으로 선택하는 방법을 취해야 한다고 보았다. 시인들이 자선한 작품보다 더 우수한 작품들이 많은데 그러한 작품들이 제대로 선별되지 못하였다는 것이다. 특히 김소월이나 김동환의 경우 아작(亞作)들만 뽑혔다고 지적했다.[27] 김소월의 경우를 살펴보기로 하자. 김소월 편에 선정된 시편은 「월색」, 「엄숙」, 「찬 저녁」, 「나는 세상 모르고 살았노라」, 「집 생각」 등 5편이다. 그런데 후대에 정전으로 자리매김된 김소월의 대표작들은 『조선시인선집』 발간 이전에 이미 대부분 발표된 상태였다. 「먼 후일」은 『학생계』 2호(1920. 7.)와 『개벽』 26호(1922. 8.)에, 「금잔디」, 「엄마야 누나야」는 『개벽』 19호(1922. 1.)에, 「개여울」, 「진달래꽃」은 『개벽』 25호(1922. 7.)에, 「접동새」는 『배재』 2호(1923. 3.)에, 「왕십리」는 『신천지』 9호(1923. 8.)에, 「삭주구성」, 「가는 길」은 『개벽』 40호(1923. 10.)에, 「못잊어」, 「산유화」, 「초혼」은 시집 『진달래꽃』(1925. 12.)에 수록되어 있었다. 『금성』 3호의 편집자인 양주동은 『금성』 3호에 김동환의 「적성(赤星)을 손가락질하며」를 추천하면서 "참으로 북국 정조가 넘쳐흐르는 가작(佳作)"[28]으로 평가한 바가 있었다. 그럼에도 김동환의 자선 작품에는 이 작품이 들어가지 못하였던 것이다.

27 양주동, 「시단의 회고(4): 시인선집을 읽고」, 『동아일보』, 1926. 12. 1.
28 「잡조(雜俎)」, 『금성』 3호, 1924. 5., 88쪽.

5. 맺음말

근대시선집은 동인지, 잡지, 신문, 개인 시집 등에 발표된 근대시들 가운데 다른 작품보다 우위에 있다고 여겨지는 작품을 골라 모아 놓은 것이다. 선집을 구성할 때는 일정한 기준에 따른 과감한 취사선택이 필요하다. 그런데 『조선시인선집』은 최초의 근대시선집이라서 그런지 초창기에 활동한 너무 많은 시인을 수록하였다. 전문적 시인이 아닌 시인들까지 수록한 것은 선택과 배제란 선집 구성의 원칙이 명확히 작동되지 못한 결과라 할 수 있다. 또한 정전이 될 만한 우수한 작품들을 어떻게 선별할 것인가에 대한 고민의 부족은 이 선집이 갖는 한계라 할 수 있다. 그럼에도 불구하고 『조선시인선집』은 초창기 한국 근대시단을 누빈 시인과 작품을 대상으로 처음으로 "선집으로서의 텍스트 채택", "문학사의 구축"[29]이란 정전화를 시도하였다는 점에서 큰 의미를 둘 수 있다. 이 선집이 있었기에 『조선명작선집』(김동환 편, 삼천리사, 1936), 『현대조선문학전집① 시가집』(조선일보사출판부, 1938), 『현대조선시인선집』(임화 편, 학예사, 1939), 『현대서정시선』(이하윤 편, 박문서관, 1939), 『조선시집』(김소운 편, 흥풍관, 1943), 『조선문학전집⑩ 시집』(임학수 편, 한성도서, 1949), 『현대조선명시선』(서정주 편, 온문사, 1950) 같은 이후의 시선집들이 만들어질 수 있었다.

29 하루오 시라네 외 엮음, 왕숙영 옮김, 『창조된 고전』, 소명출판, 2002, 22쪽.

제11장

이육사 시의 정전화 과정

1. 이육사의 글쓰기

이육사가 문학인으로서 글쓰기를 감행한 것은 1930년 1월 3일 『조선일보』에 시 「말」을 이활(李活)이란 이름으로 발표하면서부터이다. 이후 이육사는 「대구사회단체개관」(『별건곤』, 1930. 10.), 「대구의 자랑 약령시의 유래」(『조선일보』, 1932. 1. 14.~1. 26.), 「대구 장 연구회 창립보고서」(『조선일보』, 1932. 3. 6.~3. 9.), 「신진작가 장혁주군 방문기」(『조선일보』, 1932. 3. 29.) 등 신문이나 잡지에 활발하게 기사나 평문을 발표하였다. 이육사는 사회 관련 글을 발표할 때는 주로 이활(李活), 이육사(李戮史)란 이름을 사용하고 있다. 1930년 1월 3일 『조선일보』에 발표된 「말」은 이활이란 이름으로 발표된 이육사의 첫 작품이다.

1935년 6월 『신조선』에 시 「춘수삼제(春愁三題)」를, 동년 12월 『신조선』에 시 「황혼」을 발표하기 전까지는 주로 기자나 사회운동가로서의 글쓰기 기간이었다고 볼 수 있다. 「말」의 경우, 이후 시 작품 발표의 공백이 길고, 시의 경우 대부분 육사(陸史) 또는 이육사(李陸史)란 필명[1]을 사용하고 있음을 염두에 두면 이육사의 작품이 아닐 것이란 추정도 가능하다. 「말」이 독자 투고 작품이거나 『조선일보』 내부 인사와 관련된 작품일 수도 있다는 것이다. 그러나 1930년 전후 이육사가 이활이란 필명으로 『중외일보』, 『조선일보』 지국 기자로 활발히 활동하고 있었다는 점, 시의 형식이나 시 정신 또한 이육사가 쓴 다른 시의 일면과 크게 차이가 나지 않는 점 등을 상고하면, 「말」을 이육사의 시로 보는 데 큰 무리는 없다고 할 것이다. 1930년 전후 이육사는 문학자로서보다 "사회운동가의 이름인 이활(李活)"[2]로 살고 활동하고 있었다. 사회운동가로서 「말」을 쓰던 이육사는 1935년이 되어서야 「춘수삼제」나 「황혼」을 통해 문학자로서 그 일면을 드러내 보였다. 이육사에게 「말」에서 「황혼」까지의 5년여 기간은 사회운동가의 길을 가면서 문학적 수련을 행했던 자기 단련 기간이었다고 할 수 있다.

1935년부터 1941년까지 이육사는 『신조선』(「황혼」), 『풍림』(「한 개의 별을 노래하자」, 「해조사海潮詞」), 『비판』(「아편」, 「연보」), 『문장』(「청포도」, 「절정」, 「일식」, 「자야곡子夜曲」), 『인문평론』(「반묘班猫」, 「교목喬木」, 「독백」), 『춘추』(「파초」) 같은 잡지, 『자오선』(「노정기路程記」) 같은 동인지, 『조선일보』(「광인의 태양」) 등의 일간지에 많은 작품을 발표한 것으로 되어 있다. 특히 통권 1호로 끝나 버렸지만 『자오선』에 동인으로 참가한 것

---

1 수인번호 264번을 염두에 두고 필명으로 이육사(李陸史)를 주로 썼으나 오욕의 역사를 죽인다는 뜻을 함의하고 있는 이육사(李戮史)를 사용한 글도 있다. 「레닌주의 철학의 임무」, 『대중』 창간호(1933. 4.) 목차, 1934년 1월 18일 경북 영일군 기계면 기계에서 이상흔(李相欣)이 경성부 제동 58번지 이육사에게 보낸 엽서에도 '이선생 육사 활씨(李先生 戮史 活氏)' 등이 보인다. 한편 1930년부터 1936년까지 이육사와 이상흔 간 주고받은 엽서에서 이육사는, 1930년 6월 14일 엽서에서는 대구부 남성정 『중외일보』 지국 이활(李活)로, 1932년 6월 28일 엽서에서는 봉천시 서탑대가 삼정목 근화여관 육사(陸史)로 쓰고 있다. 이활(李活), 이육사(李陸史), 이육사(李戮史) 등을 통해 글쓰기 주체가 갖고 있는 심리적 사고의 혼성성을 엿볼 수 있다.

2 박현수, 『한 권에 담은 264작은문학관』, 울력, 2016, 59쪽.

은 이육사가 문학자로서의 자신의 모습을 부각시켜 보이는 기회가 되었다. 『자오선』 동인은 박재륜, 서정주, 김광균, 윤곤강, 오장환, 민태규, 신석초, 함형수, 이성범, 이상, 이병각, 신백수, 정호승 등으로, 이들과의 동인지 활동은 이육사에게 문학자로서의 자기 정체성과 위상을 부여받는 계기가 되었다고 할 수 있다.

1930년대 후반 문학 장에서 문학자로서의 이육사의 행적은 이육사와 당대 문인들 간 오고 간 여러 서신들을 통해 확인해 볼 수 있다. 『자오선』 동인이었던 신석초와의 교유는 신석초가 소장하고 있던 유고 시편[3]이나 이육사가 경주 옥룡암에서 1942년 7월 10일 투병의 일단을 호소하며 경주의 소식을 전한 것, 1942년 8월 4일 경주 옥룡암에서 '비올가 바란 마음~'으로 시작되는 시조 2수를 실어 신석초에게 보낸 엽서, 그리고 시 「편복」에 대한 평이 담긴 신석초의 서간문 「육사에게」(『시학』 5집, 1940. 1.) 등에 잘 나타나 있다. 친분이 깊었던 신석초와 주고받은 서신 외에도 이용악, 오장환, 김기림(편석촌) 등 당대의 문학자들이 이육사에게 보낸 서간들이 남아 있다. 여기서 이들은 이육사를 사회운동가가 아닌 문학적 동료로서 대우하고, 문학인으로 뚜렷이 인식하고 있었음이 확인된다. 이들 서간의 내용을 통해 이 당시 이육사가 『풍림』이나 신조선사, 인문사 등의 문학 관련 출판사에도 어느 정도 영향력 내지 관련성을 갖고 있었음을 알 수 있다.[4] 1935년부

---

3 신석초가 소장한 이육사의 유고 「바다의 마음」이 『나라사랑』 16호(1974년 가을)에 소개되었다.

4 이육사는 신문기자(중외일보, 조선일보 대구지국) 외에 잡지사에 일시 근무한 적이 있는데, 김소운의 『조선시집』에 의하면 '신조선사'와 '인문사'에도 근무한 것으로 되어 있다(김소운, 「약력소개」, 『조선시집』(중기), 흥풍관, 1943, 328쪽). 또한 이용악이 이육사에게 인문사에 전화해 주기를 바라는 서신이 남아 있어 참고가 된다. 한편 이육사는 『풍림』지의 편집위원에도 이름을 올리고 있다.

터 1942년까지 이육사는 6~7년의 짧은 기간 동안 신문, 잡지, 동인지 등의 제 매체에 많지는 않지만 꾸준히 작품을 발표하는 문학인이었던 것이다.

지금까지 알려진 이육사의 한글시는 시조 포함 38편으로,[5] 다른 시인들에 비해 작품 수가 그리 많지 않은 편이다. 그럼에도 이육사가 문학사와 문학교육 현장에서 빠짐없이 거론되는 이유는 무엇인가? 이는 이육사의 삶과 시가 한국문학사나 문학교육 현장에서 소홀히 다룰 수 없는 문제적 위치를 점하고 있기 때문이다. 이육사는 한국문학사에서 "윤동주와 함께 식민지 후기의 저항시를 대표"하는 시인으로 자리매김된 이후, '주자주의적 엄숙주의'[6]를 기반으로 선비정신을 노정한 대표적 시인으로 평가되어 왔다.

많은 양의 작품을 남겼더라도 문학사에서 누락되는 작가가 있는 반면, 몇몇 작품만으로도 문학사의 중요 작가로 부상되는 경우가 있다. 이는 문학사 기술에서 다반사로 일어나는 현상이다. 비록 많지 않은 작품을 남겼지만 이육사는 해방 이후 한국 현대시사 기술이나 문학교육 제도 속에서 중요 작가로 부각되었다. 그런데 이육사는 언제부터 한국 현대시사나 문학교육의 제도 속에 자리매김되기 시작했을까? 이는 이육사의 작품이 타자의 눈에 포착되어 어떻게 대우 받았으며, 또 그것이 문학 또는 문학교육 제도 속으로 어떻게 수용되어 왔는가의 문제이다.

---

5 이육사의 현존 시는 한글시 36편, 시조 2편, 한시 3편, 번역시 3편이다. 손병희 편저, 『이육사 전집 I : 이육사의 문학』, 이육사문학관, 2017.

6 김현·김윤식, 『한국문학사』, 민음사, 1973, 207~208쪽.

정전화를 둘러싼 제 논의는 한 작가의 작품이 그가 속한 사회문화적 맥락 속에서 어떻게 선택 또는 배제되어 왔고, 그 과정 속에 어떠한 기획이나 이념이 작동되었는지를 살펴보는 일과 관련된다. 문학사의 주류 정전이 교육정전으로 이행되어 가는 것이 일반적이지만 반드시 그러한 것만은 아니다. 그러나 대체로 문학의 장과 교육의 장은 서로 긴밀하게 연동되어 있어 상호 영향을 미친다고 할 수 있다. 한 작가가 발표한 작품이 동시대의 다른 작품보다 우위에 서기 위해서는 당대 또는 후대의 비평에 의한 평가, 문학사의 정리, 출판자본의 기획의도나 편자의 이념 내지 취향 등 다양한 요소가 개입되기 마련이다.

한국 현대시의 정전화 과정에 대한 탐색은 주로 시인선집 또는 시선집을 통한 전체적 논의, 아니면 개별 작가의 정전화 과정 등을 중심으로 이루어져 왔다.[7] '시선집(詩選集)'[8]은 선택과 배제의 원리로 이루어지는 정전화 작업의 결과물이라 할 수 있다. 1920년대부터 편찬되기

---

7 심선옥, 「1920~30년대 근대시의 정전화 과정」, 『상허학보』 20, 상허학회, 2007. 6.
심선옥, 「해방기 시의 정전화 양상」, 『현대문학의 연구』 40, 한국문학연구학회, 2010. 2.
이명찬, 「시교육 자료로서의 <사화집>」, 『국어교육』 125, 한국어교육학회, 2008. 2.
이명찬, 「중등교육과정에서의 김소월 시의 정전화 과정」, 『독서연구』 20, 한국독서학회, 2008. 12.
최지현, 「근대문학 정전의 형성과 소월시의 탄생」, 『독서연구』 22, 한국독서학회, 2009. 12.
박용찬, 「국어교재에 넘나든 현대시 텍스트의 경계와 검열」, 『국어교육연구』 54, 국어교육학회, 2014. 2.
최현식, 「이상 문학의 정전화 과정에 대하여」, 『사이間SAI』 20, 국제한국문학문화학회, 2016. 5.

8 시선집(詩選集)이란 시를 모은 앤솔러지(Anthology)를 말하는 것으로 흔히 사화집(詞華集)으로 불리기도 한다. 권위 있는 앤솔러지로는 에이브럼스(M. H. Abrams) 등이 편찬한 *The NORTON ANTHOLOGY of ENGLISH LITERATURE*가 널리 알려져 있다. 그런데 사화집이라고 하면 기존의 시 모음 외에도 'SIN SHI RON ANTHOLOGY'란 영문 표제를 달고 있는 『새로운 도시와 시민들의 합창』(도시문화사, 1949)처럼 참가 동인들(박인환, 김경린, 김수영, 임호권, 양병식)의 신작시들을 주로 모은 경우도 있기 때문에, 여기서는 기존 또는 현재 시인들의 시들 중에서 편자나 출판사의 기획에 따라 선정된 의미가 강한 '시선집'이란 용어를 사용하기로 한다.

시작한 시선집은 1960년대까지 꾸준히 발행되면서 현대시의 정전화 과정을 주도해 왔다. 이육사의 시 또한 이러한 시선집을 통해 그 자신의 문학적 가치를 보증받아 왔다고 볼 수 있다. 정전화는 정전이 선택되는 과정을 말한다. 그런데 어떤 작품의 선택과 배제는 그 작품이 가진 미학적 가치도 고려되지만 작가나 작품을 둘러싼 제도 내지 문화권의 문제와도 깊은 관련이 있다. 이육사 시의 정전화에도 "정전이 선택되고 배제되는 그 사회 내지 그 사회가 가진 문화의 층위"[9]가 관련되어 있다고 할 수 있다.

1930년대 주로 시작(詩作) 활동을 한 이육사와 그의 시는 생전(生前)부터 사후(死後)까지 끊임없이 출판과 문학, 교육이란 제도 속에서 정전화되는 과정을 밟아 왔다. 일제강점기부터 해방, 한국전쟁을 지나면서 이육사가 문학사의 주류로 부상(浮上)하는 과정과 이것을 둘러싼 사회, 문화권의 문제를 시선집의 정전화 과정을 통해 살펴보는 것이 이 장의 과제이다.

2. 이육사 시의 정전화 과정

2.1. 일제강점기: 정전화의 기원

이육사 시의 정전화(正典化)는 이육사 생전에 발간된 시선집에서 그 기원을 찾아볼 수 있다. 그런데 선집이나 전집을 기획하는 주체는 정전화의 과정에서 자신의 이념이나 취향에 따라 작품을 선택하거나 배

9 박용찬, 「문학교과서와 정전의 문제」, 『국어교육연구』 38, 국어교육학회, 2005. 12., 29쪽.

제하기 마련이다. 이 경우 정전화 주체의 이념이나 취향 이외에 당대의 시대적 상황이나 텍스트를 둘러싼 제 비평, 선집을 기획하는 출판사의 기획 의도 등도 반영되기 마련이다. 그런데 지금까지 일제강점기나 해방기 시선집 논의에서 제외되었던 번역 시선집이나 대중 독자를 위한 명시선, 감상·해설 작품선집 등도 정전화 논의의 범위 안으로 가져올 필요가 있다. 『현대서정시선』(1939)의 편자였던 이하윤도 지나온 사화집을 거론하면서 번역 시선집들을 주목한 바 있다.

> 졸저 『현대서정시선』이 박문문고의 하나로 간행된 것은 1939년 2월, 그때까지 시의 사화집으로서는 『조선시인선집』(통신중학관)과 『현대조선문학전집』의 제1권 『시가집』(조선일보사)이 있었을 뿐 연간 시집 『을해명시선집』(시원사)도 뒤를 계속 못하는 형편이었으나 우연이랄지 졸편(拙編)의 뒤를 따라 조선문고의 『현대조선시인전집』, 시학사의 『신찬시인집』 등이 나온 이래 현대시의 '꽃다발'은 점차로 그 수를 증가하여 오늘에 이르렀다. 그중에서도 김소운의 일역판(日譯版), 정인섭의 영역판(英譯版)은 우리 시문학의 해외 소개를 위한 공헌이 적지 않았음을 수긍할 수 있을 것이다.[10]

이하윤은 1955년 편한 한성도서판 『시집』의 「편자후기」에서 다른 사화집과 더불어 김소운과 정인섭의 역시집을 시선집의 하나로 언급하고 있다. 이들 시선집들이 번역을 통해 우리 시를 외국에 소개할 의도로 조선의 대표시를 일역, 영역한 것임을 기억해 둘 필요가 있다.

---

10 이하윤, 「편자후기」, 현대문학전집④ 『시집』, 한성도서주식회사, 1955, 343쪽.

해방을 전후해 발간된 김소운의 『조선시집』(1943)이나 정인섭의 『대한 현대시 영역 대조집』(1948) 등을 시선집의 목록 안으로 편입시켜 살펴보면 일제강점기 한국 현대시를 대상으로 한 시선집은 열두 종류에 달한다.

조태연 편, 『조선시인선집』, 조선통신중학관, 1926
황석우 편, 『청년시인백인선』, 조선시단사, 1929
카프 문학부 편, 『카프시인집』, 집단사, 1931
오희병 편, 『을해명시선집』, 시원사, 1936
김동환 편, 『조선명작선집』, 삼천리사, 1936
조선일보사, 『현대조선문학전집① 시가집』, 조선일보사출판부, 1938
이하윤 편, 『현대서정시선』, 박문서관, 1939
임화 편, 『현대조선시인선집』, 학예사, 1939
시학사 편, 『신찬시인집』, 시학사, 1940
김소운, 『젖빛 구름[乳色の雲]』, 동경, 하출서방(河出書房), 1940
김조규 편, 『재만조선시인선집』, 간도예문사, 1942
김소운, 『조선시집(朝鮮詩集)』(전기), (중기), 동경, 흥풍관(興風館), 1943

이 중 이육사의 시가 수록된 시선집은 『현대조선시인선집』(1939)과 『신찬시인집』(1940)이다. 일어 번역시집인 김소운의 『젖빛 구름[乳色の雲]』(1940)과 그 증보판이라 할 수 있는 『조선시집(朝鮮詩集)』(1943)에도 이육사의 시가 실려 있다. 최초의 근대시선집이라 할 수 있는 조태연

편의 『조선시인선집』(1926)부터 이하윤 편의 『현대서정시선』(1939)까지의 시선집에서 이육사는 정전화의 대상이 되지 못하였다. 이 중 일부 시선집들은 제 나름 출판사 또는 편자의 특정 이념 내지 관점, 또는 취향을 뚜렷이 드러내 보이는 것도 있지만 그렇지 못한 것도 있다. 1938년까지 발간된 주요 시선집에 이육사의 작품이 활발히 정전화되지 못한 이유는 무엇인가? 먼저 그의 활동 시기와 관련이 있다고 할 수 있다. 1934년부터 시인으로서 작품 활동을 본격적으로 시작한 이육사가 그 전부터 문단의 권위와 문학적 상징자본을 갖고 있던 시인들을 넘어서기는 쉽지 않았다. 이육사는 1940년 전후 주요 작품 「청포도」(1939. 8.), 「절정」(1940. 1.), 「교목」(1940. 7.) 등을 발표하였는데, 이들 작품이 1939년 2월 20일에 발간된 『현대서정시선』에 수록되는 것은 시기적으로 맞지 않다. 또 하나는 1938년까지 이육사는 시만 전문적으로 쓴 문인이라 하기 어려웠다. 이 당시 이육사는 사회활동과 시 쓰기를 동시에 수행하고 있었는데, 시 이외에도 산문, 수상(隨想), 사회평 등 다양한 글쓰기를 행하고 있었다. 시의 경우 과작(寡作)이라 할 정도의 작품을 발표하고 있었다.

표 11-1 일제강점기 이육사의 시가 수록된 시선집

편저자	시선집 제목	출판사, 발간 연도	수록 시
임화	『현대조선시인선집』	학예사, 1939	「강 건너 간 노래」
시학사	『신찬시인집』	시학사, 1940	「연보」, 「청포도」, 「아편」, 「호수」
김소운	『젖빛 구름[乳色の雲]』	하출서방(河出書房), 1940	「청포도」, 「절정」
김소운	『조선시집(朝鮮詩集)』	흥풍관(興風館), 1943	「청포도」, 「절정」, 「아편」, 「해후」

이육사의 시가 시선집에 처음으로 수록된 것은 1939년 학예사에서 발간된 임화 편, 『현대조선시인선집』이었다. 『현대조선시인선집』은 시인 72명을 선정하여 그들의 창작시 1편씩, 총 72편의 시를 수록하고 있다.

「편자의 말」에 의하면 이 책의 편찬 방침은 "첫째는 현대시를 확실히 현대적 관점에서 모으는 것이요, 둘째는 신시를 역사적 관점에서 모으는 것"이며, "작품 본위의 견지에서 최근 5년 이래의 작품을 모았고, 다음으로는 신시를 대정 13, 14년 이전(서기 1924, 1925년) 대표작이라고 보아진 것을 모았다."[11]라고 한다. 결국 이 시인선집은 임화가 최남선 이래 신시 30년의 "가장 정확한 1매의 지도를 제공"[12]하자는 의도에서 편찬한 것이다. 임화의 이러한 말은 이전의 시선집들, 예를 들자면 『조선명작선집』(1936)이나 『현대조선문학전집① 시가집』(1938) 등이 보여 준 편향성에 대한 대타의식(對他意識)에서 나온 발언이라 할 수 있다. 『현대조선시인선집』 이전에 출판된 『조선명작선집』(1936)이나 『현대조선문학전집① 시가집』(1938)이 민족이 아닌 '민족주의' 기반하에 편찬되었다는 것은 주지의 사실이다. 반면 임화의 『현대조선시인선집』은 "연배의 노소, 이념의 좌와 우, 리얼리즘 경향과 모더니즘적 경향까지를 아울러 오늘날에도 대표작으로 손꼽히는 작품들이 선택"[13]되고 있다. 임화가 "예술적인 또는 정신적인 두 가지 의미에서 정확, 상세한 지도"[14]를 거듭 언급하고 있음은 자신이 편찬한 이 시선

11 임화 편, 『현대조선시인선집』, 학예사, 1939, 9쪽.
12 위의 책, 8쪽.
13 이명찬, 「시교육 자료로서의 <사화집>」, 『국어교육』 125, 한국어교육학회, 2008. 2., 31쪽.
14 임화 편, 앞의 책, 8쪽.

집이 공정성 내지 객관성을 담지하고 있음을 보여 주는 것이라 할 수 있다. 『현대조선시인선집』에는 이육사의 「강 건너 간 노래」가 수록되어 있다. 「강 건너 간 노래」는 이육사가 1938년 7월 『비판』지에 발표한 작품으로, 불모의 땅에서도 좌절하지 않고 노래 부르는 화자의 강한 정신과 의지를 드러내 보인 작품이다. 극한적 공간을 건너가야 할 '노래'의 운명이 예사롭지 않을 것이란 추측을 가능하게 하는 이 작품은 1940년 1월에 발표된 「절정」에 담긴 화자의 시 정신과 맞닿아 있다고 할 수 있다. 이육사의 시 정신을 잘 드러내고 있는 이 작품을 선택한 임화의 안목이 돋보인다.

1940년 2월에 발간된 시학사의 『신찬시인집』은 32명 시인들과 그들의 작품 109편을 싣고 있다. 『신찬시인집』은 대체로 각 시인들의 작품 3~4편을 수록한 비교적 두툼한 두께의 시선집이다. 주로 1930년대 활동한 시인들의 시를 수록하였으며, 시집의 「서」에서 언급한 "한 세대가 자아의 찬연한 여운을 남기고 낙일(落日)과 함께 숨죽을 때 다음 세대는 그 후광을 타고 온다."[15]라고 한 것과 '신찬(新撰)'이란 시집 제목을 보면 수록 시인 대다수가 1930년대에 등장해 활동한 신진시인이란 것을 알 수 있다.

『신찬시인집』은 1940년 2월 18일 시학사(詩學社)에서 펴낸 시선집으로, 새롭게 편찬한 시인집이란 제목에 걸맞게 이전의 시인선집과 다르게 많은 새로운 시인들을 소개하고 그들의 시를 수록하고 있다. 『신찬시인집』의 성격 및 기획 의도를 살펴보기 위해서는 『신찬시

15 「서」, 『신찬시인집』, 시학사, 1940, 5쪽.

인집』의 발행소인 시학사(詩學社)에 대해 알아볼 필요가 있다. 시학사는 경성부 종로 2정목 67번지에 주소를 두고 있었으며, 1939년 시 중심 잡지 『시학(詩學)』을 발간하였다. 『시학』은 1939년 3월에 창간되어 1939년 10월 통권 4호로 종간되었는데, 편집인 겸 발행인은 김정기(金正琦)이다.[16] 3호부터는 한경석으로 바뀌었으며, 『신찬시인집』의 저작자 겸 발행인도 한경석이다. 『시학』은 '추천시고'를 통해 신인들을 배출하는 한편, 1930년대 문단의 주요 시인들 및 신진 시인들의 작품 발표 무대를 제공하였다. 『시학』은 서정주, 이용악, 이육사, 유치환, 오장환, 김광균, 신석정, 윤곤강, 신석초, 여상현, 권환, 이정구, 김조규, 민병규, 김해강의 시와 이원조, 최재서, 홍효민, 양운한, 한흑구, 이병각 등의 평론까지 수록한 나름 무게 있는 잡지였다. 임화가 편한 『현대조선시인선집』이 1인 1작품의 원칙으로 구성된 시선집인 데 비해, 『신찬시인집』은 1인당 3~4편 정도의 작품을 수록하고 있다. 이육사의 경우 4편의 작품, 즉 「연보」, 「청포도」, 「아편」, 「호수」 등이 실렸는데 후일 그의 대표작으로 자리매김된 「청포도」의 수록은 특기할 만하다. 아쉬운 것은 「절정」이 『신찬시인집』(1940. 2.) 발간 직전인 1940년 1월에 『문장』지에 발표되었는데, 출판 시기상 선택의 기회가 없었다고 할 수 있다. 『신찬시인집』 발간 직후에 발표된 「교목」(『인문평론』, 1940. 7.)

16 김정기는 『시학』 발간 이전인 1938년 6월에 북쪽 지역을 중심으로 한 시인들이 만든 시 전문 잡지 『맥』을 창간한 바 있다. 현재 6호(1939. 6.)까지 남아 있는 『맥』에 작품을 발표한 시인으로는 김진세, 황민, 조인규, 김남인, 함윤수, 홍성호, 김대봉, 김우철, 박남수, 윤곤강, 장만영, 김조규 등(1호부터 6호까지 작품을 발표한 시인)이다. 『맥』 2호부터 경성판매소와 함북총판매소 소비아서점을 둔 것으로 볼 때 함북 지역과 연고가 깊은 잡지임을 알 수 있다. 『맥』의 출판 경험을 가지고 있던 김정기는 경성 중심의 시 전문지 『시학』을 기획하였다. 「시학」, 「맥」 해제 부분, 『한국근대문학해제집 III』, 국립중앙도서관, 2017.

또한 마찬가지였다.

「절정」은 김소운이 한국 현대시를 일본에 소개하는 시선집 『젖빛 구름[乳色の雲]』(河出書房, 1940)에 처음 수록되었다. 『젖빛 구름[乳色の雲]』이 발간된 날짜가 1940년 5월 25일이니 「절정」은 발표된 지 5개월 만에 바로 김소운의 시선집에 선택되었던 것이다. 『젖빛 구름[乳色の雲]』에는 「청포도」와 「절정」이 수록되었다. 「청포도」는 『신찬시인집』에 이미 한 번 실린 바 있었으나, 후대 이육사의 대표작으로 부상하는 「절정」은 이 책에서 처음으로 정전화되었다. 이후 「절정」이 이육사의 대표작으로 회자된 것은 김소운에 힘입은 바 크다.

『젖빛 구름[乳色の雲]』은 일본인 작가 시마자키 도손(島崎藤村)과 사토 하루오(佐藤春夫)의 서문, 이광수의 「역시집에 부치어」라는 글 아래 이하윤, 한용운, 김억, 김정식, 김동명, 김동환, 김기림, 김해경, 김광섭, 김윤식, 김태오, 김대봉, 김상용, 허보, 홍사용, 오상순, 오희병, 오장환, 주요한, 서정주, 신석정, 조명희, 조중흡, 장서언, 정지용, 백석, 변영로, 박종화, 박영희, 박팔양, 박용철, 모윤숙, 이광수, 이상화, 이장희, 이병각, 이육사, 유치환, 유도순, 양주동, 임학수, 임화, 노천명 등 43인의 시인들의 시 각각 1~6편 정도를 수록하고 있다. 김소운은 『젖빛 구름[乳色の雲]』의 후기에서 "「청포도」 한 편에 좋은 시심을 보여주고 있는 이육사"[17]라고 평가한다든지, 전집을 만드는 과정에서 "약력에 대한 문의나 기타 사소한 요건에 대해 이육사, 이하윤 두 벗에게 여러 번 폐를 끼쳤으나 묻는 쪽이나 받는 쪽이나 기쁨으로써 하나의

17 김소운, 『젖빛 구름[乳色の雲]』, 동경, 하출서방, 1940. 5., 303쪽.

마음으로 잇닿아 있었다."[18]라는 진술을 통해 이육사와의 교유에 대한 친밀감을 표시하고 있다.

김소운(金素雲)은 1940년 일본에서 『젖빛 구름[乳色の雲]』을, 이어서 1943년에 그 증보판 격인 『조선시집(朝鮮詩集)』(흥풍관) 〈전기〉 편을 8월에, 〈중기〉 편을 10월에 발간하였다. 『조선시집(朝鮮詩集)』은 『젖빛 구름[乳色の雲]』의 증보판이다. 처음 기획한 〈후기〉 편은 발간되지 않았지만 두 권의 시집 〈전기〉, 〈중기〉 편에 43명의 시인과 195편의 작품을 선별하여 수록하였다.[19] 김소운은 『조선시집(朝鮮詩集)』 이전에 이미 『조선민요집』(동경 태문관泰文館, 1929), 『언문조선구전민요집』(동경 제일서방第一書房, 1933), 『조선동요선』(동경 암파문고岩波文庫, 1933), 『조선민요선』(동경 암파문고, 1933) 등을 통해 한국의 민요와 동요를 일본어로 번역, 소개한 바 있다. 국내에서 『조선시인선집』(1926) 이후 여러 차례 간행된 시선집과 달리, 김소운의 『조선시집(朝鮮詩集)』은 "40년간의 조선시단을 종(縱)으로 꿰뚫어 작품을 총정리할 작정"[20]이었다는 김소운의 말처럼 비록 일역이긴 하지만 일제 말기까지 활동한 대다수의 한국 시인을 대상으로 정전화 작업을 했다는 점이 주목된다. 『조선시집(朝鮮詩集)』은 원래 〈전기〉, 〈중기〉, 〈후기〉 전 3책으로 기획되었으나, 〈후기〉 편은 발간되지 않았다. 〈후기〉 편에 실릴 예정이었던 작가는

---

18 위의 책, 313쪽.

19 『조선시집』의 <전기> 편에 수록된 시인은 한용운, 김억, 김형원, 김정식, 김동환, 김동명, 홍사용, 오상순, 주요한, 조명희, 정지용, 변영로, 박영희, 박종화, 박팔양, 이광수, 이상화, 이장희, 노자영 등이고, <중기> 편에 수록된 시인은 이하윤, 허보, 김윤식, 김기림, 김광섭, 김상용, 김태오, 김대준, 김대봉, 김용제, 오희병, 신석정, 조중흡, 백석, 박세영, 박용철, 모윤숙, 이상, 이찬, 이육사, 유치환, 임학수, 임화, 노천명 등이다.

20 『조선시집』 <전기> 편 마지막 쪽에 실린 광고 '조선시집 전 3책'이란 광고의 표제어에도 "조선시단 40년의 총결산!!"이란 문구가 보인다.

김소운의 「서문」에 의하면 25명이다.[21] 43명이 수록된 『젖빛 구름[乳色の雲]』에 비하면 『조선시집』은 발간 예정이던 〈후기〉 편까지 합하면 수록 시인이 68명이나 되는 두터운 시인선집이었다. 이육사는 『조선시집』 〈중기〉 편에 수록되어 있는데, 〈중기〉 편은 "대정(大正) 말기(末期)에서 소화(昭和) 10년경까지의 중견시인 20여 명을 선(選)하여 번역" 하였으며, 〈전기〉 편 권말의 광고에 의하면 신석정, 김윤식, 임화, 모윤숙, 김기림, 이육사, 백석, 유치환 등을 대표로 들고 있다.[22] 『조선시집』 〈중기〉 편은 "『시문학』, 『문예월간』 등 동인지를 지나 소화 10년 창간의 『시원』에 이르기까지의 중견시인을 수록"[23] 대상으로 하였다. 김소운은 이육사를 '신진시인'이 아닌 '중견시인'으로 보고, 〈중기〉 편에 배치하였다. 1935년부터 1941년까지 주요 작품을 발표한 이육사를 〈후기〉 편이 아닌 〈중기〉 편에 수록하였다는 것은 편자인 김소운이 당시 이육사를 중량감 있는 시인으로 평가하고 있었음을 보여 준다. 『조선시집(朝鮮詩集)』 〈중기〉 편(1943)에 실린 이육사의 작품은 「청포도」, 「절정」, 「아편」, 「해후」 등 4편이다.

「청포도」와 「절정」이 수록된 것을 보면 김소운이 시선집을 구성하는 직전 단계까지 국내 시인들의 작품을 눈여겨보고 있었음을 알 수 있다. 「청포도」(『문장』, 1939. 8.)와 「절정」(『문장, 1940. 1.)이 발표된 시기와

21 김소운은 후기 편의 수록 시인으로 소화 9, 10년 이래 현재에 이르기까지의 『시인부락』, 『자오선』, 『시학』 등의 동인과 『문장』의 추천 시인을 포함한 기예(氣銳)의 신인군(新人群)인 서정주, 오장환, 김광균, 신석초, 윤곤강, 이용악, 장만영, 홍두표, 박재륜, 이병각, 민병균, 조지훈, 조영출, 이한직, 박두진, 박목월, 윤태웅, 허남기, 박인배, 박노춘, 양운한, 김조규, 노천명, 김종한, 장서언 등 25명을 들고 있다. 김소운, 『조선시집』(전기), 동경 흥풍관, 1943, 17~18쪽.

22 김소운, 『조선시집』(전기), 동경 흥풍관, 1943, 328쪽 광고.

23 김소운, 『조선시집』(전기), 동경 흥풍관, 1943, 17쪽.

그것이 처음 수록된 시선집 『젖빛 구름[乳色の雲]』(1940. 5. 25.)이 출간된 시기는 거의 차이가 없다.

『젖빛 구름[乳色の雲]』에 이육사의 시 「청포도」와 「절정」이 실리고, 이어 발간된 증보판 격인 『조선시집(朝鮮詩集)』에 「청포도」와 「절정」 이외에 「아편」과 「해후」가 추가된다. 김소운의 시선집을 통해 이육사는 당대의 조선을 대표하는 시인으로 해외에 소개된 셈이다. 작품 선정 시 김소운은 직전에 발간된 『신찬시인집』(1940)도 가지고 있었음을 밝히고 있다.[24] 그러나 「청포도」와 「아편」은 그러하더라도 「절정」은 김소운의 『젖빛 구름[乳色の雲]』과 『조선시집(朝鮮詩集)』에 처음으로 수록된 작품이었다는 점을 기억해야 할 것이다.

2.2. 해방기: 형성과 정착

일제강점기 이육사는 작품활동도 늦게 시작하고, 작품 수도 과작(寡作)이어서 문인으로 크게 부각된 편은 아니었다. 그는 문인으로서보다 사회운동가로서의 실천적 삶에 더 무게가 놓여 있었다. 이육사의 작품활동 시기 또한 1930년대 중반부터 1940년 전후 몇 년간에 걸쳐 있어 일제강점기 시선집에 이육사의 작품이 집중적으로 수록되지는 못하였다. 일제강점기 동안 『현대조선시인선집』과 『신찬시인집』, 그

---

24 김소운이 『조선시집』을 편찬할 때 수중에 가진 자료로 『문장』 창간호에서 종간호 20여 책, 『인문평론』 제2권 이하 약 10책, 『카톨릭청년』 창간호 이하 19책, 기타 『문예운동』, 『조광』 등 수 책, 『춘원시가집』(이광수), 『안서시집』(김억), 『소월시초』(김정식), 『님의 침묵』(한용운), 『해당화』(김동환), 『초원』(김태오), 『현해탄』(임화), 『사슴』(백석), 『화사집』(서정주), 『와사등』(김광균), 『산호림』(노천명), 『태양의 풍속』(김기림), 『향수』(조중흡), 『성벽』(오장환), 『청마시초』(유치환), 기타 두세 종의 개인 시집, 현대조선문학전집 중 『시가집』(조선일보사출판부 편), 『현대서정시선』(박문문고), 『현대조선시인선집』(조선문고), 『신찬시인집』(시학사판) 등을 들고 있다. 김소운, 『조선시집』(전기), 흥풍관, 1943, 18쪽.

리고 일역(日譯) 시집인 『젖빛 구름[乳色の雲]』과 『조선시집(朝鮮詩集)』에만 수록되었던 이육사의 작품은 해방이 되면서 상황이 달라진다.

해방 이후 이육사 사후에 발굴된 시 작품들을 일별하다 보면 그의 대표작이라 할 수 있는 「광야」와 「꽃」도 자칫 묻혀질 뻔했다. 문학평론가였던 아우 이원조가 미발표 유고인 「광야」와 「꽃」을 1945년 12월 17일 『자유신문』에 소개하였는데, 윤동주의 마지막 유고였던 「쉽게 쓰여진 시」가 정지용의 해설까지 곁들여 1947년 2월 13일 자 『경향신문』에 실린 것만큼이나 기적적이라 할 수 있다. 이육사와 윤동주의 작품이 해방 직후 상기 신문에 발표되고 각각 그 이듬해 『육사시집』(서울출판사, 1946)과 『하늘과 바람과 별과 시』(정음사, 1948)에 수록됨으로써, 이 작품들이 이들 시인의 명편으로 회자(膾炙)되는 것도 유사하다. 해방 직후 문학사 기술의 선편을 쥔 백철의 『조선신문학사조사 현대편』(백양당, 1949)에 이육사와 윤동주가 누락되었음은 해방 직후 초창기 문학사의 그물망에 포획될 정도로 그들의 위상과 존재가 부각되지 못하였음을 의미한다. 달리 말하면 이육사나 윤동주가 해방 직전까지 제 나름 활발한 글쓰기를 하였으나 그들의 존재가 문학사 기술의 대상으로 평가받을 정도는 아니었다는 것이다. 해방 이후에야 정리되기 시작한 현대문학사 기술 초창기에 이들의 존재는 아직 '발견'과 '형성'의 과정에 놓여 있었다고 할 수 있다. 그러나 해방될 때까지 거의 무명시인에 가까웠던 윤동주가 '발견'[25]에 가까웠다면, 1930년대

25 "겨우 30여 편 되는 유시(遺詩) 이외에 윤동주와 그의 시인됨에 관한 아무 목증(目證)한 바 재료를 나는 갖지 않았다. …… 무시무시한 고독에서 죽었구나! 29세가 되도록 시도 발표하여 본 적도 없이!"란 구절은 중견시인인 정지용이 해방 직후 윤동주를 '발견'한 데 대한 놀라움을 드러내 보인 글이다. 그 놀라움은 윤동주의 동생 윤일주와의 일문일답과 그의 시 인용을 통해

문학 장에서 잡지, 동인지 등의 제 출판매체를 통해 어느 정도 문학적 이력을 보여 준 이육사의 경우는 '형성'의 과정에 놓여 있었다고 할 수 있다.

미발표 유고인 「광야」와 「꽃」이 1945년 12월 17일 『자유신문』에 소개된 이후, 1946년 2월 8일과 9일 양일간 조선문학가동맹이 개최한 전국문학자대회에서 이육사는 참석 문학인들로부터 작고작가로서 '추도의 묵상(默想)'을 받게 된다.[26] 이는 작가로서의 이육사가 해방 직후 문단에서 상징자본을 확보하는 과정이라 할 수 있다. 이는 유고시집 출판을 통해 더욱 강화되는데, 1946년 10월 20일 중견시인이었던 신석초, 김광균, 오장환, 이용악의 서문과 아우 이원조의 발문을 붙인 『육사시집』(서울출판사)의 발간이 그것이다. 이를 통해 사회운동가 이활(李活)로 시작된 그의 삶은 시인 이육사로 자리매김하게 된다. 이육사는 해방기 문단에서 이국(異國)에서의 옥사(獄死)란 항일투사의 이력까지 겹쳐지면서 윤동주와 더불어 저항시인으로서 그 존재감을 드러내기 시작한다. 이러한 것은 이후 이육사 시를 정전화하는 데 주된 외적 요인으로 작동하게 된다.

해방 직후부터 한국전쟁 이전까지 이육사 시가 수록된 시선집으로는 정인섭의 『대한 현대시 영역 대조집』(문화당, 1948)과 한성도서가 기획한 '조선문학전집' 제10권인 임학수의 『시집』(한성도서주식회사, 1949),

---

더욱 심화된다. 정지용, 「서」, 윤동주, 『하늘과 바람과 별과 시』, 정음사, 1948, 3~10쪽 참고.

26 1946년 2월 9일 전국문학자대회 둘째 날에 참석 문학인들로부터 추도의 대상이 된 작가는 나도향, 김소월, 최서해, 이익상, 이장희, 남궁벽, 이상화, 이상, 김유정, 박용철, 현진건, 백신애, 강경애, 노자영, 심훈, 한인택, 이효석, 김대봉, 이병각, 이육사, 양백화, 한용운, 박향민, 방정환, 이정호, 연성흠, 탁상수 등 27인이다. 홍구 편, 『건설기의 조선문학』, 조선문학가동맹 중앙집행위원회서기국, 1946, 218쪽.

서정주의 『현대조선명시선』(온문사, 1950)과 『작고시인선』(정음사, 1950) 등을 들 수 있다.

표 11-2 해방 직후부터 한국전쟁 직전까지 이육사의 시가 수록된 시선집

편저자	시선집 제목	출판사, 발간 연도	수록 시
정인섭	『대한 현대시 영역 대조집』	문화당, 1948	「호수」
임학수	『시집』	한성도서, 1949	「청포도」, 「절정」, 「광야」
서정주	『현대조선명시선』	온문사, 1950	「황혼」, 「광야」, 「청포도」
서정주	『작고시인선』	정음사, 1950	「황혼」, 「청포도」, 「절정」, 「광야」, 「꽃」

해외문학파의 일원이었던 정인섭이 역(譯)한 『대한 현대시 영역 대조집』은 '시인 100명과 시 125편'이란 부제를 달고 있다. 그런데 실제 수록된 것은 '1907년부터 1944년까지' 활동한 103명의 시인과 그들의 작품 125편이다. 제목은 '대한 현대시 영역 대조집'이지만 이 시집은 "영어 독자에게 현대 조선시를 소개"[27]한 "현대 조선시인집"[28]의 성격을 띠고 있다. 1부 62편의 시는 시인 자신들이 자선(自選)한 것이며, 2부 50편은 역자가 조선시들 중에서 선택한 것이다. 3부 13편은 조선 원시(原詩)의 텍스트를 분실하고 영역된 영시만 남은 것을 수록한 것이라 한다.[29] 따라서 이 선집은 시인들의 자선(自選)과 역자의 선별이 뒤섞여 있다. 시인이 자선한 경우는 대표작이나 스스로 애착이 가는

27 정인섭, 「머리말」, 『대한 현대시 영역 대조집(An Anthology of Modern Poems in Korea)』, 문화당, 1948, 6쪽.

28 W. B. Yeats, 「다블린市 라드판험 리버즈데일(Riversdale Rathfarnham Dublin)」, 위의 책, 4쪽.

29 정인섭, 「머리말」, 위의 책, 6~8쪽.

작품을 선별하였을 것이고, 역자가 선별한 경우는 역자 나름의 정전의식을 통한 것이라 할 수 있다. 「서론」에서 기술한 '현대조선시가의 개략'은 1907년부터 1940년대까지 약 40년 동안 소위 "조선현대시의 역사의 조감도를 일별(一瞥)"하여 "연감(年鑑)식으로 소개"[30]하는 형식을 취하였다. 이는 그가 현대시사를 조망할 수 있는 나름의 안목[31]을 갖추었음을 보여 준다. 해방 이후 원고를 정리하는 과정에서 일제하 "검열관에게 민족주의적 또는 사회주의적 사상이라고 해서 삭제 당했던 시 몇 편을 추가"[32]한 것까지 보면, 외국에 소개할 완전한 한국현대시의 앤솔러지(anthology)를 구성하고자 했음을 알 수 있다. 『대한현대시 영역 대조집』에는 이육사의 시 중 「호수」가 수록되었다. 『신찬시인집』에 한 번 수록되기는 했지만 해외문학파였던 정인섭의 눈에 비친 이 시는 "서구시의 형식에 곁들인"[33] "대상의 미(美)만을 추구한 작품"[34]에 가까웠다고 할 수 있다.

한편 해방 직후 시선집으로 주목할 만한 책자는 한성도서주식회사가 '조선문학전집'의 10권째로 기획한 임학수가 편한 『시집』(1949)이다.[35] 임학수는 이 시선집을 "1945년까지의 조선시단 성장의 자취를

30 정인섭, 「서론」, 위의 책, 24쪽.

31 해외문학파의 일원으로 등장한 정인섭은 1930년대 문단에서 활발한 비평활동을 한 바 있고, 그 당시의 비평활동의 성과를 모은 『한국문단론고』(신흥출판사, 1959), 『세계문학산고』(동국문화사, 1960) 등을 낸 평론가이다. 해방 이후에는 시집 『산넘고 물건너』(정음사, 1968), 『별같이 구름같이』(세종문화사, 1975)를 출간한 적도 있다. 이를 통해 볼 때 그는 세계문학이나 문단, 그리고 시선집 편찬에 대한 비평적 안목과 식견을 구비하였다고 할 수 있다.

32 정인섭, 「머리말」, 앞의 책, 8쪽.

33 신석초, 「이육사의 생애와 시」, 『사상계』, 1964. 7., 250쪽.

34 정태용, 「이육사론」, 『한국현대시연구·기타』, 어문각, 1976, 147쪽.

35 한성도서가 기획한 조선문학전집은 1권 심훈의 『상록수』, 2권 김동인의 『운현궁의 봄』, 3권 염상섭의 『모란꽃 필 때』, 4권 한인택의 『선풍시대』, 5권 박태원의 『금은탑』, 6권 안회남의

더듬어 한 역사적인 자료"로 기획했으며, "해방전의 당선작가까지를 한계로 하고 그중에서 현재도 시작을 계속하는 분들에 치중하여 인선"[36]한 것이라 하였다. 이 『시집』이 1945년까지 조선시단 성장의 자취를 더듬는다고 하였지만 실제로는 일부 작가의 경우 해방 직후에 발표한 작품도 수록하고 있다.[37] 작고작가의 경우 김소월, 한용운, 이육사 등의 작품이 수록되어 있다.

임학수가 편한 『시집』은 초판(1949. 4. 20.)을 발행한 이듬해 재판(1950. 4. 25.)을 발매하였다. 1년 만에 재판을 찍은 것은 이 책이 상업적 성공을 거두었다는 뜻이기도 하고, 문제가 있어 새로 찍었다는 의미이기도 하다. 1년 사이에 수록 시인들의 배제와 추가가 이루어지고 있음은 후자에 더 가깝다는 것을 말해 준다. 초판본에 실려 있던 작가 중 박팔양, 임화, 이흡, 오장환, 이용악, 박세영, 박아지, 권환, 이찬, 백석, 조운, 조허림, 조남령, 이병철, 이수형 등 재북시인 또는 조선문학가동맹 계열의 시인들이 재판본에서 배제되었다. 이는 정부 수립 이후 보도연맹, 일민주의 등 강화된 국가주의 시선이 영향을 미친 결과라 볼 수 있다. 즉 정국의 변화에 따른 사회적 분위기가 출판사로 하여금 『시집』 수록 시인들의 조정을 요구했다고 할 수 있다. 임학수의 개입 없이 출판사가 생존 전략 차원에서 작가나 작품을 교체했을 가능성이 높다. 조선문학전집 『시집』 초판에 가해진 국가주의적 폭력은

『풍속』, 7권 『단편집』 상, 8권 『단편집』 중, 9권 『단편집』 하, 10권 『시집』으로 구성되어 있다. 이 중 안회남의 『풍속』은 발간되지 않았다.

36 임학수, 「편집후기」, 『시집』, 한성도서주식회사, 1949, 343쪽.

37 해방 직전 「낙향소식」(『조광』, 1943. 12.)을 통해 등단한 이병철(李秉哲) 같은 작가는 해방 직후 발표한 시 「소」, 「소야 뿔을 쓰라 소야」, 「수장(水葬)」 등 3편을 수록하고 있다.

재판(再版)본에서 수록 시인의 일부 배제로 나타났다. 이육사의 경우 「청포도」, 「절정」, 「광야」 등이 수록되어 있는데, 재판의 경우에도 어떤 조정이나 변개(變改)가 가해지지 않았다. 한때 사회주의 활동에도 관여하였던 이육사는 1950년에 이르면 항일 민족시인으로 더 이상 흔들리지 않는 위치에 서게 된 것이다.

1950년은 이육사 시의 정전화에 중요한 해이다. 서정주가 두 권의 시선집 『현대조선명시선』(온문사)과 『작고시인선』(정음사)을 펴낸 해이기 때문이다. 서정주의 『현대조선명시선』에는 「황혼」, 「광야」, 「청포도」 등 3편의 작품이 실렸다. 임학수의 『시집』과 비교해 보면 「절정」이 누락되고 초기시인 「황혼」이 선택된 점이 다르다.

서정주는 1950년 2월 15일 온문사에서 『현대조선명시선』을 발간한 지 보름 만인 1950년 3월 1일 정음사에서 『작고시인선』을 발간하였다. 그런데 두 시선집은 동시에 기획된 것이라 보아도 무방하다. 두 책의 머리말을 쓴 날짜를 보면 『현대조선명시선』은 "경인 2월"이고, 『작고시인선』은 "단기 4283년 정월"로, 오히려 『작고시인선』의 머리말이 더 빨리 쓰여졌음을 알 수 있다. 『작고시인선』은 한용운, 이상화, 홍사용, 이장희, 김소월, 박용철, 오일도, 이육사, 이상, 윤동주 등 10명의 작고작가를 대상으로 하고 있다. 윤동주는 서정주의 『작고시인선』을 통해 처음으로 시선집에 수록되었다.[38] 작고작가의 경우 정전화 과정에서 현재의 여러 제약으로부터 자유로울 수 있는 장점을 가졌다고 할 수 있다. 사회주의 이력을 가진 이육사의 경우 일제 말

38 윤동주의 경우 「자화상」, 「소년」, 「십자가」, 「슬픈 족속」, 「별 헤는 밤」, 「간」 등 6편이 말미에 실렸다.

작고(作故), 그 위에 이국 감옥에서의 옥사란 표지는 이육사를 둘러싼 모든 의혹을 불식시키는 명패가 되었다. 서정주의 『작고시인선』에 수록된 시인들은 이후 남한의 시선집이나 문학교재에 반복적으로 수록되는 광영을 누리게 되었다. 이육사의 경우 『작고시인선』에 5편의 작품이 수록되었는데, 「황혼」, 「청포도」, 「절정」, 「광야」, 「꽃」 등이 그것이다. 이 시들은 1940년 전후(前後)의 시선집부터 반복적으로 수록되기 시작하였는데, 1950년 『작고시인선』에 와서 이육사의 대표작으로 완전히 정착되었다고 할 수 있다.

2.3. 한국전쟁 이후: 배제와 선택

한국전쟁 직후에도 시선집 발간은 계속되는데, 이는 문학사 정리 차원 이외에 수익을 창출하려는 출판사의 기획과 맞물린 결과라 할 수 있다. 시인선집이나 시선집을 넘어 '애정'이나 '사랑'을 붙인 명시선이 유행한 것도 이 때문이다. 다음은 한국전쟁 이후부터 1960년대 사이 발간된 이육사 시가 실린 시선집 목록이다.

표 11-3 한국전쟁 이후 이육사의 시가 수록된 시선집

편저자	시선집 제목	출판사, 발간 연도	수록 시
김용호·이설주 공편	『현대시인선집』(상)	문성당, 1954	「청포도」, 「광야」
김용호 편	『한국애정명시선』	문성당, 1954	「아편」
이하윤 편	현대문학전집④ 『시집』	한성도서, 1955	「청포도」, 「절정」, 「광야」
최해운 외 3인	『현대서정시선』	범조사, 1955	「청포도」, 「광야」
김용호 편	『사랑의 서정시』	박영사, 1957	「청포도」
박종화 외	한국문학전집㉞ 『시집』(상권)	민중서관, 1959	「청포도」, 「황혼」, 「파초」, 「절정」, 「광야」

편저자	시선집 제목	출판사, 발간 연도	수록 시
김춘수 편저	『한국서정시선: 나를 잊지 마셔요』	송원문화사, 1966	「청포도」
한국신시60년 기념사업회	『한국시선』	일조각, 1968	「청포도」, 「절정」
한국문인협회 편	『신문학60년 대표작전집1』	정음사, 1968	「광야」

위의 표에서 먼저 주목할 만한 시선집은 김용호·이설주가 공동 편찬한 『현대시인선집』(문성당, 1954)과 이하윤이 편한 『시집』(한성도서, 1955)이다.

김용호·이설주 공편의 『현대시인선집』은 상권과 하권 두 권으로 나누어 발행되었는데, 상권은 해방 이전 작가를, 하권은 해방 이후 작가를 대상으로 하였다. 상권에 100명, 하권에 71명의 시인이 수록되었고, 수록 작가 171명의 대표작을 각각 1~2편씩 수록하였다. 한국전쟁 직후에 만들어진 시선집이다 보니 월북 작가 대부분은 배제되었으나 카프나 조선문학가동맹의 이력이 있는 권환이나 임학수가 실려 있는 것이 특기할 만하다. 한국전쟁이 가져온 냉전 이데올로기는 해방 직후 다소 현실주의 시의 경향을 보여 주었던 편자인 김용호나 이설주가 시선집에 자신들의 취향이나 이념을 반영할 수 없게 만들었다고 할 수 있다. 그래서 이들은 '인수(人數)에 치중'하는 편집 방침을 취함으로써 정전 선택의 다양성을 확보하고자 하였던 것이다.[39] 상권에 실린 해방 이전 시인의 경우를 보더라도 일제강점기에

39 박용찬, 「1950년대 대구의 문학공간 형성과 출판매체」, 『국어교육연구』 51, 국어교육학회,

시작활동을 한 많은 시인들을 엄정히 취사선택하여 선별한 것이라기보다 되도록 많은 시인들을 수록하는 방식을 취하였다. 다른 시선집에 잘 실리지 않았던 김영진, 김진세, 박승걸, 유창선, 이가종, 이규원, 이해문, 이일, 전한촌, 정영수, 주수원 같은 시인들의 작품들까지 『현대시인선집』에 싣고 있다. 일제강점기에 시집을 한 권이라도 내었거나 신문, 잡지상에서 활동한 시인들을 가능한 한 많이 소개하고 있는 셈이다. 이렇다 보니 한 작가당 대표작 한두 편을 소개하였는데도 상, 하권 모두 500쪽이 넘는 분량의 선집이 되고 말았다. 이육사의 경우는 「청포도」와 「광야」 2편을 싣고 있는데, 이들 작품은 임학수의 『시집』이나 서정주의 『현대조선명시선』, 『작고시인선』부터 정전화된 작품으로 작품 선택의 큰 변화는 없다고 할 수 있다.

한편 1954년 『현대시인선집』과 같은 출판사 문성당에서 나온 김용호 편의 『한국애정명시선』은 말 그대로 애정시만을 대상으로 한 시선집이다. 한국 현대시 전체를 대상으로 한 시선집은 아니지만,[40] 시선집 제목을 보면 사랑과 애정을 노래한 명시를 선별한 것임을 알 수 있다. 김안서부터 황순원까지 160명의 시인들의 작품 각 1편씩을 싣고 있는데, 이육사의 경우 「아편」이 수록되어 있다. 「아편」은 1938년 11월 『비판』지에 발표되었던 짤막한 시이다. 애정명시선이니 『작고시인선』 이후 이육사의 대표작으로 정전화된 「절정」, 「광

2012, 351쪽.

40 김용호는 "『한국애정명시선』은 『현대시인선집』(상, 하편)의 재료를 수집할 때 이외로 얻어진 주옥(珠玉)들"이라고 평가하였다. 김용호, 『한국애정명시선』, 문성당, 1954, 1쪽.

야」, 「청포도」, 「꽃」 등은 실릴 수 없었다. 「아편」은 상기(上記)한 시학사의 『신찬시인집』과 김소운의 『조선시집』에도 이육사의 대표시로 수록된 바 있었지만, 『작고시인선』 이후 「절정」, 「광야」, 「청포도」, 「꽃」 등으로 굳어져 가던 이육사 시의 정전화 과정에서 이 시의 수록은 하나의 이반(離反)을 시도한 것이라 할 수 있다. 『한국애정명시선』에서 「아편」을 환기하고 다시 주목한 것은 서정시인으로서의 이육사가 가진 확장성을 보여 준 것이라 하겠다. 김용호는 1957년에 펴낸 『사랑의 서정시』(박영사)에도 「청포도」를 수록했다. 김용호는 「청포도」와 「아편」을 통해 항일 저항시인으로서의 이육사가 아닌 사랑과 애정을 노래한 서정시인으로서의 이육사를 부각시켜 보이고자 하였다.

한편 한성도서주식회사는 한국전쟁 직후 기존의 조선문학전집을 현대문학전집이란 이름으로 개편을 시도한다. 이때 시선집으로 기획된 것이 이하윤이 편한 『시집』이다. 이하윤이 편한 한성도서의 『시집』(1955)은 한국전쟁 이전에 발간된 임학수 편 『시집』(1949)의 변형이라 할 수 있는데, 이는 정국의 변화에 따른 상업적 기획의 결과물이라 할 수 있다. 임학수가 편한 시집은 좌, 우, 중도 구분 없이 비교적 중립적·객관적 시각하에 시 작품을 선정하였다. 그러나 한국전쟁 이후 노골적으로 변해 버린 반공주의 체제는 한성도서로 하여금 표면적이든 아니든 임학수 편의 『시집』 출판을 더 이상 유지할 수 없게 만들었다. 원래의 조선문학전집은 좌우, 중도파를 구분하지 않고 기획되었지만 재판 발행 시 다소의 변개가 있었다. 한국전쟁 직후 1954년부터 기획된 한성도서주식회사의 현대문학전집에서도 이러한 변화는 나타났다. 조선문학전집을 현대문학전집으로 축소 기획하였는데, 주로 중도와 우파 위주로 조정되었다. 그 결과 1권 김동인의 『운현궁의 봄』, 2권 염상섭의 『모란꽃 필 때』,[41] 3권 백철 편의 『현대평론수필선』, 4권 이하윤 편의 『시집』 등으로 출간되었다.

임학수 편 『시집』은 이하윤 편 『시집』으로 대체되었는데, 반공주의 체제에 걸맞은 새로운 시선집 발간의 요구를 출판사가 수용한 결과라 할 수 있다. 해방 직후 조선문학가동맹의 활동 이력을 가진, 한국전쟁 와중에 월북한 임학수를 더 이상 편자의 자리에 그대로 둘 수는 없었기 때문이다. 대체 편자로 선택된 이가 중앙문화협회 이력을 가진 이하윤이었다.

이하윤은 일찍이 해외문학파와 시문학파의 일원으로, 1930년대 문단에서 활발한 활동을 하면서 시집 『물레방아』(1939)와 시선집 『현대서정시선』(1939)을 펴낸 적이 있는 시인이자 영문학자였다. 해방 직후에는 중앙문화협회의 일원으로 해방기의 좌파 문예 단체에 맞선 문학자였다. 1946년 현대문학의 주요 작품을 추린 『현대국문학정수』를 중앙문화협회에서 출간하기도 하였다. 이하윤은 이념적으로나 시선집 발간의 경력으로나 현대문학전집의 『시집』 편찬자로 적격자였다. 한성도서주식회사의 현대문학전집 제4권으로 나온 이하윤 편 『시집』은 실제 1949년 임학수가 편한 『시집』을 바탕으로 하고 있지만, 여기서 좌파에 가까운 많은 시인들이 배제되고 새로운 시인들이 추가되었다. 임학수 편 『시집』(1949)에서 이하윤 편 『시집』(1955)으로 넘어오

41 김동인의 『운현궁의 봄』과 염상섭의 『모란꽃 필 때』는 조선문학전집 2, 3권으로 출간되었는데, 현대문학전집으로 바뀌면서 1, 2권으로 조정되어 출판되었다.

는 과정에서 권환, 김기림, 김철수, 박세영, 박아지, 박팔양, 백석, 여상현, 오장환, 윤태웅, 이병철, 이수형, 이용악, 이찬, 이흡, 임학수, 임화, 정지용, 조남령, 조운, 조허림 등 21명의 시인이 배제되었다. 대신 김기진, 김동환, 김현구, 김형원, 노자영, 박영희, 백기만, 오희병, 오상순, 유춘섭, 이광수, 이상화, 이장희, 이희승, 이하윤, 주요한, 홍사용, 황석우 등 18명의 시인이 추가되었다.

한국전쟁이 지나간 1950년대 중반부터 한국문학전집, 한국시인전집 등 전집류 출판물들이 쏟아져 나오기 시작하였다. 1954년 창인사에서 현대한국문학전집으로 소설(9권), 시집(2권), 평론·수필(1권) 등 전12권을 기획하였다. 이 중 아홉 번째와 열 번째 책이 시집이다. 간행예정표(74쪽)에 의하면 아홉 번째 책에는 주요한, 김안서, 오상순, 한용운 외 26명을 수록하고, 열 번째 책에는 김달진, 유치환, 장만영, 서정주, 윤곤강 외 40명을 수록하는 것으로 되어 있다. 그러나 시집은 실제 간행되지 못하였고, 소설 또한 제5권 이효석, 김유정, 이상 편과 제3권 박종화, 현진건, 나빈 편 외에는 발간되지 않았다. 1959년 민중서관에서도 한국문학전집 전 36권을 기획하면서 제34권과 제35권을 시집으로 발간한 바 있다. 창인사판은 발간되지 않았기에 이육사의 시를 확인할 수 없고, 민중서관판 한국문학전집 제34권에는 「청포도」, 「황혼」, 「파초」, 「절정」, 「광야」가 수록되었다. 1959년 신구문화사에서도 백철, 유치환, 장만영, 조지훈, 박목월을 편집위원으로 하여 한국시인전집을 간행하였다. 전 10권을 기획했으나 제1권(주요한, 황석우, 김안서, 김소월), 제5권(김영랑, 박용철, 신석정), 제7권(김광섭, 모윤숙, 노천명), 제8권(이상, 김광균, 장서언, 장만영, 서정주), 제10권(김현승, 김용호, 최재형, 김경린, 윤동주)만 간행되었다. 이 시인전집은 선집이라기보다 말 그대로 전집에 가까운 책이라 할 수 있으나 이육사의 작품은 출간되지 않았기에 처음부터 기획되었는지 현재로서는 알 수 없다.

한편 정전화 주체의 작가와 작품 선택 기준을 제시하고 있는 것은 유정, 이봉래가 편한 『한국시인전집』(학우사, 1955)이다. 이 전집은 전 3권으로 기획되었는데 제1권(1907~1934)만 발간되고, 1935~1945년을 대상으로 한 제2권, 해방 이후를 대상으로 한 제3권은 발간되지 않았다. 그 결과 1930년대 중·후반에 주로 활동한 이육사의 작품은 수록되지 못하였다. 그러나 이 책의 편자의 말에 의하면 "작고한 이의 것 이외는 모두 시인 자선(自選)의 것이며, 그 시인의 대표작으로서 정평(定評)이 있는 것, 시사적(詩史的)으로 중요한 의미를 갖는 것"[42] 등을 수록하였다고 하니, 편자들이 나름의 정전의식은 갖고 있었다고 할 수 있다.

시인선집 또는 전집의 유행은 한국전쟁이 끝난 후 어느 정도 안정을 찾아 가던 출판계가 독자 대중을 대상으로 상업적 출판을 시작했음을 보여 준다. 이육사의 작품도 이러한 다양한 시선집에 누락되지 않고 지속적으로 수록되기 시작하였다. 최해운·방인영·박종하·홍성문이 공동으로 편한 『현대서정시선』(범조사, 1955)에 「청포도」와 「광야」가, 김춘수가 편한 『한국서정시선: 나를 잊지 마셔요』(송원문화사, 1966)에 이육사의 「청포도」가, 한국신시60주년기념사업회에서 펴낸 『한국

42 유정·이봉래 편집, 「예언(例言)」, 『한국시인전집』, 학우사, 1955

시선』(일조각, 1968)에 「청포도」와 「절정」이, 한국문인협회가 편한 『신문학60년대표작전집1』(정음사, 1968)에 「광야」가 수록되었다.

3. 정전화 과정의 특징

해방 이후 한국 현대문학의 연구가 심화되어 가면서 문학이나 교육의 장에서 시인 이육사의 위상은 더욱 강화되어 갔다. 이는 시와 수필 등 그의 작품들이 지속적으로 발굴, 보완되어 나간 것과도 관련이 있다 하겠다. 여러 자료가 발굴되면서 개별 시집이나 전집도 보강되고,[43] 이육사의 위상 또한 시문학사나 문학교육 제도 속에서 확실한 자리를 차지하게 되었다. 이러한 이육사 시의 위상 정립에는 근현대 출판과 관련된 시선집의 기여 또한 적지 않았다고 할 수 있다. 1930년대 후반부터 1960년대까지 간행된 시선집에 수록된 이육사의 시를 작품별로 정리해 보면 다음과 같다.

---

43 이육사의 시는 친지들에게 남겨진 유고나 시가 수록된 잡지나 신문 등의 발굴을 통해 수합되고 있다. 이는 개인 시집이나 지속적으로 발간되는 전집에 수용되어 왔다. 대표적인 것을 들어보면 다음과 같다.

이원조 편, 『육사시집』, 서울출판사, 1946.
이동영 편, 『육사시집』, 범조사, 1956
이육사선생기념비건립위원회 편, 육사시문집 『청포도』, 범조사, 1964.
이동영, 육사시집 『광야』, 형설출판사, 1971.
외솔회, 「육사 이원록 선생 특집호」, 『나라사랑』 제16집, 1974.
이동영 편, 『광야에서 부르리라』, 문학세계사, 1981.
김학동 편저, 『이육사전집』, 새문사, 1986.
심원섭 편주, 『원본 이육사전집』, 집문당, 1986.
김용직·손병희 편저, 『이육사전집』, 깊은샘, 2004.
박현수, 『원전주해 이육사시전집』, 예옥, 2008.
손병희 편저, 『이육사의 문학』, 이육사문학관, 2017.

표 11-4 시선집 수록 시의 빈도수

작품	수록 시선집	횟수
「청포도」	『신찬시인집』(시학사), 『젖빛 구름[乳色の雲]』(김소운), 『조선시집(朝鮮詩集)』(김소운), 『시집』(임학수), 『현대조선명시선』(서정주), 『작고시인선』(서정주), 『현대시인선집』(김용호·이설주), 『시집』(이하윤), 『현대서정시선』(최해운 외), 『사랑의 서정시』(김용호), 『시집』(민중서관), 『한국서정시선』(김춘수) 『한국시선』(한국신시60년기념사업회)	13
「광야」	『시집』(임학수), 『현대조선명시선』(서정주), 『작고시인선』(서정주), 『현대시인선집』(김용호·이설주), 『시집』(이하윤), 『현대서정시선』(최해운 외), 『시집』(민중서관), 『신문학60년 대표작전집: 시, 시조』(한국문인협회)	8
「절정」	『젖빛 구름[乳色の雲]』, 『조선시집(朝鮮詩集)』, 『시집』(임학수), 『작고시인선』(서정주), 『시집』(이하윤), 『시집』(민중서관), 『한국시선』(한국신시60년기념사업회)	7
「아편」	『신찬시인집』(시학사), 『조선시집(朝鮮詩集)』(김소운), 『한국애정명시선』(김용호)	3
「황혼」	『현대조선명시선』(서정주), 『작고시인선』(서정주), 『시집』(민중서관)	3
「호수」	『신찬시인집』(시학사), 『대한 현대시 영역 대조집』(정인섭)	2
「꽃」	『작고시인선』(시학사)	1
「파초」	『시집』(민중서관)	1
「강 건너 간 노래」	『현대조선시인선집』(임화)	1
「연보」	『신찬시인집』(시학사)	1
「해후」	『조선시집(朝鮮詩集)』(김소운)	1

이육사의 시는 1930년대 후반부터 시선집에 반복적으로 실리면서 정전화되기 시작한다. 위 표에서 보듯이 시선집에 수록된 이육사의 시는 「청포도」, 「광야」, 「절정」, 「아편」, 「황혼」, 「호수」, 「꽃」, 「파초」, 「강 건너 간 노래」, 「연보」, 「해후」 등 11편이다. 이 중 5회 이상 수록된 시는 「청포도」, 「광야」, 「절정」이다. 결국 이 세 작품은 시선집에 수록되는 정전화의 과정을 거쳐 이육사의 대표작으로 인정받았

다고 할 수 있다. 이 세 작품과 더불어 이육사의 대표작으로 널리 회자되는 「꽃」은 1회만 수록되었다. 「꽃」은 「광야」와 더불어 1945년 12월 17일 『자유신문』에 미발표 유고로 게재되었는데, 「광야」에 비해 시선집에 수록되는 기회가 적었음을 알 수 있다. 그럼에도 불구하고 「꽃」이 이육사의 대표작으로 부각된 것은 이육사의 항일 저항정신을 잘 드러내는 작품이기 때문이다. 시선집에 수록된 11편의 작품을 계보화해 보면 크게 두 부류로 나누어 볼 수 있다.

1. 서정적 정감을 드러내는 작품: 「청포도」, 「아편」, 「연보」, 「해후」, 「호수」, 「황혼」, 「파초」
2. 강인한 정신적 의지를 드러내는 작품: 「절정」, 「광야」, 「강 건너 간 노래」, 「꽃」

이육사 시는 이처럼 두 가지 경향을 주로 드러내 보이는데, 하나는 대상에 대한 서정적 정감을 드러내는 작품들이고, 다른 하나는 현실에 대한 강인한 정신적 의지를 노래한 작품들이다. 시선집을 통해 정전화된 이육사 시를 살펴보면 이육사가 현실에 대한 강인한 의지와 저항정신만을 드러내 보인 시인이 아님을 알 수 있다. 즉 저항시 못지않게 일상에서 흔히 겪을 수 있는 개인의 서정이나 감정을 드러낸 시가 많이 있음을 확인할 수 있다. 그러나 이러한 시들은 이후의 정전화 과정에서의 수록 빈도수를 살펴보면 차츰 배제되고, 「절정」, 「광야」, 「꽃」 등의 강인한 정신과 의지를 드러낸 작품 중심으로 정리되고 있음을 알 수 있다. 다만 「청포도」는 시적 자아의 서정적 정감을 읊고 있는 대표적 작품이지만 「청포도」가 삶의 근거지가 된 장소성을 바탕으로, 불모의 땅에서 아름다운 미래를 꿈꾸는 시적 자아의 소망이나 갈망 같은 것을 잘 드러내 보이고 있기 때문에 수록 빈도가 높았다고 할 수 있다.

반대로 「아편」 같은 경우는 일제 말기 시선집인 시학사의 『신찬시인집』이나 김소운의 『조선시집』에 수록되는 광영(光榮)을 누렸으나 해방 이후 시선집에서는 김용호의 『한국애정명시선』 말고는 수록되지 못하였다. "홍역이 발반하는"이나 "알몸동아리 향기를/ 봄바다 바람 실은 돛대처럼 오라"와 같은 감각적인 표현이 돋보이는 「아편」은, 아편이 난무하는 퇴폐적 환락의 밤거리에서 '옥돌보다 찬 넋'을 가진 것으로 추정되는 화자의 유혹과 욕망에 곁들인 죄의식과 부푼 마음을 잘 드러내 보인 작품으로 평가된다. 「아편」이 애정시를 다루는 시선집에서만 거론되었다는 것은 정전화 과정에서 「청포도」, 「광야」, 「절정」 같은 이육사 시의 주류가 된 작품들과 경합되지 못하였음을 의미한다. 상기(上記)한 「호수」도 마찬가지이다. 해방 이후 민족시 내지 항일 저항시의 대표 작가로 부상하고 있던 이육사에게 「호수」나 「아편」이 지속해서 정전화되기에는 다소 부적절하였다고 할 수 있다.

이육사 시의 정전화 과정에서 또 하나 주목해 볼 점은 이육사의 사회주의 활동 관련 이력이다. 이육사가 해방 이후 한국 현대시사나 국어교재에서 교육정전으로 구축되기 위해서는 반공 이데올로기로부터 자유로울 필요가 있었다. 그러나 이육사의 이력에 나타나고 있는 사회주의적 색채는 너무 광범위해 무시해 버릴 정도는 아니었다. 이육사의 사회주의 관련 이력은 그의 중국에서의 활동과 국내 잡지에 투고한 사회주의 관련 시사평론 정도로 요약해 볼 수 있다.

먼저 중국에서의 활동을 잠깐 살펴보면 이육사가 사회주의와 긴밀히 관련되어 있음이 드러난다. 김희곤, 신진희 편역, 『이육사의 독립운동 자료집』에 실린 1차 자료에 의하면,[44] 일제의 1932년 7월 21일 자 「형사사건부」에 기소유예자로 이원삼이란 이름이 올라가 있으며, 7월 23일 자 『매일신보』에 '조선공산주의자협의회 사건'이란 이름 아래 치안유지법과 출판법 위반이란 죄목으로 이육사가 검거 대상이 되었음을 알 수 있다. 이육사는 1932년 만주로 가 『중외일보』 기자 출신인 윤세주를 만나고, 의열단원인 윤세주의 권유로 의열단장 김원봉이 설립한 남경(南京)의 조선혁명군사정치간부학교 1기생으로 그해 10월 입교해 1933년 4월 20일 졸업하였다. 이 학교 졸업식에서 이육사는 연극 「지하실」을 쓰고, 방송국의 서기 역할로 실제 공연에 참여하기도 하였다. 「지하실」은 경성의 모 공장 지하실의 어두운 방에서 노동자 일동이 라디오 방송을 듣는데, 방송의 내용은 마침내 공산제도가 실현되어 농민, 노동자가 만세를 부른다는 줄거리로 되어 있다.[45] 「이활 신문조서」[46]에서도 이육사는 중국국민당의 도움을 받고 있는 김원봉을 은연중 비판하면서 국제공산당의 일국일당주의를 지지하고 있음을 밝히고 있다. 졸업을 앞두고 시행된 김원봉과의 면담에서 공산주의의 혁명적 실천에 대한 자신의 속마음을 밝히기도 했다.[47]

---

44 김희곤, 신진희 편역, 『이육사전집 III: 이육사의 독립운동 자료집』, 이육사문학관, 2018.

45 「지하실」의 줄거리에서 이 당시 이육사가 사회주의 의식의 소유자였음을 잘 알 수 있다. 「지하실」의 줄거리는 「김공신 신문조서」(제2회), 『국사편찬위원회 편, 『한민족독립운동사자료집』 31, 1997, 149~150쪽 참고.

46 「이활 신문조서」, 국사편찬위원회 편, 『한민족독립운동사자료집』 30, 1997, 176쪽.

47 「증인 이원록 신문조서」, 국사편찬위원회 편, 『한민족독립운동사자료집』 31, 1997, 192쪽. "나는 도회지 생활이 길어서 도회지 사람의 심리를 잘 이해하고 있으므로 도회지에 머물러 공

한편 이육사는 1933년 무렵부터 사회주의 관련 시사평론류의 글을 잡지 등의 공공매체에 발표하기 시작하였다. 주목할 만한 것은 1933년 4월 『대중』 창간임시호에 이활이란 이름으로 발표한 「자연과학과 유물변증법」이다. 목차에는 「변증법과 자연과학」으로 되어 있다. 이는 자연과학적 유물론과 사적 유물론의 통일이 마르크스주의라고 본 레닌의 유물변증법에 입각한 자연과학에 대한 제 입장을 소개하고 있는 시사평론이다. 이 잡지 같은 호의 목차 부분에는 실리지 못한 원고의 제목이 나열되어 있는데, 첫 번째 글이 이육사(李戮史)의 「레닌주의 철학의 임무」이다. 「레닌주의 철학의 임무」가 일제의 검열로 인해 압수되어 게재되지 못한 원고라면 이 당시 이육사는 사회주의 관련 원고를 두 편이나 『대중』 창간임시호에 투고한 셈이다. 원고의 제목만으로 미루어 보아도 이육사가 이 당시 사회주의에 강하게 심취해 있고 그것을 공언(公言)하고 있었음을 알 수 있다. 1936년 4월 이활이란 이름으로 『비판』지에 발표한 「중국의 신국민운동 검토」 또한 이육사의 사회주의 의식을 엿볼 수 있는 시사평론이다. 이 글에서 이육사는 장제스의 난징(南京) 국민당 정부가 주도하던 '신국민운동'에 대해 신랄한 부정과 비판을 가한다. 이육사는 장제스의 국민당을 반노동자, 반농민의 계급정당이며, 제국주의와 그 자본가들과 결탁한 매판계급 정당으로 규정하면서 국민당 정부의 반공주의를 비판한다.[48] 또한 이육사는 1934년 서대문 형무소에 수감, 취조를 받고 '고등관계 조회용'

작을 할 생각이다. 곧 도회지의 노동자층을 파고들어서 공산주의를 선전하여 노동자를 의식적으로 지도 교양하고, 학교에서 배운 중한 합작의 혁명공작을 실천에 옮겨 목적을 관철한다."

48 손병희, 「이육사의 '중국의 신국민운동 검토' 분석」, 『국어교육연구』 72, 국어교육학회, 2020. 2., 307~336쪽 참고.

이란 신원카드가 작성되어 관리되기도 했다. 1934년 7월 20일 자 안동 경찰서 도산주재소에서 경성 본청에 보고한 「이원록 소행조서」에서는 "배일사상, 민족자결, 항상 조선의 독립을 몽상하고 암암리에 주의를 선전할 염려가 있"으며, 그 무렵 "민족공산주의로 전환"[49]하고 있는 것으로 보고되고 있다.

이상의 3편의 글과 일경(日警)의 조서를 참고해 보면 이육사는 1930년대 초·중반 항일(抗日)의식을 견지한 사회주의자 내지 사회주의에 상당히 경도(傾倒)된 인물이었음을 알 수 있다. 그렇다면 이러한 사회주의 이력을 가진 이육사가 해방 이후 반공주의를 표방하는 남한 사회에서 어떻게 정전적 작가가 될 수 있었는가? 이는 1944년 1월 이육사가 북경의 일본 영사관 감옥에서 순국한 것과 관련이 깊다. 해방 직전 북경에서의 옥사(獄死)란 사실은 이육사를 항일 저항작가로 부각시키는 주요 고리가 되었다.

이육사는 해방 이후 남한 사회에서 사회주의냐 민족주의냐라는 이념 차원을 떠나 항일의 대표적 작가로 부상하게 된다. 해방 이후 이육사는 사회주의를 넘어 민족으로 포괄되는 큰 카테고리로 이동하게 되는데, 여기에 작고작가란 표지가 중요하게 작동된다. 작고도 그냥 작고가 아닌, 일경(日警)에 의한 이국 감옥에서의 옥사(獄死)란 사실은 지금까지 이육사가 가졌던 사회주의 이념을 무화시켜 버리는 결정적 계기가 되었다. 우리 시문학사나 문학교육의 체제나 제도에서 작고작가는 생존작가에 비해 상대적으로 유리한 입장에 서 있었다. 지속적으

---

49 「이원록 소행조서」, 국사편찬위원회 편, 『한민족독립운동사자료집』 30, 1997, 178쪽.

로 정전화된 작고작가에 대한 시선집 또는 추모문집은 이러한 사실을 잘 보여 준다.[50] 작고작가의 경우 이육사와 윤동주처럼 이국 감옥에서 옥사한 경우는 더욱 신화화될 소지가 있다. 해방 이후 남한에서 이육사가 항일 저항시를 쓴 대표적 민족시인으로 부상하는 데는 작고작가란 점과 이국 감옥에서의 옥사란 이력이 중요한 디딤돌이 되었다고 할 수 있다.

한편 이육사 시가 가진 작품 성향을 통해서도 이육사가 해방 이후 민족시인으로 부상하는 요인을 찾아볼 수 있다. 그가 써낸 사회주의 성향의 논설과 달리, 시의 경우 사회주의 의식을 생경하게 드러내는 작품이 거의 없다는 점을 주목해 볼 필요가 있다. 이는 이육사를 항일 저항시인 또는 민족시인으로 부각시키는 데 매우 적합하였다고 할 수 있다. 김경복은 이육사의 시 중 「한 개의 별을 노래하자」, 「해조사」 등에 이어 「황혼」, 「청포도」, 「꽃」, 「광야」, 「절정」을 사회주의 의식을 드러낸 시로 해석한다.[51] 이러한 해석은 '민족적 사회주의'의 입장

---

50 작고시인들은 서정주의 『작고시인선』(정음사, 1950), 박봉우의 『작고시인의 생애와 문학: 사랑의 시인상』(백문사, 1969), 김현승의 『작고시인선』(정음사, 1973) 등에 이르기까지 지속적으로 반복되면서 강조되었다. 박봉우의 작고시인의 생애와 문학을 다룬 『사랑의 시인상』의 경우를 살펴보면 다음과 같다. 수록 작가는 김소월, 김영랑, 박용철, 노천명, 이상, 윤동주, 이육사, 이상화, 한용운, 이장희, 홍사용, 윤곤강 등 12명이다. 서정주의 『작고시인선』에 있던 오일도가 누락되고, 김영랑, 노천명, 윤곤강이 추가되었다. 매 시인의 앞쪽에 '시인의 생애와 그 일사(逸事)'를 간략히 쓴 다음, 바로 이어 시인의 대표작을 추린 시선(詩選)을 수록했다. '이육사 시선' 부문에서는 「광야」, 「꽃」, 「황혼」, 「절정」을 선택했다. 「청포도」를 제외하면 서정주의 『작고시인선』의 수록 작품과 차이가 없다. 이 책은 그 당시까지 정전화된 이육사의 대표작들을 잘 보여 준다.

51 다음 논문은 이육사의 사회주의 사상 내지 사회주의 의식이 드러난 시를 염두에 두고 쓴 글이다.

김경복, 「이육사 시의 사회주의 의식 연구」, 『한국시학연구』 12, 한국시학회, 2005. 4.
하상일, 「이육사의 사회주의 사상과 비평의식」, 『한국민족문화』 26, 부산대학교 한국민족문화연구소, 2005. 10.

에서 이육사 시를 살펴본 것으로, 이육사 시 해석의 경직성을 타파해 보인 것으로 나름 의의가 있어 보인다. 그러나 그렇게 해석한다 하더라도 이육사 시에 사회주의의 생경한 이념이 직접적으로 드러나 있지 않다는 점을 주목해야 한다. 이육사 시는 사회주의를 넘어 더 넓은 범주의 차원으로 해석할 수 있는 여지가 있기 때문이다.

이육사의 시는 대부분 불의한 세계에 맞선 "금강심(金剛心)에서 나오는 시",[52] 즉 내면의 강인한 정신을 표상하거나 서정적 의장(意匠)을 통해 시적 자아의 소망이나 비통한 심경을 드러내는 경우가 많다. 달리 보면 이육사는 현실의 실천적 삶이나 시사평론 같은 글에서는 사회주의적 색채를 강하게 드러내 보였지만 문학적 글쓰기에서는 그렇지 않았다. 시 창작을 할 때 이육사는 생경한 사회주의 의식을 드러내지 않았는데, 이는 문학에 대한 자기 나름의 분명한 입장과 관련이 있다고 할 수 있다. 이육사는 이를 "왼갖 고독이나 비애를 맛볼지라도 '시 한 편'만 부끄럽지 않게 쓰"[53]려는 의지로 표현했다. 이러한 문학에 대한 태도는 이육사가 본격적으로 시를 쓰던 1935년 이후 시단의 경향과도 관련이 있었을 것으로 보인다. 이 시기는 카프 해체 이후 이념으로서의 문학이 쇠퇴하고 모더니즘 같은 새로운 주조(主潮)의 문학, 또는 '주체 재건'의 문학이 모색되던 시대였다. 그러므로 이육사는 사회주의 의식을 내면화하거나 아니면 생리적으로 굳어진 유가적 세계관에 입각해 시를 쓰더라도 온전한 시 한 편을 쓰고자 노력했던 것이다. 이러한 이육사 시의 성향은 사회주의 이력을 가진 이육사를 해방 이후

52 이육사, 「계절의 오행」, 『조선일보』, 1938. 12. 28.
53 위의 글.

민족시인으로 전환시키는 데 많은 도움이 되었다고 할 수 있다.

해방, 정부 수립, 한국전쟁을 겪으면서 반공주의 체제로 정착되어 가던 남한 사회에서 사회주의자에 가까웠던 이육사는 작고문인과 이국에서의 옥사란 표지, 작품의 주된 성향을 기반으로 민족시인 내지 항일 저항시인으로 재탄생하게 되었다. 해방 이후 지속적으로 발간된 시선집은 이육사의 사회주의 활동 이력을 민족이란 기표 아래 무화시키는 데 기여하였다.

4. 맺음말

이상에서 이육사의 시가 문학사의 주류 정전으로 부상(浮上)하는 정전화 과정을 시선집을 통해 살펴보았다. 한국 현대시의 정전화 과정에 대한 탐색은 주로 시선집을 중심으로 논의되어 왔는데, '시선집(詩選集)'은 선택과 배제의 원리로 이루어지는 정전화 과정의 결과물이라 할 수 있다. 어떤 작품의 선택과 배제는 그 작품이 가진 미학적 가치도 고려되지만 작가나 작품을 둘러싼 제도 내지 문화권의 문제와도 깊은 관련이 있다. 이육사 시는 다른 시인들의 시와 마찬가지로 출판과 문학, 교육이란 동시대의 제도 속에서 끊임없이 정전화의 과정을 밟아 왔음을 확인할 수 있었다.

이육사 시의 정전화는 크게 일제강점기, 해방기, 한국전쟁 이후로 나누어 볼 수 있었다. 일제강점기의 경우 1940년 전후 발간된 시선집인 『한국현대시인선집』(임화), 『신찬시인집』(시학사), 『젖빛 구름[乳色の雲]』, 『조선시집(朝鮮詩集)』(김소운) 등에 이육사 시가 실렸는데, 김소운

의 『젖빛 구름[乳色の雲]』과 『조선시집(朝鮮詩集)』에 「청포도」, 「절정」 등이 수록되면서 이육사 시의 정전화의 기초가 마련되었다고 할 수 있다. 해방기에 들어오면서 미발표 유고인 「광야」와 「꽃」이 1945년 12월 17일 『자유신문』에 소개되고, 1946년 2월 조선문학가동맹이 개최한 전국문학자대회에서 이육사는 참석문학인들로부터 작고작가로서 '추도의 묵상(默想)'을 받게 된다. 이어 유고시집인 『육사시집』(1946)까지 출판되면서 이육사는 해방 직후 문단에서 민족시인, 저항시인이란 문학적 상징자본을 확보하게 된다. 이러한 가운데 해방기 막바지에 발간된 임학수의 『시집』(한성도서, 1949)과 서정주의 『작고시인선』(정음사, 1950)은 이육사 시의 정전 형성의 틀을 구축하는 데 크게 기여한다. 한편 한국전쟁을 전후하여 강화된 국가주의 시선은 한국시의 정전화 과정에 끊임없이 '민족'과 '저항'을 호명하는데, 한성도서주식회사에서 펴낸 『시집』은 이러한 모습을 잘 보여 준다. 임학수가 편한 『시집』은 초판(1949), 재판(1950)을 거치면서 변개(變改)를 겪다가, 반공주의가 강화된 한국전쟁 이후에는 이하윤 편의 『시집』(1955)으로 대체된다. 『시집』의 수록 작가와 작품이 일부 배제되고 추가되는 와중에도 이육사의 「청포도」, 「절정」, 「광야」는 변함없이 수록되었다. 「청포도」, 「절정」, 「광야」가 수록된 임학수 편 『시집』을 거쳐, 서정주의 『작고시인선』에 와서 완성된 「황혼」, 「청포도」, 「절정」, 「광야」, 「꽃」 등은 이후 각종 시선집이나 문학교재 구성에서 이육사의 대표작으로 지속적으로 수록되기 시작하였다.

이육사 시가 수록된 시선집을 횡단하면서 살펴본 이육사 시 정전화 과정의 특징은 크게 세 가지로 요약할 수 있었다. 첫째, 시선집에 수록된 이육사 시는 크게 서정적 정감을 드러내는 작품과 불의의 세계에 맞선, 내면의 강인한 정신을 드러내는 작품이 많았다. 그러나 한국전쟁을 전후하여 국가주의 시선이 강화되면서 민족과 저항의 표상으로 이육사 시가 호명되면서 후자가 주된 정전으로 자리 잡기 시작하였다. 둘째, 이육사는 한때 항일의식을 가진 사회주의자에 가까운 인물이었는데, 작고작가, 그것도 이국 감옥에서의 옥사란 표지가 해방 이후 정전화의 과정에 가해진 이데올로기의 금압(禁壓)으로부터 이육사를 자유롭게 해 주었다. 셋째, 이육사는 논설, 시사평론 등에서 사회주의 성향을 강하게 드러내 보였으나 시에서는 생경한 이념을 그대로 노출시키지 않았다. 이는 이육사가 활동한 1930년대 후반의 시단 상황하에 온갖 고독이나 비애를 맛볼지라도 부끄럽지 않은, 온전한 시 한 편을 쓰려는 이육사의 문학에 관한 의식과 관련된 것이라 할 수 있다.

이러한 이육사와 관련된 제 성향은 여러 시선집을 통해 이육사를 해방 이후 민족시인 또는 항일 저항시인으로 전환시키는 데 많은 도움을 주었다고 할 수 있다. 문학교실에 수용된 이육사 시의 제 모습과 북한에서의 이육사 시 정전화 양상 등은 앞으로 더 나아가야 할 과제이다.

제12장

이육사 시의 국어교재 정착과 수용

1. 이육사와 문학교실

이육사(李陸史)는 한국문학사에서 윤동주(尹東柱)와 더불어 일제 말기 대표적인 저항시인으로 자리매김되어 왔다. 그러나 이육사 시가 가진 문학사적 위상이나 실상에 비해 문학교육 현장에서 그에 대한 대우는 온당하지 못했다고 할 수 있다. 이국(異國) 감옥에서의 옥사(獄死)나 독립투사란 경력은 그의 작품을 돋보이게 하는 데 기여하였으나, 도리어 문학교육 현장에서는 그의 작품을 도그마 속에 가두어 버리는 우(愚)를 범하기도 했다. 이육사의 경우 문학교육 현장에서 작가가 작품을 지배한 대표적 사례라 할 수 있다. 중등 문학교실에서 이육사는 일제 말 저항시인의 대표 작가로 교육되고, 그 결과 학생들은 이육사의 시를 대부분 저항시의 맥락에서 읽는다. 이육사와 윤동주는 일제 말기 대표적 저항시인이며, 다소 상반된 저항 방식을 보여 준 문학자로 학생들에게 각인된다. 윤동주가 부끄러움과 내적 갈등을 통해 끊임없는 자기 갱신 내지 성찰을 시도한 작가라면, 이육사는 '시와 행동'[1]이 하나가 된 견강(堅强)의 시인으로 교육된다. 그래서 독립투사로서의 이육사의 삶은 이육사 시의 해독에 중요한 잣대로 작동된다. 그러한 원인이 어디 있는지 그의 삶을 잠깐 살펴볼 필요가 있다.

이육사는 1904년 경북 안동시 도산면 원천리에서 퇴계 이황의 13대 손인 아버지 이가호(李家鎬)와 의병장 허형(許蘅)의 딸 허길(許吉) 사이에서 차남으로 태어났다. 도산공립보통학교를 거쳐 16세 되던 1920년 가족이 대구 남산정 662번지로 이사하였다. 1921년 처가가 있던 경북 영천군 화북면의 백학학원에서 수학하였으며, 이후 일본 동경의 금성고등예비학교를 거쳐 1926년 북경의 중국대학 사회학과에 입학하였으나 중퇴하였다. 귀국 후 1927년 10월 18일 장진홍 사건에 연루되어 형제들과 함께 구속되기도 했으나 1929년 장진홍 의사가 피검됨으로써 미결수인 채로 석방되었다. 1930년 2월 『중외일보』 대구지국 기자로 임용되었으며,[2] 1931년 8월 『조선일보』 대구지국으로 전근하였다.[3] 장진홍 사건 이후에도 이육사는 『중외일보』, 『조선일보』 대구지국 기자로 활동하면서 여러 사건에 연루되거나 예비 검속의 대상이 되어 구속과 석방을 거듭하였다. 1932년 중국으로 건너간 이육사

1 다음 글에서 이육사의 시와 행동에 대한 일원론적 사고를 엿볼 수 있다. "내가 들개에게 길을 비켜줄 수 있는 겸양을 보는 사람이 없다고 해도 정면으로 달려드는 표범을 겁내서는 한 발자욱이라도 물러서지 않으려는 내 길을 사랑할 뿐이오, 그렇소이다. 내 길을 사랑하는 마음, 그것은 내 자신에 희생을 요구하는 노력이오. 이래서 나는 내 기백을 키우고 길러서 금강심(金剛心)에서 나오는 내 시를 쓸지언정 유언은 쓰지 안켓소. 그래서 쓰지 못하면 죽어 광석이 되어 내가 묻힌 척토(瘠土)를 향기롭게 못 한다곤들 누가 말하리오. 무릇 유언이라는 것을 쓴다는 것은 팔십을 살고도 가을을 경험하지 못하는 속배(俗輩)들이 하는 일이오. 그래서 나는 이 가을에도 아예 유언을 쓸려고는 하지 않소. 다만 나에게는 행동의 연속만이 있을 따름이오. 행동은 말이 아니고 나에게는 시를 생각는 것도 행동이 되는 까닭이오." 이육사, 「계절의 오행」, 손병희 편저, 『이육사전집 I : 이육사의 문학』, 이육사문학관, 2017, 187쪽.

2 「지국(支局) 사고(社告)」, 『중외일보』, 1930. 2. 18.

3 「이활 신문 조서」, 경성 본정 경찰서, 1934. 6. 17.

는 의열단과 관련을 맺으면서 본격적인 항일활동을 시작한다. 의열단이 운영하는 조선혁명군사정치간부학교 1기생으로 입학하여 6개월 과정을 수료하였는데, 여기서 그는 졸업 기념 연극 대본 「지하실」을 쓰기도 했다. 1930년대 중반까지 이활(李活)이란 이름으로 사회평론 내지 사회주의 관련 논설을 주로 쓰던 이육사는 1935년부터 「춘수삼제」, 「황혼」 등을 발표하면서 본격적인 문학활동을 시작하였다. 1935년부터 1941년까지 주로 이육사의 시작(詩作)활동이 이루어지는데 다른 작가에 비해 그리 많은 작품을 발표하지는 않았다. 다른 시인들에 비해 사회활동과 글쓰기 행위가 겹쳐져 있던 이육사였지만 1939년부터 1940년 사이에는 그의 대표작이라 할 수 있는 「연보」, 「청포도」, 「절정」, 「교목」 등의 작품을 발표하였다. 1943년 이육사는 다시 북경을 오가다 서울에서 피검되어 북경으로 압송된다. 1944년 1월 16일 북경의 일본영사관 감옥에서 순국하였다. 해방 직후인 1945년 12월 17일 아우 이원조에 의해 미발표 유고시 「광야」와 「꽃」이 『자유신문』에 발표되고, 1946년 그의 유고시집인 『육사시집』이 서울출판사에서 발간되었다.

이상은 이육사의 삶과 문학에 대한 대략적인 기술이다. 이것을 잠깐만 살펴보더라도 이육사가 사회운동가와 시인의 삶을 동시에 걸어갔음을 알 수 있다. 이런 까닭에 문학교실에서 이육사는 독립투사로서의 이육사와 시인으로서의 이육사가 혼재하고 있는 형편이다. 그러므로 이육사의 시를 가르칠 때 독립지사 이육사는 항상 작품 해석의 가늠자로 작동되고 있었다고 할 수 있다.

대체로 중등학교 문학교실에서는 이육사의 삶과 작품은 분리되지 않고 동일시되어 학습되며, 그 결과 그의 작품은 대부분 항일저항시로 해석되고 가르쳐진다. 시인으로서보다 독립지사 이육사의 삶을 중심에 두다 보니 이육사 시의 후경(後景)에는 늘 독립투사 이육사가 놓여 있기 마련이다. 이러한 방식은 이육사 시 해석의 고정화 내지 화석화를 초래하거나 교수·학습 과정에서 상투적 반응을 유발시켰다.

제7차 교육과정 이후 현대시 교육의 도정(道程)에 대한 자성(自省)과 새로운 모색이 시도된 결과 문학교육 현장에서도 많은 변화가 이루어지고 있다. 그러나 여전히 특정 작가나 작품에 대한 교수·학습 과정은 타성과 관행 속에 그대로 지속되고 있는 경우가 존재한다. 이육사 시의 교수·학습 과정도 그러한 경우에 해당한다고 할 수 있다.

이 장에서는 이러한 문제의식 아래 이육사 시가 해방 이후 국어교재에 정착되고 수용되는 과정을 되짚어 보고자 한다. 정착 과정은 주로 이육사 시가 국어교재에 교육정전으로 편입되는 과정을 다루는 것이고, 수용의 방식은 이육사 시의 교수·학습 방식과 관련된 것이라 할 수 있다. 중등교육 현장에서 이육사 시의 수용은 김소월, 한용운 같은 주요 작가보다 다소 늦었다고 할 수 있는데, 이는 문학 장에서의 이육사 시 정전화 시기와 관련이 있다고 할 수 있다. 문학 장에서 이육사 시의 정전화 과정이 그의 문학사적 위상 정립과 관련된 문제라 한다면, 문학교육 현장에서의 수용 문제는 그의 시가 가진 교육적 가치 내지 효과와 연계되는 것이라 할 수 있다. 그래서 이 장에서는 이육사 시가 국어교재에서 교육정전으로 구축되어 가는 과정을 탐색하고, 정전화된 작품들의 교수·학습 방법 문제에 초점을 맞추고자 하였다.

2. 이육사 시의 국어교재 정착

이육사의 시는 1935년부터 1941년까지 주로 쓰여졌으며, 그의 시가 문학사적 주류로 부상하기 시작한 것은 해방 직후부터였다. 해방 이전까지 이육사가 문학사의 주류로 부상하지 못한 이유는 그의 문단 활동 이력과 관련이 있다고 할 수 있다. 이육사는 신조선사(新朝鮮社)에 근무하면서 사회평론이 아닌 시를 본격적으로 발표하기 시작하였는데, 그 시기는 대략 1935년부터였다. 『풍림』지의 편집위원, 잡지사 '신조선사'나 '인문사' 등에 근무한 이력,[4] 창간호가 종간호가 되어 버렸지만 『자오선』 동인으로 참가한 것 등이 1930년대 후반 이육사의 문학 관련 이력이다. 또한 그의 주요 작품이라 할 수 있는 「청포도」(『문장』, 1939. 8.), 「절정」(『문장』, 1940. 1.), 「교목」(『인문평론』, 1940. 7.) 등이 1939~1940년 사이 발표되었고, 「광야」, 「꽃」 등은 해방 직후인 1945년 12월에 미발표 유고로 신문에 게재되었다. 그러므로 그의 작품이 해방 전에 제대로 평가되기는 어려웠다고 할 수 있다.

정전적 작가나 작품은 교육의 장(場)에서 교과서, 문학독본, 참고서, 해설서, 수업, 평가 같은 제도를 통해 반복적으로 다루어지면서 교육 정전으로 공고히 자리 잡게 된다. 특정 작품이 문학사의 주류 정전으로 부상하기 위해서는 당대 평단의 평가는 물론이고 선택과 배제를 거듭하는 '시선집' 같은 출판이란 문학 제도를 거치기 마련이다. 이육사 시의 정전화 과정 또한 앤솔러지, 즉 시선집의 수록이라는 출판 제

4 김소운, 「약력소개」, 『조선시집(朝鮮詩集)』(중기), 흥풍관, 1943, 328쪽.

도와 밀접한 관련을 가진다고 할 수 있다. 그러나 이육사의 경우 작품활동 시작 시점도 늦은 편이었고, 작품 수 또한 많지 않았기 때문에 일제강점기의 다른 작가에 비해 시선집에 정전화되기에는 불리하였다. 일제 말기에 엮어진 "『현대시인선집』과 『신찬시인집』, 그리고 일역(日譯) 시선집인 『젖빛 구름[乳色の雲]』과 『조선시집(朝鮮詩集)』에만 수록"[5]되었던 이육사의 시는 해방이 되면서 본격적으로 시선집에 정전화되기 시작한다. 이육사 시의 정전화 과정에는 작품 자체가 갖고 있는 우수성 이외에도 다양한 외적 요인이 개입되었다고 할 수 있다. 우선 해방 직후 문단의 이육사는 이국(異國)에서 옥사(獄死)한 작고작가란 상징자본을 갖고 있었다. 이육사, 윤동주, 심훈 등 일제강점기 저항시인 중에서도 이육사는 생애 내내 일경(日警)에 의한 피검과 석방을 거듭하다 옥사한 이력을 지니고 있다. 더구나 해방 직후 유고시집으로 발간된 『육사시집』(서울출판사, 1946) 또한 이육사 시의 위상을 제고하는 데 보탬이 되었다.

그렇다면 이육사 시는 언제부터 국어교재에 수록되었을까? 이육사가 활동한 1930년대 후반의 경우 조선총독부 발행의 『조선어독본』이 있었다. 그러나 이는 초등학교용이기도 했지만, 소위 국어(일본어) 상용을 부르짖던 시기의 교과서로, 제대로 된 국어교육의 역할을 할 수 있는 교재가 아니었다. 근대계몽기 『국민소학독본』, 『심상소학』 등으로 시작되었던 국어교육은 일제의 강점으로 단절되면서 더 이상 나아가지 못하였다. 일제강점기 근대문학이 나름대로 도전적 모색과 끊임

5 박용찬, 「이육사 시의 정전화 과정과 특징 연구」, 『어문학』 148, 2020. 6., 247쪽.

없는 탐색을 통해 문학적 성취를 이룩해 내었으나 이러한 것이 교육의 장이나 제도 속으로 넘어오기는 어려웠다. 해방으로 인해 모국어가 회복될 때까지는 국어교육이 제대로 이루어질 수 없었다. 그러므로 이육사 시의 국어교재 수록은 해방 이후에나 가능해졌다고 할 수 있다.

해방 직후 처음으로 만들어진 국어교과서는 군정청 문교부 발간의 『중등국어교본』(상, 중, 하)이다. 잇따라 정부 수립기(1948~1950)에 문교부에서 『중등국어』①~⑥을 발간한 바 있다. 문제는 이들 국어교과서에 이육사의 시가 1편도 수록되지 않았다는 점이다. 우리말 수요에 따른 현대시나 현대시조 작품들이 국어교재에 실리기 시작한 시기임에도 이육사 시는 국어교재에서 그 모습을 찾아보기 어려웠다. 이는 해방 직후에 들어와서야 이육사 시가 문학정전으로 형성되기 시작했던 것과 연관이 있다 하겠다. 그렇다면 독본류 국어교재에는 이육사 시가 수록되었을까? 해방 직후부터 한국전쟁 시기까지 우리말 교육의 열기 속에 많은 독본류 국어교재가 발간되었으나 이육사의 시가 수록된 교재는 거의 없었다. 다음 두 권의 독본에서 이육사 시가 수록된 것을 확인하였다.

표 12-1 1945~1953년 사이 독본류 국어교재에 실린 이육사의 시

편저자	국어교재	출판사, 발간 연도	수록 시
사범대학 국문학회	『고급국어』 권1	범인사, 1947	「청포도」, 「광야」
조향	『현대국문학수』	자유장, 1952	「청포도」, 「연보」, 「절정」, 「아편」, 「광야」

해방기 독본류 국어교재 중에 이육사의 시가 실린 유일한 교재는 1947년 8월 25일 사범대학 국문학회에서 편찬한 범인사판 『고급국어』 권1이다. 사범대학 국문학회 편찬이라 해 놓았지만 판권지에는 저작자가 정학모, 손낙범으로 표시되어 있다. 이것이 대표 저자를 뜻하는지 실제 두 사람이 만든 것인지 현재로서는 알 수 없다. 사범대학 국문학회란 모호한 명칭을 쓰고 있지만 정학모, 손낙범 등이 당시 서울대학교 사범대학 국문과 교수[6]였음을 감안하면, 서울대학교 사범대학 국문과 교수들이 편찬을 주도한 독본류 국어교재라 할 수 있다. 경성제국대학 조선어문학과 출신의 정학모, 손낙범 등은 이후 정형용, 고정옥, 방종현, 김형규, 구자균 등과 우리어문학회를 결성하면서 국문학 교재 구성에 참여한 바 있다.[7] 『고급국어』 권1은 중등학교 고급용 또는 대학교 교양과정에서 학습할 정도의 내용으로 구성되어 있다. 정학모의 「국어의 길」과 최현배의 훈민정음에 관한 「나랏말삼」 외에는 모두 문학 제재로 교재가 구성되어 있고, 그중 고전은 「청

---

6 1946년 8월 22일 국립서울대학교 설치령에 따라 국립서울대학교 사범대학 국문과가 만들어지고, 그해 10월 22일 이탁, 한상갑, 정학모, 정형용, 고정옥, 손낙범 등이 교수로 발령되었다.

7 경성제국대학 조선어문학과 출신인 방종현(6회), 정학모(7회), 김형규(8회), 손낙범(8회), 정형용(8회), 구자균(8회), 고정옥(11회) 등은 1948년 6월 20일 학술모임 '국어교육연구회'를 발기하고 위원이 되었으며, 8월 6일 '우리어문학회'로 이름을 고쳤다. 모임의 내용은 학술의 토론 및 대학교육을 위한 국어국문학 교재의 준비간행 등 당면 문제 해결을 위한 노력에 집중되었으며, 이 노력의 결정으로 첫선을 보인 것이 1948년 8월에 나온 우리어문학회 편저 『국문학사』이다. 이 책은 상고문학은 정형용, 중고문학은 김형규, 중세문학은 손낙범, 근세문학은 정학모, 현대문학은 구자균이 분담 집필 및 검토하여 수로사(秀路社)에서 본문 181면의 단행본으로 출간되었다. 다음으로 『국문학개론』이 1949년 10월에 A5판 336면의 단행본으로 일성당(一成堂)서점에서 나왔다. 이 책은 국문학의 형태는 고정옥, 국어학과 국문학은 김형규, 한문학과 국문학은 정학모, 향가는 손낙범, 가사·시조·소설은 정형용, 연극은 구자균, 민요는 고정옥이 분담 집필 및 검토한 것으로, 방종현의 서(序)가 있다. 남광우(1991), 「우리어문학회」, 『한국민족문화대백과사전』 16, 한국정신문화연구원, 447~448쪽.

석령」 외 고시조 7편과 옛 노래 「산유화」 1편, 그리고 고전소설 「흥부전」, 「토끼화상」 일부가 실린 것이 전부이다. 나머지는 모두 현대문학 작품인데, 그 차례는 다음과 같다.

표 12-2 범인사판 『고급국어』 권1에 수록된 현대문학 작품

저자	제목	원 제목	갈래
이기영	「마을의 밤」	「민촌」	소설
현진건	「불국사에서」		수필
이은상	「이차돈의 죽음」		사화(史話)
이활	「청포도」, 「광야」		시
장덕조	「국화」		수필
이인직	「길순이」	「귀의 성」	신소설
이효석	「낙엽을 태우면서」		수필
이태준	「조선의 소설들」		평론
이병기	「만폭동」, 「수선」, 「난초」, 「서향(瑞香)」		현대시조
김남천	「개화」	「대하」	소설
문일평	「신문화의 들임」		평론
함세덕	「추석」		희곡
박치우	「학생은 시대에 앞서라」		수필

저자의 면면을 보면 이기영, 이태준, 이병기, 김남천, 함세덕, 박치우 등 해방기 조선문학가동맹에 가담한 좌익 문학 진영의 작가가 여럿 있다. 이 책을 만들 당시만 하더라도 좌익과 우익을 구분할 정도로 이데올로기의 금압이 국어교재 구성에 영향을 미치지는 않았다. 가람 이병기가 편수를 맡았던 미군정청 문교부 발간 『중등국어교본』과 마찬가지로 이 책 또한 비교적 중립적 입장을 견지하고 있었다고 할 수

있다. 물론 편자의 경향성도 있었겠지만[8] 범인사판 『고급국어』권1은 좌우 구분 없이 자유롭게 작가와 작품을 선택하고 있었다.

현대문학 제재 중심인 이 책에서 현대시로는 유일하게 이육사의 작품이 수록되었다는 점은 특기할 만하다. 저자가 이활(李活)로 표기된 '9. 청포도'란 단원 아래 「청포도」와 「광야」가 나란히 실려 있다. 특히 「청포도」는 해방 이전 일제 말기의 시선집에서 몇 번 정전화된 적이 있었지만, 「광야」의 경우는 시선집이든 국어교재든 이때까지 한 번도 선택된 적이 없던 작품이었다. 「광야」는 1945년 12월 17일 『자유신문』에 이원조에 의해 미발표 유고로 처음 소개되었고, 1946년 10월 20일 『육사시집』에 수록되었으나 아직 문단에 널리 알려지지 않은 상태였다. 「광야」는 소개된 지 1년 반 만에 범인사판 『고급국어』에 정전화되었는데, 이는 편자의 안목에 의한 것이라 할 수 있다. 범인사판 『고급국어』는 이육사 시가 수록된 최초의 국어교재란 점에서 의미가 있다고 하겠다.

이육사의 시는 해방 직후 출판시장이 활성화되면서 정인섭의 『대한 현대시 영역 대조집』(문화당, 1948), 임학수의 『시집』(한성도서, 1949), 서정주의 『현대조선명시선』(온문사, 1950), 『작고시인선』(정음사, 1950) 같은 시선집을 통해 반복적으로 정전화되었지만,[9] 교육정전으로서는 범인사판 『고급국어』 권1 이후 한참 동안 정전화되지 못하였다. 한국전쟁기인 1952년 피난지 부산에서 발행된 조향이 편한 『현대국문학

---

8 해방기 서울대학교 사범대학 국문과 교수 중 한국전쟁 당시 손낙범만 제외하고 정학모, 고정옥, 정형용 등은 월북하였다.

9 박용찬, 앞의 논문 참조.

수』(자유장)에 와서야 이육사 시의 모습을 다시 볼 수 있다. 『현대국문학수』는 중·고등학교 학생을 대상으로 하는 독본류 국어교재의 수준을 벗어난, 대학생 또는 일반을 대상으로 한 국어교재에 가깝다고 할 수 있다.

조향 편저의 『현대국문학수』(자유장, 1952)는 1948년 발간한 『현대국문학수』의 개정 증보판이다. 조향은 조섭제(趙燮濟)란 본명으로 1948년 12월 1일 서울 행문사(行文社)에서 '대학국어'라는 표제 아래 현대문학 작품을 선편(選編)한 『현대국문학수』를 이미 간행한 바 있다. 이 당시 조향은 동아대학 문리학부(文理學部) 교수와 국립수산대학교 강사를 맡고 있었는데, 강의교재의 필요성[10]으로 『현대국문학수』를 만들었던 것이다. 이 독본은 단정(單政) 직후에 발간되었지만, 미군정기의 국어교재였던 『중등국어교본』과 같이 좌우 구분 없이 중립적 입장에서 작가들을 선정하고 있다. 그 결과 김기림, 이태준, 이병기, 조운, 조남령, 정지용, 임화, 백석, 오장환, 이용악, 안영일, 함세덕, 박치우 같은 조선문학가동맹 계열 작가들의 작품들이 대폭 수록되었다. 그러나 시조와 시 작품의 배열에 있어 "대략(大略)이란 의미에서 그 각각의 사적(史的) 입장"을 밝혀 보려고 하였으나 "서투른 편년사적(編年史的)인 것이 되어 버리고 말았"[11]다는 이 독본에 이육사의 작품은 수록되지 않았다.[12]

---

10 "지난 일 년 동안 남이 만든 책을 가지고 강의를 해 봤으나 어쩐지 남의 저고리 빌려 입은 것 같은 못마땅함과 불편함을 느꼈기에 초라할진 모르나 내 손으로 맞춘 저고릴 하나 만들어 본 셈이다." 조섭제 선편, 「머리말」, 『현대국문학수』, 서울 행문사, 1948, 2쪽.

11 조섭제 선편, 「머리말」, 위의 책, 2쪽.

12 이 독본에 수록된 시인은 김광섭, 유치환, 김기림, 조향, 최남선, 이광수, 주요한, 변영로, 이은상, 정인보, 이병기, 조운, 김상옥, 김영기(金永起), 김영진(金永鎭), 이호우, 조남령, 김소월,

이육사의 작품이 수록된 것은 1948년판을 개정 증보한 1952년판인 『현대국문학수』이다. 시, 소설, 에세이 부문으로 나누어진 이 책에 실린 시인은 신시 초창기부터 1950년대 초기까지의 시인 총 40명이다. 주요한, 오상순, 김억, 김정식(김소월), 이상화, 홍사용, 박영희, 김동환, 이병기, 정지용, 한용운, 모윤숙, 김기림, 김광섭, 김윤식(김영랑), 신석정, 김상용, 노천명, 김광균, 유치환, 이육사, 이상, 서정주, 장만영, 김현승, 김종한, 이한직, 박두진, 박목월, 조지훈, 박남수, 조영암, 김춘수, 양명문, 김경린, 조향, 이봉래, 박인환, 김차영, 김규동 등이 수록되었다. 1948년판 수록 시인 중 1952년 개정 증보판에서 배제된 시인은 김상옥, 김영기, 김영진, 박종화, 백석, 변영로, 오장환, 이광수, 이용악, 이은상, 이호우, 임화, 정인보, 조남령, 조운, 최남선 등이고, 1952년 개정 증보판에서 새로 추가된 시인은 김경린, 김규동, 김상용, 김억, 김차영, 김현승, 노천명, 박남수, 박영희, 박인환, 신석정, 양명문, 오상순, 이봉래, 이상, 이육사, 장만영, 조영암 등이다. 한국전쟁 중에 발간된 1952년판 개정 증보판에서는 재북 또는 좌익작가들(백석, 오장환, 이용악, 임화, 조남령, 조운)의 배제가 우선 눈에 띄며, 또 시조작가들(김상옥, 김영기, 김영진, 변영로, 이광수, 이은상, 이호우, 정인보, 조남령, 조운, 최남선)의 경우도 많이 누락되었다. 전자의 경우는 반공주의 내지 국가주의 시선의 강화로 인한 것으로, 1952년판의 경우 정지용과 김기림을 제외한 좌익작가들의 작품 대부분이 배제되었다. 대신 조영암의 「조충혼(弔忠魂) - 10용사 영전에 드림」 같은 반공주의

이상화, 홍사용, 박종화, 한용운, 정지용, 임화, 김동환, 모윤숙, 김윤식(김영랑), 백석, 서정주, 오장환, 이용악, 김광균, 김종한, 박두진, 조지훈, 박목월, 이한직, 김춘수 등 38명이다.

에 입각한 애국시가 실리기도 하였다. 후자의 경우는 '신시조(新時調)'란 소단원이 없어지면서 작품이 재배열되는 과정에서 현대시조 작품이 상당 부분 탈락하였다고 할 수 있다. 그리고 1952년 조향과 함께 했던 후반기 동인인 김경린, 이봉래, 박인환, 김차영, 김규동 등의 작품이 대폭 수록된 것이 주목할 만하다. 이는 "후반기 동인의 시를 현대시사의 전면에 등장시킴으로써 편집주체가 지향하는 초현실주의 이념과 문학적 좌표를 분명히 했다는 데 의의가 있다."[13]라고 할 수 있다.

조향은 "우리 신시사(新詩史)를 총람할 수 있도록 하자는 것", "재료가 허락하는 범위 안에서 한 사람의 시인의 초기, 중기, 말기(현재)의 작품을 넣으려"[14] 하였다고 「책 머리에」란 서문에서 밝히고 있다. 이 책은 시, 소설, 수필 중심의 앤솔러지 형태의 현대문학선집이라 할 수 있는데, 시가 중심을 이루고 있다. 윤동주는 수록되지 않았으나 이육사의 경우는 「청포도」, 「연보」, 「절정」, 「아편」, 「광야」 등 다섯 편의 작품이 실렸다. 이들 선택된 시 작품들은 이육사의 유고시집인 『육사시집』에서 임의로 가져온 것이 아니라 정전화의 과정에 주된 역할을 하고 있는 앤솔러지, 즉 현대시선집에 한 번 이상씩 실린 시임을 알 수 있다. 사범대학 국문학회 편찬, 『고급국어』(1947)나 조향 편, 『현대국문학수』(1952)에 수록된 이육사 시는 교육 정전으로의 가능성을 보여 준 것이라 할 수 있다. 이들 독본류 국어

13 이순욱, 「조향의 문학독본과 1950년대 대학 문학교육」, 『한국문학논총』 76, 한국문학회, 2017, 459~460쪽.

14 조향 편저, 「책 머리에」, 『현대국문학수』, 자유장, 1952, 3쪽.

교재는 문학 장에서 시선집(사화집)을 중심으로 정전화되었던 이육사 시가 교육정전으로 이동하는 모습을 보여 준다는 점에서 의미가 있다 하겠다.

이육사 시가 본격적으로 문학교육의 제도 속으로 들어온 것은 제1차 교육과정부터이다. 교수요목기 동안 국어교과서에 정전화되지 못하였던 이육사 시는 한국전쟁 직후 시작된 제1차 교육과정부터 국어교재의 단골 제재로 자리 잡기 시작한다. 제1차 교육과정부터 지금까지 국어교과서에 이육사 시가 수록된 현황을 살펴보면 다음과 같다.

표 12-3 국정 국어교과서 수록 현황

교육과정	제목	중학교 국어	고등학교 국어	출판사	비고
제1차 교육과정기	「청포도」		『고등국어』 1	문교부	
	「광야」		『고등국어』 2	문교부	
제2차 교육과정기	「청포도」		『고등국어』 1	문교부	
	「광야」		『고등국어』 2	문교부	
제3차 교육과정기	「광야」		『고등국어』 2	문교부	
제4차 교육과정기	「청포도」	『중학국어』 3-1		문교부	
	「광야」		『고등국어』 1	문교부	
제5차 교육과정기	「청포도」	『중학국어』 3-1		교육부	
제6차 교육과정기	「청포도」	『중학국어』 3-1		교육부	
	「광야」		『국어』 상	교육부	
제7차 교육과정기	「광야」		『국어』 상	교육인적자원부	

표 12-4 고등학교 검인정 문학, 국어교과서 수록 현황

교육과정	제목	검인정 국어	검인정 문학	출판사	비고
제4차 교육과정기 현대문학교과서	「절정」		『고등학교 현대문학』	동아출판사(김열규 외)	
			『고등학교 현대문학』	이우출판사(문덕수 외)	
제5차 교육과정기 문학교과서	「절정」		『고등학교 문학』	한샘교과서(김윤식 외)	
			『고등국어 문학』	동아출판사(우한용 외)	
			『고등학교 문학』	지학사(김봉군 외)	
	「청포도」		『고등학교 문학』	한샘교과서(김흥규)	
제6차 교육과정기 문학교과서	「꽃」		『고등학교 문학』(하)	대한교과서(한계전 외)	하권 59쪽 학습활동 「절정」
	「청포도」		『고등학교 문학』(하)	대일도서(김용직 외)	상권 49쪽 종합 학습 「절정」 하권 47쪽 참고 자료 「절정」, 「광야」
	「광야」		『고등학교 문학』(상)	한샘출판(구인환 외)	
			『고등학교 문학』(하)	동아출판사(김열규 외)	
	「절정」		『고등학교 문학』(하)	한샘출판(김윤식 외)	
			『고등학교 문학』(하)	동아출판사(우한용 외)	
			『고등학교 문학』(상)	동아출판사(김열규 외)	
			『고등학교 문학』(상)	민문고(김태준 외)	
			『고등학교 문학』(하)	대한교과서(최동호 외)	
제7차 교육과정기 문학교과서	「꽃」		『고등학교 문학』(하)	민중서림(김창원 외)	개화기 일제강점기 설명 부분

계속 ▶▶

교육과정	제목	검인정 국어	검인정 문학	출판사	비고
제7차 교육과정기 문학교과서	「교목」		『고등학교 문학』(하)	상문연구사 (강황구 외)	
			『고등학교 문학』(하)	한국교육미디어 (김병국 외)	
			『고등학교 문학』(하)	형설출판 (박호영 외)	
	「절정」		『고등학교 문학』(상)	두산 (우한용 외)	하권 28쪽 설명 부분
			『고등학교 문학』(하)	디딤돌 (김윤식 외)	
			『고등학교 문학』(하)	문원각 (한철우 외)	
			『고등학교 문학』(하)	지학사 (박갑수 외)	
			『고등학교 문학』(하)	천재교육 (홍신선 외)	
			『고등학교 문학』(하)	청문각 (최웅 외)	
			『고등학교 문학』(하)	태성 (김상태 외)	
			『고등학교 문학』(상)	블랙박스 (한계전 외)	
2007 개정 문학교과서	「절정」		『고등학교 문학』	교학사	
			『고등학교 문학』	중앙교육	
			『고등학교 문학』	천재교과서 (정재찬 외)	
			『고등학교 문학』	비상 (박영민 외)	
	「광야」		『고등학교 문학』	신사고	
			『고등학교 문학』	지학사	
			『고등학교 문학』	천재교육	
	「교목」		『고등학교 문학』	천재교육	
2009 개정 문학교과서	「광야」		『고등학교 문학』	비상 (우한용 외)	
	「교목」		『고등학교 문학』	천재교육 (김윤식 외)	
	「절정」		『고등학교 문학』	두산동아 (김창원 외)	

교육과정	제목	검인정 국어	검인정 문학	출판사	비고
2009 개정 문학교과서	「절정」		『고등학교 문학』	비상 (한철우 외)	
			『고등학교 문학』	천재교과서 (정재찬 외)	
			『고등학교 문학』	신사고 (이숭원 외)	학습활동
			『고등학교 문학』	지학사 (권영민 외)	더알아보기
2015 개정 문학교과서	「꽃」		『고등학교 문학』	동아출판 (김창원 외)	
	「광야」		『고등학교 문학』	미래엔 (방민호 외)	학습활동
			『고등학교 문학』	비상교육 (한철우 외)	학습활동
	「청포도」		『고등학교 문학』	금성출판사 (류수열 외)	학습활동
2015 개정 국어교과서	「광야」	『고등학교 국어』		천재교육 (박영목 외)	
	「절정」	『고등학교 국어』		지학사 (이삼형 외)	
		『고등학교 국어』		금성사 (류수열 외)	
		『고등학교 국어』		신사고 (민현식 외)	단원을 시작하며

이상의 표를 통해 이육사 시가 제1차부터 제7차 교육과정까지의 국정 국어교과서에 교수요목기를 제외하고 한 번도 누락되지 않았음을 알 수 있다. 제1, 2차 교육과정에서 이육사 시는 『고등국어』 1에 「청포도」, 『고등국어』 2에 「광야」가 학년 조정이나 작품 교체 없이 그대로 수록되었다. 이육사와 함께 실린 시인들의 면모를 보면 제1차 교육과정기의 『고등국어』 1, 2에는 김소월, 최남선, 정인보, 이병기, 이은상,

김상옥, 한용운, 유치환, 이상화, 김동명, 김영랑, 김광섭, 노천명, 윤곤강이, 제2차 교육과정기의 『고등국어』 1, 2에는 김소월, 최남선, 정인보, 이병기, 이은상, 김상옥, 이호우, 한용운, 김영랑, 김동명, 유치환, 노천명, 신석정, 서정주, 박두진, 박목월, 조지훈, 윤동주 등이 수록되어 있다. 이들 국어교과서를 통해 교수요목기 국어교재였던 『중등국어교본』이나 『중등국어』 등에 수록된 적이 없던 이육사와 윤동주가 제1, 2차 교육과정부터 정전적 작가로 확고한 자리를 차지하기 시작했음을 알 수 있다. 김소월, 한용운, 이상화, 김영랑, 이육사, 윤동주 외에 생명파 시인 유치환, 서정주, 청록파 시인 박두진, 박목월, 조지훈 등이 이때부터 현대시의 주요 작가로 자리를 지키게 된다. 이들 작가의 정전화는 문협정통파가 장악한 문단과 국어정책자들이 내세우는 순수와 민족이라는 잣대에 이들이 잘 부합하였기 때문이라 할 수 있다.

문학사의 주류 정전이 교육의 장으로 이동되어 교육정전으로 자리잡는 것이 일반적인데, 이육사의 경우는 1950년대 중반부터 시작된 제1차 교육과정부터 교육정전으로 구축되기 시작한다. 이국(異國)에서의 옥사란 항일지사(抗日志士)의 이력이 호명되면서 이육사는 해방 이후 급속하게 정전화 과정을 밟게 된다. 한때 사회주의자였던 이육사나 이상화의 시가 교육정전으로 자리 잡기 위해서는 사회주의 이력을 넘어서는 '민족'이란 기표가 필요했다. 이육사의 삶에서 사회주의를 제거하고 항일 저항시인으로 이육사를 자리매김하는 데는 이국 감옥에서의 옥사란 작고문인의 이력과 그의 작품 세계의 특징이 주요하게 작동되었다고 할 수 있다. 실제 그가 써낸 사회주의 성향의 몇 가지 논설과 달리 그의 작품은 대부분 불의의 세계에 맞서는 내면의 강인한 정신을 표상하거나 서정적 의장(意匠)을 통해 자아의 심경을 드러내는 작품이 많다. 이러한 것들은 이육사를 민족시인 내지 항일 저항시인으로 국어교재에 자리 잡게 만드는 데 주된 바탕이 되었다. 그가 남긴 「청포도」나 「광야」, 「절정」 등은 전통과 민족을 환기하는 텍스트이자 '잘 빚어진 항아리'[15]로서의 작품의 질적 수준마저 갖춘 작품이라 할 수 있다. 이육사의 이 시들은 "순수/민족의 검열체계를 통과"하면서 소위 "신비평적 조건"[16]을 어느 정도 갖추고 있는 작품이었기에 교육정전으로서의 지위를 지속적으로 누릴 수 있었다고 할 수 있다.

「청포도」와 「광야」는 제1차 교육과정부터 지속적으로 정전화된 이육사의 대표적 교육정전이다. 이들 작품은 '민족'이란 기표를 쉽게 환기할 수 있는 작품이란 점에서 공통점이 있다. '민족' 이외에 '전통'이란 자질이 「청포도」의 작품 선택에 작동되고 있음을 지적한 논자도 있다. 우한용[17]은 「청포도」가 정서 측면에서 전통성을 지닌 이유로 시적 화자를 여성으로 설정하고 기다림의 정서를 근간으로 하고 있다는 점, 그리고 정서적 표현을 직설적으로 하지 않고 청포도를 매개로 하고 있다는 점, 아이를 상황 속에 개입시킴으로써 정서의 과도한 노출을 통어하고 있다는 점을 들고 있다. 여기에서 「청포도」의 화자가 여성인지의 문제는 논란의 여지가 있으나 「청포도」의 전통성을 주요 교육 내용으로 지적하고 있는 점은 주목된다.

---

15 Cleanth Brooks 지음, 이경수 옮김, 『잘 빚어진 항아리(The Well Wrought Urn)』, 홍성사, 1983.

16 정재찬, 『문학교육의 사회학을 위하여』, 역락, 2003, 159~159쪽.

17 우한용, 『한국근대문학교육사연구』, 서울대학교출판부, 2009, 100쪽.

이육사의 경우 일제 말부터 해방기까지 구성된 시선집을 통해 「청포도」, 「아편」, 「절정」, 「광야」, 「꽃」, 「황혼」, 「호수」, 「파초」, 「강 건너 간 노래」, 「연보」, 「해후」 등 11편이 정전화되었고, 이들 시선집에 수록된 작품들은 해방 이후 본격적으로 시작되는 국어교육의 교재였던 국어교과서에 선별적으로 수록되기 시작하였다. 「청포도」와 「광야」만 오랫동안 변함없이 교육정전으로 대우받다가 1980년대를 지나면서 나머지 작품들이 선택되기 시작하였다. 특히 「절정」은 학계의 축적된 연구 성과가 쌓이면서 유가적 전통과 강인한 현실초극의지가 결합된 일제 말 저항시의 전형으로 부상하였다. 그 결과 제4, 5, 6차 교육과정의 검인정 문학교과서에 「절정」이 대폭 수록되었으며, 항일 저항시의 대표적 정전으로 그 이후에도 지속적으로 호명되고 있다. 제7차 교육과정의 경우 고등학교 국어교과서에 「광야」가, 18종 검인정 문학교과서의 대다수에 「절정」, 「꽃」, 「교목」 등이 수록되었는데, 이를 통해 이육사가 국어교재의 정전적 작가로 완전히 자리 잡았음을 알 수 있다.

국어교재에 정전화된 이육사의 시는 「청포도」, 「광야」, 「절정」, 「교목」, 「꽃」 등 5편이다. 이들 작품은 문학 장에서 시선집을 중심으로 정전화되었던 이육사 시와 큰 차이가 없음을 알 수 있다. 시선집에서 정전화되었던 11편의 이육사 시 중 5편이 교육정전으로 이행되고 있음을 앞의 두 표를 통해 확인할 수 있다. 2015 개정 교육과정 국어교과서의 경우 본문에 3편(「절정」 2편, 「광야」 1편), 단원 시작 부문에 1편이 실려 여전히 교육정전으로서의 이육사 시의 지위를 확인할 수 있다. 반면 검인정 문학교과서에는 10종 중 4종, 즉 본문에 1편(「꽃」), 학습

활동에 3편(「광야」 2편, 「청포도」 1편) 실린 것이 전부이다. 이는 국가나 민족을 호명하던 거대 서사의 시대가 차츰 저물고 있음을 보여 주는 현상으로 볼 수도 있다. 다원주의 시대에 접어들면서 환경, 생명, 개인의 성찰 등 문학적 주제가 다양해지고, 동시대 작가들의 정전화 또한 많이 이루어지고 있는 상황과 관련 있다고 할 수 있다. 국어 또는 문학교과서에서 공고하게 정전화되었던 이육사 시 또한 '사회 문화적 가치' 같은 새로운 정전 개발의 논리가 요구된다고 하겠다. 이런 점에서 교과서 개발자나 교과서를 재구성하는 문학교사들이 아직 교육정전으로 이행되지 못한 「강 건너 간 노래」나 「연보」, 「아편」 같은 이육사의 작품들에 관심을 가져 볼 필요가 있다.

3. 교수·학습 방식과 수용의 문제

3.1. 역사주의와 분석주의를 넘어

국어교재에 수록된 이육사의 시는 중등학교 교수·학습 과정에서 주로 그의 지사적 삶과 연계해 읽는 방식이 통용되어 왔다. 이육사는 중등학교 국어교과서에서 민족지사로서, 존경과 숭앙의 대상이 된 인물이다. 제7차 교육과정 『중학교 국어』 3-1의 '4. 읽기와 토의' 단원에 실린 '(1) 지사의 길, 시인의 길'[18]은 이러한 시각을 잘 보여 준다. 이 글은 평전의 형식을 띤 전기문으로 이육사의 출생과 성장, 독립지사(獨立志士)로서의 여러 모습, 문필활동, 일화 등을 담고 있다. 여

18 양왕용, 「지사의 길, 시인의 길」, 『중학교 국어』 3-1, 교육인적자원부, 2003, 130~140쪽.

기서 글쓴이는 이육사의 대표작 「청포도」, 「절정」, 「광야」, 「꽃」 등이 독립운동의 좌절로 인한 울분과 격앙된 감정이 직접적으로 노출되어 있지는 않지만, 「청포도」 등에는 청포도로 표상되는 고향을 떠올려 평화로운 삶과 조국 광복을 염원하는 마음을 담아내었다고 하였다. 또 소단원의 학습활동 중 목표학습을 보면 「청포도」 지문 아래 "1. 이 글(「지사의 길, 시인의 길」)에 나타난 이육사의 삶이 다음 시(「청포도」)에서 어떻게 드러나는지 토의해 보자. 2. 일제강점기에 이육사가 보여 준 삶의 자세는 현재를 사는 우리에게 어떤 교훈을 주는지 토의해 보자."란 질문을 제시하고 있다. 이러한 학습활동을 통해 중학교 3학년 국어교과서 본문 제재인 「지사의 길, 시인의 길」이란 전기문을 배운 학습자들은 이후 이육사의 시를 접하게 되면 자연스레 독립지사로서의 이육사의 삶을 떠올리기 마련이다. 이렇게 되면 작품 외적인 사실인 작가의 삶이 작품 해독에 간섭 작용을 일으킬 수 있다. 중학교에서 배운 행적 중심의 전기문은 인물의 사람됨을 배우는 데는 유효하나 그 인물이 남긴 작품을 읽는 데에 반드시 긍정적 도움을 준다고 말할 수는 없다. 예를 들자면 「절정」과 「교목」, 「청포도」, 「광야」를 모두 "금강심(金剛心)"[19]에서 나온 저항을 노래한 작품이란 하나의 잣대로 동일하게 접근하면 개별 작품들이 함유하고 있는 다양한 요소들을 제대로 읽어 낼 수 없게 된다. 「절정」, 「청포도」, 「광야」 등이 교수·학습 활동 과정에서 어떻게 다루어지는지 먼저 살펴보기로 하자.

---

19 이육사, 「계절의 오행」, 손병희 편저, 『이육사전집 I : 이육사의 문학』, 이육사문학관, 2017, 187쪽.

「절정」이 처음 교과서에 수록된 것은 제4차 교육과정 검인정 『고등학교 현대문학』 교과서에서였다. 제4차 교육과정에서 고등학교 문학 교과는 현대문학과 고전문학으로 분리되었다. 그 결과 현대문학 교재가 새로 만들어졌는데, 현대문학의 갈래와 현대문학사의 흐름 등이 교재의 주된 내용이었다. 김열규, 유시욱이 편찬한 『고등학교 현대문학』(동아출판사, 1985)에 이육사의 「절정」이 처음으로 실렸는데, 「절정」은 현대시의 성립과 발달 과정 중 '저항의 노래들'이란 단원에서 소개되고 있다. 이 단원에서 이육사와 윤동주는 일제 말기의 저항시인으로, 이육사의 「절정」은 일제 말 대표적 저항시로 제시되고 있다.

> 몇몇 시인들은 시대 상황을 올바르게 직시하고 굳센 저항의 의지를 꺾지 않았다. 그리하여 자신이 처한 시대적 상황에 대한 날카로운 대결의지를 시에 담으려 했다. 상황과 자아의 대결이 날카로울수록 시가 갖는 비극적 의미는 커진다. 이육사는 시인이면서 독립운동가였다. 모두 10여 차례에 걸쳐 구금 투옥되었지만, 끝까지 그의 의지를 굽히지 않았다. 그의 많은 시들이 이와 같은 항일 정신과 연관지어 이해될 수 있으며, 「절정」, 「광야」 등은 그 대표적인 예이다.
>
> 윤동주는 바로 자신의 삶의 어둠, 외로움, 슬픔 등을 통해 겨레가 처하였던 어둠을 노래하였다. 그의 시 속의 시적 자아는 개성화된 조국이라 보아도 좋을 것이다. 그는 조국에 바치는 비가(悲歌)를 기독교적인 믿음을 통해 닦은 청순한 마음으로 노래 불렀다. 일제 치하의 겨레의 어둠을 지키는 최후의 등불로서 그의 시는 더욱 빛나

고 있다. 이육사와 윤동주는 모두 감옥에서 그들의 생을 마쳤다. 우리 문학의 암흑기에 길지 않은 생애 동안 작품을 통하여 식민지의 시련을 극복하려 한 그들의 노력은 귀중한 것이 아닐 수 없다.[20]

이 교과서에서 이육사는 윤동주와 더불어 한국 현대시사의 대표적 저항시인으로 평가되고 있다. 위의 언급 중 “그의 많은 시들이 이와 같은 항일 정신과 연관지어 이해될 수 있으며, 「절정」, 「광야」 등은 그 대표적인 예”라는 문구는 이후 이육사 시 교수·학습의 주요 지침으로 작동되었다고 할 수 있다. “작자의 저항정신이 결정(結晶)을 이룬 작품으로, 민족적 극한 상황에 대한 초극적 의지가 장엄하게 형상화”[21]된 것으로 평가된 「절정」은 제5차 교육과정부터 유사한 형식과 정신을 보여 주는 「교목」(제7차 교육과정부터 정전화됨)과 더불어 이후 여러 차례 문학교과서에 오르내리게 되었다. 「절정」은 이 시에서 “극한적인 시대상황이 극복되는 과정을 알아본다.”[22]와 같은 되풀이되는 학습목표를 통해 학습자들에게 항일 저항시의 전형으로 인식되었다.

「청포도」의 경우 초기에는 역사주의적 관점에 의한 교수·학습활동이 횡행했다. 이는 「청포도」를 이육사의 삶과 관련해 저항시로 위치지으려는 것이라 할 수 있다. 이들은 「청포도」의 표면에 현실 극복 의지나 저항적 자세를 드러내는 시어가 직접적으로 나타나 있지 않지만 이면에 일제에 대한 투쟁의지가 내면화되어 있다고 보고 있다. 다음

---

20 김열규·유시욱, 『고등학교 현대문학』, 동아출판사, 1985, 79쪽.
21 위의 책, 81쪽.
22 위의 책, 80쪽.

은 중3 국어교과서에 실린 「청포도」에 대한 풀이를 비판적으로 점검하고 있는 글이다.

> 교사용 지도서에 보면, 2연 1행의 마을 전설이 주저리주저리 열리고를 두고, 청포도를 전설에 비유함으로써 우리 민족의 유구함을 상징하는 것으로 풀이하고 있는 것이다. 그런가 하면 6연 2행의 하이얀 모시 수건을 마련해 두렴을 두고, 하이얀 모시 수건은 은쟁반과 더불어 흰색의 심상으로, 민족적 염원의 쟁취(조국 광복의 간절한 기다림)라는 강력한 의미를 드러낸다고 풀이한다. 그러나 하이얀 모시 수건에 손을 닦아가며 은쟁반에 놓인 청포도를 따먹는 행위 속에 민족의 염원이나 조국 광복의 기다림을 읽어낼 수는 없다. 이 또한 「청포도」의 전체 의미와 관련하여 전혀 타당성이 없는 엉뚱한 해석이라고밖에 말할 수 없다.[23]

이 글의 논자는 「청포도」를 역사주의적 관점에서 읽는 것을 비판하고, 작품을 있는 그대로 읽고 즐겨야 한다고 주장한다. 「청포도」의 감상에서 중요한 것은 시인의 전기적 사실이나 시대배경이 아니라 "이 작품이 지니고 있는 싱그럽고 우아한 분위기와 표현과 상상의 아름다움"[24]을 읽어 내면 족하다는 것이다. 이러한 입장에 서면 작가인 시인 이육사는 크게 중요해 보이지 않는다. 작가를 배제하고 텍스트 중심으로 이육사의 「청포도」를 읽는 방식은 제1차 교육과정 국어교과서에서 이미 시도되었다. 이육사 시가 중등학교 국어교과서에 처음 수

23 이남호, 『교과서에 실린 문학작품을 어떻게 가르칠 것인가』, 현대문학, 2001, 210쪽.
24 위의 책, 204쪽.

록된 것은 제1차 교육과정의 『고등국어』 1(문교부)이다. 'Ⅵ. 계절의 감각'이란 단원 아래 김소월의 「금잔디」와 함께 「청포도」가 수록되어 있다. 그런데 이 교과서에서는 김소월이나 이육사 같은 지은이가 전혀 노출되어 있지 않다는 점이 주목된다. 이는 'Ⅵ. 계절의 감각' 단원에 실린 수필 「들국화」, 「낙엽을 태우면서」, 「백설부」, 「겨울밤」, 「오랑캐꽃」, 「신록예찬」의 경우도 마찬가지이다. 이 당시 발간된 『중학국어 Ⅰ-Ⅱ』(문교부)의 'Ⅵ. 노래하는 마음'에 실린 시 「산유화」, 「가고파」, 「송화강 뱃노래」, 「산길」, 「책」, 「산딸기」, 「잠자리」, 「그리움」, 「눈 내리는 밤」 등의 9편의 시도 지은이가 표기되어 있지 않은 것으로 보아, 이는 학문 중심 교육과정을 주도하던 당시 교과서 개발자들의 의도적 전략으로 보인다. 익힘문제도 주로 낭독과 관련된 리듬의 문제, 주제, 시에 깃들인 아름다운 마음 정도를 묻고 있다. 익힘문제의 이러한 활동은 제1차 교육과정의 지도 내용 "운문의 리듬을 알게 한다. 문학작품을 감명 깊게 낭독할 수 있다. 시적 표현을 감상한다. 자기가 좋아하는 형식으로 시를 짓는다. 우리나라의 대표적 운문을 감상한다." 등과 거의 부합한다. 이러한 학습활동은 작품의 내·외적 맥락을 통한 읽기보다 작품의 전체적 인상 파악 내지 감상 측면을 강조하는 것이라 할 수 있다. 제1차 교육과정기의 학습활동은 제7차 교육과정 이래 시도되고 있는 단계적 학습활동에 비하면 매우 간략하고 비체계적이라 할 수 있다. 그러나 도리어 이러한 체계가 역사주의 비평 위주의 단선적 수업 방식보다 더 많은 생각거리를 줄 수도 있다.

작가의 삶과 연계해 작품을 읽고 가르치는 이육사 시 교수·학습 관행에 크게 제동을 건 것은 신비평(New Criticism)이었다. 신비평이 내세우는 '자세히 읽기(close reading)'는 텍스트 주변에만 맴돌던 작품 읽기를 텍스트 내부로 독자의 눈길을 돌리게 만들었다. 신비평가인 윔저트(W. K. Wimsatt)와 비어즐리(M. C. Beardsley)는 *The Verbal Icon*에서 '의도의 오류(The Intentional Fallacy)'와 '영향론적 오류(The Affective Fallacy)'를 내세우면서 텍스트 읽기에서 작가와 독자들을 기준으로 작품을 해석하거나 평가하는 것은 잘못이라고 보았다. 그 결과 신비평가들은 텍스트를 하나의 완전하고 자족적인 실체로 보며, 텍스트 해석에 자의적으로 횡행했던 주관적 인상주의를 극복하고자 하였다. 그러나 신비평은 객관주의란 의장(意匠)으로 "시교육을 지식교과화"하여 시교육을 "시의 구조적 요소에 대한 지식의 습득" 차원으로 전락시켰으며, "중고등학교 교육과정을 통해 시를 보편적으로 다양하게 이해하도록 하는 데 실패"[25]했다는 지적을 받는다.

신비평은 이미 미국에서 '죽은 말[馬]' 취급되던 1956년 백철(白鐵)의 「뉴크리티시즘에 대하여」(『문학예술』, 1956. 11.)를 통해 우리 문단에 처음 소개된다.[26] 이후 문단에서 신비평에 입각한 『자세히 읽기로서의 비평』(이상섭) 같은 논저가 나오기도 했지만, 정작 신비평은 우리 문학 교실의 교수·학습 방법에 더 많은 영향을 미쳤다. 1970~1980년대 사용된 국어나 문학교과서의 「청포도」나 「광야」, 「절정」 부분에서 신비평의 영향 아래 놓여 있는 교사의 상세한 주해(註解)를 발견하는 것

25 정재찬, 「문학교육과 신비평」, 『문학교육의 현상과 인식』, 역락, 2004, 234~235쪽.

26 백철은 「뉴크리티시즘에 대하여」(『문학예술』, 1956. 11.) 이후 「I. A. 리챠즈와의 문학 대화」(『사상계』, 1958. 5.), 「뉴크리티시즘의 제문제」(『사상계』, 1958. 11.), 「분석비평의 의의」(『문학의 개조』, 1958. 3.), 「뉴크리티시즘의 행방」(『세대』, 1966. 2.) 등을 통해 신비평을 우리 문단에 지속적으로 소개하고 있다.

은 어려운 일이 아니다. 이는 작품에 대한 학습자의 이해와 소통보다 분석주의와 관련된 지식 전달이나 시대현실과 관련된 역사적 사실이 주가 되던 시 수업 시간의 흔적이랄 수 있다. 교사용 지도서는 연구자들이 성취한 논문의 결과나 해석에 대한 요약 등[27]을 제시하기 일쑤였다.

한편 이육사의 「광야」를 역사주의적 관점이나 분석주의 관점에 입각해 읽던 방식에 대한 비판으로, 역사주의적 관점과 절대주의적 분석주의 관점을 함께한 종합주의적 관점의 사례가 제시되기도 했다.[28] 이후 「광야」나 「절정」 등의 학습활동은 작가와 텍스트를 중심으로 이들 관점을 적절히 혼합하여 만드는 것이 일반적이었다. 제6차 국어과 교육과정에서 '작품은 수용자의 상황에 따라 다양하게 해석될 수 있음을 안다.'란 명시(明示)는 수용미학 및 독자반응비평의 수용을 의미하는 것이었으며,[29] 제7차 교육과정의 학습활동부터 독자인 학습자들의 주체적이고 능동적인 시 읽기 내지 표현활동이 본격적으로 강조되기 시작하였다. 신비평의 영향하에 이루어지던 운율, 비유, 상징, 심상, 반어, 역설 등에 관한 제 지식과 그것을 활용한 분석주의적 시 해석 방법, 시인의 삶이나 그가 산 시대 또는 현실과 관련시켜 시를 읽어 나가는 역사주의적 시 해석 방법 등이 학습활동에서 차츰 축소되는 대신, 텍스트와 관련된 학습자의 경험이나 능동적 읽기 능력이 강

27 박동규·서대석·송백헌·김태식, 『고등학교 문학 교사용지도서』, 금성교과서, 1990, 193~194쪽의 「'절정'의 분석과 이해」 부분에서 오세영의 '강철로 된 무지개의 역설적 구조'에 대한 논문을 소개하고 있다.

28 제5차 교육과정의 문학교과서인 김윤식·김종철, 「종합주의적 관점: 광야의 해석(김용직)」, 『고등학교 문학』, 한샘교과서(주), 1990, 80~84쪽 참고.

29 윤여탁 외, 『현대시교육론』, 사회평론, 2010, 37쪽.

조되는 활동이 나타나기 시작하였다. 이러한 학습활동들의 확대는 시 읽기 시간 대부분이 활동 중심으로 채워지는 결과를 초래하기도 했지만 학습의 주체인 독자에 중점을 두고 있는 것은 바람직한 현상이라 할 수 있다. 그런데 문제는 텍스트 해석이나 읽기 과정은 실종되고 활동만 남은 시 교수·학습 시간이 되어서는 안 된다는 점이다. 여전히 "시에 대한 전체적인 감상이나 사고에 대한 강조 못지않게 작품을 어떻게 해석하고 이해할 것인가 하는 문제"[30]는 시를 가르치는 교사들의 주된 화두가 되고 있다.

3.2. 닫힌 텍스트에서 열린 텍스트로

이육사 시 교수·학습의 주된 방법은 오랫동안 주로 역사주의 비평 또는 신비평의 영향 아래 놓여 있었다. 그래서 작가의 삶이나 독립지사로서의 행적 또는 일제강점기란 시대를 중심으로, 아니면 텍스트의 내부 맥락을 중심으로 그의 작품을 재단하거나 해석해 보려는 노력을 보여 왔다. 그러나 텍스트 바깥의 외적 맥락이나 텍스트 내부의 내적 맥락만으로는 이육사 시의 온전한 모습이 제대로 드러나지 않았던 것이 현실이었다. 많은 현대시 연구자들에 의해 이육사 문학에 대한 제반 연구가 축적되어 나갔지만, 문학교육 현장에 수용된 이육사 문학을 둘러싼 교육 내용은 크게 수정되지 않았다.

먼저 일제강점기에 쓰여진 이육사의 시 구절들을 지나치게 알레고리 중심으로 읽어 내는 것을 지양해야 한다. 주로 가계(家系)나 독립지

---

30 최미숙, 「현대시 교육방법에 대한 고찰」, 『국어교육학연구』 22, 국어교육학회, 2005, 367쪽.

사로서의 삶, 식민지 현실 등이 동원된 알레고리적 해석의 관행은 상징으로 읽어 낼 때 살아날 수 있는 다양한 의미들을 제거해 버리는 우(愚)를 범할 가능성이 높다.

이육사 시의 해석에 작동되고 있는 주된 기제는 주로 작품 바깥의 외적 정보였다. 이러한 외적 정보는 지금도 끊임없이 생성되고 확산된다. 대표적인 사례로 「광야」에 나오는 '백마 타고 오는 초인'을 외당숙 허형식으로 읽어 내는 것을 들 수 있다. '백마 타고 오는 초인'이 동북항일연군 제3로군 총참모장 허형식(許亨植)이라는 주장[31]이 제기된 이후 많은 매스 미디어의 관심을 받았다. 인터넷 검색을 하면 '백마 타고 오는 초인 = 허형식'이란 글들이 많이 올라와 있다. 허형식은 이육사의 어머니 허길(許佶)의 사촌이니 육사의 외당숙이다. 의병장 왕산 허위의 오촌 조카인 허형식은 이육사보다 다섯 살 아래였지만 부친을 따라 만주로 가 북만주 일대에서 항일 무장투쟁을 이끈 인물이다. 최용건, 김일성, 김책 등도 동북항일연군에 속해 있었다. 이육사가 "북만주의 드넓은 평원지대, 광막한 광야에서 흰말-백마-를 타고 항일 연합군을 지휘하며 싸우는 당숙 허형식을 초인(超人)의 이미지와 연결하여"[32] 「광야」를 완성하였다는 것이다. 이러한 주장은 매스 미디어를 통해 전파되면서 많은 사람들의 인식틀에 사실로 자리잡게 된다. 그러나 이육사가 「광야」를 쓸 때 외당숙 허형식을 떠올리

---

31 장세윤, 「허형식 연구」, 『한국독립운동사연구』 7, 독립기념관한국독립운동사연구소, 1993. 박도, 실록소설 『만주 제일의 항일 파르티잔: 허형식 장군』, 눈빛, 2016.

32 장세윤, 「허형식, 북만주 최후의 항일투쟁가: "백마 타고 오는 초인"」, 『내일을 여는 역사』 27, 내일을 여는 역사재단, 2007. 3., 129쪽. 또 허형식 누이의 외손녀인 심송화가 쓴 「백마 타고 사라진 허형식 할아버지」(2004)도 백마 타고 오는 초인을 허형식과 연결시키고 있다.

며 '백마 타고 오는 초인'이란 시어를 구상한 것이 사실이라 할지라도 이것을 그대로 문학교실에 받아들이는 것은 바람직하지 않다. 역사적 사실을 넘어서는 것이 문학적 진실이기 때문이다. 황현산의 지적처럼 "허형식을 넘어서는 어떤 새로운 가치의 이름"[33]으로 해석되는 것이 학습자들의 문학적 상상력을 제고시킬 수 있다. '백마 타고 오는 초인'을 외당숙 허형식과 바로 연결시켜 읽지 않은 것이 이육사 자신의 시 창작관과도 부합된다고 할 수 있다. "왼갖 고독이나 비애를 맛볼지라도 '시 한 편'만 부끄럽지 않게 쓰면 될 것"[34]이라는 이육사의 말은 그가 시 한 편을 완성하는 데도 허투루 하지 않고 온 힘을 다했음을 보여 준다.

역사주의 비평에 익숙해 있는 학습자들은 일제강점기에 쓰여진 이육사의 시 구절들을 바로 작가의 전기적 행적이나 시대적 현실로 환원하여 상투적으로 반응하거나 알레고리로 읽어 낸다. 물론 일부 시인들이 알레고리가 주는 효과를 노리고 의도적으로 알레고리적 시어를 작품 속에 배치하는 경우도 있지만, 대부분의 시인들은 구체적인 대상에 명확하게 단정할 수 없는 새로운 의미나 관념을 부여하는 상징을 많이 사용한다. 상징은 "원관념이 생략된 은유"로, "보조관념만 남아 있는 형태"[35]이지만, 이 보조관념은 여러 개의 원관념을 환기할 수 있다는 점에서 알레고리와 구분된다. 「광야」의 '눈', '매화향기', '노래의 씨', '백마 타고 오는 초인' 등을 '식민지적 상황', '광복의 기

33 황현산 칼럼, 「닭 울음소리와 초인의 노래」, 『한겨레』, 2017. 1. 5.
34 이육사, 「계절의 오행」, 손병희 편저, 『이육사전집 I : 이육사의 문학』, 이육사문학관, 2017, 186쪽.
35 김준오, 『시론』(4판), 삼지원, 1997, 196쪽.

운', '화자가 지닌 희생정신', '민족지사' 등으로만 읽어 내는 것은 학습자들의 다양한 사고를 저해하는 것이라 할 수 있다. "다치적(多置的) 사고의 산물"[36]이랄 수 있는 상징을 이육사 시 교육 현장에서 잘 활용하는 것이 학습자들의 문학능력 신장에도 도움이 될 것으로 생각된다. 이육사의 시 「교목」에서 노래하고 있는 대상인 '교목'이나 「청포도」에 나오는 '내가 바라는 손님'도 하나의 특정 의미로 정리되기보다 원관념이 다양하게 환기되는 상징으로 읽을 때 더 많은 의미가 생성될 수 있다.

다음은 이육사 시 교수·학습 과정에서 일어날 수 있는 다양한 해석을 용인할 필요가 있다. 문학교실에서의 다양한 해석이란 여러 가지 문학연구 방법의 시도로 나타날 수 있는 새로운 해석이라기보다 학습자들 개개인이, 아니면 개인들이 합의에 이른 일리 있는 해석 간의 경쟁과 관련된 것이라 할 수 있다. 이육사 시 교수·학습의 경우 '다양한 해석'[37] 못지않게 '반성적 해석'의 시각 또한 필요하다고 본다. 반성적 해석이란 널리 배포되어 관행화된 기존 해석에 대해 의심하고, 또 기존 해석이나 자신의 해석이 갖지 못한 새로운 지점을 발견해 나가는 해석의 과정이라 할 수 있다. 이는 기존의 교수·학습 내지 해석의 관행에 의문을 제기하며, 그것이 과연 옳은 것일까에 대한 생각의 공간을 마련해 준다. 역사주의 내지 분석주의 관점 중심의 학습활동이 대

---

36 위의 책, 206쪽.

37 문제는 학습자들에 의해 행해지는 다양한 해석이란 것이 소위 '해석의 무정부상태'를 용인하는 것은 아니다. 이저(Wolfgang Iser)는 불확정성의 공간과 구체화를 '밤하늘의 별무리'에 비유한 적이 있다. '구조적 방향선'이니 학습자들 간의 대화에 의해 이루어진 잠정적 합의니 하는 말들은 텍스트의 암시와 규약을 이탈하는 해석을 방지하고자 수용미학자들이 사용하는 용어들이다.

부분인 이육사 시 교수·학습 과정에 잠시 합리적 의심을 해 보는 것은 대상이나 그 과정을 새롭게 바라볼 수 있는 여지를 제공해 준다는 점에서 의미가 있다. 국어교과서나 지도서의 설명들을 참조하되 그것이 절대선이 아니라는 생각은 주어진 텍스트 해석의 새로운 지평을 열어 보이는 바탕이 된다. 물론 문학교사는 텍스트의 내·외적 근거를 바탕으로 학습자들이 능동적·주체적으로 시를 읽을 수 있도록 조처하여야 한다. 텍스트의 내적 맥락은 물론이고 외적 맥락이랄 수 있는 독립지사로서의 삶이나 가계(家系), 이육사가 살았던 식민지 현실 등도 텍스트를 통해 설명되고 해석될 수 있는 것이어야 한다. 학습자들이 갖고 있는 선경험과 텍스트가 갖고 있는 함의(含意) 사이에 이루어지는 끊임없는 교호작용은 문학교실을 생동감 있게 만든다. 텍스트에 대한 "학습자의 다양한 해석과 감상을 중시"하되, 문학 텍스트를 바탕으로 한 "근거 있는 해석"[38]이 이루어질 수 있도록 해야 한다. 이육사 시 텍스트를 둘러싼 해석은 합당한 근거를 바탕으로 서로 우위를 차지하기 위한 활발한 경쟁을 통해 나타난 것이어야 한다. 이러한 과정을 통해 확립되는 해석정전은 이육사 시 교육 현장의 역동성을 고취시키는 데 기여하게 된다.

4. 맺음말

이 장에서는 이육사 시의 국어교재 정착 과정과 문학교실에서의 수

---

38 최지현 외, 『국어과 교수·학습 방법』, 역락, 2007, 288~289쪽.

용 과정을 살펴보고자 하였다. 정착 과정은 주로 이육사 시가 국어교재에 교육정전으로 편입되는 과정에 관한 것이고, 수용 과정은 이육사 시의 교수·학습 방식과 관련된 것이라 할 수 있다.

이육사 시가 처음으로 교육정전으로 수록된 것은 국어교과서에 앞서 독본류 국어교재류에서 먼저 정전화되었음을 확인하였다. 해방 직후 발간된 사범대학 국문학회 편찬, 『고급국어』(범인사, 1947)에 「청포도」와 「광야」가 처음으로 수록되었으며, 한국전쟁기인 피난지 부산에서 발행된 조향 편, 『현대국문학수』(자유장, 1952)에 「청포도」, 「연보」, 「절정」, 「아편」, 「광야」 등이 실렸다. 이는 문학 장에서 시선집(사화집)을 중심으로 정전화되었던 이육사 시가 교육정전으로 이동하는 모습을 보여 준다. 이들 시는 이육사의 유고시집인 『육사시집』에서 임의로 가져온 것이 아니라 정전화의 과정에서 주된 역할을 한 현대시선집에 한 번 이상씩 선택된 시임을 알 수 있었다. 이육사의 경우 일제 말부터 해방기까지 구성된 시선집을 통해 「청포도」, 「광야」, 「절정」, 「아편」, 「황혼」, 「호수」, 「꽃」, 「파초」, 「강 건너 간 노래」, 「연보」, 「해후」 등이 정전화되었고, 이들 시선집에 수록된 작품들은 해방 이후 본격적으로 시작되는 국어교육의 교재였던 국어교과서에 선별적으로 수록되기 시작하였다. 그가 남긴 「청포도」나 「광야」, 「절정」 등은 전통과 민족을 환기하는 텍스트였기에 쉽게 교육정전으로 정착할 수 있었다. 이들 시는 '순수/민족의 검열체계를 통과'하면서 소위 '신비평적 조건'을 어느 정도 갖춘 작품이었기에 교육정전으로서의 지위를 지속적으로 누릴 수 있었다고 할 수 있다. 「청포도」와 「광야」가 오랫동안 변함없이 교육정전으로 대우받다가 1980년대를 지나면서 「절정」, 「꽃」, 「교목」 등이 추가되었다. 특히 「절정」은 학계의 연구성과에 힘입어 제5, 6차 교육과정의 검인정 문학교과서부터 대표적인 항일 저항시로 지속적인 호명의 대상이 되고 있다. 제7차 교육과정 고등학교 국정 국어교과서에 「광야」가, 「절정」, 「꽃」, 「교목」 등이 18종 검인정 문학교과서 대다수에 수록되면서 이육사는 국어교재 속에 정전적 작가로 완전하게 자리 잡았다. 국어교재에 정전화된 이육사의 시는 「청포도」, 「광야」, 「절정」, 「교목」, 「꽃」 등 5편이었다. 여기서 문학 장에서 시선집을 중심으로 정전화되었던 이육사 시 11편 중 5편이 교육정전으로 이행되었음을 확인할 수 있었다.

국어교과서에 수록된 이육사 시는 오랫동안 역사주의 비평 또는 신비평의 영향 아래 놓여 있었다. 그래서 작가의 가계, 독립지사로서의 행적이나 일제강점기란 시대를 중심으로, 아니면 텍스트의 내부 맥락 또는 비유나 상징 같은 분석주의적 지식을 통해 교육되거나 해석되기 일쑤였다. 이육사는 중등 문학교실에서 대표적 저항시인으로 교육되고, 학습자들은 이육사의 시를 대부분 저항시의 맥락에서 읽어 왔다. 이런 까닭에 문학교실에서는 독립지사로서의 이육사와 시인으로서의 이육사가 혼재하고 있는 형편이다. 그러므로 이육사의 시를 가르칠 때 지금까지 독립지사 이육사는 항상 작품 해석의 가늠자로 작동되고 있었다고 할 수 있다. 이러한 교수·학습 관행에 제동을 건 것이 신비평(New Criticism)이었다. 신비평이 내세우는 '자세히 읽기(close reading)'는 텍스트 주변에만 맴돌던 작품 읽기를 텍스트 내부로 독자의 눈길을 돌리게 만들었다. 1970~1980년대 사용된 국어교과서의 「청포도」, 「광야」 등에 신비평적 주해(註解)를 발견하는 것은 어려운 일이 아니다. 그러나 텍스트 바깥의 외적 맥락이나 텍스트 내부의 내적 맥락만으로는 이육사 시의 온전한 모습이 제대로 드러나지 않았던 것이 현실이었다. 제6, 7차 교육과정부터 신비평의 영향하에 이루어지던 운율, 비유, 상징, 심상 같은 분석주의적 지식에 의거한 시 해석 방법, 지사적 삶이나 시대현실과 관련시켜 시를 읽어 나가는 역사주의적 시 해석 방법 등이 학습활동에서 차츰 축소되는 대신, 텍스트와 관련된 학습자의 경험이나 능동적 읽기 능력이 강조되는 활동이 나타나기 시작하였다. 이러한 학습활동들의 확대는 시 읽기 시간 대부분이 활동 중심으로 채워지는 결과를 초래하기도 했지만 학습의 주체인 독자에 중점을 두게 되는 장점 또한 있었다.

지금까지 이육사 시의 문학교육적 도정(道程)을 돌이켜 볼 때 앞으로 이육사 시의 교수·학습 과정에서 아래 사항들을 명심할 필요가 있다.

첫째, 일제강점기에 쓰여진 이육사의 시 구절들을 지나치게 알레고리 중심으로 읽어 내는 것을 지양해야 한다. '다치적(多置的) 사고의 산물'이랄 수 있는 상징을 이육사 시 교수·학습 과정에서 잘 활용하는 것이 학습자들의 문학능력 신장에도 도움이 될 것으로 생각된다.

둘째, 이육사 시 교수·학습 과정에서 일어날 수 있는 다양한 해석을 용인할 필요가 있다. 문학교실에서의 다양한 해석이란 새로운 문학연구 방법의 시도로 나타날 수 있는 또 다른 해석이라기보다 학습자들 개개인이, 아니면 개인들이 합의에 이른 일리 있는 해석 간의 경쟁과 관련된 것이라 할 수 있다. 현행 이육사 시 교수·학습의 경우 '반성적 해석'의 시각이 무엇보다 필요하다. 반성적 해석이란 널리 배포되는 기존 해석에 대해 의심하고, 또 기존 해석이나 자신의 해석이 갖지 못한 새로운 지점을 발견해 나가는 해석의 과정이라 할 수 있다. 역사주의 내지 분석주의 관점 중심의 학습활동이 대부분인 이육사 시 교수·학습 과정에 잠시나마 합리적 의심을 해 보는 반성적 해석은 대상이나 그 과정을 새롭게 바라볼 수 있는 여지를 제공해 준다는 점에서 의미가 있다.

셋째, 반드시 텍스트의 내·외적 근거를 바탕으로 학습자들의 능동적·주체적 시 읽기가 진행되어야 한다. 텍스트의 내적 맥락은 물론이고 외적 맥락이랄 수 있는 독립지사로서의 삶이나 가계(家系), 이육사가 살았던 식민지 현실 등도 텍스트를 통해 설명되고 해석될 수 있는 것이어야 한다. 이육사 시 텍스트를 둘러싼 해석은 합당한 근거를 바탕으로 서로 우위를 차지하기 위한 활발한 경쟁을 통해 나타난 것이어야 한다. 이러한 과정을 통해 확립되는 해석정전은 이육사 시 교육현장의 역동성을 고취시키는 데 기여하게 된다.

제13장

한국 현대문학교육의 도정(道程)과 방향

1. 현대문학교육의 제 문제

광복 80주년이 가까워 오는 이 시점에 한국 현대문학교육은 어떠한 길을 걸어왔으며 앞으로 어떠한 길을 걸어가야 할 것인가? 짧다면 짧고 길다면 긴 현대문학교육의 길 위에서 우리는 무엇을 해야 할 것인가? 간략히 말하면 반성과 전망이란 흔한 말로 대치할 수 있겠지만 여기서는 길의 의미를 좀 더 부각시키기 위해 도정(道程)이란 말을 썼다. 한국 현대문학사에서도 '도정'이란 제목으로 글쓰기 행위를 한 작가가 눈에 띈다. 해방 직후 발표된 임화의 처 지하련이 쓴 「도정」이나 문학판의 경험을 바탕으로 쓴 소설인 이봉구의 「도정」이 그것이다. 그렇다면 현대문학교육의 도정(道程)은 어떻게 그려 내야 할까? 이것을 그려 내는 방법은 여러 가지가 있을 수 있겠지만 이 장에서는 지금까지 이룩한 현대문학교육의 성취나 잘못된 과오를 일일이 나열하면서 검토하기보다는 현대문학교육에 영향을 미친 중요 사항과 앞으로의 방향을 모색하는 데 초점을 맞추고자 한다.

현대문학교육은 현대문학을 대상으로 한 문학교육이다. 문학교육은 문학교육 일반론, 고전문학교육, 현대문학교육을 포괄하는 상위의 개념이다. 그런데 문학교육을 주도하는 연구자들 중 고전문학에 비해 현대문학 또는 현대문학교육 전공자들이 상대적으로 많이 분포해 있음을 볼 때, 현대문학교육이 문학교육 안에서 중요 영역으로 자리 잡을 가능성을 보여 준다고 할 수 있다. 현대문학이 학(wissenschaft)으로 자리를 잡은 것은 고전문학이나 국어학에 비해 상대적으로 늦은 감이 없지 않다. 초창기 국어국문학계에서 학문적 연구의 대상이 된 것은 주로 국어학이나 고전문학 영역이었다. 현대문학교육을 논의하고자 할 때 먼저 살펴보아야 할 것은 현대문학연구 내지 현대문학교육이 언제부터 본격화되기 시작하였는가 하는 점이다.

임화가 일제 말기 『조선일보』와 『인문평론』 등의 지면을 통해 이미 「조선신문학사」를 시도한 바 있지만 1950년대 말까지 현대문학은 연구나 교육의 대상으로 크게 부상하지 못하였다. 연구자들도 초기에는 대부분 문단에 몸담고 있는 현장비평가들이었다. 1930년대 카프의 맹원이자 전향(轉向) 후 휴머니즘론을 주창했던 백철은 『조선신문학사조사』(수선사, 1948, 현대편: 백양당, 1949)를, 해방 직후 『문학과 사상』(세계문학사, 1949)을 통해 청년문학가협회의 논리를 제공했던 조연현은 『한국현대문학사(제1부)』(현대문학사, 1956) 등을 펴냈는데, 이러한 책자를 통해 한국 현대문학이 정리되고, 이들의 이론이나 문학사 기술이 문학교육 현장에 이입되는 형국이었다. 이 시기 현대문학의 경우 동시대에 생산된 작품이 비평가에 의해 정리되고 다시 문학연구자들에 의해 평가받는 과정을 거칠 시간적 여유가 제대로 없었다고 할 수 있다. 1960년대 후반 내지 1970년대에 접어들면서 현대문학연구 인력들이 속속 이입되면서 현대문학도 학문의 대상으로 부각되기 시작했다. 역사학계, 정치·사회학계의 각종 성과가 국문학계에 수용되면서 새로운 문학사[1]가 쓰여지고 국어국문학계의 현대문학연구도 차츰 체계를 잡아가기 시작했다. 이후 한국 현대문학연구는 서양에서 유입되는 각종 이론의 각축장이 되기도 하였지만 자생적 민족문학사의 구도를 정립하기 위한 제 노력들을 통해 국어국문학계의 중요 영역을 차지하기에 이르렀다. 1990년대를 넘어서면서 현대문학연구는 다양한 방법론의 개척과 시도를 통해 한국 현대문학연구의 자장(磁場)을 더욱 확대해 나가고 있는 중이다.

2. 현대문학교육의 도정

광복 80주년이 가까워 오는 동안 현대문학교육의 장(場)에서 우리는 무엇을 어떻게 가르쳐 왔는가? 이에 대한 대답은 간단한 문제가 아니다. 국어교과서나 국어교재에 수록된 정전의 변천과 교수·학습 방법의 문제를 중심으로 현대문학교육의 도정을 개략적으로 살펴보기로 한다.

1 김현·김윤식, 『한국문학사』(민음사, 1973)를 들 수 있다.

2.1. 국어교재와 정전화의 과정

문학교육의 중요한 화두 중의 하나가 '학생들에게 무엇을 어떻게 가르칠 것인가'의 문제라고 할 수 있다. '무엇'은 교육 내용의 문제이다. 교사에게는 학생들에게 가르쳐 할 대상이고, 학생들에게는 문학교육의 과정을 통해서 배워야 할 대상이다. 현대문학교육에서 교육 내용의 중핵을 이루는 부분은 국어교재 또는 문학교재에 실리는 현대문학 작품과 작가라 할 수 있다.

근현대문학 작품들이 국어교재나 독본(讀本)류 교재에 실리기 시작한 것은 근대계몽기부터라고 할 수 있다. 근대계몽기에 발간된 『국민소학독본』 같은 초창기 국어교재에는 현대문학 작품이 수록되기 어려웠으나, 일제강점기에 발간된 최남선의 『시문독본』이나 이윤재의 『문예독본』 등에 오면 읽기 자료로 근현대문학 작품들이 선택되기 시작한다. 독본은 모범이 될 만한 읽기 자료를 모아 놓은 책으로, 본격적인 국어교과서가 정착되기 전까지 교재의 역할을 상당 부분 대신했다고 할 수 있다.[2] 4권 1책으로 된 최남선의 『시문독본』은 "시문(時文)을 배호는 이의 계제(階梯)되게 하려하야 옛것새것을 모으기도 하고 짓기도 하야 적당한 생각하는 방식으로 편차(編次)"한 것으로, 최남선 개인의 글이 아니라 "옛글과 남의 글"을 "이 책 목적에 맞도록 줄이고 고쳐"[3] 실었다. 옛글과 새글을 편찬하기에는 조선광문회를 세워 고전을 모으고, 『소년』, 『청춘』 등을 통해 신문화운

2 개화기부터 해방기까지 발간된 독본류 교재의 종류를 들어 보면 『녀자독본』, 『문장독본』, 『문학독본』, 『농민독본』 등이 있다.

3 최남선 찬, 『시문독본』(신유5판), 신문관, 1921, 2쪽.

동에 관여했던 최남선만큼 적합한 인물은 없었다고 할 수 있다. 「예언(例言)」에는 "학과(學課)에 쓰게 되는 경우"[4]의 용어에 대한 주의사항을 밝히고 있는데, 이는 이 책이 교과서로서의 기능을 염두에 두고 편찬되었음을 말한 것이다. 『시문독본』은 조선광문회 등을 통해 수집한 다양한 출처의 고전은 물론이고 최남선, 이광수, 현상윤 같은 1910년대 등장한 작가들의 새로운 글들을 싣고 있다. 『소년』, 『청춘』, 『붉은 저고리』 등에 실린 글들이 『시문독본』에 수록되었음을 알 수 있는데, 보다 본격적인 현대문학 작품이 독본류 교재에 수록된 것은 이윤재의 『문예독본』(1931)이라 할 수 있다. '문예'란 제호가 표방하듯이 방정환, 이은상, 주요한, 염상섭, 현진건, 나도향, 김동인, 이태준, 이병기, 김동환, 양주동 등이 쓴 다양한 갈래의 글들을 수록함으로써 현대문학 작품이 정전화되어 가는 초기의 모습을 보여 주고 있다.

한편 일제강점기의 현대문학 작품은 출판사의 상업적 전략과 연계되면서 선집 내지 전집 형태로 기획되기 시작한다. 이러한 과정에서 필히 선택과 배제란 메커니즘이 작동되기 마련이다. 『조선시인선집』(조태연 편, 조선통신중학관, 1926), 『을해명시선집』(오일도 편, 시원사, 1936), 『조선명작선집』(김동환 편, 삼천리사, 1936), 『현대조선문학전집』(조선일보사출판부, 1938, 시가집 1권, 단편집 3권, 희곡집 1권, 수필기행집 1권, 평론집 1권 등 전 7권), 『현대조선여류문학선집』(조선일보사출판부, 1937), 『신선문학전집』(조선일보사출판부, 1939), 『현대조선시인선집』(임화 편, 학예사, 1939), 『현대서정시

---

4 위의 책.

선』(이하윤 편, 박문서관, 1939), 『신찬시인집』(시학사 편, 1940) 『조선문학선집(朝鮮文學選集)』 1~3(장혁주 편, 동경 적총서방赤塚書房, 1940) 등이 일제강점기 대표적인 선집류 문학도서들이다. 선집이나 전집에 수록되는 작품은 출판사의 편집 전략이나 편자의 취향 내지 안목에 의해 선택되지만 당대의 문화권 안에서 다른 텍스트보다 상대적으로 문학적 우위 내지 높은 가치를 부여받았기 때문에 선택되었다고 할 수 있다. 그러므로 이러한 선집들은 현대문학 작품의 정전화 과정을 보여 준다. 1차적이긴 하지만 다양한 기준에 의한 선별의 원리가 나름대로 작동되고 있었다고 할 수 있다.

문학정전이 문학교육의 장(場) 안으로 들어오거나 교육정전이 본격적으로 구축되기 시작한 시기는 해방 직후부터라고 할 수 있다. 개화기나 일제강점기의 근현대문학 작품들이 독본류 교재가 아닌 국어교과서에 본격적으로 수록되기 시작한 것은 해방 직후 만들어진 국어교과서부터라고 할 수 있다. 군정청 문교부를 발행자로, 조선어학회를 저작자로 한 『초등국어교본』 상·중·하, 『중등국어교본』 상·중·하가 발간된 시기가 해방 직후이다. 이들이 우리 국어교과서의 첫출발이라 할 수 있다. 현대문학 작품은 주로 『중등국어교본』에 수록되었기에 『중등국어교본』을 통해 현대문학교육의 원형을 탐색하는 작업이 어느 정도 가능하다.

표 13-1 『중등국어교본』에 수록된 현대문학 작품

책명	작품명	작가	갈래
『중등국어교본』 상권 군정청 문교부 1946. 9. 1.	「어린이예찬」	방정환	수필
	「빗소리」	주요한	시
	「금강」	채만식	소설
	「첫여름」	박태원	수필
	「나막신」	이병철	시
	「비 갠 여름 아침」	김광섭	시
	「복종」	한용운	시
	「파초」	김동명	시
	「난초」	정지용	시
	「향토기」	이선희	수필
	「우리 집 정원」	노자영	수필
	「원터」	이기영	소설
	「해촌일지」	이태준	수필
	「엄마야 누나야」	김소월	시
	「경이」	조명희	시
	「가을」	이병기	현대시조
	「소」	박찬모	수필
	「가고파」	이은상	현대시조
	「바다」	김동명	시
	「시선에 대하여」	변영로	수필
	「팔월 십 오일」	이원조	수필
	「향수」	김기림	시
	「벗들이여」	변영로	시
	「온돌과 백의」	홍명희	수필
	「우리 오빠와 화로」	임화	시
『중등국어교본』 중권 군정청 문교부 1947. 1. 10.	「청춘예찬」	민태원	수필
	「청추 수제(淸秋數題)」	이희승	수필
	「편지」	최학송·정지용	수필
	「조선의 영웅」	심훈	수필
	「사온일(四溫日)」	이효석	수필
	「물」	이태준	수필
	「부여를 찾는 길에」	이병기	수필
	「마음」	김광섭	시
	「아차산」	이병기	시조
	「녹음애송시」	정지용	수필
	「회향(懷鄕)」	이원조	수필
	「죽은 사람을 생각하며」	홍명희	수필
	「산촌모경」	백기만	시
	「그 은행나무」	박화성	수필
	「선구자」	양주동	시

책명	작품명	작가	갈래
『중등국어교본』 중권 군정청 문교부 1947. 1. 10.	「아름다운 풍경」	박태원	수필
	「건란(建蘭)」	이병기	수필
	「불국사에서」	현진건	수필
	「석굴암」	현진건	수필
『중등국어교본』 하권 군정청 문교부 1947. 5. 17.	「그대들 돌아오시니」	정지용	시
	「예술의 감상」	미상	평론
	「독서개진론」	안재홍	수필
	「창」	김진섭	수필
	「석탑의 노래」	오장환	시
	「적벽유(赤壁遊)」	이은상	수필
	「초혼」	김소월	시
	「온실」	앙드레 지드	소설 『밀한알』
	「마음의 태양」	조지훈	시
	「목련화 그늘에서」	안재홍	수필
	「가신 님」	정인보	시조

이상은 『중등국어교본』에 수록된 현대문학 작품 목록과 작가의 이름이다. 얼른 보더라도 좌우 구분 없이 문학사의 주류 작가들이 상당수 참여하고 있음을 알 수 있다. 『중등국어교본』에 실린 현대문학 텍스트에 대해 관심을 가장 먼저 표명한 논자는 김윤식이다. 김윤식은 「문학교육과 이데올로기(국어교과서의 역사성 비판)」[5]에서 문교부 학무국장 유억겸, 편수국장 최현배 밑에서 국어 편수관으로 취임한 사람이 가람 이병기임을 들고, 『중등국어교본』은 가람 이병기와 그를 둘러싼 이데올로기가 만들어 낸 산물임을 지적하였다. 『중등국어교본』의 경우 중립적 노선에 서 있었던 가람 이병기의 역할로 인하여 좌익 작가의 작품까지 수용하는 중도적 국어교재 구성이 가능하였다고 보았다.

---

5 김윤식, 「문학교육과 이데올로기(국어교과서의 역사성 비판)」, 『광복 후의 국어교육』, 한샘, 1992, 180~186쪽.

이러한 논리는 정재찬에 와서 더욱 확대되는데, 정재찬[6]은 가람 이병기가 조선어학회와 진단학회, 조선문학가동맹 모두에 관여하고 있었음을 주목하고 이병기가 '조화와 균형감각'에 입각하되 갈등의 소지가 있는 '민족' 개념을 추상화시킴으로써 그 갈등을 벗어날 수 있었다고 보았다. 그 결과 추상적이고 보편적인 '민족'의 이념 아래 모든 작가들이 한데 어울려 해방 후 첫 교과서에 그 모습을 드러낼 수 있었다는 것이다. 그 결과 『중등국어교본』에 임화의 「우리 오빠와 화로」를 제외하고는 좌익작가의 작품은 실렸으되, 좌익적인 작품은 실리지 않는 결과가 도출되었다고 보았다. 한편 남민우[7]는 김윤식과 정재찬의 연구가 이병기 개인의 역할과 그의 '절묘한 균형감각'만 부각시킨데 이의를 제기하고, 개인보다는 조선어학회란 단체의 역할에 더 주목해야 한다고 보았다. 물론 조선어학회와 조선문학가동맹이 어느 정도 우호적 관계를 맺고 있었던 해방 초기의 상황에서 개인과 단체의 의미는 크게 차이가 없을지 모르지만 교과서를 편찬하는 과정에서 주도 담론 생성 과정을 개인의 역할보다 단체의 이념과 연관시켜 보이려 한 점은 의미 있는 지적이라 할 수 있다. 한편 필자는 『중등국어교본』의 현대문학 작품의 정전화 과정에서 이태준의 역할에 좀 더 주목할 필요가 있음을 지적하였다.[8] 이태준은 이 당시 조선문학가동맹 중앙집행위원회 고전문학부 위원장이었던 이병기와 같은 '문장'파 그룹

---

6 정재찬, 「현대시교육의 지배적 담론에 관한 연구」, 서울대학교 박사학위논문, 1996.

7 남민우, 「국어교육계의 원형적 구조와 문학교육의 논리」, 『문학교육의 역사와 성장의 시학』, 역락, 2006.

8 박용찬, 「국어교재에 넘나든 현대시 텍스트의 경계와 검열」, 『국어교육연구』 54, 국어교육학회, 2014. 2.

의 일원이었으며 취향이나 사고(思考)의 기반이 공통된 점이 많았다. 이 당시 조선어학회가 군정청의 위임을 받아 『초등국어교본』, 『중등국어교본』, 『한글 첫걸음』을 편찬하였는데, 『중등국어교본』의 기초위원으로 이숭녕, 이희승, 이태준을 들고 있는 것[9]도 그 구체적 증거가 된다 하겠다.

지금까지 해방기 국어교재에 대한 연구는 주로 군정청이나 정부 주도하의 국어교과서만을 대상으로 하였는데 이에 대한 반성이 요구된다. 해방기의 경우 우리말과 우리글에 대한 요구가 그 어느 때보다 치열했기에 다양한 형태의 국어교재가 발행되었다는 점을 염두에 둘 필요가 있다. 이 시기에는 『초등국어교본』, 『중등국어교본』, 『초등국어』, 『중등국어』 같은 문교부 발행의 국어교과서 이외에도 많은 독본류 교재들이 발행되고 있었다. 해방기, 정부 수립기, 한국전쟁기를 통해 지속적으로 이어진 독본류 교재들은 초창기 현대문학 작품의 정전화 과정을 살피는 데 매우 중요한 자료라고 할 수 있다.[10] 한정된 지면에 많은 작품을 실을 수 없었던 한계를 이러한 독본류 교재들이 감당하고 있었다고 할 수 있다. 문학독본류 교재들은 국어교과서의 보완재 내지 대체재 역할을 하면서 문학정전 또는 교육정전의 범위를 확대시켜 나갔다고 할 수 있다.

문제는 한국 현대문학교육이 순탄하게 전개되어 나가지만은 않았

9 조선어학회, 「국어교본 편찬에 대하여」, 『초등국어교본 한글교수지침』, 군정청 학무국, 1945. 12., 2~3쪽.

10 박용찬, 「한국전쟁 직전 국어교재에 실린 문학 텍스트의 구성담론과 국가주의 시선으로의 이동」, 『어문학』 119, 한국어문학회, 2013. 3.
이순욱, 「한국전쟁기 문학독본과 문학교육」, 『한국문학논총』 66, 한국문학회, 2014. 4.

다는 점이다. 여기에는 문학이나 교육 자체의 문제보다 정치·사회적인 외적 요인이 더 많이 작동되고 있었다고 할 수 있다. 남북한 정권 수립, 한국전쟁, 그리고 이어진 분단 상황은 국가주의와 반공주의 이데올로기를 강화시켰다. 그 결과 한국 현대문학사는 1988년 납·월북 작가의 해금 조치 이전까지 반쪽의 문학사로 만족해야만 했다. 이러한 상황 속에서 현대문학교육 또한 제대로 이루어질 리가 없었다. 현대문학교육은 가르쳐야 할 대상이 되는 작가나 작품이 일부 증발해 버린 상황에서 이루어져 왔다. 국어교재의 정전화 과정에서 국가주의 이데올로기는 작품 선택의 주된 잣대로 작용하였다고 할 수 있다. 물론 국정교과서가 검인정 교과서보다 국가의 주된 통제나 규율의 과정에 더 쉽게 노출되어 있었음은 주지의 사실이다. 검인정이나 인정 교과서에도 종종 사후 검열의 흔적이 발견된다.[11] 사후 검열은 외적 검열의 노골적인 형태로, 한국전쟁 이전의 독본류 교재에 일부 나타나고 있다. 한국전쟁 이후 국정교과서나 검인정 교과서에 사후 검열의 흔적이 보이지 않는 것은 검열이 약화되었다기보다 국어교과서가 국가의 강력한 통제 아래 놓이게 되었음을 의미한다. 국어교과서와 국가주의 이데올로기에 대한 최근의 몇몇 연구[12]는 금기와 검열이 작동되어 온 국어교과서의 역사를 드러내 보여 준다.

1980년대에 접어들면서 반공주의와 순수문학에 바탕한 국어교과서

---

11 박용찬, 「국어교재에 넘나든 현대시 텍스트의 경계와 검열」, 『국어교육연구』, 국어교육학회, 2014. 2.

12 강진호 외, 『국어교과서와 국가이데올로기』, 글누림, 2007.
김진기 외, 『반공주의와 한국문학의 근대적 동학 Ⅰ』, 한울, 2008.
상허학회, 『반공주의와 한국문학』, 깊은샘, 2005.

에 대한 비판이 일어나기 시작하였는데, 이는 먼저 교육 현장으로부터 시작되었다. 문학교육연구회의 『삶을 위한 문학교육』(연구사, 1987)이나 교육출판기획실 엮음의 『교과서와 친일문학』(동녘, 1988) 등은 삶과 유리된 문학교육을 비판하고, 중·고등학교 교과서 수록 작가들의 친일 행적을 문제 삼았다. 이 결과 오랫동안 정전적 지위를 누려 왔던 서정주 등의 작품들이 교과서에서 제외되는 현상[13]이 일어나기도 하였다.

국어교과서에 현대문학 작가나 작품이 실린 것은 해방 직후 발간된 『중등국어교본』부터였지만 문학교육적 관점에서 현대문학교육이 문제되고 구체적 논의의 단계로 진입한 것은 1988년 발간된 『문학교육론』(구인환 외, 삼지원)부터라고 할 수 있다. 물론 제4차 교육과정기(1982~1988)에는 문교부 검정을 통과(1983. 7. 29.)한 『현대문학』 교과서가 여러 종 사용되기도 하였다. 이는 제5차 교육과정에서 다시 『고전문학』과 『현대문학』이 『문학』 과목으로 통합되기는 하였지만 현대문학이 문학교육의 장에서 주된 교육 내용으로 그 위상을 확고히 하였다는 점에서 큰 의미를 가진다고 할 수 있다.

1988년 이루어진 납·월북 작가의 해금(解禁)은 현대문학연구나 교육에 있어서 하나의 획기적인 사건이라 할 수 있다. 이것은 일제강점기 "10여 년에 걸쳐 문단을 제패"[14]했던 카프 작가들과 해방 직후 조선문학가동맹에 가담했던 많은 작가들이 배제된 채 기술(記述)되고 교육되

---

13 손진은, 「문학교육과 제재 선정의 문제: 서정주의 시를 중심으로」, 『우리말글』 33, 우리말글학회, 2005. 4.

14 백철, 『조선신문학사 현대편』, 백양당, 1949, 74쪽.

었던 현대문학사의 복원을 의미하는 것이었다. 오늘날 현대문학교실에서 중요 작가로 거론되는 정지용, 김기림, 백석, 이용악, 박태원, 이기영, 이태준, 함세덕 등이 문학교육 현장에서 거론되기 시작한 것도 이 시기부터이다. 1990년대 이후 다원주의 가치 체계가 힘을 얻어 가면서 현대문학교육의 대상도 동시대의 문학작품이나 학생들이 생산한 문학작품으로 확대되었다. 문학사의 주류 정전이 주로 교육정전으로 편입되지만 반드시 그러한 것만은 아니다. 지속적인 정전의 해체와 재구성을 통해 학습자들의 성장에 도움을 줄 수 있는 작품을 학습대상으로 편입시켜 나가는 작업이 계속되어 나가야 할 것이다.

2.2. 원전 확정과 정본의 문제

현대문학교육에 있어서 또 하나의 문제는 원전(原典) 확정을 둘러싼 문제라 할 수 있다. 문학교재에 실리는 문학 텍스트들은 가능한 한 원전(原典)에 입각하되, 원본비평(textual criticism)을 거친 원문을 싣도록 해야 한다. 작품이 처음 게재된 발표지와 초판 단행본, 그후 재판된 단행본이 다른가 하면, 작가가 후에 의도적으로 작품을 개작한 경우도 있어 교사나 연구자들이 어느 것을 정본으로 삼아야 할지 곤란에 직면하기도 한다. 고전문학 작품의 경우도 마찬가지이다. 고전문학 텍스트의 경우 유통의 과정에 수십 종의 이본(異本)이 발생하기도 한다. 고전소설의 경우 방각본, 필사본이 존재하고, 필사본의 경우도 여러 이본(異本)이 존재하여 어느 작품을 모본(母本)으로 하여야 할지 결정하기가 쉽지 않다. 유통 과정에서 원전이 왜곡되기 쉬운데, 그것을 방지하기 위해 원전을 찾아 대조해 보는 작업이 필요하다. 때로는 작가가 처음부터 잘못 써서 수정해야 하는 경우도 있다. 생산자가 처음으로 쓴 작품을 원전(原典) 또는 원본(原本)이라 한다. 문제는 이러한 원전이 자주 훼손된다는 점이다. 원전 훼손은 텍스트가 유통되는 과정뿐만 아니라 작가가 의도적으로 개작하거나 수정하는 경우에도 일어난다. 인쇄 기술의 발달과 더불어 시작된 근현대문학의 경우도 마찬가지이다. 텍스트의 출판 과정에서 일부분이 누락되거나 인쇄상의 오류가 일어나는 것은 다반사이다. 시의 경우 구두점이나 쉼표, 행, 연 구분 하나하나가 의미에 영향을 미칠 수 있음을 명심하여야 한다. 텍스트를 작가가 나중에 의도적으로 개작하거나 수정했을 경우 문제는 더 복잡해진다. 작가의 개작을 바라보는 시각도 서로 다를 수 있기 때문이다. 작품이 작가의 손을 떠난 순간 이미 완결된 상태로서 더 이상 바꿀 수 없다는 입장과, 작품을 고치고 수정하여 작품의 완벽성을 기하는 것은 완전하지 못한 인간으로서 당연하다는 입장이 있을 수 있다. 실제 많은 작가들이 자신이 처음에 쓴 작품을 수정하는 경우가 빈번하다. 문학연구의 과정이든 문학교육 현장이든 원본비평은 텍스트 논의의 출발점이 된다고 할 수 있다.[15]

원전 확정은 문학연구나 문학교육의 분야에서 중요한 문제이지만 특히 현대문학 분야의 경우 다른 분야보다도 더 문제시된다 할 수 있다. 그 이유는 작가에 의해 이루어지는 빈번한 개작도 문제지만 수차례의 출판 과정을 거치면서 텍스트가 변개되는 경우가 허다하기 때문이다. 현대문학 원전 연구에서 '자료의 누락과 첨가, 현대어 표기 과

---

15 박용찬, 「교재론」, 『문학교육개론』 I , 역락, 2014, 270~271쪽 참고.

정에서 생겨나는 문제, 작가 확정의 문제, 창작물과 번역물 여부 등'[16] 은 자주 부상(浮上)하는 문제이다. 어떤 과정을 거쳐 정전화된 작품의 텍스트가 훼손되고 변개되어 있다면 모든 것이 허사로 돌아갈 수도 있음을 명심할 필요가 있다. 특히 현대문학 작품의 경우, 내·외적 검열이 행해진 일제강점기에 발표된 작품이 해방 이후에 민족의식이 투철한 작품으로 개작되는 경우가 있음을 염두에 둘 필요가 있다. 임화의 「네거리의 순이」나 염상섭의 「만세전」, 김동리의 「무녀도」, 박계주의 「순애보」 등은 빈번한 개작이 이루어진 대표적 작품이다. 원전 확정의 문제에 대한 연구자들의 관심은 일찍부터 있어 왔으나[17] 국어나 문학교재 수록 작품에 대한 철저한 고증과 원전비평에 대한 연구는 아직 제대로 이루어지지 못하고 있는 실정이다. 국어나 문학교과서가 검인정 체제로 바뀌면서 집필에 참여한 교과서 집필진들의 인식도 문제이거니와 짧은 집필기간으로 인해 텍스트를 제대로 고증할 수 없는 경우가 대부분이다. 제7차 교육과정 검인정 문학교과서의 경우 18종이 사용되었고, 2009 개정 교육과정의 검인정 문학교과서는 11종이 사용되고 있다. 교육 현장에서 직접 사용되고 있는 이들 교과서에서 텍스트가 변개되고 훼손되어 있는 경우가 허다히 발견된다. 제7차 교육과정 문학교과서에 실린 염상섭의 「두 파산」의 경우 일부 특정 단락이 누락되어 의미 연결이 잘 안 되는 부분까지 확인된다. 다른 텍스트의 경우도 마찬가지이다. 국어 또는 문학교재 집필진들이 사이

16 김영민, 「한국 근대문학과 원전 연구의 문제들」, 『현대소설연구』 37, 한국현대소설학회, 2008. 4., 9~35쪽.

17 김윤식, 「원작과 개작의 문제」, 『독서생활』, 1976. 1.

버 공간 속에 떠다니는 텍스트들을 철저한 고증 없이 그대로 싣는 경우도 생겨나고 있다. 오랫동안 국어교과서에서 정전의 지위를 확보하고 있었던 「소나기」(황순원)의 경우가 그 좋은 예이다.

현행 문학교육 현장에서 통용되는 황순원의 「소나기」는 황순원 창작집 『학』(중앙문화사, 1956. 12.)의 수록본을 저본으로 하여 파생된 것이라 할 수 있다. 김동환[18]에 의하면 「소나기」의 초본(初本)은 창작집 『학』 수록본이 아니라 1953년 11월 『협동』지에 실린 「소녀」라는 것이다. 『협동』지에 실린 작품의 제목은 '소나기'가 아니고 '소녀'이며, 결말 부분이 현재 통용본보다 네 문장이 더 많다고 지적하고 있다. 다음은 『협동』지에 실린 「소녀」의 결말 부분이다.

> "아마 어린 것이래두 집안 꼴이 안될걸 알구 그랬든가 부지요?"
> 끄응! 소년이 자리에서 저도 모를 신음소리를 지르며 돌아 누웠다.
> "쟤가 여적 안자나?"
> "아니, 벌써 아까 잠들었어요. …… 얘, 잠꼬대 말구 자라!"[19]

또 하나는 「소나기」가 광복 후 국어교과서에 가장 자주 실린 작품 중의 하나이지만 교과서 작품 수록시는 '성적인 것'을 연상케 하는 내용을 가급적 피한다는 '금기'가 작용하여 일부분이 삭제·복원되는 과정을 되풀이했다는 것이다. 이는 국어교과서에 실리는 제재들의 선택기준에 '사회적·정치적·윤리적 금기'의 저촉 여부가 작동하면서 텍

---

18 김동환, 「초본(初本)과 문학교육: <소나기>를 중심으로」, 『문학교육학』 26, 한국문학교육학회, 2008. 1., 279~303쪽.

19 황순원, 「소녀」, 『협동』, 1953. 11., 204쪽.

스트가 변개되는 과정이 이루어졌음을 보여 주는 것이라 할 수 있다. 황순원의 「소나기」 초본에 대한 논의는 1953년 5월 광주에서 발간된 『신문학』 4집에 수록된 「소나기」의 등장으로 문제가 더욱 확대된다. 『신문학』본 「소나기」 또한 『협동』본과 같이 결말 부분의 네 문장이 그대로 남아 있다. 김동환은 단락 변개로 볼 때 『신문학』본 「소나기」가 창작집 『학』의 「소나기」에 더 가까워 보인다는 점에 착안하여 『협동』본 「소녀」를 가장 먼저 쓰인 초본으로 규정하였다. 그러나 박태일[20]은 『신문학』본 「소나기」가 초본이며 작품 제목은 『신문학』의 「소나기」, 『협동』의 「소녀」, 그리고 창작집 『학』의 「소나기」로 굳혀져, 오늘날의 「소나기」로 유통된다고 보았다. 박태일은 『신문학』 4집의 「소나기」는 이미 1952년 10월 발간 예정이었으며, 『신문학』 출판이 예정보다 거의 일곱 달이나 늦어지는 바람에 1953년 5월로 발표가 미루어졌다는 점에 주목하였다. 1953년 8월 피난지에서 돌아온 황순원은 『협동』지의 작품 청탁을 받자 발간되지 못한 것으로 알고 있었던 광주 『신문학』에 보낸 「소나기」를 「소녀」로 고치고 손질을 더한 뒤 『협동』 청탁에 응하였다는 것이다. 그리고 세 해 뒤 창작집 『학』에 「소나기」를 실으면서 작품 끝에 『신문학』에 「소나기」를 보냈던 '1952년 시월' 이란 창작 시기를 덧붙였다고 보았다.[21] 「소나기」조차 이러한 문제를 안고 있음을 볼 때 현대문학 텍스트의 정전화 과정이 그리 단순하지 않음을 알 수 있다.

---

20 박태일, 「황순원 단편 <소나기>의 변개과정, 1953~1981」, 『근대서지』 8, 근대서지학회, 2013. 12., 624~625쪽.

21 박태일, 「전쟁기 광주지역 문예지 『신문학』 연구」, 『영주어문』 21, 영주어문학회, 2011. 1., 313~348쪽.

텍스트 선택 시 초본을 찾아내고, 그것을 바탕으로 정본을 확정하는 원본비평이 반드시 뒤따라야 한다. 현대문학 작품의 교과서 수록 과정에서 원본비평의 문제는 너무나 중요하다. 이는 국어교재 구성 시 정전을 둘러싼 이론 차원에서의 논의도 중요하지만 텍스트 차원에서의 원본 확정과 정전성 여부에 대한 치열한 논전이 더욱 필요함을 의미한다. 문학정전 내지 교육정전을 둘러싼 연구는 이미 상당 부분 진척된 바 있지만[22] 이제부터라도 개별 텍스트에 대한 정치한 접근이 충분히 이루어져, 정본(定本)이 국어교재 또는 문학교재에 제대로 수록될 수 있도록 해야 할 것이다.

2.3. 연구 방법, 교수·학습 방법의 변천

해방 이후 우리나라 문학교실에는 많은 문학연구 방법들이 명멸하였으나, 그 이론들 대부분은 학습자의 교육에 어떤 영향을 미칠 것인지에 대한 진지한 재고나 반성 없이 개별적으로 이루어져 왔다. 물론 이론들은 이론 나름대로 일부 개별 작품에 대한 명쾌한 설명이나 분

---

22 정재찬,「현대시교육의 지배적 담론에 관한 연구」, 서울대학교 박사학위논문, 1996.
송무,「문학교육의 '정전' 논의: 영미의 정전 논쟁을 중심으로」,『문학교육학』1, 한국문학교육학회, 1997. 8.
문영진,「정전 논의에 관련된 몇 가지 문제에 대하여」,『민족문학사연구』18, 민족문학사학회, 2001. 6.
조희정,「교과서 수록 현대문학 제재 변천 연구」,『국어교육학연구』24, 국어교육학회, 2005. 12.
박용찬,「문학교과서와 정전의 문제」,『국어교육연구』38, 국어교육학회, 2005. 12.
김창원,「시교육과 정전의 문제」,『한국시학연구』19, 한국시학회, 2007. 8.
윤여탁,「한국의 문학교육과 정전: 그 역사와 의미」,『문학교육학』27, 한국문학교육학회, 2008. 12.
유성호,「문학교육과 정전 구성」,『문학교육학』25, 한국문학교육학회, 2008. 4.
박인기,「문학교육과 문학정전의 새로운 관계 맺기」,『문학교육학』25, 한국문학교육학회, 2008. 4.

석 틀을 제공하기도 하였지만, 문학작품에 대한 학습자의 총체적인 이해나 접근을 온전하게 수행해 내지 못한 경우가 많았다. 지금까지 현대문학교육 현장에 큰 영향을 미친 방법론은 역사주의 비평과 신비평이라 할 수 있다. 작가와 전통적인 서지·주석적인 내용이 중심이 된 역사주의 방법과, 미국의 신비평에 의한 분석주의적 방식은 현대문학 교실의 주된 방법론으로 자리 잡고 있었다고 할 수 있다.

역사주의 내지 사회윤리적 비평은 문학작품을 외재적으로 접근한 가장 대표적인 방법론이었다. 이 방법론은 작품 자체의 내적인 분석보다 작품의 외재적인 요소, 즉 작가, 시대, 현실 등을 작품 이해의 주된 수단으로 삼았다. 작품은 작가의 생애, 성격과 무관하지 않으며, 역사적 환경이나 시대정신 또는 현실과 밀접한 관련을 맺고 있으리라는 가정에서 이 방법론은 출발한다. 이것은 문학작품을 하나의 역사적 산물로 간주하여, 작품을 작가의 생애나 원전(原典), 시대와 연결시켜 해석하는 방법이다. 서지·주석적 작업에 바탕을 둔 원전 확정과 작가의 전기적 생애, 평판과 영향, 작품의 역사성, 문학사, 문학적 전통 탐색 등이 주된 방법이다. 또 작가가 살던 시대와 현실이 작품 속에 어떻게 반영되고 수용되었는지를 즐겨 살핀다. 현대문학교육 초창기의 문학교사들은 작품을 가르치면서 정작 작품에 대한 설명은 생략한 채 작가의 생애나 시대에 대한 장황한 설명, 작가의 창작 의도 등에 많은 시간을 할애하였다. 그런데 이러한 방법론에 입각한 문학교육의 문제점은 작가나 현실을 작품 해석의 중요 잣대로 환원시킨다는 점이다. 이러한 문제는 대학에 갓 들어온 신입생들의 문학작품 수용 과정에서 그대로 드러난다. 대학 신입생들에게 일제강점기에 발표되었다는 시기적 맥락만 주고 5~6편의 현대시를 읽어 보게 하였더니, 저항시, 순수시 할 것 없이 대부분 시어를 '조국', '광복'과 연계시켜 해석하였다. 다양하게 해석될 수 있는 동적인 속성을 지닌 문학작품을 학생들이 지나치게 알레고리(Allegory) 위주로 읽어 내는 것도 이러한 방법이 미친 과오라 할 수 있다.

한편 1956, 1957년경 도미(渡美) 중이던 백철에 의해 도입된 신비평[23]은 문학연구나 문학교실에 가장 큰 영향력을 미친 방법론이다. 신비평으로 대표되는 분석주의는 학문 중심 교육과정, 입시 제도의 특수성과 맞물리면서 우리 문학교실의 '지배적인 작품주해 방식'[24]으로 자리잡았다. 신비평은 러시아 형식주의에 근원을 두고 있으며, 미국으로 건너와 신비평가들에 의해 발전된 작품 내적 연구 방법이다. 이 방식은 작품 외적 요건이 아닌 작품 자체의 형식적 요건들, 작품 각 부분들의 배열 관계 및 전체와의 관계를 주목, 분석하는 것에 초점을 둔다. 이들은 소리, 문장, 문체, 심상, 상징 등이 작품 전체의 문맥 속에서 어떻게 작용하고 있는가를 살피며, 그 결과 비유, 상징, 아이러니, 패러독스, 애매성, 긴장의 언어 관계 등을 주목하였다. 신비평은 역사주의나 독자 중심의 비평 방법이 의도의 오류(Intentional Fallacy) 내지 영향론적 오류(Affective Fallacy)를 범하고 있다고 비판한다. 이는 비어즐리

23 백철은 1950년대 중반부터 우리 문단에 신비평을 도입한 공적을 남겼는데, 그 대표적인 것을 들어 보면 다음과 같다.

백철, 「뉴크리티시즘에 대하여」, 『문학예술』, 1956. 11.
백철, 「분석비평의 의의」, 『문학의 개조』, 신구문화사, 1959.
백철, 「뉴크리티시즘의 제문제」, 『사상계』, 1958. 11.
백철, 「뉴크리시즘의 행방」, 『세대』, 1966. 2.

24 정재찬, 『문학교육의 사회학을 위하여』, 역락, 2003, 217쪽.

(M. C. Beardsley)와 윔저트(W. K. Wimsatt) 등이 주장한 것으로, 의도의 오류는 작가가 가진 본래의 의도와 작품에서 성취된 의도 사이에는 근본적으로 차이가 있음에도 그것들을 혼동하는 데서 오류가 발생한다는 것이다. 영향론적 오류는 문학작품의 가치를 그 독자에게 생긴 영향이나 효과에다 두는 것은 잘못이라는 것이다. 작품에서 받는 영향은 독자마다 다를 수밖에 없는데, 순전히 독자에게 미치는 영향에다 작품 평가의 기준을 두면 극단적 인상주의 및 상대주의에 빠질 우려가 있다는 것이다.

신비평은 작품을 분석할 수 있는 객관적 기준을 확보함으로써 비로소 문학을 가르칠 수 있는 교과로 만들었다. 신비평은 작품 자체로 눈길을 돌리게 만들어 작품을 꼼꼼히, 자세히 읽게 만드는 계기를 마련하였다. 러시아 형식주의자들이 내세운 '낯설게 하기' 등은 시 운율 분석 내지 창작에 유용한 개념으로 활용되기도 하였다. 특히 이 방식은 소설보다 시, 서사시보다는 짧은 서정시의 분석에 더 큰 효력을 발휘하였다. 그러나 신비평은 문학을 "지식교과화"하여 문학의 "구조적 요소에 대한 지식 습득"[25]의 차원으로 전락시켰다는 비판을 받는다. 즉 신비평은 문학을 이해의 대상이 아닌 암기의 대상으로 보게 만들었으며, 작품을 둘러싼 제 맥락을 작품과 분리시키는 결과를 초래했다. 맥락은 작품이 놓여 있는 자리, 즉 사회문화적 맥락, 상호텍스트적 맥락, 문학사적 맥락 등을 통해 텍스트의 의미를 온전히 구현해 내는 것인데, 이러한 맥락을 도외시한 것이 신비평이 가진 근원적 한

---

25 정재찬, 「문학교육과 신비평」, 『문학교육의 현상과 인식』, 역락, 2004, 234쪽.

계라 할 수 있다.

신비평 위주의 문학교육은 이상적 독자를 대상으로 한 교사 중심의 수동적 문학교육에 가깝다고 할 수 있다. 그에 대한 반성과 대안으로 제시된 것이 학습자 중심의 문학교육이다.[26] 생산자로서의 작자와 작품과의 관계에 중점을 둔 전통적 문학연구 방법에 대한 새로운 도전이 일어나고 있는데 그것이 수용자인 독자를 중시하는 수용미학적 방법이다. 이는 문학을 고정된 관념에서 바라보기보다 수용하는 주체와 문학의 구조 요소 사이의 상호 역동적인 관계를 중시하는 입장이다. 구성주의 철학에 바탕을 둔 이 방법론은 학습자의 생체험을 중시한다. 이 방법에서 텍스트는 독서 행위의 실천 속에서 구현되는 의미작용의 과정이 되며, 독자도 작가만큼이나 중요한 존재로 부상하게 된다. 텍스트와 독자의 상호작용을 통해 작품을 해석하고 의미를 찾는다는 독자 중심의 수용이론은, 학습자의 문학 텍스트에 대한 체험을 중시하는 문학교육의 관점과 잘 부합한다고 할 수 있다. 이들은 작품의 고정성을 거부하고 텍스트가 학습자와의 만남에 의해서 비로소 작품이 된다는 관점을 취하고 있다. 학습자의 기대지평(선지식)을 통해 텍스트의 '빈자리(불확정성)'를 제거해 가는 창조적인 구체화 과정은 상상력을 요구하는 동시에 개방성과 자발성을 강조한다. 최근 교육학에서 학습자의 생체험을 중시하고 자발성 내지 창조적 자율성을 강조하는 인간 중심 교육이나 학습 이론 가운데서 스키마(schema) 이론 등은 수용이론과 밀접한 연관성이 있다고 하겠다. 이는 텍스트의 의미가

---

26 신비평과 독자반응이론의 통합적 적용을 모색한 연구로 권혁준, 『문학이론과 시교육』, 박이정, 1997이 있다.

객관적이고 절대적인 불변체가 아니라, 주체인 학습자와의 관계 속에서 구성된다는 구성주의적 관점에 기저를 두고 있다. 이때 교사는 학습자가 텍스트에 능동적으로 참여하여 문제를 인식하고 해결해 나갈 수 있도록 안내자나 조력자 역할을 해야 한다. 최근의 현대문학교육 현장에서 수용미학 또는 독자반응비평의 영향이 강하게 감지된다. 특히 실제 독자인 학습자를 대상으로, 처음부터 문학교육이론으로 연구되고 실험된 반응 중심 문학교육은 문학교실의 주된 교수·학습 방법으로 주목되고 있다. 반응 중심 문학교육의 주창자인 로젠 블랫(L. M. Rosenblatt)의 저서인 *Literature as Exploration*이나 *The Reader, the Text, The Poem* 등의 번역판이 나오고, 반응 중심 문학교육이나 대화 중심 문학교육 같은 학습자 중심 문학연구를 표방한 논문이나 저서들이 쏟아져 나오고 있다. 이러한 연구들은 학습자의 문학능력을 향상시켜 텍스트의 해석을 수렴적 해석이 아닌 발산적 해석으로 나아가게 하는 디딤돌이 된다고 하겠다.

이제 텍스트 읽기는 단순히 수동적으로 작품을 이해하고 감상하는 차원을 떠나, 작가와 독자의 적극적인 의사소통의 관점으로 그 논의가 진전되어 나가고 있다. 최근에는 문학작품을 작가의 전유물로 볼 것이 아니라 문화의 한 양상으로 보아, 문학교육 또한 그러한 관점에서 이루어져야 한다는 의견도 대두되고 있다. 최근에는 한국 현대문학 연구가 문학작품이 가지고 있는 내적 규칙의 탐구를 넘어 과학, 질병, 여학생, 금광, 백화점, 연애 같은 문화적 표상을 규명하려는 미시적 문화연구의 영역으로까지 확산되고 있다. 이는 당대 사회의 주된 사고체계와 관습 등을 통해 문학을 바라보려는 문화론적 시각의 일종이라 할 수 있다. '문학에서 문화연구로'[27] 이행되어 가는 문학교육의 패러다임 속에 문학 교수·학습 방법도 질적 변화를 모색해야 할 시점이다.

3. 현대문학교육의 방향

현대문학교육의 방향을 모색하는 일은 지나온 현대문학교육의 도정(道程)을 바탕으로 해야 한다. 현대문학교육의 도정에서 문제된 것은 무엇이며, 아직까지 해결되지 못한 것은 무엇인가? 현대문학의 요소와 성격을 구명하면서 현대문학을 어떻게 가르치고 배워야 하는가? 무엇보다 현대문학과 교육 두 가지를 함의하고 있는 현대문학교육에서 주체인 교사(교수)와 학습자(학생)에 대한 배려는 필수적이다. 이러한 물음을 염두에 두면서 현대문학교육이 나아가야 할 몇 가지 방향을 제시해 보기로 한다.

첫째, 현대문학교육의 주된 대상이 되는 정전의 범위 확대가 필요하다. 학습자의 위계에 맞는 교육정전의 제시가 무엇보다 필요하다고 하겠다. 상대적으로 문학교실에서 주류 정전의 위치를 차지하지 못하였던 아동문학과 청소년문학에 대한 각별한 관심이 필요하다. 성장문학이 부각되어야 하는 이유도 여기에 있다. 문학교사들은 학습자들의 성장에 도움이 되는 다양한 정전적 작품을 확보하고 그것을 교재화할 수 있어야 한다. 교과서에 이입된 문학사의 주류 작품뿐만 아니라 학생들의 성장과 관련된 다양한 작품들을 학생들이 향유할 수 있게 하

27 안토니 이스트호프 지음, 임상훈 옮김, 『문학에서 문화연구로』, 현대미학사, 1994.

는 것이 문학교사의 역할이라 할 수 있다. 교재에 실린 기존 정전을 확대하고, 필요에 따라 대안 정전(alternative canon)을 다양하게 제시하는 노력 또한 수반되어야 한다. 이 과정에서 학생들이 산출한 문학 텍스트도 교재에 수용될 수 있도록 노력할 필요가 있다. 학생 산출 문학 텍스트를 수업 현장에서 일시적으로 활용하는 차원이 아니라 문학교재에 직접 수용함으로써 문학에 대한 친화감을 높일 수 있는 효과가 있다. 문학교육과정의 내용 체계가 이해와 감상에서 수용과 창작(제7차 교육과정), 수용과 생산(2007 개정 교육과정 이후)으로 바뀐 것도 학습자들의 문학 생산 능력을 고려한 것이라 할 수 있다. 이러한 문학교육의 내용 체계 변화는 학생들이 산출한 텍스트가 작가들의 정전적 텍스트 못지않게 중요함을 지적한 것이라 할 수 있다. 이것은 수용자인 학습자들이 생산자의 반열에 들어섰음을 의미한다. 학습자들이 생산한 이러한 텍스트는 정전적 텍스트와 교호(交互)하면서 문학에 대한 학습자의 이해와 문학능력 계발에 도움을 주게 된다. 정전의 확대 못지않게 정전 텍스트의 다양한 해석을 보장하는 문학교실의 분위기 변화 또한 요망된다. 특정 교육정전에 하나의 고정된 해석 텍스트만 강요하는 것은 바람직하지 않다. 해석의 우위를 확보하기 위한 근거에 바탕한 상호경쟁이 문학교실에서 자유롭게 이루어질 수 있도록 해야 한다.

둘째, 현대문학교육도 급변하는 사회에 부응해 나가기 위해서는 교사나 학습자 모두 매체 문식성(media literacy)을 갖추어야 한다. 근대계몽기 인쇄매체와 더불어 시작되었던 한국 현대문학은 디지털 매체 시대로 이행되면서 새로운 도전을 받고 있다. 근대문학이 인쇄매체를 통해 그 자리를 확보하였지만 급속한 매체환경의 변화는 문학 공간에서 인쇄매체의 역할을 축소시켜 버렸다. 정보화 사회의 진전으로 문학의 소통 방식이 급속히 달라지고 있는 지금, 현대문학 텍스트를 더 이상 기존의 시각으로만 바라볼 수 없게 되었다. 출판계에서도 종이책의 매출 감소가 현실화되면서 전자책(e-book)이나 오디오북(audiobook) 시장이 각광을 받고 있다. 인터넷 및 첨단 디지털 매체를 통해 연결, 생산되는 하이퍼텍스트(hypertext)들은 이제 문학활동의 중요한 부분이 되고 있다.[28] 사이버 공간에서 작가와 독자, 교사와 학생, 학생과 학생 사이에 이루어지는 문학활동은 이제 일상적인 문학활동의 하나가 되고 있다. 문학 장(場)의 급속한 변화에 부응할 수 있는 현대문학교육이 이루어져야 할 것이다.

셋째, 현대문학 교수·학습 과정은 학습자의 융·복합 능력을 신장시키는 방향으로 나아가야 한다. 교사가 중심이 된 지식 전달 위주의 문학교육은 지양해야 한다. "문학 자체에 대해 배우는 과정과 문학작품을 통해서 학습자의 능력을 함양하고 자아성장을 이루는 과정이 모두 포함"[29]된 문학교육이 필요하며, 이를 통해 습득된 문학능력을 타 분야의 문제 해결 능력으로 전이해 갈 수 있도록 하여야 한다. 학습자 스스로 문제를 해결하고 주도해 가는 문학 교수·학습 방법의 실천과 적용이 필요한 것도 이 때문이다. 학문 간, 학제 간 통섭 내지 융·복합적 사고가 중요시될 미래 사회에, 교수·학습 과정 중 학습자들이 겪는 다양한 문학 경험은 바람직한 문학문화를 창달하는 밑거름이 될 수 있을 것이다.

---

28 박용찬, 「교재론」, 앞의 책, 278쪽 참고.
29 박인기 외, 『문학을 통한 교육』, 삼지원, 2005, 3쪽.

4. 맺음말

근대계몽기를 기점으로 생산되어 온 한국 현대문학 작품은 일제강점, 해방, 한국전쟁 같은 큰 역사적 변혁을 겪으면서 성장, 굴절, 발전을 거듭해 왔다. 한국 현대문학연구가 주된 학문의 대상으로 부상한 시기는 1970년대이지만 국어교육이 본격적으로 시작된 해방 직후부터 현대문학교육이 이루어졌다고 할 수 있다. 해방 직후에 발간된 많은 국어교과서와 독본류 교재들은 급증한 우리말, 우리글에 대한 요구와 수요를 바탕으로 현대문학 작품을 교육의 장 속에 배치하기 시작했다. 주로 일제강점기 또는 동시대에 발표된 현대문학 작품들이 이 시기 국어교재에 수록되었다. 정부 수립(1948), 한국전쟁(1950~1953) 등을 겪으면서 국어교재가 국가주의의 강한 영향하에 놓이면서 국어교재의 정전화 문제는 현대문학교육의 주된 담론이 되었다고 할 수 있다. 이후 연구 방법, 교수·학습 방법의 문제로까지 현대문학교육의 영역이 확대되면서 그 깊이와 넓이를 더해 나갔다. 물론 급속하게 변화해 가는 교육의 패러다임이나 사회문화적 제 요구가 현대문학교육의 제 요소에 관여하여 왔다고 할 수 있다. 정전화 과정에서는 문학사의 주류 정전이 주로 교육정전으로 편입되었으며, 교수·학습 과정에서는 학습자의 문학능력을 신장시켜 나가는 제 방법들이 모색되었다.

현대문학교육의 도정(道程)에 대한 성찰과 반성이 철저히 이루어질 때 앞으로 현대문학교육이 나아갈 방향성 또한 제대로 제시될 수 있다고 생각한다. 이 장에서는 현대문학교육의 방향으로 정전, 교수·학습 방법, 독자 내지 학습자의 문학능력 신장 등 몇 가지 문제를 제시해 보았다. 이러한 방향은 주로 문학교육의 내적 문제와 관련된 것이다. 좀 더 상위의 차원에서 현대문학연구와 현대문학교육의 변화 내지 상응 관계는 물론이고 현대문학을 둘러싼 문화적 제 맥락을 통해 현대문학교육의 방향을 명확히 설정하는 작업들이 지속적으로 이루어져 나가야 할 것이다.

제14장

세대 갈등과 문학교육의 전략

1. 우리 사회의 세대 갈등

등짐지기 三十里길 기여넘어
갑분 숨결로 두드린 아버지의 門앞에
무서운 글자 있어 共産主義者는 들지말라
아아 千날을 두고 불러왔거니
떨리는 손이 문고리를 잡은 채
멀그럼이 내 또 무엇을 생각해야 하느냐[1]

이 시는 해방 직후 전위시인(前衛詩人)으로 이름 높았던 김상훈의 「아버지의 門앞에서」의 일부이다. 멀리 투르게네프의 「부자(父子)」나 파금(巴金)의 「가(家)」, 염상섭의 「삼대」 등을 들지 않더라도 이 작품만큼 세대 갈등을 극명하게 보여 주는 작품은 흔하지 않다. 아버지와 아들 간의 갈등이 작품의 주된 축을 이루고 있다. 그것은 진보적 사상(공산주의)을 받아들인 시적 주체와 여전히 지주의 습속(習俗)에서 벗어나

1 김상훈, 「아버지의 門앞에서」, 『대열』, 백우서림, 1947, 15쪽.

지 못하는 봉건적 사고의 소유자인 아버지와의 갈등이다. 더 넓혀 말하면 보수주의적 사고를 가진 기성세대와 진보주의적 사고를 가진 새로운 세대 간의 충돌이라고 할 수 있다. 지주의 아들로서의 편안한 삶을 거부하고 진보적 문학운동에 뛰어들었던 김상훈의 삶은 천석군 대지주이자 해방 직후 한민당의 후원자이기도 했던 아버지 김채환의 삶과 맞서는 것이었다. 「아버지의 門앞에서」는 해방기 김상훈의 내적 고민과 심리적 갈등을 잘 보여 주는 작품이다. 김상훈의 분신이나 다름없는 이 작품의 시적 주체는 새로운 이념의 수용으로 아버지와 대립하게 된다. 유교적 영향력이 여전히 강했던 당시 사회에서 부자 관계의 연(緣)은 절대적인 것이라 할 수 있다. 그런데 이 시의 시적 주체는 새로운 시대에 적응하지 못하고 여전히 구습에 얽매여 있는 아버지의 삶의 방식을 거부한다. 아버지 또한 자식이 선택한 삶의 길을 이해하지 못한다. 문은 바깥 세상과 안 세상을 연결하는 소통의 통로이다. 문은 바깥에서 안으로 들어가고, 동시에 안에서 바깥으로 나오는 통로의 여닫이인 것이다. 이 작품에서의 '문'은 시적 주체와 아버지를 연결하는 관문이라 할 수 있다. 그런데 그 문 앞에 "共產主義者는 들지말라"는 "무서운 글자"가 있어 그들 간의 소통을 가로막는다. "무서운 글자"는 아버지와 아들 사이에 존재하는, 극복할 수 없는 간극을 표상하는 기호이며, 서로 간의 화해와 공존을 불가능하게 만드는 장벽이 된다. 문이 "힘과 요새를 상징"하며, "권력을 나타낸다"[2]고 할 때 여기서 '아버지의 문'은 소통의 통로가 아닌 양 세대가 도저히 건

2 한국문화상징사전편찬위원회, 『한국문화상징사전』, 동아출판사, 1992, 283쪽.

너뛸 수 없는 장애물인 것이다.

지금까지의 세대 갈등이 이 시처럼 주로 가족 내부에서 현현되었다면, 현대 한국사회의 세대 갈등은 이제 가족 바깥으로까지 확장되어 나가고 있다. 현대 한국사회는 일제강점과 한국전쟁에도 불구하고 산업화와 경제개발을 통해 눈부신 발전을 이룩하였다. 그러나 급속한 사회변동은 많은 문제를 야기하면서 한국사회 곳곳에 성장의 후유증을 드러내 보이고 있다. 성장과 복지, 양 축을 사이에 두고 정치권에서의 이념 논쟁 또한 가속화되고 있다. 특히 한국사회가 다문화, 노령화사회 등으로 진입하면서, 이전에는 미처 겪지 못했던 여러 복합적인 문제와 갈등이 드러나기 시작하였다. 청년실업, 빈부격차, 노동시장의 개방에 따른 다양한 인종의 유입, 노령인구의 증가 등 많은 사회적 쟁점들이 문제 해결을 기다리고 있다. 최근 들어 세대 갈등은 '정치적 기획'에 따른 이념 갈등, '연령과 성을 절묘하게 결합시킨 상업적 기획'에 의한 세대의 '마케팅화', '연금과 일자리 같은 경제적 이해'를 둘러싼 문제,[3] 정보 격차에 의한 갈등 등으로 확장되면서 더욱 증폭되고 있다. 서구의 안정된 사회에 비해 근대계몽기 이후 급속한 사회변동을 겪은 한국사회의 경우 세대 갈등의 골은 더욱 깊다고 할 수 있다.

옛날이든 지금이든 세대 갈등은 각 세대가 갖고 있는 현실인식이나 가치관의 차이에서 온다고 할 수 있다. 가치관은 한 세대가 성장 과정에서 겪는 사회·역사적 사건 내지 문화적 경험과 밀접한 연관이 있

3 박길성, 「한국사회의 세대갈등」, 『한국사회』 12(1), 고려대학교 한국사회연구소, 2011. 6., 3~9쪽 참고.

다. 반근대와 근대의 와중에서 급속한 사회변동이 일어난 한국사회는 다른 나라보다 더 심한 세대 갈등을 겪고 있다. 급격한 사회변동은 세대 간의 역사적 사건, 문화적 경험 차이를 야기하여 세대 갈등을 가속화하는 요인이 된다.[4] 특히 전통적 봉건사회와 달리 근대지식 보급의 주축이 된 학교 교육의 활성화는 세대 간에 서로 다른 가치관을 형성하는 계기가 되었다. 새로운 세대는 기성세대가 이룬 업적을 부정하고, 기성세대는 새로운 세대를 권위와 억압으로 대하고자 한다. 이러한 관계 속에서는 차이와 갈등만 있지 소통과 공존의 장은 마련되기 어렵다.

이러한 세대 갈등 문제를 해결하기 위해서는 정치, 사회, 경제, 문화 등 제 분야에서 해결 방법을 모색하고 그 대안을 마련해야 한다. 그렇다면 문학이, 문학교육이 세대 갈등 해결을 위해 무엇을 할 수 있는가? 문학이, 문학교육이 담당해야 할 몫이 별도로 있는가? 이러한 물

---

4 세대 갈등에 대한 대표적인 기존 연구들을 들어 보면 다음과 같다.

윤옥경, 「사이버 시대의 세대 차이와 세대 갈등에 대한 전망」, 『한국청소년연구』 32, 한국청소년정책연구원, 2000. 12., 55~75쪽.
함인희, 「세대갈등을 넘어 세대공존을 향해」, 『계간사상』 44, 사회과학원, 2000. 3., 188~209쪽.
김현숙, 「현대소설에 표현된 '세대갈등' 모티브 연구」, 『1920년대 동인지 문학과 근대성 연구』, 상허학회, 2000. 8., 399~444쪽.
박재흥, 「세대개념에 관한 연구: 코호트적 시각에서」, 『한국사회학』 37(3), 한국사회학회, 2003. 6., 1~23쪽.
박영균, 「청소년과 부모세대 간 문화갈등에 관한 이론적 고찰」, 『청소년문화포럼』 21, 한국청소년연구소, 2009. 6., 110~137쪽.
박재흥, 「한국사회의 세대갈등: 권력·이념·문화갈등을 중심으로」, 『한국인구학』 33(3), 한국인구학회, 2010. 12., 75~99쪽.
조혜정, 「후기 근대 세대 간 갈등과 공생의 전망: 1990-2000년대 한국 사례의 교훈」, 『인문과학』 92, 연세대학교 인문학연구원, 2010. 9., 87~117쪽.
박길성, 「한국사회의 세대갈등: 연금과 일자리를 중심으로」, 『한국사회』 12(1), 고려대학교 한국사회연구소, 2011. 6., 3~25쪽.

음에 답하기 위해서는 문학의 본질 같은 다소 원론적인 문제로 돌아갈 수밖에 없다. 문학이 인간의 삶을 주된 제재로, 이 세상에서 일어날 만한 일들을 다룬다고 할 때, 인간의 삶이 갈등 자체이기 때문에 갈등은 문학의 주된 제재가 될 수밖에 없다. 특히 소설이나 희곡 장르가 갈등 중심의 갈래란 것은 주지의 사실이다. 세대 갈등은 문학작품의 경우 주로 가족 내, 특히 부자(父子)간의 갈등으로 나타난다. 가족 내부의 인물들이 가치관의 상이(相異)로 인해 갈등을 겪다가 그것으로 인해 파멸하거나, 아니면 갈등을 극복해 나가는 이야기가 대부분이다. 문학은 "가치 있는 인간적 체험의 기록"[5]이라고 할 수 있다. 사람들은 주관적이긴 하지만 보존할 만한 가치가 있는 것을 소중히 여긴다. 무엇이 가치 있는가는 사람마다 다를 수 있다. 역사적 사건의 경험이나 그들이 성장한 사회·문화적 상황은 이러한 가치 평가에 중요한 영향을 미친다. 세대 갈등의 문제는 가치 평가에 대한 각 세대 간 소통의 부재에서 비롯된다. 갈등을 해결하기 위해서는 세대 상호 간 공감과 이해의 폭이 중요하다고 할 때, 갈등의 양상을 은폐하기보다는 솔직히 드러내어 진지하게 해결책을 모색하는 것이 바람직하다. 문학창작과 문학교육의 장에서 이러한 작업이 주로 이루어진다.

세대 간 갈등 해결에 문학이, 문학교육이 무엇을 할 수 있는가가 이 장의 주된 관심사이다. 먼저 세대에 대한 개념 정리를 통해 세대 갈등이 발생하는 원인을 살펴보고, 세대 갈등을 제재로 한 문학작품, 특히 국어교재에 실린 문학작품을 고찰해 보고자 한다. 이후 문학교육의

5 최재서, 『문학원론』, 춘조사, 1957, 11쪽.

장에서 세대 갈등을 해결할 수 있는 방안 내지 전략이 무엇인지 논의해 보고자 한다.

2. 국어교재 속의 세대 갈등 노정(露呈)과 해결 방식

세대(generation)는 원래 그리스어 'genos'에서 유래하였으며, 국어사전에서는 "같은 시대에 살면서 공통의 의식을 가지는 비슷한 연령층의 사람 전체"[6]란 의미로 규정된다. 그러나 이러한 세대 개념만으로 세대를 설명하기에는 부족한 면이 없지 않다. 컬처(Kertzer)는 세대를 조부모-부모-자녀 세대와 같이 친족 계보(kinship descent)에서 동일항렬에 속하는 사람들/ 비슷한 시기에 태어나 동일한 생애주기 단계(life stage)에서 동일한 역사적 사건을 경험하는 출생 코호트(cohort)/ 청소년 세대, 대학생 세대와 같이 동일한 생애주기 단계에 있는 사람들/ 1914년 세대, 전쟁 전후 세대와 같이 특정 역사적 시기에 생존한 사람들로 구분한다.[7] 컬처의 구분은 세대에 대한 개념이 단순하지 않음을 보여준다. 현재 우리 사회에서의 세대 갈등은 친족계보적 용법이나 생애주기적인 용법의 세대 개념을 넘어서 사회 역사적 층위에서 발생되는 측면이 강하다고 할 수 있다. 사회학적 개념으로 세대를 체계화한 사람이 만하임(Mannheim)인데, 그는 실질적 의미의 세대를 "공유된 경험에 기반해 공동운명체로서의 강고한 연대감을 갖고 사회변동에 영향

---

6 국립국어연구원, 『표준국어대사전』 중, 두산동아, 3476쪽.

7 Kertzer, David I., "Generation as a Sociological Problem", *American Review of Sociology* 9, 1983, 125~149쪽: 박재흥, 「세대개념을 둘러싼 지형」, 『한국의 세대문제』, 나남출판, 2005, 73~74쪽 재인용.

을 미치는 사회운동세력"[8]이라 정의하였다. 박재흥은 이러한 만하임의 세대 개념이 지나치게 사회운동의 함의가 없거나 약한 세대 현상(예: 집합주의-개인주의, 권위주의-탈권위주의를 둘러싼 세대 차이와 갈등)을 분석하는 데 문제가 있다고 보고, 사회역사적 세대라는 중간수준의 세대 개념을 제시하였다. 그는 여러 서구학자들의 세대 논의를 바탕으로 코호트적 의미의 세대 개념을 재개념화하였는데, 세대는 "① 동일한 역사·문화권에서 비슷한 시기에 출생해 역사적·문화적 경험을 공유하고, ② 공유된 경험에 기초해 다른 코호트에 비해 상대적으로 유사한 의식, 태도, 행위 양식이 어느 정도 지속적으로 유지되는 경향을 가지며, ③ 자신이 속한 코호트에 대해 최소한 느슨한 수준에서라도 동류의식(同類意識)을 갖는 사람들의 집합"[9]이라고 규정하였다. 그는 이러한 세대 개념을 친족계보적 의미의 세대 개념과 구별하기 위해 '사회역사적 세대'라고 명명하였다. 현재 한국사회에서 문제되고 있는 세대 갈등 또한 친족계보적 의미의 갈등보다 코호트적 의미의 갈등, 즉 사회역사적 의미가 더 강하게 작용한다고 볼 수 있다. 결국 공통된 역사적·사회적 경험의 공유가 세대를 구분하는 중요한 잣대가 된다고 할 수 있다.

문학작품 속에서의 세대 갈등은 주로 부모-자녀 간의 갈등으로 나타난다. 이는 사회역사적 의미의 세대 갈등이 가족 구성원들을 통해 나타난 것이라 할 수 있다. 다시 말하면 특정 시기 어떤 역사적 사건과 사회문화적 경험을 겪은 세대들의 가치인식이 가족 내의 인물들을

---

8 박재흥, 「세대개념을 둘러싼 지형」, 『한국의 세대문제』, 나남출판, 2005, 72쪽.
9 위의 책, 85~86쪽.

통해 나타난 것이라 할 수 있다. 갈등의 주된 원인은 주로 대상을 바라보는 가치의식의 차이에서 비롯된다. 세대 간의 갈등은 수직적 갈등의 양상을 띠기 때문에 동 세대 내의 수평적 갈등보다 갈등의 골이 더 깊다고 할 수 있다.

1980년대 시에서 아버지에 대한 거부 내지 살해의식 같은 것이 나타난 적도 있었지만 시에서의 세대 갈등은 그리 많이 나타나지 않는다. 이는 순간적 생의 지각을 표현하는 시의 장르적 성격과 연관이 있다고 볼 수 있다. 이에 비해 인물 간의 갈등을 서사적 구조를 통해 드러내 보이는 소설이나 희곡의 경우 세대 갈등을 다룬 작품들이 시에 비해 훨씬 많이 나타난다. 이는 사회와 밀접한 관련이 있는 소설 장르의 경우 세대 갈등 같은 사회 문제를 다루기가 훨씬 용이하기 때문이다. 근대계몽기 이후 신교육을 받은 새로운 세대는 기성세대와 다른 가치관을 갖게 된다. 기성세대는 새로운 세대를 인정하지 않고, 새로운 세대는 기성세대를 부정하게 되는 것이다. 그 결과 기성세대와 신세대 간의 문화충돌이 일어나고, 이는 작품 속에서 주로 가족 내의 세대 갈등으로 현현된다. 작가들은 일제강점기의 소설은 물론이고 최근의 소설에 이르기까지 세대 갈등을 작품의 주된 제재로 다루어 왔다. 이들은 가족 외부의 이야기보다 가족 내부의 이야기를 통해 세대 갈등을 구체적으로 다룸으로써 인물들 간의 갈등을 더 생동감 있게 드러낼 수 있었다. 세대 갈등을 다룬 대부분의 문학작품도 가족 내의 갈등을 제재로 하고 있다. 세대 갈등을 다룬 소설은 문학교육의 장(場)에서도 중요한 정전(正典)으로 자리매김되고 있다. 세대 갈등을 다룬 많은 근현대문학 작품 가운데 중·고등학교 국어교재에 실린 작품을 정리해 보면 다음과 같다.

표 14-1 중등학교 국어교재에 실린 세대 갈등을 제재로 한 작품

작가	작품	세대 갈등의 축	원 발표지	수록된 국어교재
염상섭	「삼대」	할아버지-아버지-손자	『조선일보』 1931. 1. 1.~1931. 9. 17. 『삼대』(을유문화사, 1948)	제7차 교육과정기 고등학교 국어교과서
김동리	「무녀도」	어머니-아들	『중앙』, 1936. 5. 『무녀도』(을유문화사, 1947)	제7차 교육과정기 고등학교 문학교과서 4종
이태준	「돌다리」	아버지-아들	『국민문학』, 1943. 1. (원제: 石橋) 단편집 『돌다리』 (박문서관, 1943)	제7차 교육과정기 고등학교 문학교과서 1종 2007 개정 중학교 국어 2-1, 교학사(남미영 외)
현덕	「나비를 잡는 아버지」	아버지-아들	『집을 나간 소년』 (아문각, 1946)	2007 개정 중학교 국어 1-1, 교학사, 미래엔; 2009 개정 중학교 국어, 대교, 창비
박완서	「황혼」	시어머니-며느리	『뿌리깊은 나무』, 1979. 3. 『엄마의 말뚝』 (일월서각, 1982)	제7차 교육과정기 고등학교 문학교과서, 지학사(박갑수 외)
오승희	「할머니를 따라간 메주」	시어머니-며느리	『할머니를 따라간 메주』 (창비, 2000)	2007 개정 중학교 국어 1-1, 디딤돌(이삼형 외)

세대 갈등을 다룬 작품 중 이 장에서는 이태준의 「돌다리」, 박완서의 「황혼」, 오승희의 「할머니를 따라간 메주」를 논의의 주된 텍스트

로 삼았다.[10] 「돌다리」, 「황혼」, 「할머니를 따라간 메주」에 나타난 세대 갈등의 노정과 그 해결 방식을 주목해 보기로 한다. 이 세 작품은 일제강점기부터 최근까지 걸쳐 있어, 세대 갈등의 주된 내용을 통시적으로 살펴볼 수 있는 자료가 된다. 세대 갈등의 원인과 양상, 그 해결 방식이 각각 어떻게 다른지 살펴보기로 하자.

이태준의 「돌다리」는 서로 다른 가치관을 가진 아버지와 아들 간의 세대 갈등을 드러내 보여 주는 단편소설이다. 의사 창섭은 아버지의 땅을 팔아 병원을 확장할 목적으로 고향 샘말로 내려온다. 별로 소출이 없는 땅(논)을 팔아 병원을 확장하려는 창섭의, 물질을 중시하는 현실주의적 사고는 아버지의 땅에 대한 생각과 정면으로 배치된다. 땅을 삶의 터전으로 바라보는 아버지의 전통주의적 사고는 자연의 순리를 배반하지 않는 반근대주의적 세계관에 입각해 있다. 땅을 돈벌이의 수단으로 생각하는 아들과 삶의 터전으로 생각하는 아버지 사이의 세대 갈등은 쉽게 극복될 수 없는 것이다.

> 아들은 의사인 아들은, 마치 환자에게 치료 방법을 이르듯이, 냉정히 채견채견히 이야기를 시작하였다. 외아들인 자기가 부모님을

---

10 고전문학 작품에서도 세대 갈등의 문제를 찾을 수 있겠으나 이 장에서는 현대 한국사회의 쟁점을 다루므로 근대계몽기 이후부터 지금까지의 작품을 논의의 범위로 잡았다. 세대 갈등을 다룬 여섯 작품 중 세 편의 텍스트를 선정한 이유는 다음과 같다. 첫째, 세대 갈등을 다룬 작품 중 양 세대를 대변하는 인물이 주인공인 작품을 선택했다. 특히 세대 갈등만을 선명히 보여 주는 단편 위주의 작품을 선정했다. 식민지민의 총체적 삶의 형상화란 평가를 받고 있는 장편소설 「삼대」의 경우 구한말 세대인 조의관과 개화기 세대인 조상훈 사이의 갈등이 문제되고 있긴 하나 두 세대 간의 갈등만으로 이 소설이 진행된다고 보기 어려운 점이 있어 제외하였다. 둘째, 주로 통시적 입장에서 작품을 선택하고자 하였다. 그 결과 근현대 문학사에서 세대 갈등을 선명히 다루고 있는 1930년대, 1970년대 말, 2000년대에 해당하는 세 작품을 선정하게 되었다. 「나비를 잡는 아버지」는 수직적 갈등과 수평적 갈등이 겹쳐 있기 때문에 제외하였다.

진작 모시지 못한 것이 잘못인 것, 한집에 모이려면 자기가 병원을 버리기보다는 부모님이 농토를 버리시고 서울로 오시는 것이 순리인 것, 병원은 나날이 환자가 늘어가나 입원실이 부족되여 오는 환자의 삼분지 일밖에 수용 못하는 것, 지금 시국에 큰 건물을 새로 짓기란 거의 불가능의 일인 것, 마침 교통 편한 자리에 삼층 양옥이 하나 난 것, …… 시골에 땅을 둔대야 일 년에 고작 삼천 원의 실리가 떨어질지 말지 하지만 땅을 팔아다 병원만 확장해 놓으면, 적어도 일년에 만 원 하나씩은 이익을 뽑을 자신이 있는 것, 돈만 있으면 땅은 이담에라도, 서울 가까이라도 얼마든지 좋은 것으로 살 수 있는 것, …… 아버지는 아들의 의견을 끝까지 잠잠히 들었다.[11]

천금이 쏟아진대두 난 땅은 못 팔겠다. 내 아버님께서 손수 이룩허시는 걸 내 눈으로 본 밭이구, 내 할아버님께서 손수 피땀을 흘려 모으신 돈으루 장만허신 논들이야. 돈 있다고 어디가 느르지 논 같은 게 있구, 독시장밭 같은 걸 사? 느르지 논둑에 선 느티나문 할아버님께서 심으신 거구, 저 사랑마당엣 은행나무는 아버님께서 심으신 거다. 그 나무 밑에를 설 때마다 난 그 어룬들 동상(銅像)이나 다름없이 경건한 마음이 솟아 우러러보군 헌다. 땅이란 걸 어떻게 일시 이해를 따져 사구 팔구 허느냐? 땅 없어 봐라, 집이 어딨으며 나라가 어딨는 줄 아니? 땅이란 천지만물의 근거야. 돈 있다고 땅이 뭔지도 모르구 욕심만 내 문서쪽으로 사 모으기만 하는 사람들, 돈놀이처럼 변리만 생각허구 제 조상들과 그 땅과 어떤 인연이란 도시 생각지 않구 헌신짝 버리듯 하는 사람들, 다 내 눈에 괴이한 사람들루밖엔 뵈지 않드라. …… 네가 뉘 덕으로 오늘 의사가 됐니?

11 이태준, 「돌다리」, 단편집 『돌다리』, 박문서관, 1943, 218~219쪽.

> 내 덕인 줄 아느냐? 내가 땅 없이 뭘루? 밭에 가 절하구 논에 가 절해야 쓴다. 자고로 하늘 하늘 허나 하늘의 덕이 땅을 통허지 않군 사람헌테 미치는 줄 아니? 땅을 파는 건 그게 하늘을 파나 다룸없는 거다.[12]

땅을 둘러싼 아버지와 아들의 이러한 의견 대립은 땅을 바라보는 세대 간의 인식 차이가 그 원인이라 할 수 있다. 식민지 자본주의 교육을 받고 의사가 된 창섭에게 땅은 금전적 수단이지만, 평생 땅을 안고 살아온 아버지에게 땅은 운명 같은 것이다. 이러한 갈등의 해결은 근원적으로 불가능하지만 아들 창섭이 아버지의 세계를 이해하고 다시 도시(서울)로 올라가는 것으로 갈등은 봉합된다. 아버지와 아들의 갈등은 가치관의 상이로 인한 갈등이라 할 수 있다. 아버지는 땅을 중심으로 한 농경사회에 속한 인물이다. 아버지와 그 이전의 세대는 땅을 중시하는 농경사회 생산양식을 바탕으로 생활하고 사고하였다. 그렇기에 그들 사이에는 인간과 인간 사이의 갈등은 존재할 수 있어도 세대 갈등은 크게 문제가 되지 않았다. 반면 아들인 창섭은 자본주의적 생산양식을 바탕으로 한 근대교육을 받은 후 의사가 되었다. 그러므로 창섭은 자연스럽게 물질과 금전 중시의 사고를 가지게 되었다. 아버지의 세계에 아들이 개입하면서 갈등은 시작된다. 그렇지만 이들의 갈등은 극명하게 충돌하지는 않고 있다. 충돌을 피할 수 있었던 것은 부자(父子)가 상대방의 세계를 서로 인정하였기 때문이다. 아버지와 창섭의 세계는 서로 다르지만 창섭이 '돌다리'를 고치는 아버지의

12 위의 책, 220~222쪽.

세계를 인정하고 존중함으로써 표면적 갈등은 해소된다. 아들 창섭은 아버지의 생각이 자신의 생각과 다름을 인정하고 아버지가 고수하고 있는 전통주의적 세계관을 이해하게 되는 것이다. 아들이 아버지 나름의 세계를 인정하고, 서울로 떠남으로써 갈등은 잠복된다. 아버지 역시 아들의 세계를 부정하지는 않는다. 단지 그는 자신이 할 수 있는, 아버지 세대가 지킬 수 있는 전통(돌다리의 세계)을 공고히 하며, 다가올 시대에 대한 자기의 소명을 다하고자 할 뿐이다. 그는 돌다리를 딛고 다가오는 새로운 세계를 맞고자 하는 것이다. 아버지의 세계는 '돌다리'로 표상된다. '돌다리'는 전통적인 농촌공동체의 삶을 대변하는 상징물이며, 이러한 아버지의 생각은 반근대주의자였던 이태준의 생각을 대변하는 것이기도 하다.

박완서의 「황혼」은 서울 중산층 가정의 시어머니와 며느리 사이의 세대 갈등을 다루고 있다. 이 소설의 배경이 되는 '강변 아파트'는 한국경제성장이 이룩한 강남 중산층 가정을 표상한다고 할 수 있다. 「돌다리」가 농촌공동체 사회를 배경으로 하였다면, 「황혼」은 산업화로 인해 부가 축적된 도시를 배경으로 하고 있다. 이 소설은 세대 간 인간관계의 단절 내지 불화를 통해 경제성장이 가져다준 도시적 부(富)의 이면(裏面)을 비춰 보이고 있다. 「황혼」은 1979년 『뿌리깊은 나무』 3월호에 발표된 작품이지만 1980년대 이후 급팽창된 아파트 문화 속에서 물신화되고 소외되어 가는 노년층의 문제를 주목하고 있다는 점에서 여전히 현재적이라 할 수 있다.

강변 아파트 칠동 십팔층 삼호에는 늙은 여자와 젊은 여자와 젊은 여자의 남편과 두 아이가 살고 있었다. 늙은 여자와 젊은 여자는 고부간이었다. 고부간의 의는 좋지도 나쁘지도 않았다. 젊은 여자는 좋은 가정교육과 학교 교육을 받은 똑똑한 여자로서 매사에 완전한 걸 좋아했다. 비뚤어지거나 모자라거나 흠나거나 더럽거나 넘치는 걸 참지 못했다. 그러나 사람의 행복이라는 데 대해서만은 대단히 융통성 있는 생각을 갖고 있었다. 아무리 행복한 사람에게도 한 가지 근심이 있기 마련이란 게 그것이었다. 늙은 여자는 젊은 여자의 바로 이 한 가지 근심이었다. 젊은 여자는 늙은 여자를 한 가지 근심으로밖에 인정하지 않았다. 늙은 여자는 실상 늙은 여자가 아니었다. 아직 환갑도 안 되었고 소녀처럼 혈색 좋은 볼과 검고 결 좋은 머리와 맑은 눈을 가지고 있었다. 젊은 여자를 며느리로 맞을 때는 더 젊었었다. 하객들은 동서간처럼 보이는 고부간이라고 수근댔었다. 시집온 지 며칠이 지나도록 젊은 여자는 늙은 여자를 결코 어머니라고 부르지 않았다. 꼭 불러야 할 기회는 젊은 여자 쪽에서 교묘하게 피했기 때문에 늙은 여자는 그걸 별로 부자연스럽게 여기지 않았다. 그러던 어느 날 젊은 여자는 친구를 초대했다. 친구들은 오이소배기 맛을 특히 칭찬하면서 누가 어떻게 담갔는가를 알고 싶어했다. 그것은 늙은 여자의 솜씨였다. 늙은 여자는 젊은 여자가 우리 어머님이 담그셨다고 그래주길 가슴 두근대며 기다렸다. 그러나 젊은 여자는 간결하게 말했다. "우리 집 노인네 솜씨야." 늙은 여자는 그 말이 섭섭해 며칠 동안 입맛을 잃었다.[13]

이 소설은 대가족제도하에서 존경과 권위를 함께 가졌던 부모세대가 변화된 대도시의 아파트에서 더 이상 설 자리를 찾지 못하고 소외

---

13 박완서, 「황혼」, 소설집 『엄마의 말뚝』, 일월서각, 1982, 316~317쪽.

되는 모습을 보여 주고 있다. 「황혼」은 고부간의 갈등이 주된 서사이지만 직접적으로 충돌하던 기존의 고부 갈등과는 다르다. 기존의 고부 갈등은 전통적 사회 안에서의 인간적 세부 갈등의 양상을 띠고 있었다면, 「황혼」에서의 고부 갈등은 완전히 다른 문화권에서 성장한 사람들의 문화 충돌이라 할 수 있다. 서로 말을 하지 않아 겉보기에는 아무 갈등이 없는 것처럼 보이지만 상처는 더욱 깊은 그런 갈등이다. 시어머니는 소통 부재의 가족 관계 속에서 '명치끝 응어리' 만지기를 통해 가족과의 진정한 소통을 꿈꾸지만 그것은 부질없는 욕망에 지나지 않는다. 아들이나 며느리는 그와는 무심하게 그들만의 세상을 살아가고 있기 때문이다. 적당히 서로에게 불편을 주지 않을 만큼 살아가지만 그 관계는 정이 부재하는 불구적 관계일 뿐이다. 이러한 관계는 며느리가 시어머니를 '어머님'이라 부르지 않고 '노인네', '할머니'라고 지칭하는 데서 잘 드러난다. 서술자가 이들을 제삼자와 다를 바 없는 '늙은 여자', '젊은 여자'로 부르는 것도 비정상적인 가족 관계의 모습을 드러내기 위한 전략이라 볼 수 있다. 전지적 작가 시점을 취하고 있는 이 소설은 늙은 여자가 초점화자가 됨으로써 젊은 세대에 대한 노년층의 불편한 내면심리를 잘 드러내 보이고 있다.

「황혼」은 고령화 사회에 접어들기 시작한 현대 한국사회에 가족과 노인의 문제를 일찍이 제기한 작품이다. "바깥으로 창이 나지 않은 부엌 옆 골방"[14]은 희망 없는 노인 세대의 운명을 상징하는 것이라 할 수 있다. 볕 없는 '골방'에서 시어머니는 무기력하게 방치되고, 가

---

14 위의 책, 317쪽.

족 관계의 단절로 말미암아 모든 것으로부터 소외된다. 노년층에게는 도시 곳곳에 우뚝 서 있는 아파트가 성장의 산물이라기보다는 소외와 절망의 공간으로 자리 잡고 있는 것이다. 그 결과 고부간의 세대 갈등은 더 이상 해결의 기미가 보이지 않는다. 시어머니에 대한 며느리의 입장은 양가적이다. 며느리는 표면적으로는 시어머니를 대우하고 존중하는 형식적 관계를 유지하나, 이면적으로는 시어머니를 철저히 소외시키고 있다. 자신의 세계에 시어머니가 들어오는 것을 용납하지 않으며, 매사 자신의 세계에서 시어머니를 교묘히 배제시키고 있다. 아들 역시 방관적 태도를 통해 세대 갈등을 묵인 또는 조장하고 있다. 경제적 부는 확보되었지만 정신적인, 내면의 성장을 동반하지 못한 경제성장의 이면을 이 작품은 비추어 내고 있는 셈이다. 햇빛이 들지 않는 아파트의 골방에서 시어머니의 응어리진 내면의 상처는 더욱 악화되어 가고, 그의 존재를 증명해 줄 삶의 공간은 더욱 축소되어 간다. 작가 박완서는 이 소설에서 양 세대 간의 갈등을 조정하거나 해결하는 화해의 공간을 마련하지 않는다. 그는 서울 중산층 아파트에 사는 시어머니와 며느리 간의 갈등을 통해 세대 간 갈등의 골이 얼마나 깊고 교묘한지를 드러내 보인다. 물질적 풍요의 이면에 가려진 그늘진 인간관계의 문제점을 「황혼」은 적절히 짚어 내고 있는 것이다. 「돌다리」에서는 인물들이 서로, 다른 세계를 인정함으로써 그래도 교량으로서의 가능성을 엿볼 수 있었는 데 비해, 「황혼」은 후(後)세대는 전(前)세대의 존재를 부정하고, 전세대는 후세대와 가깝게 지내고 싶으나 용납되지 않는 현실에 절망한다.

오승희의 「할머니를 따라간 메주」는 할머니와 엄마 사이의 세대 갈등을 초등학교 5학년인 은지의 시점에서 그려 낸 동화이다. 할머니는 아파트에서 메주콩을 삶고 메주를 매달기 위해 문틀 위에 못질을 하는 등 시골에서와 다름없는 삶의 방식을 고수하는 인물이다. 반면 엄마는 직장생활을 하는, 할머니의 생활방식을 전혀 이해하지 못하는 도시 여성이다.

> 현관 문 열리는 소리가 나고 엄마가 들어왔다. 토요일이라 일찍 퇴근했나 보다. 엄마는 방아를 찧고 있는 할머니를 보더니 기막히다는 표정을 지었다. 할머니는 모른 체하고 계속 방아를 찧는다. 엄마는 인상을 찡그리며 안방으로 들어갔다. 나도 엄마를 따라 들어갔다. 옷을 갈아 입으며 엄마는 조그맣게 중얼거렸다.
>
> 「정말 왜 저러신다니? 그렇게 하지 마시라고 말렸는데.」
>
> 엄마는 화가 나서인지 옷을 탁 팽개쳤다.
>
> 「하여간 꼭 자기 주장대로만 하시려고 한단 말이야. 해야 되겠다고 한 것은 기어코 하시고자 마니……. 주위 사람들 얘기는 듣지도 않고.」
>
> 그러고 보니 얼마 전 할머니가 메주를 쑤겠다고 했을 때 엄마가 말렸던 생각이 났다. 아파트니까 항아리 늘어놓을 데도 없고 냄새도 나니 하지 말자고 했던 것이다. 나는 엄마 옆에 서 있기가 불편해 내 방으로 건너왔다. 책상머리에 앉아 숙제 공책을 펴 놓지만 공부가 될 리 없었다.[15]

메주를 둘러싸고 이처럼 할머니와 엄마의 갈등은 심화되고 그 갈등

---

15 오승희, 『할머니를 따라간 메주』, 창비, 2000, 88~89쪽.

의 과정을 은지는 불안스럽게 지켜본다. 고부간의 이러한 세대 갈등은 서로 상대방의 삶의 방식을 이해하고 배려하지 못하는 데서 오는 것이라 할 수 있다. 할머니는 도시의 아파트로 거처를 옮겼으나 여전히 농촌공동체적 삶의 기반 위에서 모든 행동을 하는 반면 엄마는 메주보다 '집꼴'을 더 중시하는 일반적인 도시 여성이라 할 수 있다. 메주를 삶고 매다는 일은 할머니에게는 일상적이고 의례적인 일에 불과하나, 엄마에게는 할머니의 이런 일상적 행위가 참을 수 없는 것으로 받아들여진다. 그런데 「할머니를 따라간 메주」는 박완서의 「황혼」처럼 갈등이 극으로 치닫지는 않는다. 「황혼」의 서술 시점은 전술한 바와 같이 전지적 작가 시점으로, 갈등의 당사자인 늙은 여자가 초점화자이다. 그 결과 늙은 여자의 내면심리 중심으로 그려지다 보니 갈등을 중재할 매개체가 없다고 할 수 있다. 반면 「할머니를 따라간 메주」는 양자 간의 갈등을 중재할 완충지대를 마련하고 있다. 갈등 해결의 실마리는 1인칭 관찰자인 은지로부터 비롯된다. 은지는 할머니와 엄마의 말이나 행동을 통해 그들의 심리를 파악하고 그들 사이의 갈등을 해소하려고 노력한다. 우연히 놀러간 친구 희정이네 집[16]의 된장

16 「할머니를 따라간 메주」에 나오는 희정이 어머니는 은지의 어머니와 같은 세대라도 그들과 달리 행동한다. 이는 같은 세대라 해서 모두 같은 생각이나 취향을 가지고 있지 않음을 보여준다. 한편 만하임(Mannheim)은 20세기 초 독일에서 활동했던 미술사가 핀더(W. Pinder)가 사용한 '동시대의 비동시대성'이란 용어를 가져와 세대 연구에 사용하였으며, 마리아스(Marias)는 '동년배적인 것이 아닌 것의 동시대적 공존'이란 용어를 사용하였다. 이는 연대기적으로 같은 시대에 살고 있는 사람들이 주관적·내면적 시간을 달리하는 상이한 세대들로 구성된다는 것을 의미한다. 즉 경험의 질이 다르고, 세상을 달리 보며, 다른 방식으로 살아가는 여러 세대(비동시대성)가 한 시대에 공존하고 있다는 것을 뜻한다고 할 수 있다. 은지 어머니와 희정이 어머니의 경우는 같은 세대이지만 세상을 다른 눈으로 보고 다른 방식으로 살아간다는 점에서 '동시대의 비동시대성' 개념의 의미 확장이 가능하리라 본다. 박재흥, 「사회변동과 세대구분의 문제」, 앞의 책, 47~49쪽 참고.

사랑에 놀란 은지는 일부러 된장찌개를 맛있게 먹어 보이는 등 두 사람 사이를 중재하려고 한다. 그럼에도 불구하고 봄이 되자 할머니는 아파트 생활에 적응하지 못하고 다시 시골로 내려가게 된다. 이때서야 비로소 엄마도 할머니의 마음을 이해하게 된다. 메주를 삶고 메주를 매다는 일은 바로 할머니의 일상성이었으나 며느리인 엄마는 그것을 제대로 이해하지 못했던 것이다. 할머니는 시골에서 생활함으로써 다시 생기를 되찾게 되고 일상적 삶으로 복귀할 수 있었다.

「할머니를 따라간 메주」나 「황혼」은 두 작품 모두 고부간의 갈등을 다루고 있지만 「할머니를 따라간 메주」는 갈등을 해결하는 방법까지 제시해 보이고 있다는 점에서 주목된다. 박완서의 「황혼」과 달리 「할머니를 따라간 메주」의 시어머니는 장소 이동을 통해 삶의 활기를 되찾는다. 시어머니는 아파트란 낯선 장소에서 자기 삶을 제대로 영위하지 못했으나 장소 이동을 통해 다시 일상성을 회복할 수 있었다. 결국 시어머니는 자신이 평생 살아온 시골이란 장소를 통해 자신의 존재감과 정체성을 다시 찾을 수 있었고, 은지의 가족들도 행복해질 수 있었다. 이 작품에서 고부간의 갈등은 서로가 발을 딛고 있는 장소의 문화 차이를 제대로 이해하지 못한 데서 시작되었다고 할 수 있다. 자신의 의견만 내세우고 상대를 배려하지 못할 때 갈등은 시작된다. 상대방의 입장을 배려하고 그들이 성장한 공간의 문화를 인정할 수 있을 때, 또 상대의 생각이나 의견이 자신과 다를 수 있다는 똘레랑스 정신이 구비될 때, 갈등은 자연스레 해결될 수 있음을 이 작품은 보여주고 있다.

3. 세대 갈등 해결을 위한 문학교육의 전략

3.1. 세대 갈등을 다룬 교육정전의 확보

국어과 교육과정에서의 갈등은 주로 문학 영역에서 제시된다. 문학 영역에서는 주로 소설이나 희곡 갈래의 학습 내용으로 갈등을 내세운다. 그 갈등과 관련된 2007 개정 교육과정에 제시된 국가수준의 7학년 문학영역의 성취기준은 다음과 같다.

> 【7-문학-(1)】 문학 작품에 드러난 인물의 심리상태와 갈등의 해결과정을 파악한다.
>
> 【내용 요소의 예】
>
> · 소설이나 희곡에서 갈등 구조 이해하기
>
> · 갈등의 해결 과정 파악하기
>
> · 갈등의 해결 과정에 따라 인물의 심리 상태가 어떻게 변하는지 파악하기

여기에서 우리는 두 가지 사실을 알 수 있다. 갈등을 주로 드러내는 갈래가 소설과 희곡이라는 것이고, 이러한 갈래를 통해 갈등의 해결 과정과 인물의 심리상태를 파악해야 한다는 것이다. 그런데 이 성취기준을 제대로 달성하기 위해서는 텍스트 이해의 측면과 학습자 개인의 내면화 문제가 동시에 고려되어야 한다. 문학교육의 장에서는 텍스트 이해의 측면도 중요하지만 학습자 개인의 능동적 역할이 더욱 중요하다고 할 수 있다.[17] 2007 개정 교육과정에 따른 중학교 1학년 국

17 교육과정 해설서의 이 성취기준에 대한 해설 부문 중 뒷부분은 학습자의 능동성을 지적한 것이

어교과서는 대부분 갈등을 제재로 한 문학작품을 소단원으로 제시하고 있다. 국가수준의 성취기준과 교육 내용을 교과서 집필자가 따를 수밖에 없겠지만, 소설이나 극 갈래 교수·학습 시 갈등은 중요한 학습 요소임에 틀림없다. 갈등은 인간 삶의 제반 현장에서 일어나기 마련인데, 아버지와 아들, 시어머니와 며느리, 상사와 부하, 교사와 학생, 선배와 후배 사이에서 일어나는 갈등이 있는가 하면, 같은 세대의 동료나 친구 사이에서 일어나는 갈등도 있다. 자신의 의지대로 살아갈 수 없는 것이 인간의 삶이라면, 사람과 사람 사이에는 이처럼 갈등이 끼어들기 마련이다. 그러므로 문학 교수·학습 시간에 갈등의 충돌과 그 해결 과정을 잘 보여 주는 텍스트의 선정은 필수적이라 할 수 있다.

2009 개정 교육과정에 따라 만들어진 중학교 교과서 16종의 갈등 단원은 많은 문학작품을 다루고 있는 것처럼 보이지만 실제로는 중복되어 실린 작품이 대부분이다. 소설의 경우 박완서의 「자전거도둑」(6회), 현덕의 「하늘은 맑건만」(5회), 허균의 「홍길동전」(2회), 현덕의 「나비를 잡는 아버지」(1회, 갈등 아닌 단원 2회), 희곡의 경우 이강백의 「들판에서」(2회), 시나리오의 경우 홍자람의 「챔피언」(2회), 민예지 외의 「달

라 볼 수 있다. "이 성취기준은 갈등의 해결 방식과 해결 과정을 인물의 성격이나 심리 상태와 직접적으로 연관됨을 이해하도록 하기 위하여 설정하였다. 소설이나 극 갈래(연극, 영화, 드라마)에서 갈등이 어떤 형태로 나타나는지를 이해하고, 갈등의 해결과정에서 인물의 성격이나 심리 상태가 어떤 식으로 변모하는지를 파악하는 능력을 기르는 데 중점을 둔다. 문학작품에서 인물은 대개 욕망이나 욕구 또는 희망과 같이 자신의 추구하는 바를 갖고 있다. 인물은 그것을 이루기 위해서 노력하지만 흔히 그 과정에서 장애를 만나는 것이 보통이다. 두 의지의 충돌을 의미하는 갈등은 작품 속에서 해결해야 할 문제로 나타나고, 이를 통하여 삶의 의미를 탐구하려는 소설이나 극(연극, 영화, 드라마) 등의 문학 갈래에서 매우 큰 중요성을 가진다. 여기에서 학습자는 갈등의 원인과 갈등의 전개과정, 그리고 해결과정에서 인물의 심리상태가 구체적으로 변하는 모습을 관찰해야 한다. 그러한 관찰의 경험을 통하여 학습자는 타인을 이해하고 학습자 자신을 이해하는 데도 필요한 구체적이고 체험적인 '지식'을 경험하게 된다." 『교육인적자원부 고시 제2007-79호에 따른 중학교 교육과정 해설(Ⅱ)』, 교육과학기술부, 2008, 47쪽.

리는 차은」(2회) 등을 빼고 나면 소설 「동백꽃」(김유정), 「수난이대」(하근찬), 「학」(황순원), 「명혜」(김소연), 희곡 「빌헬름 텔」(실러), 시나리오 「빌리 엘리엇」(리 홀), 「집으로」(이정향) 등이 남는다. 이들 작품 중 세대 갈등을 직접적 플롯으로 하는 작품은 한 편도 없다. 2007 개정에 따른 교학사의 중학교 국어교과서(남미영 외)에 「돌다리」가 유일하게 실려 있었는데 이마저도 2009 개정 국어교과서에서는 「동백꽃」으로 대체되었다. 이는 국어교과서가 변화하는 한국사회의 쟁점을 제대로 따라잡지 못하고 있음을 보여 주는 하나의 사례라 할 수 있다.

급속한 사회변동은 세대 갈등을 더욱 증폭시킨다. 세대 갈등은 고령화 사회로 접어들기 시작한 한국사회에서 중요한 사회적 쟁점의 하나로 부상하고 있다. 세대 갈등 문제를 해결하기 위해서는 국어교과서 집필진이나 현장교사, 학습자들이 세대 갈등 문제를 제대로 인식할 필요가 있다. 그러기 위해서는 세대 갈등을 다룬 문학작품을 많이 발굴하여, 그중 아동의 성장단계에 맞는 문학작품을 국어교육 텍스트로 편입시키는 작업이 우선 필요하다. 학습자들은 이러한 정전 학습을 통해 세대 갈등의 문제를 미리 추체험할 수 있다. 그 과정에서 그들은 자기가 살아가는 사회 또는 앞으로의 삶에서 일어날 수 있는 갈등의 근본적 원인을 해결할 방안을 생각해 볼 수 있는 것이다. 그러하기 위해서는 교과서에 실릴 문학 텍스트의 경계를 지금보다는 좀 더 확장할 필요가 있다. 현행 국어교과서는 작품 수도 적고 학습활동도 제대로 구성되어 있지 못하다. 편집진의 취향에 따라 한 번 운 좋게 교과서에 실린 작품이 제대로 된 검토 과정도 없이 지속적으로 실리는 경우도 있었다. 본인도 모르게 작동되는 내적 검열은 물론이거니와 관행적인 습관에 의해 자주 수록되는 '교과서 작가'를 교과서 집필진이 중시하다 보면 제대로 된 텍스트가 선정되기는 어렵다. 교과서 집필진이든 검정위원이든 텍스트에 대한 좀 더 열린 시각이 필요하다고 하겠다. 세대 갈등을 다루고 있는 조정래의 「메아리 메아리」, 김소진의 「쥐잡기」, 최일남의 「흐르는 북」, 박완서의 「해산 바가지」 같은 작품들도 국어교재의 교육정전으로 검토할 수 있는 작품이다. 교과서 편찬자들은 기존의 경계 안에 머무는 안일한 태도를 버리고 좀 더 적극적인 작품 발굴의 태도가 요구된다고 하겠다. 세계문학전집, 한국문학전집의 섭렵은 물론이고 개별 작가들의 제 작품 읽기를 통해 제대로 된 작품 선정을 위해 지속적으로 노력해야 한다. 문학교육 현장의 교사들 또한 교과서에 수록된 작품에만 의존하지 말고 교사들 자신이 만들어 낸 잠재적 상호텍스트를 교육정전으로 재구성하려는 의지를 가져야 한다. 교과서에 실린 작품은 교과서에 실려야 할 작품보다 적을 수밖에 없다. 그러므로 문학교육 현장에서는 교과서를 매개로 하되 수업의 주체인 교사들이 교과서에 실려야 할 작품을 재구성하기 위해 정전의 끊임없는 발굴과 정전 간의 싸움을 주도해야 한다.

세대 갈등 문제를 제대로 다루기 위해서는 각 교과 간의 융합적 시각 또한 필요하다. 세대 갈등의 문제를 어느 한 교과가 아니라 여러 교과에서 중층적으로 다룰 필요가 있다. 상호 관련 교과의 융합 내지 이들 교과에 나오는 세대 갈등 텍스트의 상호성 교육을 통해서 세대 갈등 문제 해결의 실마리를 찾을 수도 있을 것이다.

3.2. '새로운 만남'을 향한 공감과 소통

세대 갈등 문제를 해결하기 위해서는 정전의 확보 못지않게 교수·학습 활동 또한 중요하다. 학습자들은 텍스트를 읽으면서 자연스럽게 세대 갈등 문제를 인식하는 한편, 교수·학습 과정에서 새로운 해결책을 찾을 수도 있다. 세대 갈등은 두 세대 간의 이념이나 생각의 충돌로, 서로 간의 이해와 공감이 부족한 데서 발생한 것이라 할 수 있다. 만하임식으로 말하면 '새로운 만남(접촉)'을 향한 소통 정신의 부족이 가져온 결과라 할 수 있다. 교육의 장에서 갈등 해결은 서로의 입장 충돌이 아니라 이해와 공감의 과정을 넓혀 가는 상호작용에서 나오는 것임을 배울 필요가 있다. 역지사지(易地思之)의 지혜가 있을 때 세대 갈등의 문제는 쉽게 해결될 수 있는 것이다. 학습자들로 하여금 텍스트 안에 있는 이러한 부분들을 찾게 하여 그것에 공감하는 시간을 가져 보는 것도 필요하다. 「돌다리」나 「황혼」, 「할머니를 따라간 메주」에는 텍스트 속에 세대 간 이해와 공감의 과정이 부분적으로 드러나 있다.

> 「자식의 젊은 욕망을 들어 못주는게 애비된 맘으루두 섭섭하다. 그러나 이 늙은이헌테두 그만 신념쯤 지켜오는게 있다는 걸 무시하지 말어다구.」
>
> 아버지는 다시 일어나 담배를 피우며 다리 고치는데로 나갔다. 옆에 앉았던 어머니는 두 눈에 눈물을 쭈루루 흘리었다.
>
> 「너이 아버지가 여간 고집이시냐?」
>
> 「아뇨. 아버지가 어떤 어룬이신건 오늘 제가 더 잘 알았습니다. 우리 아버진 훌륭헌 인물이십니다.」

그러나 창섭도 코허리가 찌르르하였다. 자기가 계획하고 온 일이 실패한 것쯤은 차라리 당연하게 생각되었고, 아버지와 자기와의 세계가 격리되는 일종 결별의 심사를 체험하는 때문이었다. 아들은 아버지가 고쳐 놓은 돌다리를 건너 저녁차를 타러 가 버리었다. 동구 밖으로 사라지는 아들의 뒷모양을 지키고 섰을 때, 아버지의 마음도 정말 임종에서 유언이나 하고 난 것처럼 외롭고 한편 불안스러운 심사조차 설레였다.[18]

「돌다리」에서 땅의 가치를 설명하는 아버지 앞에 창섭은 감동의 순간을 경험한다. 비록 아버지와 자신의 세계가 합일될 수 없는 '결별'의 순간임을 직감하긴 하지만 창섭은 아버지의 세계에 순간이나마 감동하고 자신의 주장을 철회한다. 창섭의 "코허리가 찌르르"한 것이라든지 아버지가 고쳐 놓은 돌다리를 건너 창섭이 다시 서울로 간다는 것은 아버지와 아들의 관계가 완전한 결별만이 아님을 암시한다고 할 수 있다. 교량으로서의 돌다리를 통해, 이입되는 근대자본주의의 압박 속에서도 구세대와 신세대의 연결끈 같은 것을 독자는 희미하게나마 감지할 수 있다.

전화를 엿들으면서 늙은 여자는 차츰 생기가 나기 시작했다. 젊은 여자들은 늙은 여자가 들어서 언짢은 얘기는 결코 하지 않았다. 젊은 여자는 교양이 있는 여자였다. …… 늙은 여자는 몰래 엿듣는 전화였으므로 숨죽여야 했고, 아무리 우스워도 소리 죽여 웃어야 했다. 그래서 더욱 늙은 여자의 표정은 팬터마임처럼 과장되어 변

18 이태준, 「돌다리」, 앞의 책, 225~226쪽.

> 해 갔다. 늙은 여자는 통화에 끼어들지 못했지만 젊은 여자들이 하는 말에 늘 흥미진진했다. 젊은 여자들은 한 번도 늙은 여자의 귀에 거슬리거나 못 알아들을 말을 한 적이 없었다. 젊은 여자들이 재미있어 하는 얘기는 늙은 여자도 재미있었고, 젊은 여자들이 분개하는 문제에 대해선 늙은 여자도 분개했다. 젊은 여자들의 기쁨이나 슬픔, 바람을 늙은 여자는 특별히 노력하거나 가장하지 않고도 따라할 수 있었던 것이다. 전화로 하는 젊은 여자들의 이야기에 숨어서 참여할 때마다 늙은 여자는 자기가 왜 늙은 여자여야 하는지 이상하게 생각했다. 고립되어 특별히 취급되어야 할 아무런 이유도 그 자신에겐 없었다.[19]

「황혼」에서 늙은 여자는 젊은 여자의 전화를 엿듣는 행위를 통해 젊은 여자들의 흥미와 의견에 상당 부분 공감한다. 젊은 여자들의 대화에 직접적으로 끼어들지는 못하지만 늙은 여자는 젊은 여자들의 생각에 동조하고 대화하고 싶은 욕망을 느낀다. 서로 다른 사회·문화적 공간에서 살아온 각 세대들은 사고방식이나 가치관이 달라 서로 쉽게 충돌하지만 정서적 공감을 형성하는 부분 또한 적지 않다. 공감적 유대를 형성할 수 있는 부분을 중심으로 상호 소통하다 보면 세대 간의 갈등도 자연스럽게 해결될 수 있다. 아파트란 삭막한 공간을 배경으로 한 「황혼」에 비해, 「할머니를 따라간 메주」는 할머니가 아파트를 떠나 시골로 장소를 이동함으로써 새로운 화해의 공간을 제시하고 있다.

---

19 박완서, 「황혼」, 앞의 책, 324~325쪽.

「할머니, 싫어. 우리랑 같이 살아요.」

나는 할머니 팔을 붙들고 애원했다. 눈물이 나올 것 같았다. 할머니는 그동안 줄곧 마음이 불편했던 걸까? 된장찌개까지 애써 먹으면서 엄마와 할머니 사이를 돌려 놓으려 했는데……. (중략)

「안돼요. 그렇게 내려가시면 어떡해요.」

엄마는 방 한 귀퉁이에 있는 옷 보따리를 빼앗기라도 할 듯 움켜잡으며 말했다.

「어머니가 그런 생각까지 하고 계신 줄은 몰랐어요. 그렇게 노여우셨어요? 그동안 제가 잘못했어요. 내려가신다는 말씀 거두세요. 제발 노여움을 푸세요.」

엄마는 울먹이며 할머니에게 빌었다. 할머니는 고개를 가로저으며 말했다.

「아녀. 너한테 서운한 게 있어 내려가려는 게 절대 아녀. 내 오래전부터 생각하고 있었어. 서울서는 도대체 내가 살 수가 없어야. 흙마당 하나 밟을 데 없이 이렇게 갇혀서는 내가 제 명에 죽지 못할 것 같어.」[20]

메주를 둘러싸고 벌어진 시어머니와 며느리 사이의 극한 대결은 할머니의 귀향을 계기로 극적으로 해소된다. 할머니의 시골로의 귀향이 갈등의 당사자인 할머니와 엄마의 마음을 서로 소통하게 만들었던 것이다. 할머니가 자신이 살아온 시골이란 장소로 복귀함으로써, 할머니의 삶은 다시 행복해질 수 있었다. 삶의 존재감과 정체성은 장소에서 나온다고 할 수 있다. 할머니는 시골이란 장소를 통해 자신의 존재감

20 오승희, 앞의 책, 103~104쪽.

과 정체성을 다시 회복할 수 있었다. 이 작품에서 고부간의 갈등은 서로가 발을 딛고 있는 장소의 문화 차이를 제대로 이해하지 못한 데서 시작되었다고 할 수 있다. 개인은 자신이 성장하면서 생활한 공간의 틀 속에서 모든 것을 이해하고 생각하기 마련이다. 그렇다 보니 같은 역사적·문화적 공간을 공유하지 못했던 세대 간에 갈등은 일어나기 마련이다. 동일세대 안의 수평적 갈등이 아닌 수직적 갈등으로 일어난 세대 갈등의 경우, 서로 간의 공유경험이 부족하기 때문에 갈등을 해결하기 더 어렵다고 할 수 있다. 상대방의 처지와 그들이 성장하고 생활한 공간의 문화를 진정으로 이해하고 배려해 줄 수 있을 때, 비로소 갈등은 해결될 수 있다. 갈등의 당사자들이 자신과 다른 상대방의 처지나 생각을 이해하지 못할 때 그 갈등은 격화되기 마련이다. 상대의 처지를 조금이라도 이해하게 되면 이러한 갈등은 약화되기 마련이다. 「할머니를 따라간 메주」에서 며느리의 "울음"은 지금까지의 행동에 대한 자기 각성 내지 반성에서 나온 것이라 할 수 있다. 상대방의 입장을 이해하고 공감한 이후 비로소 이 가족은 행복해질 수 있었던 것이다.

세대 갈등을 해결하기 위해 문학교실을 대화를 통한 공감과 교감의 장소가 되도록 유도해 나갈 필요가 있다. 인물 간의 대화 외에도 텍스트와 학습자 사이의 대화도 중요하다고 할 수 있다. 학습자들은 텍스트를 사이에 두고 그것을 다층적으로 이해하기 위해 다양한 활동을 할 수 있다. 특히 세대 갈등을 해결하기 위해서는 역지사지(易地思之)의 문학교육이 필요하다. 서로가 상대편의 처지가 되어 봄으로써 자신과 다른 사람의 입장을 더욱 잘 이해할 수 있게 되는 것이다. 인물들의 입장을 잘 읽어 내기 위해서는 교수·학습 시간에 행하는 역할놀이나 서술 시점 바꾸어 써 보기 같은 활동이 많은 도움이 될 수 있다. 학습자 개인이 텍스트 속의 특정 인물이 되어 봄으로써 그 인물이 처한 상황과 입장을 더욱 잘 이해할 수 있기 때문이다. 이러한 여러 활동을 통해 상호 공감을 목표로 한 역지사지의 문학교육을 활성화시켜 나가야 할 것이다.

· 각 인물이 처한 입장이 되어 말해 보기

「돌다리」의 경우

아버지	농부, 돌다리를 고침, 전통(땅) 중시
아버지가 아들의 입장이 되어 말해 보기	

아들	의사, 병원 건물 신축, 물질(돈) 중시
아들이 아버지의 입장이 되어 말해 보기	

· 서술 시점 바꾸어 써 보기

「황혼」의 경우

젊은 여자를 초점화자로 하여, 젊은 여자의 심리가 잘 드러나도록 내용을 바꾸어 써 보자.

· 갈등 해소에 기여하는 작중 인물의 역할 알아보기

「메주」의 경우

할머니와 엄마 사이에서 은지가 어떤 역할을 했는지 말해 보자.	주위의 갈등 상황을 예로 들고 나라면 어떻게 해결할지 말해 보자.

3.3. 갈등의 재(再)맥락화와 문제 해결 능력의 신장

한 인간은 세상에 태어나면서부터 타자와의 끊임없는 교섭을 통해 성장해 간다. 사회적·문화적·교육적 환경에 따라 사람마다 가치기준이 다를 수밖에 없고, 자신이 가진 기준과 방식에 따라 타자의 삶을 판단한다. 그렇다 보니 주체와 타자 사이의 갈등은 이미 예견된 것이나 다름없다. 자신만이 옳다는 생각이나 주장은 필연적으로 타자와의 갈등을 유발시킨다. 이러한 갈등을 해결하기 위해서는 타자의 삶을 이해하고 수용할 수 있는 능력을 갖출 필요가 있다. 한 인간이 세상의 모든 삶을 다 체험할 수 없기에 문학의 힘을 빌려 올 수밖에 없다. 전술한 바와 같이 문학은 인간의 다양한 삶을 제재로, 세상에서 일어날 만한 일들을 다룬다. 학습자는 문학작품의 수용을 통해 타자의 다양한 삶을 이해하고, 자신이 경험하지 못했던 일을 대리 체험할 수 있다. 문학이 인간의 삶을 주된 제재로 다루고 있는 이상, 문학이 갈등으로 점철된 인간의 삶을 이해하는 데 중요한 역할을 할 수 있는 것은 분명하다. 학습자들은 문학교육을 통해 타자의 삶과 그들이 가진 가치관을 이해하고, 자신의 삶 속에 그것을 수용해 나갈 수 있다. 학습 주체가 문학작품을 읽으면서 자신이 미처 알지 못했던 세상을, 또 자신과 달리 생각하는 타자의 생각을 이해해 나갈 수 있기 때문이다. 이러한 측면에서 문학교육은 갈등의 조정과 해결 과정에 깊이 관여할 수 있는 속성을 지니고 있다고 할 수 있다.

부모와 자식 간의 갈등, 교사와 학생 간의 갈등은 학습자들이 주위에서 흔히 볼 수 있는 갈등이다. 이러한 세대 갈등은 수직적 갈등의 한 양상이라 할 수 있다. 청소년기의 갈등에는 수직적 갈등 외에도 동료,

친구 사이의 갈등 같은 수평적 갈등도 있다. 성장기 청소년은 이처럼 끊임없는 선택과 갈등의 국면 속에 살아간다. 갈등을 파악하고 해결하는 문제가 꼭 국어교과만의 문제가 아님은 주지의 사실이다. 사회나 역사, 윤리 교과에서도 갈등의 문제를 다룰 수 있다. 그러나 문학 교과에서 다루는 갈등은 타 교과에서 다루는 갈등과 다소 다르다. 윤리나 사회 교과가 우리 사회에 노정된 세대 갈등의 양상과 문제를 직접적으로 다룬다면, 국어 교과는 문학작품을 통해 간접적으로 다룬다고 할 수 있다. 다시 말하면 윤리, 사회 교과에서는 갈등이 일어나는 원인, 양상, 대책을 주로 다룬다면, 국어 교과는 작품구조를 통해 자연스럽게 독자가 갈등을 파악하고, 그것을 해결하는 과정을 내면화해 나간다고 할 수 있다. 문학작품은 세대 갈등이란 실제 사회현상을 다루기보다는 가정이나 사회 곳곳에서 있을 수 있는, 일어날 만한 세대 갈등의 문제를 문학작품이란 장치를 통해 드러내 보인다. 학습자들은 문학 텍스트의 교수·학습 과정을 통해 갈등의 구조와 그 해결 과정을 파악하게 된다. 그런 과정을 거친 학습자는 그렇지 못한 학습자보다 자신의 삶 속에서 일어나는 세대 갈등의 문제를 보다 명확히 인식하게 되며, 해결의 과정까지 더 용이하게 제시할 수 있게 된다.

문학교육을 통해 세대 갈등을 조율하고 해결하는 능력을 갖춘 학습자는 그러한 문제에 직면하지 못했던 학습자보다 갈등에 대한 대처 능력이 더 나을 수 있다. 그러므로 초·중등학교 문학교육의 내용을 다양하게 제대로 구성하는 것이 무엇보다 필요하다고 하겠다. 만약 세대 갈등 제재를 통해 갈등 해결 능력을 키운 학습자라면, 삶의 곳곳에서 일어나기 마련인 갈등을 조정하거나 그것을 재맥락화하여 새로운 상황에 대처할 수 있게 되기 때문이다.

작가들이 삶 속의 갈등을 드러내고 문제 삼는 것은 결국 갈등이 없는 유토피아적 공간을 꿈꾸기 때문이다. 이러한 작가들의 원망(願望)이 있는 한 사회 곳곳의 문제들은 문학작품 속에 투영되기 마련이다. 독자(학습자)들은 갈등을 제재로 한 문학작품의 독해 과정을 통해 상대방을 이해하고 배려하는 마음을 내면화할 수 있다. 이러한 문학능력을 바탕으로 이미 드러난 갈등은 해결 전략을 모색하고, 아직 직면하지 않은 갈등은 문제 해결 능력을 신장할 수 있게 된다. 이렇게 될 때 문학교육은 갈등을 조정·해결하는 데 기여할 수 있게 된다. 이를 간략히 정리해 보면 다음과 같다.

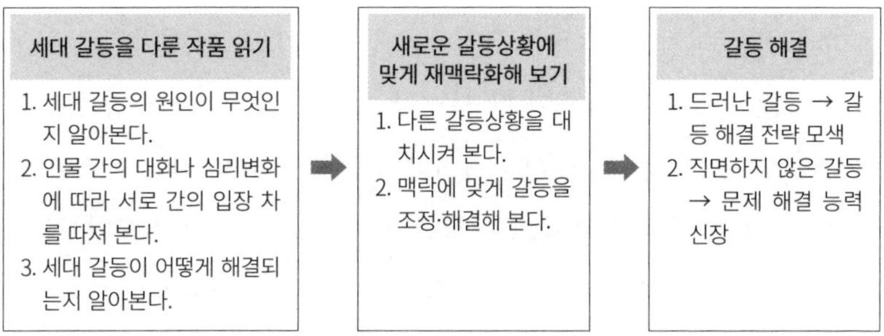

그림 14-1 갈등의 재맥락화와 갈등 해결

- 「돌다리」의 경우

1. 「돌다리」를 세대 갈등을 중심으로 자세히 읽는다.
2. 아버지와 아들이 겪는 세대 갈등의 원인과 각자의 주장 근거를 따져 본다.

3. 아버지와 아들의 세대 갈등이 어떤 과정을 거쳐 해결되는지 알아본다.
4. 아버지와 아들의 세대 갈등을 현대 한국사회의 다른 갈등상황에 맞게 재맥락화해 본다.(다른 갈등상황의 예: 연금을 둘러싼 노인 부양 문제, 정보화 격차 문제, 정치적 이념 문제 등)
5. 습득된 문학능력을 바탕으로 주체적 입장에서 갈등 해결 전략을 모색하거나 문제 해결 능력을 신장시켜 나가도록 한다.

4. 맺음말

삶이 있는 곳에는 언제나 갈등이 있다. 갈등은 서로의 주장이나 의견이 충돌할 때 발생한다. 갈등은 한 사회나 개인의 삶을 긴장시키기도 하고 파멸시키기도 한다. 그러나 갈등이 반드시 부정적으로 작용하는 것만은 아니다. 갈등이 한 사회나 개인의 삶에 발전적인 동력을 제공하여 새로운 문화 창조에 기여하기도 하기 때문이다. 이러한 점에서 "세대 간 갈등과 충돌도 사회발전 및 변화에 없어서는 안 될 극히 자연스러운 현상"[21]이라는 만하임의 말은 의미심장하다.

최근의 한국사회는 계층 갈등, 지역 갈등, 이념 갈등, 세대 갈등, 남녀 갈등, 문화 갈등 등 다양한 갈등이 양산되고 있다. 이 중 세대 갈등은 "정치적, 상업적 기획에 의한 세대담론의 과잉"[22]이란 지적도 있긴 하지만 한국사회가 고령화 사회로 급속히 이행되어 가면서 한국사회

21 함인희, 앞의 논문, 192쪽 재인용.
22 박길성, 앞의 논문, 7쪽.

의 중요 쟁점으로 부상하고 있는 것만은 틀림없는 사실이다.

세대 갈등은 세대 간 소통의 부재에서 시작되고 소통의 부재는 세대 간 소통의 전략이 제대로 작동하지 못해 발생한다. 젊은 세대는 젊은 세대대로, 늙은 세대는 늙은 세대대로 많은 고민과 문제를 안고 있다. 최근 많은 위로서(慰勞書)들이 독서시장을 주도하고 있다. 그러나 진정성 없이 행해지는 위로는 일시적 위안은 줄지언정 진정한 치유에 도달할 해결책을 제시해 주지는 못한다. 각 세대가 안고 있는 문제를 솔직하게 드러내고, 그것의 본질에 대해 진지하게 성찰할 수 있을 때, 제대로 된 소통과 올바른 치유의 방법이 나올 수 있다. 이 장에서는 국어교재 속에서 세대 갈등을 다룬 문학작품들이 어떻게 세대 갈등을 드러내고, 그 해결과정 내지 해결 방식은 어떠한지를 주로 살펴보았다. 또한 세대 갈등 해결을 위한 문학교육의 전략으로 세대 갈등을 다룬 교육정전의 확보, 역지사지의 교육을 통한 공감과 소통의 장 확대, 습득된 문학능력을 바탕으로 한 갈등의 재맥락화와 문제 해결 능력의 신장 등을 들었다. 이러한 처방만으로 세대 갈등 문제가 제대로 풀린다고 장담할 수 없다. 사회과학이 해결하지 못하는 부분을 문학교육이 담당할 수 있다면, 그것은 비록 시간이 오래 걸리기는 하나 문학 텍스트를 바탕으로 한 다양한 대화와 소통의 통로를 마련하는 일일 것이다. 즉각적인 성과 위주의 교육이 아닌 장기적인 문학교육의 틀을 짜는 데 주력해야 할 이유도 여기에 있다 하겠다.

참고문헌

1. 기본 자료

『개벽』, 『국민문학』, 『금성』, 『대조』, 『독립신보』, 『동아일보』, 『매일신보』, 『무산자』, 『문예공론』, 『문장』, 『문학평론』, 『문학』, 『민중조선』, 『사상계』, 『삼천리문학』, 『시대일보』, 『신문학』, 『신지식』, 『신천지』, 『예술운동』, 『예술』, 『우리문학』, 『인문평론』, 『자유신문』, 『경향신문』, 『조광』, 『조선일보』, 『조선지광』, 『중외일보』, 『풍림』, 『학지광』, 『학풍』, 『협동』

계성50년사 편찬위원회, 『계성50년사』, 1956.
계성학교, 『계성학보』 5호, 1917.
김광현 외, 『전위시인집』, 노농사, 1946.
김기림, 『시론』, 백양당, 1947.
김동환 편, 『조선명작선집』, 삼천리사, 1936.
김사엽 편, 『중등개판 중등신생국어교본』, 경상북도학무국, 1946.
김상훈, 『대열』, 백우서림, 1947.
김승식 편, 『1948년판 조선연감』, 조선통신사, 1947.
김용호 편, 『1947년판 예술연감』, 예술신문사, 1947.
김용호·이설주 공편, 『현대시인선집』(상), 문성당, 1954.
김창집·최영해 편, 『출판문화 7호: 출판대감』, 조선출판문화협회, 1949.
대검찰청 수사국, 『좌익사건실록』 4, 1970.
문교부 편, 『중등국어』 1, 조선교학도서주식회사, 1948.
박노갑 편, 『중등국어』 3, 금룡도서주식회사, 1949.
박완서, 『엄마의 말뚝』, 일월서각, 1982.
박현수, 『원전주해 이육사시전집』, 예옥, 2008.
백기만 편, 『상화와 고월』, 청구출판사, 1951.
서정주 편저, 『현대조선명시선』, 온문사, 1950.
서정주 편, 『작고시인선』, 정음사, 1950.
손병희, 『이육사전집 I : 이육사의 문학』, 이육사문학관, 2017.
시학사 편, 『신찬시인집』, 시학사, 1940.
신채호, 『개정판 단재 신채호전집』, 형설출판사, 1977.
양주동 편, 『민족문화독본』(상), (하), 청년사, 1946.
오산백년사 편찬위원회, 『오산백년사: 1907-2007』, 오산학원, 2007.

오승희, 『할머니를 따라간 메주』, 창비, 2000.
오장환, 『병든 서울』, 정음사, 1946.
이병기, 『가람문선』, 신구문화사, 1966.
이상정 장군 유고, 『중국유기(中國遊記)』, 청구출판사, 1950.
이상정, 『표박기』, 이상규 역주, 상화기념관·이장가문화관, 2023.
이석태 편, 『사회과학대사전』, 문우인서관, 1948.
이용악, 『오랑캐꽃』, 아문각, 1947.
이용악, 『이용악집』, 동지사, 1949.
이육사, 『육사시집』, 서울출판사, 1946.
이태준, 『돌다리』, 박문서관, 1943.
이태준, 『상허문학독본』, 백양당, 1946.
이희승 편, 『정정(訂正) 역대조선문학정화』(상), 박문출판사, 1947.
임학수 편, 『조선문학전집⑩ 시집』, 한성도서주식회사, 1949.
임화 편, 『현대조선시인선집』, 학예사, 1939.
임화, 『찬가』, 백양당, 1947.
정인섭 역, 『대한 현대시 영역 대조집』, 문화당, 1948.
조선문학가동맹 시부 편, 『삼일기념시집』, 건설출판사, 1946.
조선어학회, 『중등국어교본』(상), 군정청 문교부, 1946.
조선어학회, 『초등국어교본 한글교수지침』, 군정청 학무국, 1945.
조선프로레타리아예술동맹문학부 편, 『카프시인집』, 집단사, 1931.
조태연 편, 『조선시인선집』, 조선통신중학관, 1926.
조향 편저, 『현대국문학수』, 자유장, 1952.
최남선 찬, 『시문독본(신유 5판)』, 신문관, 1921.
최재서 편, 『소화14년판 조선작품연감』, 인문사, 1939.
홍구 편, 『건설기의 조선문학』, 조선문학가동맹 중앙집행위원회서기국, 1946.

2. 논문

김경복, 「이육사 시의 사회주의 의식 연구」, 『한국시학연구』 12, 한국시학회, 2005. 4.
김동환, 「초본(初本)과 문학교육」, 『문학교육학』 26, 한국문학교육학회, 2008. 1.
김수자, 「해방 이후 우익 민족담론의 공고화 과정(1945~1953)」, 『역사학보』 198, 역사학회, 2008. 6.
김영민, 「한국 근대문학과 원전 연구의 문제들」, 『현대소설연구』 37, 한국현대소설학회, 2008. 4.
김윤식, 「문학교육과 이데올로기」, 『광복후의 국어교육』, 한샘, 1992.
김윤식, 「한국문학연구방법론-뉴우 크리티시즘에 대하여」, 『근대한국문학연구』, 일지사, 1973.
김자중, 「일제 식민지기 통신학교의 설립과 중학강의록의 발행에 관한 연구」, 『교육사상연구』 33(2), 교육사상연구회, 2019. 5.
김창원, 「시교육과 정전의 문제」, 『한국시학연구』 19, 한국시학회, 2007. 8.
김태곤, 「대구화단의 서양화 수용과 전개에 관한 연구」, 영남대학교 석사학위논문, 2004.

김한종, 「일민주의와 민주적 민족교육론에 나타난 안호상의 역사의식」, 『역사와 담론』 45, 호서사학회, 2006. 12.
김현숙, 「현대소설에 표현된 '세대갈등' 모티브 연구」, 『1920년대 동인지 문학과 근대성 연구』, 상허학회, 2000. 8.
류수열, 「고령사회 친화적 문화 환경 조성을 위한 문학교육의 방향」, 『국어교육연구』 51, 국어교육학회, 2012. 8.
류철균, 「디지털 시대의 한국 현대문학」, 『국어국문학』 143, 국어국문학회, 2006. 9.
문영진, 「정전 논의에 관련된 몇 가지 문제에 대하여」, 『민족문학사연구』 18, 민족문학사학회, 2001. 6.
박길성, 「한국사회의 세대갈등-연금과 일자리를 중심으로」, 『한국사회』 12(1), 고려대학교 한국사회연구소, 2011. 6.
박숙자, 「제도로서의 문학: 1950년대 '교양'으로서의 『대학국어』」, 『한국근대문학연구』 25, 한국근대문학회, 2012. 4.
박영균, 「청소년과 부모세대 간 문화갈등에 관한 이론적 고찰」, 『청소년문화포럼』 21, 한국청소년연구소, 2009. 8.
박용찬, 「개화기 지식인의 시대인식과 현실대응」, 『국어교육연구』 23, 국어교육학회, 1991. 12.
박용찬, 「프로문학 선택과 시의 창작방법문제-임화론(1)」, 『어문학』 54, 한국어문학회, 1993. 5.
박용찬, 「1945~50년 한국 시에 나타난 현실과 이상의 문제」, 『국어교육연구』 30, 국어교육학회, 1998. 12.
박용찬, 「친일시의 양상과 자기비판의 문제」, 『국어교육연구』 35, 국어교육학회, 2003. 12.
박용찬, 「해방기 시에 나타난 가족 충동과 그 의미」, 『어문학』 112, 한국어문학회, 2011. 6.
박용찬, 「한국전쟁 직전 국어교재에 실린 문학 텍스트의 구성담론과 국가주의 시선으로의 이동」, 『어문학』 119, 한국어문학회, 2013. 3.
박용찬, 「세대 갈등과 문학교육의 전략」, 『문학교육학』 41, 한국문학교육학회, 2013. 8.
박용찬, 「해방 직후 조선문학가동맹의 매체투쟁과 미디어 전략」, 『국어교육연구』 53, 국어교육학회, 2013. 8.
박용찬, 「국어교재에 넘나든 현대시 텍스트의 경계와 검열」, 『국어교육연구』 54, 국어교육학회, 2014. 2.
박용찬, 「한국 현대문학의 도정과 방향」, 『국어교육연구』 60, 국어교육학회, 2016. 2.
박용찬, 「이육사 시의 정전화 과정과 특징 연구」, 『어문학』 148, 한국어문학회, 2020. 6.
박용찬, 「이육사 시의 국어교재 정착과 수용의 문제」, 『국어교육연구』 75, 국어교육학회, 2021. 2.
박용찬, 「중국 망명 전 이상정의 삶과 문화투쟁」, 『영남학』 90, 영남문화연구원, 2024. 9.
박용찬, 「최초의 근대시선집 『조선시인선집』에 대해」, 『근대문헌』 1, 국립중앙도서관, 2024. 11.
박재흥, 「한국사회의 세대갈등」, 『한국인구학』 33(3), 한국인구학회, 2010. 12.
박찬승, 「20세기 한국 국가주의의 기원」, 『한국사연구』 117호, 한국사연구회, 2002. 6.
박태일, 「백기만의 『신지식』과 이장희 · 이상화의 발굴 시」, 『근대서지』 27, 근대서지학회, 2023. 6.
박태일, 「황순원 단편 「소나기」의 변개과정, 1953~1981」, 『근대서지』 8, 근대서지학회, 2013. 12.
손병희, 「이육사의 '중국의 신국민운동 검토' 분석」, 『국어교육연구』 72, 국어교육학회, 2020. 2.
송무, 「문학교육의 '정전' 논의」, 『문학교육학』 1, 한국문학교육학회, 1997. 8.

신동근, 「청남이상정장군고」, 『승남이중희교수 회갑기념 수필및학술논문선집』, 1979.
신범순, 「해방기 시의 리얼리즘 연구」, 서울대학교 박사학위논문, 1990.
심선옥, 「1920~30년대 근대시의 정전화 과정」, 『상허학보』 20, 상허학회, 2007. 6.
심선옥, 「해방기 시의 정전화 양상」, 『현대문학의 연구』 40, 한국문학연구학회, 2010. 2.
연정은, 「안호상의 일민주의와 정치·교육 활동」, 『역사연구』 12, 역사학연구소, 2003. 6.
윤여탁, 「이용악의 '오랑캐꽃' 텍스트의 해석방법 연구」, 『한국시학연구』 27, 한국시학회, 2010. 4.
윤여탁, 「한국의 문학교육과 정전: 그 역사와 의미」, 『문학교육학』 27, 한국문학교육학회, 2008. 12.
윤영천, 「민족시의 전진과 좌절」, 『이용악시선집』, 창작과비평사, 1988.
이기성, 「해방기 시에 나타난 가족주의와 국가주의 비판-'자기비판' 문제를 중심으로」, 『상허학보』 26, 상허학회, 2009. 6.
이기성, 「해방기 신진시인 연구」, 이화여자대학교 석사학위논문, 1991.
이명찬, 「시교육 자료로서의 〈사화집〉」, 『국어교육』 125, 한국어교육학회, 2008. 2.
이순욱, 「조향의 문학독본과 1950년대 대학 문학교육」, 『한국문학논총』 76, 한국문학회, 2017. 8.
이순욱, 「한국전쟁기 문학독본과 문학교육」, 『한국문학논총』 66, 한국문학회, 2014. 4.
이인숙, 「서양화가이자 전각가인 미술가 청남 이상정 연구」, 『영남학』 83, 영남문화연구원, 2022. 12.
이주형, 「「혈의누」-「모란봉」의 시대적 성격 검토」, 『이숭녕선생 고희기념 국어국문학논총』, 탑출판사, 1977.
임창섭, 「한국근대미술의 인상파 도입과정과 아카데미즘 형성에 관하여」, 『조형예술학연구』 9, 한국조형예술학회, 2006. 6.
전광용, 「이인직 연구」, 『서울대논문집』 6, 서울대학교, 1957.
정재찬, 「현대시 교육의 지배적 담론에 관한 연구」, 서울대학교 박사학위논문, 1996.
정정순, 「이용악의 '오랑캐꽃' 해석과 시교육」, 『문학교육학』 36, 한국문학교육학회, 2011. 12.
조희정, 「교과서 수록 현대문학 제재 변천 연구」, 『국어교육학연구』 24, 국어교육학회, 2005. 12.
최기영, 「이상정(1897-1947)의 재중(在中) 독립운동」, 『역사학보』 200, 역사학회, 2008. 12.
최지현, 「'친일시'의 생명 유지 장치」, 『배달말』 32, 배달말학회, 2003. 6.
최현식, 「이상 문학의 정전화 과정에 대하여」, 『사이間SAI』 20, 국제한국문학문화학회, 2016. 5.
하동호, 「한국근대시집총림서지정리」, 『한국학보』 28, 일지사, 1982 가을.
하상일, 「이육사의 사회주의사상과 비평의식」, 『한국민족문화』 26, 부산대학교 한국민족문화연구소, 2005. 10.
함인희, 「세대갈등을 넘어 세대공존을 향해」, 『계간사상』 44, 사회과학원, 2000. 3.

3. 저·역서

강영미, 『정전 검열 기억』, 지식을만드는지식, 2019.
강진호 외, 『국어교과서와 국가이데올로기』, 글누림, 2007.
검열연구회, 『식민지 검열: 제도·텍스트·실천』, 소명출판, 2011.
교육부, 『초·중·고등학교 국어과·한문과 교육과정 기준표』, 교육부, 2000.
구인환 외, 『문학교육론』(제6판), 삼지원, 2012.

국사편찬위원회, 『한민족독립운동사자료집 7』, 1988.
국어국문학회, 『대학의 국문학교육』, 지식산업사, 1993.
권명아, 『가족 이야기는 어떻게 만들어지는가』, 책세상, 2006.
권영민, 『해방직후문학운동연구』, 서울대학교출판부, 1986.
권혁준, 『문학이론과 시교육』, 박이정, 1997.
김성진 외, 『문학교육론』, 사회평론아카데미, 2023.
김영모, 『한말지배층연구』, 한국문화연구소, 1972.
김용권 외, 『영문학 교육과 연구의 문제들』, 한신문화사, 1998.
김용직, 『임화문학연구』, 세계사, 1991.
김용직, 『한국근대시사』(상), 학연사, 1994.
김윤식, 『한국근대소설사 연구』, 을유문화사, 1986.
김윤식, 『이광수와 그의 시대 1』, 한길사, 1986.
김윤식, 『임화연구』, 문학사상사, 1989.
김윤식, 『해방공간 한국 작가의 민족문학 글쓰기론』, 서울대학교출판부, 2006.
김재철, 『조선연극사』, 조선어문학회, 1933.
김준오, 『시론』(4판), 삼지원, 1997.
김진근·정근식 편저, 『근대주체와 식민지 규율권력』, 문화과학사, 1997.
김진기 외, 『반공주의와 한국문학의 근대적 동학 Ⅰ』, 한울, 2008.
김창원, 『문학교육론-제도화와 탈제도화』, 한국문화사, 2011.
김창원·민재원, 『시교육의 사적 연구』, 역락, 2016.
김현·김윤식, 『한국문학사』, 민음사, 1973.
김희곤·신진희 편역, 『이육사전집 Ⅲ-이육사의 독립운동 자료집』, 이육사문학관, 2018.
남민우, 『문학교육의 역사와 성장의 시학』, 역락, 2006.
대구미술관, 『대구근대미술 때와 땅 1920s-1950s』, 2021.
도진순, 『강철로 된 무지개』, 창비, 2017.
박붕배, 『국어교육전사』(중), (하), 대한교과서주식회사, 1997.
박용찬, 『해방기 시의 현실인식과 논리』, 역락, 2004.
박용찬, 『한국 현대시의 정전과 매체』, 소명출판, 2011.
박용찬, 『대구경북 근대문학과 매체』, 역락, 2022.
박인기 외, 『문학을 통한 교육』, 삼지원, 2005.
박재흥, 『한국의 세대문제』, 나남출판, 2005.
박정선, 『임화 문학과 식민지 근대』, 경북대학교출판부, 2010.
박태일, 『한국근대시의 공간과 장소』, 소명출판, 1999.
박현수, 『한권에 담은 264작은 문학관』, 울력, 2016.
백철, 『문학의 개조』, 신구문화사, 1959.
백철, 『조선신문학사조사 현대편』, 백양당, 1949.
상허학회, 『반공주의와 한국문학』, 깊은샘, 2005.
성대경 엮음, 『한국현대사와 사회주의』, 역사비평사, 2000.
송무, 『영문학에 대한 반성』, 민음사, 1997.

안호상, 『일민주의의 본바탕』, 일민주의연구원, 1950.
양진오, 『지역의 근대, 근대의 경계』, 서강대학교출판부, 2019.
오세영, 『한국근대문학론과 근대시』, 민음사, 1996.
오영식, 『해방기 간행도서 총목록』, 소명출판, 2009.
오천석, 『한국신교육사』, 현대교육총서출판사, 1964.
우한용, 『한국근대문학교육사연구』, 서울대학교출판부, 2009.
유길준, 『서유견문』, 동경 교순사, 1895.
유종호, 『다시 읽는 한국시인』, 문학동네, 2002.
윤여탁 외, 『국어교육 100년사』(Ⅰ, Ⅱ), 서울대학교출판부, 2006.
윤여탁 외, 『현대시교육론』, 사회평론, 2010.
윤영천, 『이용악시전집』, 문학과지성사, 2018.
이경훈, 『속 책은 만인의 것』, 보성사, 1993.
이광규, 『한국가족의 구조 분석』, 일지사, 1977.
이기범, 『조일합병사』, 민중조선사, 1946.
이남호, 『교과서에 실린 문학작품을 어떻게 가르칠 것인가』, 현대문학, 2001.
이상규, 『국민혁명군 이상정의 북만주 기행』, 민속원, 2020.
이상규, 『이상정과 이여성』, 민속원, 2021.
이승만, 『일민주의개술』, 일민주의보급회, 1949.
이승원 외, 『국민국가의 정치적 상상력』, 소명출판, 2003.
이은봉 엮음, 『시와 리얼리즘』, 공동체, 1993.
이응백박사 고희기념논문집 간행위원회 편, 『광복 후의 국어교육』, 한샘, 1992.
이재선, 『한국개화기소설연구』, 일조각, 1982.
이종국, 『한국의 교과서』, 대한교과서주식회사, 1991.
이주형, 『한국근대소설연구』, 창작과비평사, 1995.
이중연, 『책 사슬에서 풀리다: 해방기 책의 문화사』, 혜안, 2005.
임종국, 『친일문학론』, 평화출판사, 1966.
정재찬, 『문학교육의 현상과 인식』, 역락, 2004.
정재찬 외, 『문학교육개론 Ⅰ』, 역락, 2014.
정태용, 『한국현대시연구·기타』, 어문각, 1976.
조동일, 『국문학 연구의 방향과 과제』, 새문사, 1983.
조은정, 『춘곡 고희동』, 컬처북스, 2015.
최승호 외, 『시론』, 황금알, 2008.
최열, 『개정판 한국근대미술의 역사』, 열화당, 2015.
최원식, 『한국근대소설사론』, 창작사, 1986.
최재서, 『문학원론』, 춘조사, 1957.
최재석, 『한국가족연구』, 일지사, 1982.
최지현 외, 『국어과 교수·학습 방법』, 역락, 2007.
하동호, 『한국근대문학의 서지연구』, 깊은샘, 1981.
한국어교육학회 편찬위원회 편, 『국어교육론 3』, 한국문화사, 2005.

한국철학사상연구회 편, 『철학대사전』, 동녘, 1989.
함석헌, 『성서적 입장에서 본 조선역사』, 성광문화사, 1950.
현택수 외, 『문화와 권력: 부르디외 사회학의 이해』, 나남출판, 1998.
홍선표, 『한국근대미술사』, 시공사, 2009.

Adorno, Th. W. & Horkheimer, M. 지음, 김유동 옮김, 『계몽의 변증법』, 문학과지성사, 2005.
Anderson, B. 지음, 윤형숙 옮김, 『상상의 공동체』, 나남, 2002.
Assmann, Aleida 지음, 변학수·채연숙 옮김, 『기억의 공간』, 그린비, 2011.
Bachelard, Gaston 지음, 곽광수 옮김, 『공간의 시학』, 민음사, 1994.
Bourdieu, Pierre 지음, 하태완 옮김, 『예술의 규칙』, 동문선, 1999.
Brooks, Cleanth 지음, 이경수 옮김, 『잘 빚어진 항아리』, 홍성사, 1983.
Easthope, Antony 지음, 임상훈 옮김, 『문학에서 문화연구로』, 현대미학사, 1994.
Foucault, M. 지음, 오생근 옮김, 『감시와 처벌』, 나남출판, 1997.
Goldmann. L., *The Hidden God*, Routledge & Kegan Paul, 1977.
Grebstein, S, N., *Perspectives in Contemporary Criticism*, State Universty of New York at Binghamton, 1968.
Guillory, John 지음, 박찬부 옮김, 「정전」, 『문학연구를 위한 비평용어』, 한신문화사, 1996.
Habermas, Jurgen 지음, 한승완 옮김, 『공론장의 구조변동』, 나남, 2001.
Haruo Shirane·鈴木登美 엮음, 왕숙영 옮김, 『창조된 고전』, 소명출판, 2002.
Lukács, Georg, *Die Theorie des Romans*, Luchterhand, 1965.
Robinson, Michael E. 지음, 김민환 옮김, 『일제하 문화적 민족주의』, 나남, 1990.
Rosenblatt, L. M., *Literature as Exploration*, fifth edition, The Modern Language Association of America, 1995.
Rosenblatt, L. M. 지음, 김혜리·엄해영 옮김, 『독자, 텍스트, 시』, 한국문화사, 2008.
YiFu Tuan 지음, 윤영호·김미선 옮김, 『공간과 장소』, 사이, 2020.
岩崎吉一·原田 實 편저, 강덕희 옮김, 『일본근대회화사』, 예경, 1998.
伊東 勉 지음, 이현석 옮김, 『리얼리즘이란 무엇인가』, 세계, 1987.
田中英光 지음, 임종국 옮김, 『취한(醉漢)들의 배』, 평화출판사, 1978.

찾아보기